Leah Ireland-Kunze

DER BÜRGERKRIEG
IN DEN USA
1861–1865

KLEINE MILITÄRGESCHICHTE

Kriege

Leah Ireland-Kunze

DER BÜRGERKRIEG IN DEN USA 1861–1865

MILITÄRVERLAG
DER DEUTSCHEN DEMOKRATISCHEN
REPUBLIK

Fotos:

Dr. Stephan Kunze (15), Repro Eisel (53), Dietz-Verlag/Repro Ewald (1)

(Die Autorin und der Fotograf Dr. Kunze bedanken sich bei Dr. V. Dolinek und Dr. V. Karlický, Militärgeschichtliches Museum der Tschechoslowakischen Volksarmee, Prag, für ihre großzügige Hilfe.)

Ireland-Kunze, Leah:
Der Bürgerkrieg in den USA 1861–1865 / von Leah Ireland-Kunze. – 1. Aufl. – Berlin: Militärv. d. DDR, 1989. – 351 S.: 69 Fotos, 17 Kartenskizzen – (Kleine Militärgeschichte. Kriege)

ISBN 3-327-00728-4

1. Auflage
© Militärverlag der Deutschen Demokratischen Republik (VEB) – Berlin, 1989
Lizenz-Nr. 5
Printed in the German Democratic Republic
Gesamtherstellung: IV/10/5 Druckhaus Freiheit Halle
Lektor: Hartwig Eisel
Typographie: Ingeburg Zoschke
Zeichnungen: Karl-Heinz Döring/Wolfgang Wegener
Schutzumschlag und Einband: Wolfgang Ritter
Redaktionsschluß: 13. 6. 1988
LSV: 0549
Bestellnummer: 747 160 0

EINLEITUNG

In der an Kriegen gewiß nicht armen Geschichte der USA waren weder der erste noch der zweite Weltkrieg, weder der Korea- noch der Vietnamkrieg der blutigste, obwohl in den Weltkriegen Hunderttausende US-Amerikaner und mehrere zehntausend in den ostasiatischen Kriegen gefallen sind. Der opferreichste war der Bürgerkrieg, den zwischen April 1861 und April 1865 die rebellierenden Bundesstaaten des Südens mit den bundestreuen Staaten des Nordens austrugen. Er kostete mehr US-amerikanische Soldaten und Matrosen das Leben als jeder andere Krieg, an dem die USA bis heute teilgenommen haben: über 600 000 Mann. Ungezählt sind die Opfer unter den Zivilisten als Folge des Artilleriebeschusses und anschließender Brände belagerter Städte oder als Folge der von den hin- und herziehenden Armeen verbreiteten Epidemien. Zahlreiche Städte und Dörfer – vor allem im Süden – erlitten schwere Schäden. Richmond und andere Großstädte wurden völlig zerstört. Die wirtschaftlichen Narben des Krieges waren in den Südstaaten noch ein Jahrhundert später zu spüren.

Auch auf die gesellschaftliche Entwicklung im Norden wie im Süden übte der Bürgerkrieg einen großen Einfluß aus. Noch heute spielt der Militarismus des Südens eine wichtige Rolle bei der Entwicklung und der personellen Zusammensetzung der USA-Streitkräfte. Die Südstaaten sind eine Brutstätte des

Rechtsextremismus. Die rasche Entwicklung der Industrie der Nordstaaten während des Bürgerkrieges legte das Fundament für den Imperialismus, aber auch für die Gewerkschaftsbewegung und den proletarischen Kampf. Die Entwicklung im Norden stand in schroffem Kontrast zum unterentwickelten Süden, dessen Industriealisierung bis 1970 weit hinter der des Nordens zurückblieb.

Zur Zeit des Bürgerkrieges in den USA gab es zwar einzelne Amerikaner, die die Bedeutung des Krieges für die Entwicklung der bürgerlichen Demokratie und der kapitalistischen Wirtschaft erahnten, doch erfaßte kaum jemand in Nordamerika und Europa die ganze Breite der Auswirkungen. Die treffendste Analyse der künftigen Entwicklung gab erstaunlicherweise noch während des Krieges ein Beobachter, der Tausende Seemeilen von Amerika entfernt lebte und sich nur auf dürftige, verspätete und oft unpräzise Berichte verlassen mußte: «Solch ein Volkskrieg, auf beiden Seiten, ist noch nie dagewesen, seitdem große Staaten bestehn, und er wird jedenfalls der Zukunft von ganz Amerika auf Hunderte von Jahren hinaus die Richtung anweisen. Ist einmal mit der Sklaverei die größte Fessel der politischen und sozialen Entwicklung der Vereinigten Staaten gesprengt, so muß das Land einen Aufschwung nehmen, der ihm binnen kürzester Frist eine ganz andre Stellung in der Weltgeschichte anweist, und die Armee und Flotte, die der Krieg ihm schafft, werden dann bald ihre Verwendung finden.» Diese Worte schrieb Friedrich Engels in einem Brief an den damaligen Oberst der Unionsarmee Joseph Weydemeyer. Heute erscheint uns Engels' Einschätzung «prophetisch». Er jedoch sah die «neue Welt» illusionslos, während sie für viele Europäer noch Gegenstand romantischer Träume war. Engels lebte lange genug, um seine «Prophezeiung» bestätigt zu sehen.

Einige Militärhistoriker nennen den Bürgerkrieg in den USA «den ersten modernen Krieg» oder «den ersten totalen Krieg». Es stimmt zwar, daß in diesem Krieg zum erstenmal die gesamten Wirtschaftsstrukturen beider Seiten in den Dienst des Krieges gestellt wurden, zum erstenmal die technische Infrastruktur die entscheidende Rolle bei der Kriegführung spielte. Allerdings führten die Generale beider Seiten trotz der modernen Mittel, die dank der industriellen Revolution ihren Truppen zur Verfügung standen, einen strategisch und taktisch altmodischen Krieg. Napoleonische Vorstellungen der Kriegführung bestimmten die meisten Generale. Immer wieder versuchten sie, die neue Waffen- und Transporttechnik den alten operativ-taktischen Überlegungen anzupassen – oft mit grausamen Folgen.

Deshalb ist es richtiger zu sagen, daß der Bürgerkrieg eine Brücke zur modernen Kriegführung schlug. In seinem Verlauf wurden kühne, mitunter auch wahnwitzige, Experimente durchgeführt sowie moderne Waffen entwickelt, die dann aus sturem Konservatismus in den Kriegsministerien oder wegen technischer Standardisierungs- und Versorgungsprobleme nicht oder nur in beschränktem Umfang zum Einsatz kamen. Anfangs wurde der Krieg hauptsächlich in äußerlich grandiosen, strategisch aber undurchdachten Feldzügen ausgetragen, bis sich in Washington der Siegeswille gegen die fromme Hoffnung auf Wiederherstellung des Status quo durchsetzen konnte.

Marx und Engels erkannten, daß es sich bei diesem Kampf letzten Endes um einen Krieg «zweier sozialer Systeme, des Systems der Sklaverei und des Systems der freien Arbeit» handelte. Beide Seiten wiesen das in den ersten beiden Jahren von sich: Lincoln behauptete, es sei ein Krieg um die Aufrechterhaltung der territorialen Integrität der Vereinigten Staaten, sein Widersacher im Süden nahm für sich den Kampf gegen die «wirtschaftliche Tyrannei des Nordens» in Anspruch. Bürgerliche Historiker neigen dazu, den Krieg unter den Aspekten eines «Schutzzollkrieges» (siehe Kapitel 1) und eines «Krieges für die Sklavenbefreiung» zu analysieren, ohne die Frage der beiden sozialen Systeme irgendwie zu berühren. Selbstverständlich bleiben diese oberflächlichen Erklärungen zum Wesen des Krieges nicht ohne Wirkung auf das Geschichtsbewußtsein der US-Amerikaner. In den Schulen der Südstaaten wird noch heute die Theorie des «Krieges gegen Wirtschaftstyrannei» verkündet.

Marx und Engels schrieben sehr viel über den Bürgerkrieg in den USA. Sie verfolgten die einzelnen Kriegshandlungen und überlieferten in Beiträgen und Briefen tiefschürfende Analysen zu den Ereignissen in Nordamerika. Die knappen, oft tendenziösen Meldungen erreichten Marx und Engels per Schiff 10, 14 oder mehr Tage nach einer Schlacht. Unter diesen Bedingungen und angesichts ihres ohnehin riesigen Arbeitspensums war es den beiden Wissenschaftlern nicht möglich, eine umfassende und einheitliche Geschichte des Bürgerkrieges zu schreiben. Sie legten jedoch das Fundament dafür. Heute ist es besonders für unser Verständnis der Militärgeschichte der USA wichtig, den Bürgerkrieg in seinen sozialökonomischen Wurzeln, seinem widersprüchlichen Verlauf und seinen entscheidenden Auswirkungen auf die Geschichte der USA zu analysieren.

Für die Forschungen zum Thema ist Engels' Methodik besonders nützlich, wie sie der sowjetische Philosoph A. I. Babin beschrieben hat, nämlich daß wir ein breites Spektrum von Faktenmaterial heranziehen: aus verschiedenen «Primärquellen, aus Memoiren, Korrespondenzen sowie aus offiziellen Dokumenten». Die offiziellen Feldberichte bestätigen jedoch Engels' Mahnung, daß auch solche Quellen Ungenauigkeiten und Fehler enthalten können. Vor allem Offiziere und Beamte der Südstaaten unterschlugen unangenehme Fakten oder verfälschten Statistiken, um die wahre Lage zu verdecken. Das Problem der Statistik im Bürgerkrieg ist ein Thema für sich: Nur im Norden gab es eine staatliche Sanitätskommission, die die Toten, Verwundeten, Kranken und Vermißten zahlenmäßig registrierte, soweit das unter den damaligen Verhältnissen möglich war. Im Süden gab es kein staatlich organisiertes Sanitätswesen. Selbst die Größe der Armeen des Südens wurde zu propagandistischen Zwecken viel geringer angegeben, als sie tatsächlich war.

Für die vorliegende Arbeit wurde ein breites Spektrum von Darstellungen und Dokumenten verglichen und geprüft, um ein möglichst sachliches und akkurates Bild zu erhalten. Ein Abschnitt im letzten Kapitel widmet sich den außerordentlich vielfältigen US-amerikanischen Darstellungen zum Bürgerkrieg. Der Durchschnittsamerikaner von heute – besonders in den Südstaaten – kämpft den Bürgerkrieg noch immer in seinem Kopf und seinem Herzen durch. Noch sind Familien durch alte Ressentiments geteilt. Ein Gedenktag für den kurzlebigen Sklavenhalterstaat und seine Soldaten («Confederate Memorial Day») wird noch heute im Süden begangen – und zwar mit größerer Leidenschaft als der Nationalfeiertag der Vereinigten Staaten. Eine kaum vorstellbare

Nostalgie für «Old Dixie» – für den alten Süden, die Sklavenhaltergesellschaft – herrscht unter den Weißen in den Südstaaten.

Aber die Enkel und Urenkel der Sklaven leben heute kaum besser als ihre Vorfahren. Die afroamerikanischen Landarbeiter wohnen nach wie vor in den alten, grauen Sklavenhütten – im «Quartier», wie die Plantagenbesitzer sagen – hinter den prunkvollen Villen der weißen Landbesitzer. Sie leben in Armut und Unwissenheit wie damals – nur dürfen sie nicht mehr ausgepeitscht oder verkauft werden. Für die Afroamerikaner hat der Bürgerkrieg bis heute keine vollen Früchte getragen.

KAPITEL 1

DIE WURZELN
DES
KRIEGES

Die 13 englischen Kolonien

Für die englische Monarchie, die im 16. Jahrhundert mit Spanien in heißer Konkurrenz um die Aufteilung der «neuen Welt» und ihrer Reichtümer stand, war die Errichtung von Kolonien an der Ostküste Nordamerikas eine Aufgabe von Adligen. Im Jahre 1584 landete Sir Walter Raleigh mit den ersten Kolonisten auf der Insel Roanoke. Das Territorium wurde zu Ehren der «jungfräulichen Königin» Elizabeth I. «Virginia» genannt. Raleighs aristokratische Begleiter hielten es auf der häufig von Stürmen heimgesuchten Insel nicht lange aus und wurden ein Jahr später von dem geadelten Freibeuter Sir Francis Drake nach England zurückgebracht. Eine zweite Gruppe Kolonisten wurde 1587 auf Roanoke abgesetzt, verschwand jedoch zwei Jahre später spurlos. Roanoke war offensichtlich eine gefährliche Gegend.

Der dritte Versuch war erfolgreicher: Unter der energischen Leitung von Hauptmann John Smith wurde 1607 an der Mündung des James River eine Kolonie gegründet und «Jamestown» getauft. 1612 entstanden die ersten Tabakplantagen.

Die aristokratischen Siedler ließen Handwerker aus England kommen, jedoch das wichtigste Element der feudalen Landwirtschaft fehlte: die Leibeigenen und die landlosen Bauern. Englische Gerichte pflegten Schuldner zur Leibeigenschaft in den Kolonien zu verurteilen, aber es gab deren nicht genug, um die größeren Plantagen zu bewirtschaften. Die Indianer Nordamerikas, die nicht wie ihre Verwandten in Mittel- und Südamerika mit großen Erober-erarmeen konfrontiert wurden, ließen sich nicht zur Fronarbeit ausbeuten und zogen sich ins Landesinnere zurück.

Die «Lösung» lag auf der Hand. 1562 hatte der Engländer John Hawkins die ersten afrikanischen Sklaven nach den spanischen und französischen Kolonien in der Karibik gebracht und sie dort verkauft. Bis Ende des 16. Jahrhunderts war der Sklavenhandel in der Karibik zu einem profitträchtigen Geschäft geworden. So überrascht es nicht, daß 12 Jahre nach Gründung von Jamestown, nämlich im Jahre 1619, dort das erste Sklavenschiff einlief.

Damit war das Muster der Kolonisierung des Territoriums südlich der Delaware-Bucht endgültig vorgegeben: Adlige Gouverneure und Plantagenbesitzer regierten über die flachen, fruchtbaren Küstenländer vom Atlantik bis zur langgestreckten Bergkette der Appalachen. Im Laufe des 17. Jahrhunderts gründeten Adlige North Carolina und South Carolina, die ebenfalls von Plantagen- und Sklavenwirtschaft lebten. Wie in Virginia und Delaware waren diese Herren Gläubige der anglikanischen, also der englischen Staatskirche. Hingegen handelte es sich bei den Gründern der Kolonie Maryland um englische Katholiken adliger Herkunft, die in England unter Elizabeth und ihrem Nachfolger James I. ihrer Religion wegen verfolgt worden waren. Georgia wurde als Strafkolonie errichtet, wo weiße Leibeigene und Verbrecher auf Plantagen kostenlose Arbeit für die englische Krone verrichteten, aber es dauerte nicht lange, bis auch Georgia zur aristokratischen Gesellschaftsstruktur überging.

Im Norden sah es ganz anders aus. Hier standen die geographischen Verhältnisse einer Plantagenwirtschaft entgegen, denn auf dem Territorium von Pennsylvania erstreckte sich die Bergkette der Appalachen ostwärts bis zum Ozean. Hier war das Land nur für kleinere Bauernhöfe geeignet. Das Klima war zu rauh für Tabak und Baumwolle, deren Anbau im Süden das Rückgrat der Wirtschaft bildete. Die Bodenschätze des Nordens wurden erst später entdeckt. Dieses «unwirtliche» Territorium im Norden schien der englischen Regierung bestens dafür geeignet, jene unliebsamen kleinbürgerlichen Sektierer aufzunehmen, die gegen die englische Staatsreligion und damit gegen ein wichtiges Machtinstrument der herrschenden Klasse rebellierten. So vergab die

Krone großzügig Ansiedlungslizenzen an Sektenmitglieder. 1620 kamen die ersten Puritaner nach «Neu-England», wie sie die Nordküste nannten, und gründeten die Kolonie Massachusetts. Ihnen folgten Quäker und Methodisten, Kalvinisten und Baptisten. Bald kamen Deutsche hinzu: Herrnhuter und Anabaptisten, die in der toleranten Quäker-Kolonie Pennsylvania eine neue Heimat fanden und Farmhäuser errichteten, die denen der Lausitz ähnelten. Die ökonomische Basis der nördlichen Kolonien Massachusetts, Connecticut, Rhode Island, New York (die ursprünglich holländische Kolonie New Amsterdam), New Jersey und Pennsylvania lag im Handwerk, in der kleinen Bauernwirtschaft und im Handel. In Delaware, einer von Adligen gegründeten Kolonie im flachen Küstenland an der Nordgrenze von Maryland, entwickelte sich eine gemischte Handels- und Plantagenwirtschaft. Im Norden gab es einige Negersklaven, sie stellten in diesen Kolonien (mit Ausnahme von Delaware) jedoch nur einen Bruchteil der Bevölkerung und dienten hauptsächlich als Personal in aristokratischen Haushalten. Im Süden dagegen machten sie etwa die Hälfte der Bevölkerung aus.

Im Jahre 1767 kam es zu Streitigkeiten über den Verlauf der Südgrenze der Kolonie Pennsylvania. Die Geodäten Mason und Dixon legten diese Grenze dann 40 Meilen südlich des 40. Breitengrades fest. Im Laufe der nächsten 70 Jahre wurde diese «Mason-Dixon-Linie» zur Grenze zwischen den Sklavenhalterstaaten und dem freien Norden, denn nach der bürgerlichen Revolution verbot nördlich der Mason-Dixon-Linie ein Bundesstaat nach dem anderen die Sklaverei. Nur Delaware bildete eine Ausnahme.

Im Süden war die Sklaverei der Angelpunkt der Wirtschaft, während der Norden zunehmend industrialisiert wurde. Natürlich bildete sich mit der Entwicklung der Textilindustrie im Norden eine gegenseitige Abhängigkeit zwischen dem Norden und dem Süden heraus. Karl Marx schrieb darüber: «Ohne Sklaverei keine Baumwolle; ohne Baumwolle keine moderne Industrie. Nur die Sklaverei hat den Kolonien ihren Wert gegeben; die Kolonien haben den Welthandel geschaffen; und der Welthandel ist die Bedingung der Großindustrie.» Tatsache ist, daß der erste automatisierte Arbeitsprozeß in den Vereinigten Staaten der Baumwollindustrie galt: Eli Whitneys Baumwollmaschine, die die Kerne von der Wolle trennt. Whitney schuf seine «cotton gin» 1793. Fünf Jahre später legte er das Fundament für eine Serienproduktion, allerdings nicht in der Textilindustrie, sondern für die Herstellung von Handfeuerwaffen.

Auch das «Mutterland» England geriet in zusehens größere Abhängigkeit von der Baumwolle des amerikanischen Südens. Die Baumwolle trug zur englischen industriellen Revolution wie auch zur ersten kapitalistischen Überproduktionskrise (1825) bei, die die Textilindustrie schwer traf. Somit hatte England ein bedeutendes Interesse an der Aufrechterhaltung des Status quo in den Vereinigten Staaten.

Die Wurzeln des Bürgerkrieges in den USA sind in den sehr unterschiedlichen Wirtschaftsstrukturen der nördlichen und südlichen Kolonien und späteren Bundesstaaten zu suchen. Diese Unterschiede hatten ihre Auswirkungen auf jeden Teil der Gesellschaft. Nehmen wir als Beispiel das Handwerk. Im Norden war der Handwerker ein freier Mann, auch wenn er nach Gründung der Vereinigten Staaten noch kein Wahlrecht bekam (bis 1824 war es in den meisten Bundesstaaten den Grundbesitzern vorbehalten). Durch seine Fähigkeiten konnte der Handwerker zu Besitz gelangen, in manchen Fällen wurden begabte Handwerker zu prominenten Großbürgern und Politikern (zum Beispiel der Kupfer- und Silberschmied Paul Revere aus Boston). Diejenigen, die es nur bis zum schlechtbezahlten Gesellen schafften, zogen häufig westwärts und gründeten eigene Bauernwirtschaften oder betrieben ihr Handwerk in den neuen Dörfern und Kleinstädten westlich der Appalachen, denn in Amerika gab es keine Zünfte und niemand fragte den einzigen Maurer oder Töpfer in einer neuen Siedlung nach dem Meisterbrief. Im Süden dagegen waren bis zur Revolution viele Handwerker – darunter die hochbegabten Architekten, Tischler und Stukkateure – «indentured servants», also Leibeigene, eigentlich Sklaven auf Zeit. Bei den meisten handelte es sich um Engländer, die im Mutterland ihre Schulden nicht hatten begleichen können. Sie wurden gewöhnlich für mindestens 7 Jahre einem Plantagenbesitzer in den Kolonien verpflichtet und nicht viel besser als die Negersklaven behandelt. Die Talentiertesten unter ihnen konnten sich jedoch durch ihre Arbeit loskaufen.

Kolonie	Bevölkerung 1775	Negersklaven 1775	Anteil an der Bevölkerung in Prozent
Norden:			
Connecticut	200000	5000	2,5
Delaware	30000	9000	30,0
Massachusetts	350000	3500	1,0
New Hampshire	100000	624	0,6
New Jersey	130000	7600	5,8
New York	200000	15000	7,5
Pennsylvania	300000	10000	3,3
Rhode Island	58000	4373	7,5
Süden:			
Georgia	25000	16000	64,0
Maryland	250000	80000	32,0
North Carolina	200000	75000	37,5
South Carolina	200000	110000	55,0
Virginia	400000	165000	41,25

Nach H. Müller, Die Entstehung der USA, Berlin 1978, S. 9,19.

Am Vorabend der bürgerlichen Revolution waren derart viele Amerikaner an der Aufrechterhaltung der Sklaverei interessiert, daß die Frage der Sklaverei in der politischen Debatte unter den Kolonisten kaum eine Rolle spielte. Die Tabelle illustriert die damaligen Verhältnisse. Der prozentuale Anteil widerspiegelt die Unterschiede am dramatischsten. In Delaware ergibt sich der verhältnismäßig hohe Anteil der Sklaven aus der noch dominierenden Plantagenwirtschaft.

Die bürgerliche Revolution von 1775 bis 1783 und die Verfassung von 1787

Die industrielle Revolution in England schritt ab 1760 rasch voran, der Appetit des «Mutterlandes» auf die profitablen Produkte der Kolonien wuchs immer mehr, und die Ausbeutung der

Kolonien verschärfte sich. Die Kolonisten suchten ihrerseits nach neuen Wegen, um sich zu bereichern, ohne mit dem «Mutterland» teilen zu müssen. Der Schmuggel war eine der beliebtesten Methoden. Im Siebenjährigen Krieg, der in Nordamerika unter dem Namen «Franzosen- und Indianerkriege» im Staat New York und auf kanadischem Gebiet ausgetragen wurde, war es den englischen Kolonisten verboten, mit Frankreich und seinen Kolonien Handel zu treiben. Sie ignorierten jedoch das Verbot und widersetzten sich den Maßregeln der englischen Krone, die mit Verschärfung der Gesetze antwortete. Die Monarchie und die aufkommende Industriebourgeoisie griffen zu einer harten, unklugen Steuer- und Zollpolitik, um die Kolonisten zu erpressen und den eigenen Gewinn zu steigern.

Die führenden Kolonisten, die selber zu Kapitalisten und Konkurrenten der Engländer geworden waren, lasen die Werke von Locke und Montesquieu, schlossen sich den Freimaurern an und wendeten sich offen gegen die Monarchie. Im kolonialen Kleinbürgertum kamen noch radikalere Ideen auf: Der König wurde als Tyrann bezeichnet, man forderte eine demokratische Regierung und Selbstbestimmung für das Volk. Das Wort «Freiheit» war in aller Munde, auch wenn es nicht von jedem im gleichen Sinne verstanden wurde. Die Ansichten der Kolonisten unterschieden sich naturgemäß nach Klasse und Beruf. Die oberen Schichten wollten sich lediglich von den Beschränkungen befreien, die der Kolonialstatus ihren Profiten auferlegte, während die radikalen Befürworter der Demokratie für eine völlig neue Ordnung plädierten. Eines hatten alle gemeinsam: den Haß auf die englische Herrschaft. 1775 war etwa ein Drittel der Bevölkerung, ob im Norden oder im Süden, für eine Trennung von England.

Die meisten Radikalen waren im Norden zu Hause, wo Handwerk und Handel das Leben prägten. Es ist daher nicht überraschend, daß die ersten bewaffneten Auseinandersetzungen im Norden stattfanden, daß die ersten Schüsse des Revolutionskrieges am 19. April 1775 bei Boston (Massachusetts) fielen. Mehr als ein Jahr später, am 4. Juli 1776, erklärten die kämpfenden Kolonien auf ihrem Kontinentalkongreß in Philadelphia ihre Unabhängigkeit. Seither ist der 4. Juli der Nationalfeiertag der USA.

Die von Thomas Jefferson und Benjamin Franklin verfaßte Unabhängigkeitserklärung war am stärksten von Lockes «Treatises on Government» («Abhandlungen zur Regierung») und den Schriften des amerikanischen kleinbürgerlichen Philosophen Thomas Paine beeinflußt. Diese historisch bedeutsame Schrift war für ihre Zeit sehr radikal. Jefferson und Franklin wollten die Befreiung der Sklaven in den programmatischen Teil des Dokuments einbeziehen, doch die meisten Delegierten aus den südlichen Kolonien lehnten diese Klausel entschieden ab.

In der bürgerlichen Revolution in Nordamerika ging es also nicht um die Befreiung der Negersklaven. Sie änderte auch nichts an der Stellung der besitzlosen Klassen und erst recht nicht an der der Frauen, die vor dem Gesetz den Kindern und den Sklaven gleichgestellt waren. Dieser Revolution war es um die Befreiung des Bürgertums aus den Klammern des Feudalismus und des Kolonialismus zu tun – ein an sich großer, bedeutender historischer Fortschritt.

Das neue Staatsgebilde konstituierte sich am 17. November 1777 durch die Verabschiedung der «Konföderationsartikel» als «Vereinigte Staaten von Amerika». Diese erste Verfassung trat erst 1781 in Kraft. Die lockere Struktur einer Konföderation ließ den einzelnen Bundesstaaten eine fast totale Autonomie, auch in Handels- und Haushaltsangelegenheiten, und überließ die Koordinierung des Krieges sowie die Regierung der Konföderation dem Kontinentalkongreß. Das Dokument ging von der idealistischen Vorstellung aus, daß Männer der Vernunft mit minimalen Regulativen und maximaler politischer Freiheit über alles abstimmen könnten. Die Frage der eigentlichen Interessen der Regierenden wurde nicht aufgeworfen. Die Rechtsprechung war im allgemeinen Sache der Bundesstaaten, von denen jeder sein eigenes Straf-, Zivil-, Familien- und Erbrecht hatte. Jeder Bundesstaat konnte selbst bestimmen, wer als frei und wer als Sklave zu gelten hatte.

In den 10 Jahren, in denen die Konföderationsartikel als Verfassung der USA galten, bewirkten sie unter der Bevölkerung die Herausbildung verhängnisvoller Gewohnheiten und Ansichten, die zum Teil noch heute bestehen.

Erstens setzte sich durch die Artikel in den Hirnen allzu vieler

Bürger das «heilige Prinzip» der «Rechte der Bundesstaaten» («States' Rights») fest, das auch in der Verfassung von 1787 verankert wurde. Es diente die folgenden 80 Jahre hindurch den Sklavenhalterstaaten als juristisches Argument für die Aufrechterhaltung der Sklaverei. Bis zum heutigen Tag ist es ein politischer Machthebel des Großbürgertums im rechtsextremen Lager. Keineswegs ein Zufall ist, daß sich die rebellierenden Sklavenhalterstaaten des Südens 1861 zu einer Konföderation, den «Konföderierten Staaten von Amerika» («Confederate States of America», CSA) zusammenschlossen.

Zweitens vertieften die Schwächen der ersten Konföderation die Kluft zwischen den dem Volk näherstehenden Revolutionären (Thomas Paine, Samuel Adams, Thomas Jefferson, Benjamin Franklin und Patrick Henry) und den konservativen Führern (George Washington, John Adams und Alexander Hamilton). Im Laufe der Zeit bildeten die Revolutionäre die «Demokratisch-Republikanische Partei». Die Konservativen formierten den Kern der «Föderalisten», die hinter sich die reichsten und mächtigsten Kreise wußten. Da nur Grundbesitzer das Wahlrecht ausüben durften, war es kein Kunststück für die Föderalisten, in der Verfassungsversammlung von 1787 die Oberhand zu gewinnen.

Das dritte Problem der Konföderation war ihre Unfähigkeit, das Handels- und Finanzwesen des jungen Staatsgebildes zentral zu regulieren. Die jungen USA verfielen in eine tiefe Wirtschaftskrise, die von 1784 bis 1787 andauerte und gefährliche Unruhen auslöste. Diese lieferten wiederum den unmittelbaren Anlaß zur Einberufung eines Kongresses, der die Verfassung der Vereinigten Staaten verabschiedete.

Die Verfassung von 1787, die die Konföderation ablöste und eine Republik gründete, wurde in Abwesenheit einiger der fortschrittlichsten Staatsmänner (Jefferson weilte zum Beispiel als Botschafter in Frankreich) und in einer Atmosphäre erbitterter Meinungsverschiedenheiten ausgearbeitet. Sie schrieb keines der Bürgerrechte fest, die in der Unabhängigkeitserklärung genannt oder mindestens angedeutet worden waren; sie schuf lediglich den Regierungsapparat nach den Vorstellungen der Föderalisten. Einige der gemäßigten Politiker verweigerten ihre Unterschrift. Mehrere Bundesstaaten ratifizierten die Verfassung nur unter dem Vorbehalt von Zusatzklauseln zu den Menschenrechten. Diese wurden dann von Thomas Jefferson konzipiert und gebilligt; die ersten 10 Zusatzartikel bilden ein einheitliches Dokument und werden als «Bill of Rights» bezeichnet.

Auch diese Zusatzklauseln durften die Sklavereifrage nicht berühren. Wahlberechtigte in der neuen bürgerlichen Demokratie nach der Verfassung waren weiße Grundbesitzer, älter als 21 Jahre und männlichen Geschlechts.

Die amerikanische Revolution verschaffte nur einer Gruppe von Sklaven die Freiheit: den weißen Leibeigenen. Den Negersklaven in den USA brachte die bürgerliche Revolution keinen gesetzlich verankerten Fortschritt. Im Norden jedoch, wo die Industrialisierung rasch voranschritt, war das religiös-moralische Gewissen der weißen Bevölkerung wachgerüttelt. Bald schon würden sich Gerichte mit der Frage der Sklaverei zu befassen haben.

Der wirtschaftliche und soziale Hintergrund des Krieges

Die Entwicklung der Sklaverei im Süden. Die Sklavenhaltergesellschaft der USA war trotz ihrer anachronistischen Charakterzüge Bestandteil eines durchaus kapitalistischen Systems. Nicht nur das Baumwoll-, das Tabak- und das Zuckerrohrgeschäft vollzogen sich auf kapitalistischer Basis, auch die Sklaverei selbst wurde zu einem profitträchtigen Unternehmen. Es wurden nämlich immer mehr Sklaven gebraucht.

Eine Ursache dafür lag in der unwissenschaftlichen Art der Bodenbearbeitung im Süden. Baumwolle gedeiht in relativ trockenen, warmen Gebieten und laugt den Boden sehr schnell aus; die Bodenkrume zerfällt zu Pulver und kann vom Wind leicht abgetragen werden. Eine aufwendige Pflege und Düngung, die die Erschöpfung des Bodens aufgehalten oder verhindert hätten, wurden im Profitrausch vernachlässigt oder völlig verworfen. Die fortschreitende Bodenerosion führte zusammen mit dem erhöhten Landbedarf bei der Regelung der Erbschaft reicher Plantagenbesitzer für mehrere Nachkommen zur Expansion westwärts in die trockene Nordhälfte des heutigen Bundesstaates Louisiana sowie in die angrenzenden Gebiete von Arkansas und Texas. Am Anfang des 19. Jahrhunderts verabschiedete der Kongreß ein Gesetz, das die weitere Einfuhr von Sklaven aus Afrika verbot – aber die Gründer der neuen Plantagen verlangten nach mehr Sklaven. Also stellten sich die Plantagenbesitzer im Osten um und wurden zu Sklavenzüchtern.

Der Sklavenhandel innerhalb der Vereinigten Staaten entwikkelte sich gesetzmäßig nach dem Muster aller kapitalistischen Unternehmen, mußte sich ausdehnen und nach immer neuen Profitmöglichkeiten suchen. Karl Marx schrieb: «... fortwährende Ausdehnung des Territoriums und fortwährende Verbreitung der Sklaverei über ihre alten Grenzen hinaus ist ein Lebensgesetz für die Sklavenstaaten ... »

Die Einführung der Baumwollmaschine von Eli Whitney ab 1793 mechanisierte die Baumwollverarbeitung. Ein einzelner Sklave konnte mit der Maschine in 1 Stunde viel mehr Baumwolle von den Kernen trennen als viele in Handarbeit. Dadurch kam die Baumwolle schneller auf den Markt, und der Plantagenbesitzer konnte höheren Mehrwert erzielen.

Nicht nur auf den Feldern der Baumwoll-, Zuckerrohr- und Tabakplantagen arbeiteten Sklaven. Sie mußten auch das Vieh versorgen sowie Arbeiten im Stall und auf dem Hof verrichten. Besonders gutaussehende und geschickte Sklaven wurden zu Hausdienern, Köchen und Gärtnern ausgebildet. Sklaven bildeten einen nicht unwesentlichen Teil der Mannschaften auf den Handelsschiffen, die zwischen den Häfen der Südstaaten und den englischen Häfen verkehrten. Sklaven errichteten das riesige Deichsystem am Mississippi, der bei Hochwasser immer wieder Tod und Zerstörung gebracht hatte. Die von den Sklaven gebauten Deichanlagen stehen noch heute.

In den Städten des Südens wuchs eine Schicht von Handwerkern und Ladenbesitzern heran, die ihre Interessen auf der Seite der Plantagenbesitzer sah. Im südlichen Bergland, wo sich die Landschaft für die Plantagenwirtschaft nicht eignete, entstand eine zum Teil stark von der Außenwelt isolierte Kleinbauernschaft, die für ihre Sturheit und ihren Konservatismus berühmt war (und es noch heute ist). Die besser situierten Kleinbauern bildeten zusammen mit den Handwerkern und Gewerbetreibenden in den Dörfern und Städten das Kleinbürgertum des Südens. Die Armen unter den Bauern sowie die wenigen Arbeiter wurden von den Weißen als «armer weißer Abschaum» bezeichnet; sie hatten kein Interesse an der Aufrechterhaltung des Sklavereisystems und kämpften im Bürgerkrieg nicht selten auf seiten der Union.

Wie in der antiken Sklavereigesellschaft und im Feudalismus, so pflegte auch in der US-amerikanischen Sklavenhaltergesellschaft die herrschende Klasse ein luxuriöses, dekadentes – und militaristisches Leben. Der Militarismus war ein gesetzmäßiges Merkmal dieser Gesellschaft, denn mit der Expansion der Sklavenhaltergesellschaft nach Westen, der zunehmenden Auseinandersetzungen in beiden Häusern des Kongresses über diese Expansion sowie über die vom Norden verhängten Schutzzölle auf Einfuhren aus England, die für den importabhängigen Süden lebenswichtig waren, wuchs in den Südstaaten das Gefühl, gefährdet zu sein. Schon 1827 drohten Senatoren der Südstaaten die Abtrennung der Südstaaten von der Union an. Es ist kein Zufall, daß danach in mehreren Südstaaten Militärhochschulen gegründet wurden, von denen die wichtigste das Virginia-Militärinstitut war, das im Jahre 1839 errichtet wurde und noch heute besteht. Hinzu kam das System der «militärischen Vorbereitungsschulen» (military preparatory schools), eigentlich Militärgymnasien, an denen auch heute noch die reichen Söhne des Südens ausgebildet werden.

Für zweite und weitere Söhne kinderreicher Plantagenbesitzer bildete die militärische Laufbahn eine von der «höheren Gesellschaft» akzeptierte Alternative, wenn der junge Mann wenig Hoffnung auf ein großes Erbe hatte. Auch förderten die Lebensbedingungen des Südens Fertigkeiten, die im Militärwesen nützlich waren. Besonders die großen Entfernungen zwischen den Plantagen und Siedlungen (öffentliche Transportmittel gab es nicht) ließen die Bewohner des Südens zu ausgezeichneten Reitern werden. Deshalb war die Kavallerie der Südstaaten am Anfang des Bürgerkrieges der des Nordens weit überlegen. Der Militarismus des Südens sicherte gut ausgebildete Offizierskader und disziplinierte Truppen, die vor allem im Raubkrieg gegen Mexiko 1846 bis 1848 mit ihrer Erfahrung, ihrem Fanatismus und ihrer Ausdauer einen wichtigen Faktor zum Sieg über die zahlenmäßig weit stärkere mexikanische Armee bildeten.

Allein schon aus wirtschaftlichen Gründen wäre aber das Aussterben des Sklavereisystems in einer Zeit wachsender Industrialisierung in anderen Teilen der USA unvermeidlich geworden. Schon der preußische Offizier und Clausewitz-Schüler Constantin Sander schrieb:« ... die Sklavenhalter selbst schätzen den Nutzeffekt von 1 Tag freier Arbeit gleich 5 Tagen Sklavenarbeit! Ferner ist die Sklavenarbeit ungebildet und ungeschickt, auch liegt es nicht im Interesse des Herrn, der mangelhaften Bildung abzuhelfen . . . Eine Industrie in Sklavenländern ist deshalb nicht möglich. Diese sind für Fertigerzeugnisse ganz und gar von der Einfuhr abhängig, wie dies in den Südstaaten in der umfassendsten Weise zutrifft. Die Sympathien Englands und der New Yorker Handelswelt für den industriell und kommerziell von ihnen beherrschten Süden ruhten deshalb auf sehr realem Grunde.» Karl Marx stellte zur verschwenderischen Natur der Sklavenwirtschaft fest: «Die durch Sklaven betriebene Kultur der südlichen Ausfuhrartikel, Baumwolle, Tabak, Zucker usw. ist nur ergiebig, solange sie mit großen Gängen von Sklaven, auf massenhafter Stufenleiter und auf weiten Flächen eines natürlich fruchtbaren Bodens, der nur einfache Arbeit erheischt, ausgeführt wird. Intensive Kultur, die weniger von der Fruchtbarkeit des Bodens als von Kapitalanlagen, Intelligenz und Energie der Arbeit abhängt, widerspricht dem Wesen der Sklaverei.» Die Landwirtschaft des Südens war – an den Hektarerträgen gemessen – selbst nach den Maßstäben der ersten Hälfte des 19. Jahrhunderts zurückgeblieben und mußte wegen ihrer zerstörerischen Praktiken früher oder später an die Grenzen der Expansion stoßen.

Ökonomische Disproportionen am Vorabend des Bürgerkrieges. Durch die im ersten Teil dieses Kapitels beschriebenen geographischen und geologischen Unterschiede zwischen dem Norden und dem Süden wurden die systembedingten Disproportionen zwischen dem Landesteilen noch weiter akzentuiert. Am Vorabend des Krieges hatten die 17 Nord- und 2 Grenzstaaten, die aktiv am Bürgerkrieg beteiligt waren und einen wesentlichen

Beitrag zur Unterstützung der Unionsstreitkräfte leisteten, enorme Vorteile an Bevölkerungszahl, Territorium, Industrie, Bodenschätzen und technischer Infrastruktur. In diesen Bundesstaaten lebten 19 Millionen Menschen. Dagegen zählte die Bevölkerung der 11 Südstaaten insgesamt 9 Millionen, von denen 3,5 Millionen Sklaven waren.

Die Nordstaaten verfügten über insgesamt 81 Prozent aller Industriebetriebe (etwa 98000 gegenüber knapp 17000 im Süden), 90 Prozent der Rohstoffe, 65 Prozent der landwirtschaftlichen Nutzfläche, 70 Prozent der Eisenbahnstrecken und 80 Prozent der Banken und Kreditinstitute. Die überwiegende Mehrzahl aller Verarbeitungs- und Finalproduktionsbetriebe lag nicht zuletzt deshalb im Norden, weil auch die damals gebräuchlichen Energierohstoffe vor allem dort vorkamen.

Im Süden fehlte es selbst an einer für die Ausbeutung vorhandener und entdeckter Rohstoffreservoirs ausreichenden Infrastruktur. Nehmen wir als Beispiel die Eisenbahnen. Mit der Anzahl der Eisenbahnstrecken allein lassen sich die Transportvorteile des Nordens nicht hinreichend demonstrieren. Deutlicher wird das Bild, wenn man darauf hinweist, daß die Eisenbahnen im Süden lediglich als Zubringerlinien für landwirtschaftliche Produkte gedacht waren, verschiedene Spurweiten aufwiesen und oft in den Städten abbrachen. Es war nicht ungewöhnlich, daß eine Eisenbahnstrecke mit einer bestimmten Spurweite auf der Westseite einer Gemeinde endete und die nächste auf der Ostseite mit einer anderen Spurweite begann. Die Ladungen mußten auf Pferdewagen von Bahnhof zu Bahnhof transportiert werden.

Die mangelhafte Industrialisierung machte den Süden sehr importabhängig. Den größten Teil seiner Rohstoffe und Waren des täglichen Bedarfs bezog er vom Norden; Luxuswaren sowie viele Industrieausrüstungen kamen aus England und Frankreich. Die Textilgroßindustrie Englands wiederum entwickelte sich seit Ende des 18. Jahrhunderts auf der Basis ständiger Baumwolllieferungen aus den Südstaaten, den ehemaligen englischen Kolonien. England gehörte auch zu den größten Abnehmern des Tabaks, der hauptsächlich in den Südstaaten Virginia und North Carolina, aber auch im Grenzstaat Kentucky angebaut wurde.

Ein sehr wichtiges Ereignis in der Wirtschaftsentwicklung des Nordens und des Südens sowie in den Beziehungen beider Staaten zu England trat 1814 ein, als eine Textilfabrik in Waltham (Massachusetts) zum erstenmal Baumwollstoff mit maschinengetriebenen mechanischen Webstühlen produzierte. Nun wurde die Textilindustrie des Nordens der USA gegenüber der englischen konkurrenzfähig und zur gleichen Zeit zunehmend von der Baumwolle aus den Südstaaten abhängig. Um den Absatz der eigenen Produktion zu sichern, verlangten die Fabrikherren des Nordens nach Schutzzöllen auf englische Importe.

Die Plantagenbesitzer, Handelsmagnaten und Reeder des tiefen Südens führten im Kongreß einen erbitterten Kampf gegen die Schutzzollgesetze, die ihre Konkurrenten in den Nordstaaten einzuführen beabsichtigen; zur gleichen Zeit trieben die Erschöpfung des Bodens und die zunehmende Profitgier den Expansionismus der Südstaatler voran. Die Plantagenbesitzer und ihre Bundesgenossen stimmten eine laute Propaganda über die «Schutzzolltyrannei» des Nordens und die Bereitschaft der Nordstaatler an, ihre Mitbürger im Süden zu «unterdrücken». Englands Bedeutung für die Südstaaten sowie dessen Konkurrenzverhältnis zu den Nordstaaten der USA sollte im Bürgerkrieg eine große Rolle spielen.

Trotz des Aufschreis über die Schutzzollgesetze und der wiederholten Drohungen der Südstaaten, sich von der «Union» der Bundesstaaten zu trennen, hatten die herrschenden Klassen im Norden wie im Süden ein gemeinsames Interesse an der Aufrechterhaltung des Status quo. Unter den Unternehmern im Norden gab es eine mächtige Gruppierung, die das Sklavereisystem billigte und mit den Plantagenbesitzern in einem symbiotischen Verhältnis stand. Die wirtschaftlichen Unterschiede zwischen Norden und Süden waren für sie von Vorteil; wenn es nach ihnen gegangen wäre, hätte es noch lange keinen Krieg zwischen Norden und Süden gegeben. Die Reichen waren jedoch im Norden nur eine kleine Minderheit, die zwei rasch wachsenden Klassen gegenüberstand: dem Industrieproletariat und den breiten kleinbürgerlichen Massen. Beide hatten nicht das geringste Interesse an der Sklaverei, im Gegenteil: Ihre progressiven Vertreter führten einen verbissenen Kampf gegen das Sklavereisystem.

Im Leben und Denken der Gewerbetreibenden, Handwerker und Kleinbauern der Nordstaaten spielte die Religion eine wichtige Rolle. Sie gehörten zum größten Teil den strengeren protestantischen Kirchen und Sekten an. Ihre Vorfahren waren nach Nordamerika gekommen, um sich der Verfolgung der europäischen Fürstenhäuser mit ihren Staatsreligionen zu entziehen. Die Idee der Freiheit war für sie eng mit religiösen Prinzipien und der persönlichen Würde verbunden. Deshalb ist verständlich, daß dieses christliche Kleinbürgertum, aus dem sich die Bevölkerung der Nordstaaten bis Mitte des 19. Jahrhunderts zum größten Teil zusammensetzte, die Sklaverei als bestialischen Verstoß gegen die christliche Ethik betrachtete.

Die Sklaverei bedrohte auch direkt die Interessen des sich entwickelnden Industrieproletariats der Nordstaaten, denn sie drückte durch ihre Ausbreitung die ohnehin niedrigen Löhne. Obwohl die organisierte Arbeiterbewegung in den USA am Vorabend des Bürgerkrieges noch in der Wiege lag, erkannten ihre ersten Führer den Zusammenhang zwischen dem Kampf um höhere Löhne und bessere Arbeitsbedingungen und dem Kampf gegen die Sklaverei. Die Monopolherren versuchten auch während des Bürgerkrieges, Spannung und Zwietracht zwischen einigen Einwanderergruppen durch die «Konkurrenz» befreiter Negersklaven zu säen, aber im allgemeinen gingen das Kleinbürgertum und das Proletariat im Norden ein Bündnis gegen die Sklaverei ein, das die ideologische Lage enorm zuspitzte und die Antisklavereibewegung zum entscheidenden Faktor in der Entwicklung der USA in der ersten Hälfte des 19. Jahrhunderts werden ließ.

Schon 1781, während des Unabhängigkeitskrieges gegen England, war ein Negersklave namens Quork Walker in Massachusetts vor Gericht erschienen und hatte seine Befreiung eingeklagt. Sein juristisches Argument lautete, daß die Verfassung von Massachusetts den Satz enthalte: «Alle Männer sind frei und gleich geboren.» Der Richter bestätigte diese Tatsache und sprach Quork Walker frei. Da das englische Zivilrecht, in dem das Rechtssystem aller USA-Bundesstaaten mit Ausnahme von Louisiana verankert ist, solche «Präzedenzfälle» in der Rechtsprechung zu ähnlich gelagerten Fällen für maßgeblich hält, führte Quork Walkers Befreiung zur Abschaffung der Sklaverei in Massachusetts. Bis Anfang des 19. Jahrhunderts wurde die Sklaverei durch solche Verfahren oder durch Volksentscheide in fast allen Nordstaaten aufgehoben.

In diesen Staaten wuchs die Bewegung gegen die Sklaverei so stark, daß der USA-Kongreß ihren Druck zu spüren bekam. Er sah sich im Jahre 1807 gezwungen, die Einfuhr von Negersklaven zu verbieten. Obwohl das Gesetz oft durch Schmuggel umgangen wurde, beschränkte es die Einfuhr so stark, daß der Sklavenhandel zwischen den Südstaaten selbst sowie die Sklavenzüchtung als profitable Geschäfte neue Impulse erhielten.

Mit der Westexpansion entstanden in den USA immer neue Territorien und Bundesstaaten. Die Sklavenhalter hatten eine potentielle Machtbasis im USA-Senat, in dem jeder Bundesstaat ungeachtet seiner Größe von 2 Senatoren vertreten ist. Also entbrannte fast unmittelbar ein Kampf um den Status der neuen Territorien und Bundesstaaten als «freie» oder «Sklaven»staaten.

1820 verabschiedete der Kongreß den «Missouri-Kompromiß», der die Sklaverei nördlich vom Breitengrad 36°03' und westlich des Missouri «auf immer» verbot. Die Sklavenhalter gaben sich damit keineswegs zufrieden; der Missouri-Kompromiß heizte die Auseinandersetzung letzten Endes nur an.

Nicht nur die Sklavenhaltergesellschaft drängte nach Westen; die Wellen der europäischen Einwanderung in den Jahren zwischen 1830 und 1850 steigerten das Interesse vieler Kapitalisten im Norden an den westlichen Territorien. Die meisten unterstützten die Antisklavereibewegung, vor allem indem sie progressive Journalisten und Schriftsteller protegierten, deren Werke veröffentlichten und sie als Chefredakteure von großbürgerlichen Zeitungen einsetzten. Redakteure wie Horace Greeley von der «New York Times» und William Lloyd Garrison von «The Liberator» standen an der Spitze der Antisklavereibewegung. Bücher wie Harriet Beecher Stowes «Onkel Toms Hütte» erschienen in Auflagen von bisher nicht gekannter Höhe. Demonstrationen gegen die Sklaverei wurden immer häufiger und umfangreicher.

Der Norden war jedoch keinesfalls monolithisch gegen die Sklaverei eingestellt. Eine große Zahl von Bürgern, vor allem Anhänger der Demokratischen Partei, befürworteten eine Politik der Nichteinmischung in die Angelegenheiten der Sklavenhalterstaaten. Die Demokratische Partei hatte auch in diesen Staaten viele Anhänger und trug die Verantwortung dafür, daß die Regierung der Vereinigten Staaten zusammen mit dem damals noch unabhängigen Land Texas einen Krieg gegen Mexiko anzettelte.

Von 1836 bis 1845 bestand Texas als selbstproklamierter, aber illegaler Staat. Völkerrechtlich gehörte das Territorium zu Mexiko, das jedoch wegen interner Probleme und schwacher militärischer Führung nicht imstande war, Texas zurückzuerobern. Die mexikanische Regierung hatte längst die Sklaverei auf ihrem Territorium verboten. Die Texaner jedoch, die aus den Südstaaten der USA kamen, ignorierten das Verbot. Am 1. März 1845 billigte der USA-Kongreß den Antrag Texas', als 28. Bundesstaat und 15. Sklavenhalterstaat aufgenommen zu werden. Daraufhin brach Mexiko die diplomatischen Beziehungen zu den USA ab. Ein Jahr später inszenierte die Demokratische Partei eine große Hetzkampagne gegen Mexiko, und reguläre Truppen der USA-Armee marschierten ins umstrittene Gebiet am Rio Grande ein. Nachdem sie einen Angriff mexikanischer Truppen provoziert hatten, überfielen sie das Nachbarland. Mit Hilfe offensichtlich schon vorbereiteter Milizeinheiten aus den Südstaaten drangen sie rasch vorwärts. Im Juni 1846 erklärte der Kongreß der Vereinigten Staaten Mexiko den Krieg. Zwar mit ihren Massenheeren an Zahl dreifach überlegen, waren die Mexikaner hinsichtlich des Ausbildungsstandes ihrer Offiziere und ihrer waffentechnischen Ausrüstung den USA gegenüber im Nachteil. Der kurze, aber blutige Kampf endete mit dem Vertrag von Guadalupe Hidalgo (2. Februar 1848), durch den Mexiko sämtliche Territorien nördlich des Rio Grande verlor. Diese Territorien wurden nun zu Streitobjekten zwischen den Gegnern der Sklaverei in den USA einerseits und ihren Anhängern andererseits.

Der Goldrausch in Kalifornien (1848) führte im Jahre 1850 zur Aufnahme dieses Territoriums als Bundesstaat, wodurch sich der Abschluß eines neuen Kompromisses erforderlich machte. Der alte Missouri-Kompromiß wurde 1854 vom Kansas-Nebraska-Gesetz abgelöst.

Der Kampf um Kansas und Nebraska führte zur Bildung einer neuen politischen Kraft: der «Republikanischen Partei». Ihren Aufstieg verdankte sie der äußerst gespannten Lage im Lande während der Präsidentschaft von James Buchanan (1853–1861), einem offenen Anhänger der Sklaverei. In dieser Zeit wurde die Demokratische Partei hoffnungslos gespalten. Mehrere Splitterparteien bildeten sich, die jedoch nicht imstande waren, die Antisklavereibewegung zu schwächen.

Die Negersklaven selbst waren keineswegs passive Beobachter des jahrzehntelangen Ringens. Einige Sklaven versuchten mit Hilfe aktiver sympathisierender Bürger der Nordstaaten ihre Befreiung auf legalem, gerichtlichem Wege zu erwirken. Andere zogen die Flucht vor, die allerdings äußerst gefährlich war und manchmal in den Nordstaaten dadurch vereitelt wurde, daß ein entlaufener Sklave dem Gesetz nach immer noch als Eigentum seines «Herrn» galt und deshalb eingefangen und zurückgeschickt werden konnte. Sklavereigegner errichteten deshalb die sogenannte Untergrundeisenbahn, eine Kette von geheimen Verbindungen quer durch die Vereinigten Staaten, über die entlaufene Sklaven nach Kanada, wo die Sklaverei längst abgeschafft war, geschmuggelt wurden.

Es gab aber auch einzelne Aufstände, die mit äußerster Brutalität niedergeschlagen wurden. In der damaligen Atmosphäre tiefer Religiosität und emotionaler Spannung überrascht es nicht, daß die beiden berühmtesten Aufstände durch die «Visionen» religiöser Fundamentalisten ausgelöst wurden. Der erste wurde vom Negersklaven und Prediger Nat Turner im August 1831 angeführt. Turners Rebellion kostete 54 Weiße und 100 Sklaven das Leben. Nat Turner wurde schließlich ergriffen, vor Gericht gestellt und zum Tode verurteilt.

Der folgenschwerste Aufstand wurde von dem weißen Farmer John Brown angeführt. Wie Nat Turner war auch John Brown davon überzeugt, von Gott zum Kreuzzug für die Befreiung der Sklaven berufen worden zu sein. Browns Angriff auf das Armeearsenal in Harpers' Ferry (Virginia) im Oktober 1859 wurde nach anfänglichem Erfolg von regulären Truppen, Milizen und bewaffneten Zivilisten beendet. Brown wurde hingerichtet; sein Andenken lebt weiter in dem Lied «Glory, glory, hallelujah»: «John Browns Leichnam liegt modernd längst im Grab, doch sein Geist marschiert voran!» Mit anderem Text wurde das Lied später zur «Schlachthymne der Republik», also zum Kampflied der Armeen des Nordens im Bürgerkrieg.

Die militärische Aktion gegen John Brown und seine Mitstreiter wurde von drei Offizieren geleitet, die wenige Jahre später die berühmtesten Generale der konföderierten Streitkräfte werden sollten: Robert E. Lee, Thomas J. Jackson und J. E. B. Stuart.

Die Wahl Lincolns, die «Sezession» und die internationale Lage am Vorabend des Bürgerkrieges

Es wäre falsch, die Antisklavereibewegung als *antirassistisch* einzuschätzen. Der weiße Amerikaner, gleich welcher Klassenzugehörigkeit, war auf Grund seiner Erziehung und dem aus der christlichen Religion abgeleiteten Gefühl väterlicher Verantwortung der weißen Rasse für die anderen Rassen weder bereit noch imstande, den Neger als vollwertigen Mitmenschen zu akzeptieren. Nur wenn man diese Tatsache berücksichtigt, kann man die Widersprüche im Charakter und in den Äußerungen Abraham Lincolns verstehen, die sich im Laufe seiner Wahlkämpfe als führender Vertreter der Republikanischen Partei um die Präsidentschaft der USA entwickelten. In den USA ist um Abraham Lincoln eine Art Heiligenlegende geschaffen worden, die vielen Menschen das Verständnis für seine offensichtliche Widersprüchlichkeit in den ersten beiden Jahren des Bürgerkrieges verwehrt.

Die Legende vom armen, ehrlichen, großen, sanftmütigen Befreier der Sklaven, vom Verfechter der Gerechtigkeit und Märtyrer im Kampf um diese Gerechtigkeit wird durch manche Fakten gestützt. Abraham Lincoln wurde am 12. Februar 1809 in einem primitiven Blockhaus in der Nähe von Hodgenville (Kentucky) geboren. Er wuchs in bitterster Armut auf, durfte die

Schule nur ein Jahr lang besuchen und mußte von Kindesbeinen an schwere körperliche Arbeit verrichten. Lincoln verfügte aber über eine außergewöhnliche Intelligenz, gepaart mit krankhaftem Ehrgeiz. Als Autodidakt studierte er Jura und legte im Bundesstaat Illinois seine Rechtsanwaltsprüfung ab. Ab 1824 wurden die Grundbesitzklauseln aus den Wahlgesetzen der USA gestrichen, so daß alle freien weißen Männer wählen und in höhere Ämter gewählt werden konnten. Lincoln zog als Mitglied der Whig-Partei ins Parlament von Illinois sowie ins Repräsentantenhaus der USA ein, trat aber nach Bildung der Republikanischen Partei zu ihr über und kandidierte für einen Sitz im Senat, den damals der mächtige und und einflußreiche Stephen Douglas von der Demokratischen Partei innehatte. Douglas war der Verfasser des berüchtigten Kansas-Nebraska-Gesetzes, das die Sklaverei in neuen Territorien und Bundesstaaten wieder zuließ. Es waren Lincolns Wahlkampfdebatten mit Senator Douglas, die ihm in den Nordstaaten Ruhm verschafften und in den Südstaaten Haß eintrugen.

Lincoln begann seine politische Karriere bereits in seinem 23. Lebensjahr, und er verbrachte sein ganzes Leben in politischen Ämtern oder als Kandidat. Auf den Tribünen seiner Zeit machte er eine bemerkenswerte Figur: Er war 1,95 Meter groß, wog aber nie mehr als 81 Kilo, besaß jedoch außergewöhnliche Körperkräfte. Seine Kraftproben während seiner Wahlkampagnen hinterließen beim Wähler manchmal einen größeren Eindruck als seine Politik. In seiner mikrofonlosen Zeit der Freiluftmeetings war seine hohe und scharfe, weithin vernehmbare Tenorstimme von entscheidendem Vorteil. Seine Gegner machten sich über seine etwas unbeholfenen Witze, sein unschönes Aussehen und seine bescheidene Herkunft lustig, das Volk aber nannte ihn liebevoll «Honest Abe» (ehrlicher Abe). Seine politische Philosophie war eine eigentümliche, aber damals in den USA nicht ungewöhnliche Mischung von utopischem Sozialismus und pragmatischem Kapitalismus. Er begriff weder die Gesetzmäßigkeiten des Profitstrebens noch, daß die von ihm angeprangerten Ungerechtigkeiten durch das System bedingt waren, äußerte jedoch manch fortschrittliche Idee über Arbeit und Kapital. Ein typisches Beispiel: «Die Arbeit kam eher als das Kapital und ist vom Kapital unabhängig. Kapital ist die Frucht der Arbeit und hätte nie existieren können, wenn die Arbeit nicht vor ihm existiert hätte … Es ist aber so gekommen, in allen Zeiten der Weltgeschichte, daß manche gearbeitet und andere ohne zu arbeiten einen großen Teil der Früchte genossen haben. Dies ist ungerecht und soll nicht weiter so bleiben. Jedem Arbeiter das gesamte Produkt seiner Arbeit zu garantieren, oder dies so weit wie möglich, ist ein würdiges Ziel für jede gute Regierung.» Zu Lincolns wichtigsten Erkenntnissen gehörte jene, daß die Sklavenarbeit eine Bedrohung für die Lohnstruktur in den Industriegebieten war – ein Argument, das die Arbeiter im Norden stark beeindruckte und ihn ihrer Unterstützung für seine Präsidentschaftskandidatur versicherte.

Lincolns Haltung den Negersklaven gegenüber änderte sich im Laufe seiner Jahre im Weißen Haus, war aber nie völlig frei von gewissen Vorurteilen. Seine Argumentation während einer Wahlkampfdebatte mit Stephen Douglas im Jahre 1858 ist typisch für die Haltung vieler progressiver Amerikaner seiner Zeit: «Dann will ich sagen, daß ich weder jetzt noch irgendwann dafür gewesen bin, daß sie (die Neger) zu Wählern oder Geschworenen gemacht werden, ein Amt bekleiden dürfen oder sich mit Weißen verheiraten; und ich sage zusätzlich, daß es einen körperlichen Unterschied zwischen der weißen und der schwarzen Rasse gibt, der, so glaube ich, ewig verbieten wird, daß die beiden Rassen in einem Verhältnis der sozialen oder politischen Gleichheit zusammenleben … Während sie doch zusammenleben, muß es eine höhere und eine niedere Position geben, und ebenso wie jeder Mann befürworte ich die Vergabe der höheren Position an die weiße Rasse.» Obwohl Lincoln nach der Sklavenbefreiung die hohe Kampfmoral und die Fähigkeiten der ersten Negertruppen der Unionsarmee anerkannte und seine Meinung zur Gleichberechtigung modifizierte, blieb er der Meinung, die Mehrzahl der Weißen würde die Neger nie akzeptieren. Aus diesem Grund suchte er während seiner Präsidentschaft nach Wegen, die Negerbevölkerung nach Afrika zurückzuschikken oder irgendwo außerhalb des Landes anzusiedeln.

Die Südstaaten, denen selbst Lincolns Überlegungen zu radikal erschienen und die seine Opposition zur Sklaverei scharf verurteilten, drohten wiederholt damit, im Fall seiner Wahl aus der Union auszuscheiden.

Am 6. November 1860 gewann Lincoln die Präsidentschaftswahl, und am 20. Dezember 1860 erklärte South Carolina als erster Bundesstaat die «Sezession», die Trennung von den Vereinigten Staaten. Ihm folgten in den nächsten 5 Monaten Alabama, Arkansas, Florida, Georgia, Louisiana, Mississippi, North Carolina, Tennessee, Texas und Virginia.

Schon im Februar 1861 konstituierten sich 6 dieser Sklavenhalterstaaten zu einem Staatenbund unter der Bezeichnung «Konföderierte Staaten von Amerika» (Confederate States of America, CSA) mit Montgomery (Alabama) als Hauptstadt. Im selben Monat traten die ehemaligen Senatoren und Abgeordneten dieser Staaten zum Kongreß der CSA zusammen. Zum Präsidenten wählte dieser Kongreß den ehemaligen USA-Kriegsminister Jefferson Davis, von Beruf Armeeoffizier.

Die Nordstaaten betrachteten sich als die einzig legitimen Vereinigten Staaten von Amerika, und die Regierung in Washington weigerte sich, das neue Staatsgebilde anzuerkennen. Lincoln sprach stets nur von den «Rebellenstaaten». Sie waren jedoch 4 Jahre lang politische Realität und funktionierten als unabhängiger Staat mit eigenen Streitkräften, eigener Regierung und eigenem Finanzwesen. Unweigerlich setzten sich für sie die Begriffe «Konföderation» oder CSA sowie die Bezeichnung «Union» für die Nordstaaten durch.

Die CSA erreichten trotz riesiger Anstrengungen niemals die Anerkennung der europäischen Regierungen, obwohl die englische und die französische Regierung durchaus geneigt waren, gemeinsame Sache mit den CSA zu machen. Das große Interesse Englands am Baumwolle-, Tabak- und Zuckerrohrgeschäft mit dem amerikanischen Süden haben wir schon erläutert. Frankreich – seit 1852 von Napoleon III. regiert – war ebenfalls ein wichtiger Handelspartner der Südstaaten und seit dem Krimkrieg Verbündeter Englands. Weiter sahen England und Frankreich im geschwächten Mexiko eine leichte Beute. Im Verein mit Spanien schmiedeten sie ein Komplott für einen gemeinsamen Überfall auf das mittelamerikanische Land. Ihren Druck auf die mexikanische Regierung begrüßten die Politiker der Südstaaten als hilfreich für die eigene Sache.

England und Frankreich waren für die CSA die einzigen Staaten von besonderer Bedeutung. Die mitteleuropäischen Staaten und Italien waren mit den Nachwirkungen der bürgerlichen Revolutionen von 1848/49 auf ihre Innenpolitik beschäftigt sowie außenpolitisch auf die mögliche Bedrohung durch Napoleon III. konzentriert. Als Handelspartner war Preußen wichtig; der preußische Adel sympathisierte offen mit den CSA. Es kamen aber lediglich preußische Waffen in kleineren Mengen und einige preußische Militärs. (Nicht uninteressant ist der Umstand, daß andere preußische Offiziere als Beobachter und auch als Kombattanten den Bürgerkrieg auf der Unionsseite miterlebten.) Die deutschen Länder leisteten ihren größten Beitrag zur Lage in den USA ungewollt, denn ihre in die USA emigrierten Märzkämpfer und progressiven Denker bildeten einen großen Teil des Kerns der Republikanischen Partei und gaben der Unionsarmee ihre militärischen Erfahrungen weiter.

Überall in Europa waren die Massen gegen die Sklaverei und gegen jegliche diplomatische Anerkennung der Konföderation eingestellt, was sie vor allem in England mit machtvollen Demonstrationen unterstrichen. Dies zusammen mit der allgemeinen internationalen Lage und der Drohung der Unionsregierung, jeglicher Hilfe für die Südstaaten mit wirksamen Maßnahmen zu begegnen, garantierte die Isolierung der CSA-Regierung. Aber am Vorabend des Bürgerkrieges zeigte sich dem noch nicht vereidigten Präsidenten Lincoln, als er Anfang April 1862 von seinem Wohnsitz in Springfield (Illinois) nach Washington umsiedelte, die Lage keineswegs klar.

Die Streitkräfte beider Seiten

Die Landstreitkräfte. Am 30. Juni 1860 zählte die reguläre Armee der USA 1080 Offiziere und 14926 Soldaten. Die Soldaten waren auf 5 Jahre verpflichtet, konnten jedoch nach deren Ablauf um weitere 5 Jahre verlängern. Die meisten Angehörigen der regulären Armee waren im Ausland geboren, hauptsächlich in Europa.

Die Landstreitkräfte bestanden aus 10 Infanterie-, 4 Artillerie-, 2 Kavallerie- und 2 Dragonerregimentern sowie 1 Regiment «berittener Scharfschützen». Diese Truppenteile waren über 7 riesige regionale Militärdepartements zerstreut. 6 dieser Militärdepartements lagen westlich des Mississippi im noch relativ wilden Westen, während lediglich 929 Mann regulärer Truppen im Osten stationiert und in einem einzigen Militärdepartement organisiert waren. Da der Krieg, der ihnen bevorstand, fast ausschließlich östlich des Mississippi ausgetragen werden würde, mußten die Armeen beider Staaten nach Beginn der Spaltung der Vereinigten Staaten völlig reorganisiert werden.

Mit der Bildung der Konföderation im Februar 1862 traten sehr viele Offiziere der regulären Armee (bis Frühjahrsende 286) in den Dienst der CSA. 184 davon waren Absolventen der Militärakademie West Point. Somit standen die meisten erfahrenen Feldoffiziere und Kommandeure (darunter 3 Befehlshaber von Militärdepartements) auf der Seite der Konföderation. Obwohl diese zur CSA-Seite übergelaufenen Offiziere im Grunde Hochverrat begingen, wurde gegen sie keine Anklage erhoben.

Für den Militärhistoriker ist die Organisation (oder besser der Mangel an Organisation!) einer der problematischsten Aspekte des Konfliktes. Beide Seiten gliederten ihre Landstreitkräfte in eine Vielzahl von Gruppierungen: 16 Armeen auf Unionsseite, 23 auf CSA-Seite. Diese Armeen wurden nach Regionen und Flüssen benannt, häufig auf beiden Seiten mit demselben Namen. So gab es sowohl bei der Unionsarmee als auch bei der CSA-Armee eine Potomac-Armee («Army of the Potomac»); beide Seiten hatten eine Tennessee-Armee usw. Die beiden Tennessee-Armeen kämpften mehrmals auf demselben Schlachtfeld gegeneinander. Der Historiker ist also gezwungen, die Armeen eher nach ihren Befehlshabern zu benennen.

Im ersten Jahr des Bürgerkrieges setzte sich die überwiegende Mehrheit der Infanterie im Norden wie im Süden sowie ein großer Teil der Kavallerie aus Freiwilligen zusammen, die juristisch den Milizen der einzelnen Bundesstaaten angehörten und von diesen aufgestellt und ausgebildet wurden. Das Milizsystem der USA hatte uralte Wurzeln, die bis zu den Angelsachsen in Britannien zurückreichen. In den englischen Kolonien in Amerika waren die

Milizen eine effektive Bürgerarmee, solange die Gefahr von Indianerangriffen bestand. Die Vertreibung der Indianer von der Ostküste erlaubte den teilweisen Abbau des Milizsystems. Theoretisch sollten alle Männer zwischen 16 und 60 Jahren in allen Berufsgruppen wehrpflichtig sein, mit der Zeit wurden aber die Alters- und Berufsgruppen reduziert. Wer die jährlichen «Musterungen» lästig fand und genügend Geld hatte, konnte einen «Ersatzmann» aus den ärmeren Schichten stellen. Die Praxis des «Ersatzmannes» wurde im Bürgerkrieg beibehalten, was einen unter den Truppen verbreiteten Witz zur Folge hatte: «Des reichen Mannes Krieg und des armen Mannes Kampf.»

In der bürgerlichen Verfassung von 1787 blieb das Milizsystem der Bundesstaaten erhalten. Rückgrat der Miliz der einzelnen Bundesstaaten waren und blieben bis zum Bürgerkrieg die traditionsbewußten «Enthusiasteneinheiten», die aus Liebe zur militärischen Tradition eifrig trainierten und verschiedene europäische Gruppierungen kopierten.

Diese Praxis führte zu kuriosen Erscheinungen auf den Schlachtfeldern, sogar noch in den ersten Monaten des Bürgerkrieges. Vor allem die «Zouaves» erfreuten sich großer Beliebtheit. In den 50er Jahren des 19. Jahrhunderts ahmten US-amerikanische Milizen die französischen Kolonialtruppen gleichen Namens nach: vom roten marokkanischen Hut («fez») über den kurzen blauen Rock und die breite, rote Hose bis zu den weißen Gamaschen war die USA-Version der Uniform detailtreu. Selbst die Berufsoffiziere der Union bedauerten es, als die Bundesregierung auch für diese Einheiten die Standarduniform befahl.

Die Armeen beider Seiten waren ähnlich strukturiert. Erst gegen Ende des ersten Kriegsjahres wurde das Korps als höchster Verband einer Armee eingeführt. Auf der Unionsseite wurden alle Korps mit römischen Ziffern bezeichnet, bei den Konföderierten hingegen fast immer nach ihren Kommandeuren. Ein Korps bestand aus 2 bis 5 Divisionen, eine Division aus 2 bis 3 Brigaden, eine Brigade aus 2 bis 5 Regimentern, ein Regiment aus 10 Infanterie- oder 12 Artilleriekompanien. Die Kompaniestärke betrug maximal 101, minimal 83 Mann. Kompaniechef war ein Hauptmann, zu dessen Stab ein Leutnant und ein Unterleutnant gehörten. Im Bürgerkrieg gab es noch keine Bataillone als Standardeinheit.

Anfangs betrug die Sollstärke eines Korps 45 Infanterieregimenter und 9 Artillerieregimenter. Im Laufe des Bürgerkrieges wich die zahlenmäßige Stärke der Truppen immer mehr von der Norm ab. Truppenstärken lassen sich daher nicht aus der Anzahl der Regimenter im Verband errechnen. Im Idealfall zählte ein Regiment zwischen 845 und 1025 Mann; diese Zahlen waren allerdings nach der ersten Schlacht reine Theorie, weil die Verluste eines Regiments nicht ersetzt wurden. Stattdessen wurden neue Rekruten in neuformierte Regimenter aufgenommen. Daher sank die Stärke der Regimenter ständig, während ihre Zahl kontinuierlich zunahm.

Die Brigaden und Divisionen der CSA wurden immer nach ihren Kommandeuren genannt und behielten diese Namen oft lange nach dem Tode oder der Versetzung des Kommandeurs bei. Ein typisches Beispiel ist die Stonewall-Brigade der Armee von Nord-Virginia, die bis zur Kapitulation denselben Namen führte, obwohl ihr erster Kommandeur, General T. J. «Stonewall» Jackson, schon nach der ersten Schlacht zum Korpskommandeur ernannt wurde und 2 Jahre vor Kriegsende fiel.

Divisionen und andere Verbände der Union führten fortlaufende Nummern in der Reihenfolge ihrer Bildung sowie den Namen des Bundesstaates, in dem sie aufgestellt worden waren, zum Beispiel 31. Ohio-Infanteriedivision.

Die offiziell festgelegte Uniformfarbe der Union war die der regulären Armee vor dem Krieg, nämlich dunkelblau; der Schnitt ähnelte dem der französischen Uniformen jener Zeit. In den konföderierten Armeen wurde derselbe Schnitt beibehalten, die Farbe sollte aber grau sein. In der Praxis herrschte auf der CSA-Seite ein ziemliches Durcheinander, da die Wirtschaft der Südstaaten schon bei Kriegsbeginn die Ausrüstung großer Armeen nicht verkraften konnte. Einige reguläre CSA-Verbände trugen noch bei Kriegsende ihre alten blauen Uniformen und sorgten mehr als einmal für folgenschwere Mißverständnisse auf dem Schlachtfeld.

Die Kriegsflotten. Während sich die Armee in ihre jeweilige Loyalität teilte, blieb der größte Teil der Matrosen und Offiziere der kleinen USA-Kriegsmarine der Union treu. Ebenso blieben die meisten vorhandenen Kriegsschiffe in der Verfügung der

Union. Obwohl die CSA mit der Besetzung der Werft von Norfolk bei Kriegsbeginn einige wichtige Unionsschiffe erbeuteten und hier sowie in anderen kleineren Häfen über eine bescheidene Schiffbaukapazität verfügten, fehlte es ihnen an Rohstoffen und einer Infrastruktur für den Bau einer kampffähigen Flotte.

Die kleine, vom Kriegsministerium vernachlässigte, aber traditionsbewußte Kriegsmarine der USA wies am Vorabend des Bürgerkrieges bemerkenswerte Widersprüche auf. Später als die Landstreitkräfte und erst nach langwierigem Kampf im Kongreß hatte sie eine eigene Militärakademie bekommen. Trotzdem entwickelte sich ihre Kriegskunst. Früher als alle anderen Kriegsmarinen der Welt führte sie Dampfschiffe ein und hielt ihre Konstrukteure zu Experimenten mit modernsten Schiffskanonen und Sprenggranaten an. Die Kriegsmarine zog jedoch aus diesen Neuerungen keine Konsequenzen im Schiffsschutz und baute bis zum Bürgerkrieg kein einziges vollgepanzertes Schiff – und dies zu einer Zeit, als in Europa gepanzerte Segelschiffe in größeren Stückzahlen gebaut wurden. Das Hauptproblem lag in der Einstellung der Regierung zu den Streitkräften und besonders zur Kriegsmarine, die abwechselnd stiefmütterlich behandelt oder verhätschelt wurde, je nachdem, wie es die herrschende Politik brauchte.

Schon 1812, während des Krieges gegen England, ließ die Kriegsmarine von der privaten Schiffswerft Stevens das erste Dampfkriegsschiff der Welt bauen – eine «schwimmende Batterie», ein kurioses Monstrum ohne Segel, mit flachen Aufbauten und dampfgetriebenem Schaufelrad. Für seine Zeit war es ungewöhnlich groß – 47,5 Meter lang, etwa 7 Meter breit – und hatte eine Wasserverdrängung von 2245 Tonnen. Es erreichte jedoch nur 5 Knoten «Geschwindigkeit». Die «Stevens-Batterie», wie das Schiff eine Zeitlang genannt wurde (es trug auch den Namen «Fulton», später «Demologos»), explodierte 1829 im Marinehafen Brooklyn (New York). 1834 wurde ein zweites dampfgetriebenes Kriegsschiff mit weit aus praktischerer Form gebaut. Das Volldampfschiff galt aber immer noch als exzentrisches Experiment.

Viel erfolgreicher waren die ersten Dampffregatten, die «Mississippi» und die «Missouri», die 1824 vom Stapel liefen. Ihre seitlich angeordneten Schaufelräder waren jedoch derart verwundbar, daß sie sich kaum für den Kriegsdienst eigneten. Diese Erkenntnis führte Kapitän Robert F. Stockton dazu, mit Schiffsschrauben zu experimentieren und die erste schraubengetriebene Fregatte, die «Princeton», zu konstruieren. Dieses Schiff erwies sich als zuverlässig. In den 50er Jahren des 19. Jahrhunderts ließ die USA-Regierung mehrere schnelle schraubengetriebene Fregatten vom Typ «Merrimack» bauen.

In den 30er, 40er und 50er Jahren des 19. Jahrhunderts wurde auch mit neuen Schiffskanonen experimentiert. Auf den neuen Schiffstypen ließen sich nicht mehr so viele Geschütze unterbringen; das mußte mit größerer Treffsicherheit und Schußwirkung, also zwangsläufig mit größeren Kalibern wettgemacht werden. Die Versuche mit besonders schweren Geschützen verliefen äußerst gefährlich. Bei der Vorführung eines vom Artillerieexperten Rodman konstruierten neuen Typs explodierte die Kanone und tötete mehrere prominente Persönlichkeiten, die zur Vorführung eingeladen worden waren, unter ihnen mehrere Kongreßmitglieder. Dennoch gehörten Rodman und sein Kollege Parrott zu den erfolgreichsten Konstrukteuren schwerer Geschütze für alle Teilstreitkräfte, auch wenn Parrotts Geschütze die unangenehme Neigung hatten, beim Abschuß ihre eigene (unverstärkte) Mündung abzusprengen.

Drehtürme und Hinterladegeschütze wurden entwickelt, doch bis zum Vorabend des Bürgerkrieges wurde diese Technik in relativ geringem Umfang in die Praxis übernommen. Auch gezogene Rohre blieben eher die Ausnahme, da sie verhältnismäßig schwer zu reinigen waren. Bis 20 Jahre nach dem Bürgerkrieg blieb das alte, bewährte Dahlgren-Geschütz mit seinem glatten Rohr die Standardwaffe der Kriegsmarine. Es verschoß eine schwere Kugel, die Panzerungen – geschweige denn Holzwände – besser durchschlug als längliche Geschosse.

Zu Beginn des Krieges verfügte die Unionsmarine über etwa 30 Segelschiffe und 12 Dampffregatten in See, einige auf Dock liegende Schiffe und eine größere Zahl von Transportschiffen und Flußbooten.

Waffen, Munition, technische Entwicklungen. 1798 standen die jungen USA in ihrem ersten, unerklärten Krieg – gegen Frankreich. Die Spannungen rührten hauptsächlich von den

Schutzzöllen und von begrenzten Vorfällen auf See her und drohten sich zu einem Landkrieg auszuweiten. Dafür hatten die USA weder genügend Gewehre noch genügend Waffenwerkstätten. In Washington entsann man sich des Erfinders der Baumwollmaschine Eli Whitney, der sich für mechanische Produktionsprozesse überhaupt interessierte. Die Regierung erteilte ihm den Auftrag, einen schnellen und zuverlässigen Herstellungsprozeß für die Waffenproduktion zu entwickeln. Whitney konzipierte das erste Gewehr mit standardisierten, austauschbaren Teilen und schuf damit die Basis für die mechanisierte Produktionslinie – das Fließband. Bis 1820 erlangte die Fließbandproduktion nicht nur für die Waffenindustrie, sondern für praktisch alle Produktionsbetriebe der USA enorme Bedeutung. Sie ermöglichte eine Vielzahl von Verbesserungen der Waffentechnik und regte neue Ideen an. Bis zum Beginn des Bürgerkrieges hatte sich die Waffenherstellung in den USA zum «Big business» gemausert. Namen wie Winchester, Colt und Smith & Wesson waren auch im Ausland gut bekannt. Die technischen Entwicklungen dieser Betriebe kamen vor allem den Streitkräften zugute.

Das Hauptarsenal der USA-Armee befand sich in Springfield (Massachusetts); hier wurden die meisten Gewehre für die Armee gefertigt. Während des Bürgerkrieges sollte das Werk Springfield den für die damalige Zeit erstaunlichen Produktionsausstoß von etwa 1000 Stück am Tag erreichen.

Die Infanterie beider Bürgerkriegsparteien kämpfte zum größten Teil mit dem klassischen Vorderlader mit gezogenem Lauf. Auf der Unionsseite waren es das Springfield-Modell 1842 und seine späteren Modifikationen, die bis 1864 die meistverbreiteten Gewehrmodelle der Nordseite blieben. Erst mit der Reorganisation der Versorgung und des Nachschubs der Unionsarmee (siehe Kapitel 5) wurden eine einheitliche Munitionsproduktion und damit eine Standardisierung der Gewehre mit gezogenem Lauf ermöglicht.

Ein weiterer wichtiger Faktor bei der Einführung neuer Technik in die Streitkräfte war (und blieb bis zum Beginn des 20. Jahrhunderts) die Teilung der politischen Gewalten des USA-Kriegsministeriums: Laut Verfassung müssen die «Sekretäre» (also Minister) für die Kriegführung und für die einzelnen Teilstreitkräfte Zivilisten sein. Die meisten Kriegsminister der USA (wie auch die Verteidigungsminister seit dem zweiten Weltkrieg) waren eher Geschäftsleute als Militärtechniker und verstanden wenig von Waffentechnik. Die Versorgungsprobleme dämpften ihren Enthusiasmus für neue Erfindungen, gleichwohl fanden diese doch in Einzelfällen den Weg auf das Schlachtfeld.

Bei beiden Bürgerkriegsparteien bekam die Kavallerie früher als alle anderen die neuesten Waffen. Die Kavallerie kämpfte bis zum Vorabend des Bürgerkrieges eher als berittene Infanterie: Sie ritt in die Schlacht und kämpfte zu Fuß. Die europäischen Traditionen wurden weitgehend ignoriert, und die Ausbildung mit Hieb- und Stichwaffen war derart dürftig, daß in der Hitze des Gefechts viele Kavalleristen ihre Säbel einfach wegwarfen. Lanzen wurden in Nordamerika überhaupt nicht verwendet. Da die Kavallerie im Bürgerkrieg als Stoßtrupp sowie zur Aufklärung handelte, bekam sie stets die neuesten und besten Karabiner. Im weiteren Verlauf des Bürgerkrieges kämpfte die Kavallerie zunehmend im Sattel.

Verschiedene Varianten des Minié-Geschosses mit Papierpatrone bildeten die bevorzugte (und für Gewehre mit glattem Lauf einzig mögliche) Munition der Infanterie. Die Metallpatrone wurde erst im Laufe des Bürgerkrieges eingeführt.

Die Artillerie der USA-Armee am Vorabend des Bürgerkrieges wurde aus technischen Gründen hauptsächlich mit Glattrohrgeschützen ausgerüstet. In einem Zeitalter ohne Feldtelefon war eine präzise Feuerführung über mit gezogenem Rohr mögliche Entfernungen nicht realisierbar, außerdem waren Kanonen mit gezogenem Rohr viel schwerer zu reinigen als solche mit glattem Rohr, so daß sich die Artilleristen der Einführung neuer Geschütze widersetzten. Auch war die hohe Geschoßflugbahn beim glatten Rohr im Bergland von Vorteil, wenn sich die gegnerischen Truppen hinter einem schützenden Bergkamm verschanzt hatten. Die Kunst, schwere Geschütze mit gezogenem Rohr so zu gießen, daß sie nicht explodierten, war noch nicht gemeistert.

Im Kriegsverlauf vermochte der Waffenhersteller Parrott dieses Problem für die Unionsseite hinreichend zu lösen. Und vor allem der Parrott-10-Pfünder (3,67 Zoll) gewann zunehmende

Beliebtheit. Diese Kanone konnte auch höher als die anderen schießen, da sich ihr Rohr auf 10° erhöhen ließ (bisherige Norm war 5°).

Zur Ausrüstung der Landstreitkräfte sowie der Kriegsmarine gehörten Mörser und Belagerungskanonen größeren Kalibers. Allerdings bereiteten die schweren Geschütze erhebliche Transportprobleme, was wiederum bei längeren Feldzügen taktische Nachteile mit sich brachte.

Vier Arten von Artilleriemunition waren am Vorabend des Bürgerkrieges im Gebrauch: das Vollgeschoß («solid shot») für das Durchschlagen von Gebäude- und Festungsmauern, die Sprenggranate («shell»), die Splittergranate («Shrapnel» nach ihrem Erfinder genannt) und die Kartätsche («canister») in verschiedenen Varianten, hauptsächlich aber als Schrotgranate.

Im zweiten Jahr des Bürgerkrieges in den USA tauchte das Maschinengewehr auf dem Schlachtfeld auf, allerdings spielte es in diesem Krieg keine wichtige Rolle. Die recht primitive Williams-«Schnellfeuerkanone», die erstmalig von den Konföderierten in der Schlacht bei Fair Oaks/Seven Pines (1862) eingesetzt wurde, war materialanfällig und explodierte bei wiederholtem Gebrauch. Das erste für die Serienproduktion geeignete Maschinengewehr war die Erfindung des Arztes Dr. Richard J. Gatling. Es hatte einen einzelnen Lauf und eine rotierende Kammer. Spätere Versionen verwendeten ein Bündel von 4 bis 5 Läufen, das mechanisch gedreht wurde. Das Gewehr gab 200 Schüsse in der Minute ab. Der Chef der Unionsarsenale J. W. Ripley lehnte diese Neuheit 1862 als «Munitionsverschwender» ab, obwohl sie schon für die Serienproduktion reif war. Erst 1864 wurde eine verbesserte Version in die Serienproduktion übernommen und in begrenzter Zahl eingesetzt.

Die neue Technik und die für ihren Einsatz notwendigen neuen Kampfmethoden wurden sehr verschiedenartig behandelt. Allerdings wurde eine der bedeutsamsten Neuerungen des Bürgerkrieges durch die geographischen Bedingungen und nicht an erster Stelle durch die Technologie bestimmt. Infolge der Ausbreitung des Krieges auf zwei sehr weit voneinander entfernten Kriegsschauplätzen entstanden völlig neue Transport-, Kommunikations- und Bauprobleme. Nachrichten und Befehle mußten über

Tausende Kilometer geleitet, Nachschubgüter über ähnliche Entfernungen transportiert werden. Zehntausende Mann starke Armeen hatten Hindernisse, wie sehr große Flüsse, zu überwinden. Diese Herausforderungen führten zur Aufwertung des «Ingenieurkorps» auf Unionsseite, das mit dem Bau aller wichtigen Anlagen, Geräte und Brücken beauftragt war, die für die Kriegführung benötigt wurden.

In den Nordstaaten gab es schon vor dem Krieg ein gut ausgebautes Telegrafennetz für kommerzielle Zwecke. Die Leitungen verliefen hauptsächlich parallel zu den Eisenbahnstrecken. Bald entwickelte das Ingenieurkorps Feldleitungen, die schnell verlegt werden konnten.

Bei Beginn des Bürgerkrieges war die Kartographie im Vergleich zu Europa noch unterentwickelt. Die Karten, die den Generalen zur Verfügung standen, waren oft unvollständig oder ungenau – ein Problem, das bis Ende des Krieges noch nicht gelöst werden konnte.

Im Bürgerkrieg der USA wurden die neuen Kommunikationen – zum Beispiel Eisenbahnlinien und Telegrafenleitungen – zu taktischen Zielobjekten, die verteidigt beziehungsweise angegriffen und zerstört werden mußten. Sie konnten aber alte Methoden noch nicht überall ersetzen, vor allem dort nicht, wo Terrain, Infrastruktur und Finanzmittel ihnen Grenzen setzten. So lief die Verbindung zwischen den Stäben auch am Kriegsende hauptsächlich über das System der Kuriere.

Militärmedizin und Sanitätswesen. Auf seiten der Union wurde zum erstenmal in der Geschichte des Landes eine zivile Kommission, die «U. S. Sanitary Commission» (Sanitätskommission), zur medizinischen Versorgung der Truppen, zur Erfassung der Verluste und zur Verbesserung der hygienischen Bedingungen der Truppen im Feld gegründet. Freiwillige englische Krankenpfleger unter der Leitung von Florence Nightingale hatten im Krimkrieg 1853 bis 1856 ein Beispiel für Verwundetenversorgung geliefert, das die erste promovierte Ärztin, die geborene Engländerin Elizabeth Blackwell (1821–1910), nach Amerika brachte und und in die Praxis umsetzte. Dr. Blackwell und andere Mitgründer der Sanitätskommission gewannen freiwillige Krankenpfleger und konnten bei der Betreuung in Lazaretten und Krankenhäusern große Erfolge erzielen. Allerdings verhinderten die riesigen Entfernungen zwischen den Kriegsschauplätzen, die mangelhafte Wasserversorgung und die katastrophalen sanitären Bedingungen eine umfassende Verbesserung der Lage kranker und verwundeter Soldaten im Feld.

Nicht Kampfhandlungen, sondern Epidemien waren die Haupttodesursache im Bürgerkrieg. Zwei Drittel aller Todesfälle unter den Truppen wurden durch Ruhr, Typhus, Paratyphus, Pocken und andere Krankheiten sowie durch Unfälle infolge von Waldbränden hervorgerufen. Laut Statistik der Sanitätskommission starben 359532 Soldaten und Matrosen auf seiten der Union, davon

> 67058 im Kampf (18,6 Prozent),
> 43012 infolge von Verwundungen (12 Prozent),
> 24876 an Unfällen (6,9 Prozent) und
> 224586 an Krankheiten (62,5 Prozent).

Häufigste Ursachen für die Seuchen waren die Unterernährung der Truppen (besonders für die Konföderierten ein gravierendes Problem) und das Trinken von ungereinigtem Bach- und Flußwasser. Die Armeen schleppten die Seuchen in jede Stadt und jedes Dorf ein, wo Kämpfe stattfanden oder in deren Nähe sie ihre Lager aufschlugen.

Im Feld beschränkte sich die medizinische Versorgung fast ausschließlich auf die Chirurgie – und diese hauptsächlich auf Amputationen. Das Minié-Geschoß zerfetzte das Gewebe auf eine Weise, deren Heilung die damalige Medizin nicht beherrschte. Wunden an den Extremitäten wurden deshalb durch Amputation behandelt. Bauch- und Brustschüsse galten als hoffnungslos und wurden demzufolge nicht behandelt – was unter den miserablen hygienischen Bedingungen in den Feldlazaretten manchen Soldaten mit leichteren Wunden dieser Art die Chance zum Überleben schenkte. Die Soldaten hatten vor dem meist unausgebildeten Chirurgen mehr Angst als vor der Wunde selbst.

Obwohl die Anästhesie schon bekannt und entsprechende Mittel verfügbar waren, erreichte sie fast nie das Schlachtfeld. Man verließ sich auf die altbewährte Narkose durch Alkoholrausch.

Strategie, Taktik, Führung. Die amerikanischen Kolonisten hatten mit militärisch unerfahrenen, aber moralisch überlegenen und durch das Jägerleben zu hervorragenden Schützen gewordenen Miliztruppen gegen die gutgedrillten englischen Berufsmilitärs ihre Unabhängigkeit erstritten. Ihr Oberbefehlshaber George Washington war ebenfalls kein Berufsmilitär, verfügte aber über die Gabe präzisen Denkens und der Erkenntnis des logischen Zusammenhangs einer Lage. Als Präsident der jungen Republik meinte Washington, den USA würden defensive Streitkräfte genügen, denn eine demokratische Republik würde niemals Aggressionskriege führen. Die Geschichte verlief jedoch anders, und weil die Öffentlichkeit an Washingtons Worte glaubte, mußten alle Kriege entweder geheimgehalten oder als Abwehrkriege getarnt werden.

Der Widerspruch zwischen bürgerlichem Ideal und politischer Realität widerspiegelte sich in der Entwicklung der Militärwissenschaft in den USA, die lange Zeit hinter dem europäischen Niveau zurückblieb. Trotz der Lehren aus dem Unabhängigkeitskrieg hielten die dem Großbürgertum entstammenden Berufsmilitärs der USA sehr lange an der Lineartaktik des 18. Jahrhunderts und der Strategie der begrenzten Ziele fest, die von einer kleinen Berufsarmee zu erreichen seien. Bis zum Ende des Krieges gegen Mexiko wurde die Praxis vom «Helden des Krieges von 1812» (gegen England) und Oberbefehlshaber der Streitkräfte Generalleutnant Winfield Scott diktiert. Scott, noch bei Beginn des Bürgerkrieges Oberbefehlshaber, hatte keine Militärakademie absolviert und hauptsächlich aus europäischen Büchern des 18. Jahrhunderts gelernt.

Die geistige Gärung in West Point, die durch die Veröffentlichung mancher europäischen Werke über Napoleons Kriege in den USA ausgelöst wurde, konnte Scott allerdings nicht stoppen. Der bedeutendste Interpret der napoleonischen Strategie an der USA-Militärakademie war Dennis Hart Mahan (1801–1872), dessen Buch «Advanced Guard Out-Post» zur «Bibel» einer ganzen Generation von USA-Militärs wurde. Mahan sah in der Geschwindigkeit der Bewegungen den «Schlüssel aller Erfolge». Zu den sonstigen wesentlichen Prinzipien seiner Lehre gehörten die Überraschung und die maximale Konzentration der eigenen Streitkräfte. Mahans Sohn Alfred erlangte später als Theoretiker der imperialistischen Seemacht noch größeren Ruhm als sein Vater.

Auf dem Felde der Infanterietaktik war Mahans Kollege William Joseph Hardee (1815–1873) der einflußreichste Militär seiner Zeit. Hardee entwickelte neue Gefechts- und Marschordnungen, die die Starre der alten Lineartaktik überwanden und Mahans Flexibilitätsprinzip verwirklichten. Hardee besaß in Georgia eine Plantage und trat nach der Spaltung der Staaten mit dem Rang eines Generals in den Dienst der konföderierten Armee.

Man muß sich stets vor Augen halten, daß Mahan, Hardee und die meisten Generale, die im Bürgerkrieg auf beiden Seiten kämpften, die napoleonische Vernichtungsschlacht, die dadurch vorbereitet wurde, daß man den Gegner in eine möglichst unvorteilhafte Lage manövrierte, als das A und O der Kriegskunst betrachteten. Die Begeisterung für Napoleon verdrängte praktisch sämtliche anderen Einflüsse. Außerdem hatten nicht wenige Offiziere (so Mahan und Hardee) einen Teil ihrer militärischen Ausbildung an französischen Militärhochschulen durchlaufen. Clausewitz' Werke blieben in den USA fast unbekannt. Die USA-Generale analysierten zwar Napoleons Siege, nicht aber seine Niederlagen. Sie verkannten die Bedeutung der ökonomischen und politischen Bedingungen der napoleonischen Kriege, die schließlich zu Napoleons Sturz führten. Besonders die Frage der Kosten von Menschen und Material ließen sie lange Zeit außer acht, denn bis zum Bürgerkrieg hatte es noch nie eine ernsthafte Herausforderung des gesamten Potentials der Bundesstaaten der USA für die Führung eines Krieges gegeben.

Mit geringen Ausnahmen entstammten die Generale der USA-Armee dem Großbürgertum, der besitzenden und regierenden Klasse. Als solche hatten die meisten Unionsgenerale kein besonderes Interesse an der Beseitigung der Sklaverei. Sie waren eher bestrebt, die Wiedervereinigung der Staaten durchzusetzen und dabei militärischen Lorbeer zu ernten.

Diejenigen Generale, die zur konföderierten Armee überliefen, kämpften hingegen bewußt für die Aufrechterhaltung der südstaatlichen Lebensweise und der Privilegien ihrer Klasse. Dieser moralische Unterschied machte sich anfangs stark bemerkbar und schuf einen gewissen Vorteil für den Süden, auch wenn er nicht lange vorhielt.

Kriege werden nicht allein von Generalen ausgetragen und entschieden, und der Bürgerkrieg in den USA war keine Sonntagsübung ehemaliger Klassenkameraden von den Militärhochschulen. Er sollte zu einem Bruderkrieg werden. Dies stand schon vor den ersten Kampfhandlungen fest, als zum Beispiel ein General namens Crittenden in den Dienst der konföderierten Armee trat und sein Bruder, ebenfalls General, der Union treu blieb. Sie waren nur zwei Menschen aus Tausenden und aber Tausenden Familien, von den Lincolns im Weißen Haus bis zur ärmsten irischen Einwandererfamilie in New York, die der Krieg teilte und Bruder gegen Bruder, Vater gegen Sohn, Mutter gegen Tochter hetzte. Solch einen Krieg hatten weder Napoleon noch seine US-amerikanischen Schüler je zuvor erlebt. Hinzu kamen ökonomische Voraussetzungen und geographische Dimensionen, die sich mit denen Europas zu Napoleons Zeit kaum vergleichen ließen. Alle diese Faktoren wirkten sich früher oder später auf die Entwicklung der Kriegführung aus.

KAPITEL 2

1861:
DER ZÖGERNDE
KRIEG

Die ersten Schüsse:
Fort Sumter

Als die «Konföderierten Staaten von Amerika» proklamiert wur-
den, war Abraham Lincoln noch nicht ins Präsidentenamt einge-
führt worden. Damals regierte die alte Administration noch bis
Anfang März des Jahres nach der Präsidentenwahl. So konnte
Lincoln praktisch keinen Einfluß auf die Bedingungen für die
Führung des Bürgerkrieges nehmen. Die Buchanan-Regierung
war gelähmt und schaute der Spaltung der einstigen Vereinigten
Staaten tatenlos zu.

Eine Ausnahme machte der Oberbefehlshaber der Streitkräfte. Der alte Generalleutnant Winfield Scott hegte keinerlei Illusionen über die Stimmung im Lande und die Gefahren, die sich
für die regierungstreuen Streitkräfte ergeben könnten. Bereits am
26. Oktober 1860 schrieb Scott an Präsident Buchanan, die Bevölkerung des Südens sei für den Austritt aus dem Bund und könnte
sich als Vorspiel mit Milizen der wichtigen Küsten- und Hafenbe-
festigungen in den Südstaaten bemächtigen. Bei diesen Festungen handelte es sich um Fort Jackson und Fort St. Philip am Mississippi südlich von New Orleans (Louisiana), Fort Morgan vor
Mobile (Alabama), Fort Pickens und Fort McKee bei Pensacola
(Florida), Fort Pulaski südlich von Savannah (Georgia), Fort
Moultrie und Fort Sumter im Hafen von Charleston (South Carolina) und Fort Morgan bei Hampton Roads (Virginia). All diese
Festungen hatten entweder eine sehr schwache oder überhaupt

keine Besatzung. Fort Sumter befand sich noch im Bau. Scott bat den Präsidenten um Verstärkung für die Garnisonen: «Meiner Meinung nach sollen all diese Festungen mit solchen Garnisonen besetzt werden, daß wir jeglichen Versuch, eine von ihnen durch Überraschung oder im Handstreich zu nehmen, lächerlich machen können.»

Weder Buchanan noch sein Kriegsministerium reagierten auf Scotts Warnungen. Die Festungen wurden weiterhin vernachlässigt.

Am 15. November 1860 ernannte das Kriegsministerium einen neuen Kommandanten für die gesamten Festungsanlagen vor Charleston: Major Robert Anderson. Auch Anderson hegte keinerlei Illusionen über die Lage im Süden. Er richtete sein Hauptquartier in Fort Moultrie ein und sah sich in der breiten Bucht von Charleston um.

Der Hafen von Charleston war einer der wichtigsten an der Ostküste und mit entsprechenden Verteidigungsanlagen versehen. Am Ufer vor der Stadt war eine Reihe von Batterien aufgestellt, in Charleston selbst befand sich ein großes Arsenal. Befestigungsanlagen befanden sich auf der Spitze von Morris Island. Auf James Island stand Fort Johnson, auf Sullivan Island (eigentlich eine Halbinsel) befand sich Fort Moultrie. Auf dem Mount Pleasant stand eine Mörserbatterie. In der Mitte der Bucht erhob sich auf einem kleinen Felsen das noch unvollendete Fort Sumter ohne Besatzung.

Fort Moultrie war veraltet, hatte keine Kasematten und konnte von Norden leicht angegriffen werden. Seine Häuser waren aus Holz und dem Feuer des Gegners preisgegeben. Major Anderson entschied sich für den Umzug von Fort Moultrie nach Fort Sumter, das fast fertiggestellt war und viel leichter verteidigt werden konnte. Er ersuchte das Kriegsministerium um entsprechende Genehmigung, Washington jedoch zögerte bis zum Austritt South Carolinas aus der Union am 20. Dezember 1860.

Der Gouverneur von South Carolina erklärte alle Militäranlagen zum Eigentum des (vorläufig) unabhängigen Staates South Carolina und ließ das Arsenal in Charleston von Miliz besetzen. Da jedoch der Krieg noch nicht erklärt war und South Carolina einstweilen allein dastand, wagte er keinen direkten

Angriff auf die Truppen in Fort Moultrie. Stattdessen ließ er ein mit Miliz besetztes Boot zwischen Sumter und Moultrie kreuzen, um ein Übersetzen der Unionstruppen zu verhindern.

Major Anderson entwarf einen kühnen Plan. Er tarnte einige seiner Soldaten und sich selbst als Bauarbeiter und lief mit ihnen am 26. Dezember 1860 in einem kleinen Boot in Richtung Fort Sumter aus. Seine Männer verbargen ihre Gewehre unter Mänteln. Das Boot erregte die Aufmerksamkeit der Miliz, konnte aber nach kurzem Wortwechsel weiterfahren. Hinter den Rücken der solcherart beschäftigten Milizangehörigen eilte ein zweites, größeres Boot mit dem Großteil von Andersons Truppen unbemerkt nach Fort Sumter. Erst später erkannten die Militärs in Charleston den Trick des Unionskommandeurs.

Als General Winfield Scott vom Umzug des Majors Anderson nach Fort Sumter hörte, befahl er die sofortige Verstärkung und Verproviantierung der Festung. Am 8. Januar 1861 erreichte das vom Kriegsministerium geschickte Schiff «Star of the West» den Hafen von Charleston, wurde allerdings durch Artilleriefeuer aus dem von der Miliz übernommenen Fort Moultrie daran gehindert, Fort Sumter anzulaufen. Der Gouverneur von South Carolina stimmte jedoch einer Lebensmittellieferung von den Märkten Charlestons an die Garnison von Fort Sumter zu.

Im Laufe des Januar 1861 schieden Mississippi, Florida, Alabama, Georgia und Louisiana aus der Union aus. Die Festungen und Arsenale in diesen Bundesstaaten fielen – mit Ausnahme von Fort Pickens bei Pensacola – der konföderierten Miliz in die Hände. Der Präsident der Konföderierten Staaten, Jefferson Davis, hielt den Krieg für unvermeidbar. Er konnte seinen neuen Kongreß bald davon überzeugen und die nötigen Schritte zur Aufrüstung einleiten. In Washington traf die Buchanan-Regierung keine Gegenmaßnahmen.

Einer der ersten Schritte Davis' war die Ernennung eines konföderierten Befehlshabers sämtlicher in Rebellenhand befindlicher Festungen in Charleston. Seine Wahl fiel auf einen kleinen, eleganten, korrekten und talentierten Kreolen aus Louisiana – Brigadegeneral Pierre Beauregard, der Order bekam, Lincolns Vereidigung am 4. März abzuwarten in der Hoffnung, daß die Unionstruppen Fort Sumter freiwillig räumen würden.

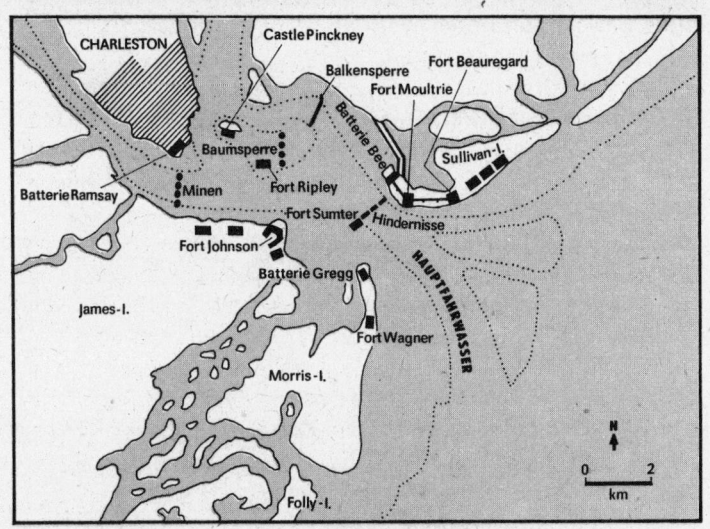

Die Hafenbucht von Charleston
bei Kriegsbeginn

In seiner Rede zur Amtseinführung an besagtem 4. März wies Abraham Lincoln die Konföderierten Staaten darauf hin, daß der erste Schuß von ihrer Seite fallen müßte, um den Bürgerkrieg auszulösen. Jetzt lag die Entscheidung über Krieg oder Frieden scheinbar auf seiten der Konföderierten. Bald nach seiner Vereidigung ergriff Lincoln jedoch Maßnahmen, die die Konföderierten früher oder später zum Handeln zwingen würden: Nach Beratungen mit General Winfield Scott befahl er die Besetzung von Fort Pickens bei Pensacola mit 1100 Mann und die Entsendung einer Flotte nach Charleston mit Verstärkungen für Fort Sumter. Er ließ diese Maßnahmen geheimhalten und diskutierte sie auch nur wenig mit seinem Kabinett. Das hatte gute Gründe: Lincoln war durch politischen Druck und den alten Brauch der «Belohnung» prominenter Politiker für Unterstützung im Wahlkampf gezwungen gewesen, mehrere inkompetente oder zu Kompromissen neigende Männer in sein Kabinett aufzunehmen.

Schon am ersten Tag seiner Präsidentschaft bekam Lincoln die beunruhigende Meldung von Major Anderson in Fort Sumter, er sei mit seinen 80 Soldaten von «Hunderten» Kanonen rings um den Charlestoner Hafen bedroht. Lincoln entschloß sich, die Festung verteidigen zu lassen.

Die Lage war in der Tat sehr ernst, wenngleich Anderson übertrieben hatte. Gegen Fort Sumter hatten die Konföderierten etwa 30 Kanonen (von 8-Zoll-Columbiaden bis zu 42-Pfündern) und 17 10-Zoll-Mörser in Stellung gebracht. Fort Sumter war einfach, aber solide gebaut. Die Mauern aus Ziegelstein waren gut 1,5 Meter stark und ragten bis 15 Meter über dem Wasser auf. Das Festungswerk bestand aus 2 übereinander angelegten Galerien und einer offenen Plattform, doch nur von der untersten Galerie und der Plattform konnte Feuer geführt werden, weil die Schießscharten der mittleren Galerie vermauert worden waren. Anderson verfügte über etwa 50 Geschütze (manche Quellen geben 48, andere 54 an), unter ihnen mehrere 8-Zoll-Haubitzen und -Columbiaden. Zusätzlich zu den 80 Soldaten hielten sich 43 Zivilisten – hauptsächlich Bauarbeiter – im Fort auf.

Um Mitternacht vom 11. zum 12. April erreichte die von Lincoln entsandte Flotte die Mündung der Bucht von Charleston. Nun gab General Beauregard die Hoffnung auf eine friedliche, freiwillige Übergabe von Fort Sumter auf und ließ Major Anderson eine Aufforderung zur Kapitulation überbringen, die in höflichste Worte gefaßt war. Major Anderson antwortete ebenfalls mit gesetzten Worten, indem er General Beauregard für seine ritterlichen und korrekten Bedingungen dankte. Seine Ehre sowie seine Pflichten vor der Union würden ihn jedoch zur Ablehnung der Übergabeforderung bestimmen. Mündlich fügte er den Parlamentären gegenüber hinzu: «Wenn Sie uns nicht in Stücke bombardieren, werden wir sowieso in wenigen Tagen verhungern.» Denn die Lebensmittellieferungen aus Charleston waren längst eingestellt. Beauregard gab Andersons Bemerkungen an Präsident Davis weiter, der daraufhin von Anderson genaue Angaben über die Lage in Fort Sumter verlangte. Major Anderson versicherte, er könne etwa 5 Tage lang aushalten, würde dann die Festung räumen, wenn die Konföderierten nichts gegen sie unternähmen. Die konföderierten Führer mißtrauten dem Angebot. Am 12. April 1861, 3.20 Uhr schickte Beauregard eine Botschaft an Anderson, daß er um 4.00 Uhr das Feuer eröffnen werde.

Anderson weckte seine Artilleristen, ließ die Flagge hissen, gab aber Befehl, erst bei Tagesanbruch zurückzuschießen, um Munition zu sparen.

Um 4.30 Uhr feuerte die Mörserbatterie der Konföderierten in Fort Johnson den ersten Schuß im Bürgerkrieg ab. Die Artilleristen waren über die Bauart und die Verteilung der Kanonen in Fort Sumter genauestens im Bilde. So ließen sie kontinuierlich Splittergranaten über der Festung detonieren, um Andersons Artilleristen am Einsatz der auf der ungeschützten Plattform stehenden schweren Haubitzen und Columbiaden zu hindern. Auf Morris Island hatten die Konföderierten ein englisches Wentworth-Geschütz in Stellung gebracht – einen Hinterlader, der Munition mit für die damaligen Verhältnisse sehr großer Sprengkraft verschoß. Die Geschosse durchschlugen die Festungsmauern auf der Südseite von Fort Sumter. Zum Glück für die Unionstruppen gab es nur wenig Munition für das Wentworth-Geschütz, so daß es nach einiger Zeit schwieg.

Alle Holzstrukturen in Fort Sumter fingen Feuer. Das Wetter begünstigte die Konföderierten: Ein Sturm hinderte die ankommende Unionsflotte daran, in den Hafen einzulaufen. Das Pulvermagazin von Fort Sumter drohte bald Feuer zu fangen. Am 13. April, mittags, war Major Anderson gezwungen, die weiße Flagge aufzuziehen.

Insgesamt hatten beide Seiten in dem 32stündigen Gefecht reichlich 4000 Geschosse abgefeuert; es gab jedoch keinen einzigen Toten. Erst beim letzten Salut in Fort Sumter traten die einzigen Verluste auf: Ein Stapel Kleinmunition explodierte und tötete einen Artilleristen. Ein zweiter starb später an seiner Verwundung, und 4 weitere wurden verletzt. Major Anderson und seiner Artilleriekompanie wurde freier Abzug gewährt; ein Unionsschiff brachte sie nach New York.

Mehr Glück hatte die Unionsseite auf Santa Rosa Island vor Pensacola in Florida, wo Fort Pickens lag. Es gelang der USA-Kriegsmarine, die geplanten Verstärkungen von 1100 Mann an Land zu bringen und die Festung zu halten. Sie wies den unschätzbaren Vorteil auf, daß sie ungehindert von See versorgt werden konnte.

Fast gleichzeitig mit Fort Sumter verlor die Union ihren wich-

tigsten Kriegshafen an der südlichen Ostküste: Norfolk in der
Bucht von Hampton Roads. Hier lagen mehrere wichtige Schiffe
vor Anker oder in der Werft, darunter die schnelle Schraubenfregatte «Merrimac». Mit ihr verbanden die Konföderierten interessante Pläne.

Von der Seeblockade
bis zu den ersten Gefechten

Unmittelbar nach dem Fall von Fort Sumter ließ Lincoln
75 000 Mann von der Miliz mehrerer Unionsstaaten zum Schutz
der Union einberufen, obwohl noch keine Gesamtstrategie für
den Norden ausgearbeitet worden war. Die erste strategische
Maßnahme ergriff Lincoln gegen die Wirtschaft des Südens, als er
am 19. April die Seeblockade von der Chesapeake Bay an der
Ostküste bis zur Mündung des Rio Grande in den Golf von
Mexiko verhängte. Das war eine enorme Aufgabe für die kleine
Unionsmarine, mit wenigen Schiffen eine Tausende Kilometer
lange Küste zu überwachen.

Schon bald entwickelte sich das Blockadebrechen in der Konföderation zum blühendsten Geschäft. Kleine, hauptsächlich in
England gebaute Boote wurden angeschafft. Die Dampf-
antriebsanlagen der Blockadebrecher verbrannten Anthrazit,
um sowenig Rauch wie möglich zu erzeugen, die Schornsteine
waren sehr kurz, die Aufbauten ragten kaum über die Wellen-
kämme hinaus. Die Boote liefen von den Häfen Kubas oder der
Bahamas bis kurz vor die Küste der konföderierten Staaten,
warteten die Dunkelheit ab und liefen nachts ohne Lichter in
die Häfen oder in versteckte Buchten ein. Sie schmuggelten verschiedene Güter sowie Waffen aus Europa und brachten Baumwolle aus den CSA heraus. Im ersten Kriegsjahr griff die
Unionsmarine nur 20 bis 30 Prozent der Schmuggler auf, im
zweiten Jahr aber verbesserte sich die Quote erheblich, und im
dritten Jahr war die Blockade mit 90 Prozent sehr wirksam.

Von Mitte April bis Ende Mai 1861 traten Virginia, Arkansas,
Tennessee und North Carolina der Konföderation bei. Im Mai

sprach sich das Parlament des Grenzstaates Maryland, der nördlich an die Hauptstadt Washington grenzt, gegen eine Trennung von der Union aus, obwohl in der flachen Osthälfte des Staates noch die Sklavenwirtschaft dominierte. Sympathisanten der Konföderation stifteten Unruhen, vor allem in der wichtigen Hafenstadt Baltimore an der Chesapeake Bay, wo eine größere Truppe Unionssoldaten von einer aufgehetzten Menge überfallen wurde. 4 Soldaten und 12 Zivilisten wurden getötet. Die Telegrafenämter wurden sabotiert, die Marineakademie in Annapolis wurde bedroht und der Hafen für die Union unbrauchbar gemacht. Damit war die Hauptstadt der Union fast isoliert, ihre Versorgungslinien waren teilweise abgeschnitten.

Präsident Lincoln sah sich mit einem schweren Dilemma konfrontiert: Er mußte entweder die Hauptstadt jenseits der Mason-Dixon-Linie verlegen oder ihre Versorgungslinien mit Waffengewalt behaupten. Lincoln ließ die Frauen und Kinder aus Washington evakuieren und prüfte seine Möglichkeiten. Washington aufzugeben schien ihm moralisch unvertretbar. Ende April stellte er Maryland unter Kriegsrecht, ließ die Ordnung in Baltimore wiederherstellen und die gefährlichsten Agitatoren der Konföderierten verhaften. Trotz des Vorwurfs der «Brutalität» und des «diktatorischen Vorgehens» setzte sich Lincoln durch und hielt Maryland bei der Union.

Um Washington lagerte eine zunehmend große Unionsarmee, die Potomac-Armee («Army of the Potomac»), die zum Schutz der Hauptstadt gesammelt und ausgebildet wurde. Vom Weißen Haus aus konnte Lincoln über den Potomac auf CSA-Territorium hinübersehen, wo auf einer Anhöhe hinter der Kleinstadt Arlington die pompöse, palastähnliche Villa des konföderierten Generals und Präsidentenberaters Robert E. Lee den Horizont krönte. Gleich nach Ratifizierung des Beitritts Virginias zu den CSA ließ Lincoln Truppenteile der Potomac-Armee die Kleinstädte Arlington und Alexandria besetzen.

Im selben Monat verlegte die Konföderation ihre Hauptstadt nach Richmond (Virginia), nur etwa 150 Kilometer südlich von Washington gelegen. Unter dem Einfluß der altmodischen, auf die Eroberung von Territorium orientierten Strategie Winfield Scotts betrachteten die Politiker und Generale auf beiden Seiten die Etablierung der CSA-Regierung in Richmond als Verlagerung des strategischen Schwerpunktes des Krieges. In Washington sowie überall in der Union rief man nach einem Feldzug auf Richmond. Seltsamerweise war General Scott selbst so ziemlich der einzige, der sich gegen diesen Plan aussprach. Stattdessen verfolgte er die Linie eines «Abwürgens des Südens» durch Eroberung des Mississippi und Isolierung der westlichen Südstaaten. Die Presse machte sich über Scotts «Anaconda-Plan» (wie sie ihn nannte) lustig, und die Regierung in Washington verwarf ihn. Auch wenn der Plan voller Lücken und Fehler war, beruhte er trotzdem auf der richtigen Erkenntnis, daß das wirtschaftliche «Rückgrat» der CSA gebrochen werden mußte, indem man den Mississippi als wichtigsten Handelsweg des Südens blockierte.

Als es im Grenzstaat Missouri zu blutigen Auseinandersetzungen kam, wendete Lincoln dieselbe Strategie wie in Maryland an. Obwohl die Missouri-Regierung mit der Konföderation sympathisierte, blieb der Großteil der Bevölkerung der Union treu. Unionstruppen vertrieben den Gouverneur, übernahmen das Arsenal von Boonesville, und sicherten Missouri für die Union.

Im Grenzstaat Kentucky sah es anders aus: Den größten Einfluß hatten Sklavenhalter; die Regierung war hoffnungslos gespalten – ein getreues Spiegelbild der Meinung der Bevölkerung. Kentucky erklärte sich neutral. Dieser Status garantierte jedoch keinesfalls, daß auf Kentuckys Territorium nicht gekämpft werden konnte. Obwohl später eine unionstreue Regierung in die Hauptstadt Lexington einzog, delegierte Kentucky bis zum Ende des Krieges Vertreter zum Konföderationskongreß und behielt einen Stern in der CSA-Flagge.

Die Mobilmachung in den konföderierten Staaten ging unterdessen rasch voran. Die Davis-Regierung ließ die Milizen sämtlicher Staaten der Konföderation sowie 100 000 Freiwillige einberufen. Der größte Teil der etwa 400 000 Mann konföderierter Streitkräfte wurde in Virginia konzentriert, davon etwa 7 000 um Norfolk, 10 000 im Shenandoah-Tal in den Appalachen und etwa 6 000 Mann in Richmond.

Trotz der Aufrüstung auf beiden Seiten kam es vom Ende April bis Anfang Juni lediglich zu unbedeutenden Scharmützeln. Die Aufmerksamkeit beider Regierungen richtete sich auf die Pläne für einen Feldzug gegen die Hauptstadt der jeweils anderen Seite und somit auf die Regionen der Ostküste.

Die erste Kampfhandlung zwischen größeren Infanterieverbänden fand jedoch westlich der Appalachen statt. Der damalige Befehlshaber des Militärdepartements Ohio der Unionsarmee, der Ohio, Indiana, Illinois, das westliche Pennsylvania und einen Teil von Westvirginia einschloß, war der noch junge General George McClellan, der im Krieg gegen Mexiko gedient hatte. In der Zeit zwischen dem Mexikanischen und dem Bürgerkrieg war McClellan ins Zivilleben zurückgekehrt und hatte als Vizepräsident der Illinois-Central- und später als Präsident der Ohio-Mississippi-Eisenbahn amtiert. Aus dieser Erfahrung heraus wußte General McClellan um die strategische Bedeutung der Baltimore-Ohio-Eisenbahn, die die reichen Agrar- und Bergbaugebiete Ohios mit dem Hafen Baltimore verband. Die Bahn überquerte die Berge im Westen Virginias, wo die Kleinbauern und Bergarbeiter auf der Seite der Union standen, obwohl sie, geographisch gesehen, in den CSA lebten.

Anfang Juni schickte McClellan mehrere Regimenter unter dem Befehl des Brigadegenerals T. A. Morris ins westliche, unionstreue Gebirgsgebiet Virginias, wo sie bei der Ortschaft Philippi eine kleine CSA-Gruppierung überraschten. Die unerfahrenen CSA-Truppen liefen am 3. Juni 1861 nach kurzem Gefecht einfach davon und ließen ihre Waffen und Munition auf dem Gefechtsfeld zurück. Danach führte McClellan selbst etwa 20000 Mann mit General Morris und General William S. Rosecrans als Divisionskommandeuren weiter ins Gebirge. Am 11. Juni griff diese Unionsarmee eine vor ihr marschierende konföderierte Armee unter General Garnett an und vernichtete am 13. Juni 1861 bei Carrick's Ford einen großen Teil von ihr. Wieder einmal waren die Unerfahrenheit der CSA-Truppen und ihre nachlässige Aufklärung die Hauptgründe für den Sieg der Union. Die Gefechte bei Philippi und Carrick's Ford machte den Weg für die Sicherung der Eisenbahn und der Bergwerke der Region frei.

Als Propagandasiege waren sie der Union noch wichtiger. McClellan wurde als Held der «Schlachten» von Philippi und Carrick's Ford gefeiert (die USA-Geschichtsschreibung unterscheidet nicht zwischen Schlacht und Gefecht; das Wort «battle» gilt für beide). Im Norden erweckten die Siege Illusionen über die Unbesiegbarkeit der Unionsarmeen.

An der Ostfront erlitten Unionstruppen unter dem militärisch absolut unerfahrenen Politiker Benjamin Butler, der vom Kongreß zum General ernannt worden war, in einem kleinen Gefecht bei Big Bethel (Virginia) eine Niederlage. Auf der Unionsseite wurden 76 Mann außer Gefecht gesetzt; auf seiten der Konföderierten betrugen die Verluste nur 8 Mann. Diese Niederlage, die als Warnsignal hätte dienen müssen, ging in der allgemeinen Begeisterung über McClellans Siege unter. Presse, Publikum und die Washingtoner Regierung ignorierten alle Anzeichen, daß die Unionsarmee noch unzureichend ausgebildet war. Der Ruf «Auf nach Richmond!» erscholl von allen Seiten.

Nur Unionsoberbefehlshaber General Scott argumentierte heftig gegen überstürzte Handlungen. Den einzigen Weg zum Erfolg sah er im Aufbau einer starken Armee aus Truppen, die zu 3 Dienstjahren verpflichtet sein sollten. Scott warnte: «Ein Wort jetzt zum größten Hindernis dieses Plans (eines Marsches gegen Richmond), zur größten Gefahr, die uns gegenwärtig bedroht: der Ungeduld unserer loyalen und patriotischen Unionsfreunde. Sie werden sofortiges und energisches Handeln verlangen, ohne – so fürchte ich – die Folgen zu berücksichtigen.»

Die erste große Schlacht: Bull Run I

Nach der Eroberung von Fort Sumter wurde CSA-General Beauregard mit dem Aufbau einer großen Armee in Virginia beauftragt. Beauregard hatte Spione in Washington, die ihn über die Pläne der Unionsseite informierten. Außerdem war der Unionspresse zu entnehmen, daß der Druck der Öffentlichkeit im Norden für einen Angriff auf Richmond täglich zunahm.

Beauregard sammelte bis Ende Juni eine Armee von etwa 20 000 Mann um den Eisenbahnknotenpunkt Manassas Junction, etwa 35 Kilometer südlich von Washington in der Nähe der Hauptstraße von Washington nach Richmond gelegen. Die Manassas-Gap-Eisenbahn, die durch diesen Teil des Staates Virginia lief, verband Front Royal am Anfang des wichtigen, fruchtbaren Shenandoah-Tals in den Bergen mit der Orange-Alexandria-Eisenbahn, die bis Washington reichte. Manassas selbst war damals ein winziges Dörfchen in einer schönen, breiten, hügeligen Landschaft fruchtbarer Felder und kleiner Wälder. Nordwärts vom Bahnhof Manassas, in einer Nordwest-Südost-Linie, verlief der Bach Bull Run. Die Landstraße von Centreville bis Warrenton überquerte den Bull Run auf einer Ost-West-Linie. Hier befand sich eine Steinbrücke. Ansonsten mußte der Bach durch Furten (fords) überquert werden, die nach den Besitzern der umliegenden Plantagen benannt waren. Beauregard ließ seine Armee eine sehr langgestreckte (16 Kilometer) Verteidigungslinie auf dem Südufer des Bull Run von Union Mills Ford bis zur Steinbrücke beziehen, wobei er den Hauptteil auf der rechten Flanke zwischen McLean's Ford und Mitchell's Ford konzentrierte. Der Grund für diese Ballung der Kräfte an der rechten Flanke lag darin, daß an diesem Abschnitt der Bull Run von der Landstraße gekreuzt wurde.

In Washington hatte General Scott den Kampf um seinen Plan für ein «Abwürgen» der CSA von Westen her endgültig verloren. Er resignierte, gab dem Plan für einen Feldzug auf Richmond nach und ernannte einen enthusiastischen Befürworter dieser Kampagne, General Irwin McDowell, zum Befehlshaber der Potomac-Armee.

McDowell sammelte die Armee in Arlington und schmiedete Pläne für einen baldigen Marsch, da die «90-Tage-Freiwilligen» bald entlassen werden mußten. In Washington spekulierte man darauf, den Krieg in einer einzigen Entscheidungsschlacht gewinnen zu können.

McDowells Armee bestand aus etwa 35 000 Mann, Beauregards Armee dagegen zählte, wie schon erwähnt, 20 000 Mann. Keiner der Generale hatte jemals soviele Truppen unter seinem Befehl gehabt. Die Soldaten waren bis zu 90 Prozent Freiwillige und Milizangehörige mit minimaler Ausbildung, wobei die Infanteristen der Südstaaten zum größten Teil regelmäßig auf Jagd gingen und zumindest präzise schießen konnten. Unionsoberbefehlshaber Scott rechnete damit, daß die über 50prozentige Überlegenheit der Unionsarmee ausreichen würde, um den Sieg zu sichern, machte sich jedoch Sorgen über eine andere konföderierte Armee von etwa 10000 Mann, die im Shenandoah-Tal operierte. Diese Truppen wurden von dem fähigen General Joseph E. Johnston kommandiert. Scott schickte vorsichtshalber 18000 Mann unter einem alten Unionsgeneral namens Patterson westwärts, um eine Vereinigung der beiden CSA-Armeen zu verhindern.

Um diese Zeit hielten sich Johnstons Trupen in der Nähe von Harper's Ferry auf, einem wichtigen Verkehrsknotenpunkt und Arsenal am Potomac, wo einst der Kämpfer gegen Sklaverei John Brown gefangengenommen und hingerichtet worden war. Was aber jetzt in Harper's Ferry passierte, konnte Washington nicht verborgen bleiben.

Unter den Offizieren der regulären Truppen, die gegen John Brown gekämpft hatten, befand sich ein gewisser Thomas J. Jackson. Nun war dieser Jackson General und Johnstons Stellvertreter geworden. Er unternahm die erste einer Serie von originellen Operationen, die die Aufmerksamkeit beider Seiten auf ihn lenken sollte, als er 42 Züge auf der Eisenbahnstrecke um Harper's Ferry «konfiszierte», wie er sich ausdrückte, die meisten Lokomotiven einfach in den Fluß kippen ließ, aber befahl, 14 Loks und mehrere Güterwagen von Pferden auf dem Landweg (!) nach Front Royal schleppen zu lassen. In Front Royal befand sich die Endstation der Manassas-Gap-Eisenbahn.

Als McDowells Unionsarmee sich zum Zug nach Richmond über Manassas rüstete, telegrafierte Beauregard über Richmond, Johnston solle seine Armee nach Manassas führen. Offensichtlich hatten Johnston und Jackson schon mit dieser Eventualität gerechnet. Als die Unionsarmee unter General Patterson in Richtung Appalachen marschierte, zog sich General Johnston mit dem Hauptteil seiner Armee – etwa 7000 Mann – nach Winchester (Virginia) zurück. Er ließ demonstrativ vor den' Bergen Kavallerie handeln, unterstützt von einer Infanteriebrigade unter General Kirby Smith.

Diese CSA-Kavallerie hatte als Kommandeur einen Offizier, der seinerzeit ebenfalls an John Browns Gefangennahme beteiligt gewesen war: General J. E. B. Stuart, genannt «Jeb», einen der jüngsten Generale. Stuart war eitel und auffällig, aber durchaus befähigt. Seine Kavalleristen tauchten hier und dort auf, täuschten Bewegungen einer größeren Armee vor und brachten den alten Unionsgeneral Patterson völlig durcheinander.

Pattersons Marschbefehl von Washington war ohnehin ziemlich ungenau. Der alte General ließ sich in Charlestown festhalten und traute sich nicht, den Gegner, den er für Johnstons gesamte Armee hielt, anzugreifen.

Inzwischen setzte Unionsgeneral McDowell die Potomac-Armee in Marsch. Die riesige Kolonne unerfahrener, schlecht disziplinierter Truppen (die einzige Ausnahme waren 2000 Reguläre) geriet sofort in Unordnung. Die Männer hielten in jeder Ortschaft an, um sie zu plündern; die Versorgungswagen blieben sehr weit zurück. Die Unionsarmee benötigte ganze 4 Tage, um die 35 Kilometer bis Centreville hinter sich zu bringen. Erst 100 Jahre später hat man erkannt, warum die Truppen plünderten und weshalb es auch auf dem Schlachtfeld zu Stockungen kam: Die Truppen gaben dem scheinbar absonderlichen Trieb nach, auf dem Marschweg Johannisbeeren zu pflücken und zu essen, denn, wie der Historiker Michael A. Cooke feststellte, die Versorgung der um Washington stationierten und hastig ausgebildeten Truppen war derart schlecht, daß die meisten beim Abmarsch abgemagert und ausgehungert waren.

Die Vorhut unter Unionsgeneral Daniel Tyler erreichte Centreville schon am 18. Juli 1861. Tyler befehligte etwa 8000 Mann. CSA-General Beauregard war über die Unionsbewegungen bestens informiert und rechnete mit einem Angriff von Centreville her. An den Furten bei der Landstraße Centreville – Manassas konzentrierte er Brigaden unter den Generalen Jones, Longstreet, Early, Bonham und Ewell. Dann beschäftigte er sich mit der Ausarbeitung des Plans für einen Gegenangriff auf Centreville. Zu diesem Zweck verabredete er sich mit General Ewell, um den Plan nach dem Mittagessen zu beraten, zu dem sie Oberst a. D. Wilmer McLean am 18. Juli eingeladen hatte.

An diesem Tag hatte Unionsgeneral McDowell der Division Tyler befohlen, von Centreville abzurücken und einen Angriff auf die CSA-Flanke bei McLean's Ford und Blackburn's Ford zu versuchen, um die Stärke der CSA-Armee an diesem Abschnitt zu prüfen. Tyler begann mit einem Artilleriesperrfeuer. Eine der er-

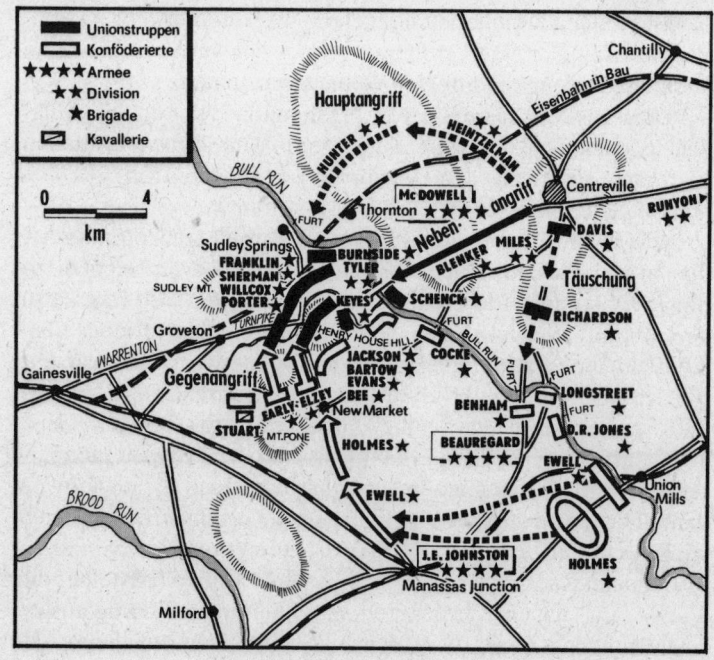

Die erste Schlacht am Bull Run.
21. Juli 1861

sten Kugeln landete ausgerechnet im Küchenschornstein von McLeans Haus, fiel in den Suppenkessel und detonierte. Zum Glück wurde niemand verletzt, McLeans Küchensklaven waren jedoch zu Tode erschrocken, und General Beauregard wurde auf diese unangenehme Weise davon in Kenntnis gesetzt, daß sein Gegner die Initiative ergriffen hatte.

Der Schock dieser Explosion sowie die Verwüstungen auf den Feldern durch die Schlacht waren für die Familie McLean zuviel. Oberst a. D. McLean verkaufte bald darauf seine Farm und fand eine andere in der winzigen Ortschaft Appomattox auf einem isolierten Fleckchen Virginias, wo ihn – wie er dachte – der Krieg nicht erreichen könnte. Aber der Krieg an der Ostfront, der gewissermaßen in McLeans Küche begonnen hatte, endete 4 Jahre später – in seinem Wohnzimmer.

Der Angriff auf die rechte Flanke der Konföderierten wurde rasch zurückgeworfen. Unionsgeneral Tyler berichtete General McDowell von der Konzentration an diesem Punkt, und McDowell ging an die Konzipierung eines Angriffsplans. Dazu ließ er sich jedoch 3 Tage Zeit – eine fatale Verzögerung, die allerdings unvermeidlich war, weil die Unionsarmee erst am 20. Juli vollständig in Centreville versammelt war.

McDowells Plan war theoretisch ausgezeichnet: Der Hauptteil seiner Kräfte sollte in den ersten Morgenstunden des 21. Juli auf der Warrenton-Landstraße westwärts marschieren, dem Bogen des Bull Run bis Sudley Springs folgen und von dort um 7.00 Uhr die schwache linke Flanke der konföderierten Armee überfallen. Die einzigen regulären Truppen, die Brigade Schenck, sollten vorausmarschieren und vor der Steinbrücke den Hauptstoß vortäuschen, während sich ein Scheinangriff gegen den Schwerpunkt der konföderierten Linien bei der Straße von Centreville richten würde. Der Plan war für unerfahrene Truppen zu kompliziert, außerdem fußte er auf der Annahme, daß General Patterson die Armee Johnstons in Winchester festgehalten hätte. Aber Patterson wußte nicht einmal, wo sich General Johnston am 21. Juli befand, nämlich seit dem Vortag mit 7000 Mann in Manassas.

Thomas Jacksons aufwendige «Entführung» der 14 Lokomotiven und der Güterwagen war nämlich keine spleenige Idee gewesen. Zum erstenmal wurde eine Armee per Eisenbahn zum Schlachtfeld gebracht. Schon am 21. Juli sollte Jackson zusammen mit Kirby Smiths Brigade und Stuarts Kavallerie auf demselben Weg Manassas erreichen.

Der Aufmarsch der Unionstruppen am frühen Morgen des 21. Juli vollzog sich äußerst langsam. Es gab Stockungen und Verwirrungen. Die Divisionen Heintzelman und Hunter, die mit 12000 Mann den Angriff führen sollten, erreichten Sudley Springs 2 Stunden später als geplant, und ihre Bewegungen wurden von konföderierten Posten entdeckt. Die Unionsartillerie, die die Brigade Schenck bis zur Steinbrücke begleitete, schoß derart träge, daß CSA-General Beauregard den Demonstrationszweck dieses Angriffs durchschaute. Er ließ sofort Verstärkungen zur linken Flanke seiner Linien nördlich der Steinbrücke verlegen. Als die Unionstruppen ihren Angriff begannen, befanden sich vor ihnen die Brigaden Bee, Bartow und Evans von General Johnstons Armee.

Die erste Stunde des Kampfes verlief schlecht für die Union. Dann aber fand ein bisher unbekannter Unionsgeneral namens William T. Sherman eine neue Furt über den Bull Run zwischen der Steinbrücke und dem Bogen bei Sudley Springs. Sherman griff die Brigade Bartow in ihrer rechten Flanke an. Bis Mittag wurden die 3 konföderierten Brigaden gezwungen, sich auf Henry House Hill zurückzuziehen.

Inzwischen hatte CSA-General Jackson mit seiner Brigade diesen Hügel erreicht. Am Fuß des Hügels geriet der Rückzug Bartows, Bees und Evans' vor der immer stärker werdenden Unionsfront in Unordnung und schließlich in Panik, aber oben auf dem Hügel hielten Jacksons Linien stand. General Bee versuchte, seine verwirrten Truppen mit dem Ruf zu sammeln: «Seht! Da steht Jackson wie eine Steinmauer!» Sekunden später wurde Bee von einer Kugel getötet, seine Truppen aber liefen zu denen Jacksons mit dem Schrei: «Stonewall Jackson!» (Steinmauer Jackson) So kam es, daß Thomas J. Jackson von diesem Tag an den Beinamen «Stonewall» führte und seine Brigade bis zu ihrer Vernichtung in den letzten Kriegsmonaten als «Stonewall-Brigade» berühmt war.

Die letzten Teile der konföderierten Truppen aus dem Shenandoah-Tal erreichten Manassas per Eisenbahn um Mittag und wurden sofort aufs Schlachtfeld geworfen. Die CSA-Generale Beauregard und Johnston hatten die Brigaden an der rechten Flanke umdisponiert und die Brigaden Early, Cooke, Bonham, Holmes und Ewell in Richtung Henry House Hill in Marsch gesetzt. Stuarts Kavallerie bezog Stellungen auf dem Bald Hill links von Henry House.

Nun trafen aber andere Menschen bei Bull Run ein, die gar nicht hierher gehörten. Schon früh morgens war der Washingtoner Gesellschaft bekannt geworden, daß um Bull Run die «Entscheidungsschlacht» entbrannt war. Daraufhin begaben sich Senatoren und Abgeordnete in ihren Kutschen auf den Weg nach Centreville, die «feine Gesellschaft» der Hauptstadt packte Picknickkörbe und eilte ebenfalls nach Bull Run. Bis Mittag füllten

Hunderte Schaulustige mit ihren Kutschen die Hügel und Felder rings um das Schlachtfeld.

Bis 14.00 Uhr hatte Unionsgeneral McDowell etwa 18 000 Mann über den Bull Run gebracht. Er selbst hatte den Befehl über 2 Divisionen übernommen, was sich als Fehler erwies, weil er bald den Überblick verlor. Er entschloß sich zu einem massierten Angriff auf den Henry House Hill, der mit starkem Artilleriefeuer unterstützt werden sollte. Zu diesem Zweck brachte er 2 Batterien und 1 «Zuaven»-Regiment in die vordere Linie.

Sein Gegner wendete, um seine Pläne zu durchkreuzen, einen Trick an: Das reguläre 33. Virginia-Regiment, immer noch in der blauen Uniform der alten Armee, näherte sich den Unionsbatterien von der linken Seite des Hügels. Die Unionsartilleristen, durch die Uniformfarbe der Virginier verwirrt, hielten das Feuer zurück, bis es zu spät war. Die Virginier machten die Unionsartilleristen nieder und trieben die »Zuaven« zurück. Jetzt konnten die CSA-Generale ihre Truppen gegen die anrückenden Unionsinfanteristen werfen. Die Unionsfreiwilligen liefen desorganisiert davon, warfen ihre Gewehre weg und ließen die Geschütze stehen. Der an sich schon ungeordnete Rückzug schlug in Panik um, als die zurückweichenden Truppen durch die Menge der zivilen Gaffer auf der Ostseite des Bull Run liefen. Die Zivilisten beeilten sich, ihre Kutschen zu besteigen, und versuchten, auf der Warrenton-Landstraße nach Centreville durchzukommen. Die Pferde scheuten jedoch unter dem Feuer von hinten. Die Wagen kippten um, und die Tiere verhedderten sich im Geschirr. In wilder Unordnung flüchteten Unionssoldaten und schaulustige Zivilisten nach Washington zurück.

Man rechnete damit, daß die konföderierten Armeen die Verfolgung aufnehmen und Washington belagern würde. Die CSA-Armeen unter Johnston und Beauregard waren jedoch ebenso unerfahren wie ihre Gegner und nach dieser ersten großen Schlacht zu erschöpft, um die Verfolgung aufzunehmen.

Im ganzen Süden feierte die Bevölkerung den Sieg. Präsident Davis erklärte vor der Presse, die Stärke der CSA-Armeen bei Bull Run habe lediglich 15 000 Mann betragen – eine Fälschung, die zu einer gefährlichen Unterschätzung der Union durch die Soldaten und die Bevölkerung der konföderierten Staaten führte.

Obwohl es Beauregard und Johnston besser wußten, durften sie unter den strengen Zensurgesetzen der CSA ihrem Präsidenten nicht in aller Öffentlichkeit widersprechen.

Die Verluste beider Seiten in der ersten Schlacht am Bull Run werden recht unterschiedlich geschätzt. Die Unionsverluste dürften etwa bei 500 Gefallenen, 1000 Verwundeten und etwa 1200 Vermißten (Deserteuren oder Gefangenen) liegen. Auf seiten der Konföderierten waren etwa 400 Mann gefallen, etwa 1500 verwundet und etwa 80 gefangengenommen worden. Sicherlich gab es auch hier Fälle von Fahnenflucht.

Die Auswirkungen von Bull Run I

Der Union brachte die Niederlage einen schweren Schock. Lincoln und viele Regierungsmitglieder begriffen spätestens nach dieser Schlacht, daß die konföderierten Staaten nicht in wenigen Wochen zu besiegen waren. Am schlimmsten war die Tatsache, daß die konföderierten Generale einen wichtigen Vorsprung im technischen Bereich errungen und die Eisenbahn zu taktischen Zwecken eingesetzt hatten, während der technisch viel besser gerüstete Norden diesen Aspekt des Kampfes ignoriert hatte. Regierung und Öffentlichkeit suchten nach Sündenböcken.

Der erste war selbstverständlich General Irwin McDowell, nach dessen Entlassung ganz Washington schrie. Wer aber sollte sein Nachfolger sein? Bisher hatte nur ein Unionsgeneral einen Sieg errungen: George McClellan, das 35jährige «Wunder», das bei Philippi und Carrick's Ford die CSA-Miliz vom Feld getrieben hatte. Am 26. Juli, 5 Tage nach dem Desaster von Bull Run, wurde McClellan zum Oberbefehlshaber der Potomac-Armee ernannt.

Bei seiner Ankunft in Washington wurde McClellan von den Massen stürmisch gefeiert und im Weißen Haus und im Kriegsministerium wie ein Kronprinz hofiert. McClellan erwies sich bald als erfahrener Intrigant, der eine große Schar von Anhängern unter den Offizieren um sich zu sammeln wußte. Die Komplimente der Washingtoner Gesellschaft stiegen ihm zu Kopfe. Er ließ sich auf einen unwürdigen Streit mit seinem Vorgesetzten, dem alten General Scott, ein. Unmißverständlich zielte McClellan auf Scotts Stellung als Oberbefehlshaber der Streitkräfte.

McClellans Intrigen wurden durch die Niederlage einer kleinen Unionsarmee in dem ansonsten nicht sehr bedeutenden Gefecht von Ball's Bluff (Virginia) gefördert. Obwohl General Scott mit dieser Niederlage gar nichts zu tun hatte, wurde er der «schlechten Planung» der Unionsstrategie und -bewegungen beschuldigt. Die Vorwürfe waren nicht grundlos, denn Scotts Methoden waren ausgesprochen altmodisch; für die neue Kriegstechnik hatte er kein Verständnis. Lincoln, der General McClellan nicht gut kannte und seine Intrigen nicht durchschaute, ließ Scott pensionieren und ernannte McClellan zum Oberbefehlshaber der Landstreitkräfte der Union. Der Präsident erteilte McClellan die spezifische Order, die Unionsarmeen aufzubauen und endlich Bewegung in die Lage an der Ostküste zu bringen.

McClellan hegte jedoch fast paranoische Ansichten über die militärische Lage Washingtons und die Möglichkeit einer Invasion durch die CSA-Armee unter Beauregard, die – nach McClellans Meinung – eine unglaubliche Stärke von 150000 Mann erreicht haben sollte. Seine Vorbereitungen auf den Feldzug gegen die Hauptstadt der Konföderation dehnten sich immer mehr in die Länge, nahmen den Spätsommer und den ganzen Herbst 1861 in Anspruch, bis das Wetter zu schlecht war, um einen Feldzug zu unternehmen.

Der Krieg zur See und die Mason-Slidell-Affäre

Die Errichtung der Blockade um die Küste der CSA brachte Versorgungsprobleme für die blockierenden Unionsschiffe sowie die Notwendigkeit, die wichtigeren, noch von den CSA besetzten Küstenfestungen zu erobern, mit sich. Die Union hatte gleich am Anfang des Krieges den wichtigen Hafen von Norfolk mit seiner Werft und mehreren Schiffen verloren. Jetzt aber begann die Unionskriegsmarine eine systematische Operation, um die gefährlichsten CSA-Festungen an der Ostküste zu zerstören und einen sicheren Hafen an der Atlantikküste des Südens für sich zu erobern.

In der zweiten Augusthälfte formierte die Unionskriegsmarine eine kleine, aber stark bemannte Flottille aus 5 Dampffregatten, 1 alten Segelfregatte, 1 Kutter, 1 Schlepper und 2 zu Truppentransporten umgebauten Handelsschiffen. Die hölzernen Fregatten «Minnesota» und «Wabash» trugen jeweils 28 neunzöllige Kanonen, 14 achtzöllige Kanonen und 2 zehnzöllige Turmgeschütze; die Fregatte «Susquehanna» wurde mit 15 achtzölligen Kanonen und einigen kleineren Geschützen bewaffnet. Die beiden Handelsschiffe hatten an Bord insgesamt 900 Mann unter dem Kommando des schon früher erwähnten Generals Benjamin Butler, dessen mangelnde militärische Kenntnis durch eine Tugend zumindest teilweise kompensiert wurde: seinen leidenschaftlichen Haß auf die Sklaverei. Butler war der erste General, der die Sklaven in den von ihm eroberten Gebieten für «Kriegsbeute» erklärte und befreite. Die meisten Befreiten blieben gern bei den Truppen, um ihnen beim Kochen und bei Bauarbeiten behilflich zu sein.

Die Flottille wurde vom Flaggoffizier Silas Stringham kommandiert. (Der Titel des Flaggoffiziers berechtigte den zu diesem Rang beförderten Kapitän, wie ein Admiral eine eigene Flagge auf einem Schiff zu hissen, solange er an Bord war. Damals gab es in der USA-Kriegsmarine keine Admirale; später wurde der Rang des Flaggoffiziers durch den des «Commodore» ersetzt.)

Am 28. August 1861 beschoß die Flottille die Forts Clark und Hatteras an der Küste von Virginia und North Carolina. Einen Tag später kapitulierten die Verteidiger. Die Unionstruppen machten 670 Gefangene und erbeuteten 1000 Handfeuerwaffen sowie 24 Kanonen. Dieser Sieg ermöglichte der Union die Kontrolle über die strategisch wichtige Hatteras-Bucht (Hatteras Sound).

Diese stürmische Gegend bot jedoch keinen geeigneten Versorgungshafen für Blockadeschiffe. Nach einer Analyse der Karten und der Festungen an der Ostküste fiel die Wahl auf Port Royal Sound im Georgia-Archipel. Diesmal wurde eine richtige Flotte aus 50 Schiffen, einschließlich Truppentransportern, unter dem

Befehl des Flaggoffiziers Samuel Du Pont zusammengestellt. 12000 Mann sollten mit der Flotte fahren – aber hier ergaben sich Schwierigkeiten mit General McClellan, dessen Forderungen nach Einberufungen für die Potomac-Armee auf eine Zahl von 300000 Mann geklettert waren (eine Zahl, die für damalige Verhältnisse fast an Wahnsinn grenzte). Präsident Lincoln bestand auf den 12000 Mann für die Eroberung von Port Royal Sound und setzte den Plan durch.

Die Vorbereitungen wurden jedoch durch den Streit mit McClellan derart verschleppt, daß die Flotte erst am 29. Oktober auslaufen konnte. Vom Wetter her ist das an der amerikanischen Ostküste die denkbar schlechteste Zeit. Am 1. November trieb ein schwerer Sturm die Schiffe auseinander und brachte ein Versorgungsschiff zum Sinken. Trotzdem konnte sich die Flotte am 4. November vor der Küste bei Port Royal Sound wieder sammeln.

Die Einfahrt zur Bucht wurde von 2 Festungen, Fort Beauregard auf Bay Point an der Nordseite und Fort Walker auf Hilton Head Island an der Südseite, geschützt. Zwischen den beiden Festungen lag ein Kanal mit einer Breite von etwas mehr als 3 Kilometern. Flottenkommandeur Du Pont befahl am 7. November den Beschuß der Festungen. Dann ließ er seine Schiffe genau durch die Mitte des Kanals in die Bucht einlaufen und dabei auf die Festungen Feuer führen. Dann führte Du Pont seine Flotte hart nach Backbord und ließ sie wenden. Sie lief jetzt in einer Entfernung von 600 Meter an Fort Walker vorbei; die Artilleristen schossen dabei ihre Bordgeschütze so schnell ab, wie es die Feuergeschwindigkeit überhaupt zuließ. Dreimal wurde das Manöver wiederholt. Der Artilleriebeschuß war derart schwer, daß die konföderierten Artilleristen davonliefen und das Fort aufgaben. Die Festung, deren Inneres in Trümmer gelegt war, fiel in die Hände der Unionstruppen, die zum erstenmal seit dem Fall von Fort Sumter die Fahne der Union in South Carolina hissen konnten.

Fort Beauregard wurde widerstandslos aufgegeben; die CSA-Besatzung ließ Waffen und Munition zurück. Die Eroberung von Port Royal Sound war entscheidend für den Erfolg der Unionsblockade, denn sie ermöglichte die Stationierung einer großen

Flotte zur Bekämpfung der Blockadebrecher und zur Unterstützung der Blockade selbst. Außerdem war ein Keil in die Küstenregion von South Carolina getrieben worden. In der ganzen Gegend um Port Royal Sound flüchteten die weißen Plantagenbesitzer, während ihre Sklaven die Unionssoldaten und -matrosen mit Freudentränen begrüßten.

Der Sieg von Port Royal Sound hätte auch eine Invasion South Carolinas durch Landstreitkräfte ermöglicht, doch McClellans Sturheit und seine Beschäftigung mit politischen Machtkämpfen hinderte das Washingtoner Kriegsministerium daran, eine entsprechende Strategie auszuarbeiten. Die günstige Gelegenheit ging verloren.

In jenem Spätherbst kam es zu einer brisanten Affäre mit internationalen Auswirkungen. Ende Oktober beschloß die Regierung der Konföderierten Staaten, 2 Vertreter nach England und Frankreich zu entsenden, um die diplomatische Anerkennung des Sklavenhalterstaates zu betreiben. Bisher hatte keine Regierung die Konföderation als legitimes Staatswesen anerkannt.

Die herrschende Klasse Großbritanniens war natürlich daran interessiert, ihrem Baumwollieferanten weitestmöglich beizustehen; schließlich importierte England (wie Marx bemerkte) bis zum Beginn des Bürgerkrieges gut 1,5 Millionen Pfund Baumwolle im Jahr. Nun war es nicht mehr möglich, Baumwolle in solchem Umfang von Amerika zu erhalten. Die Preise kletterten in die Höhe, Textilfabriken mußten geschlossen werden. Doch schon im Frühjahr 1861 hatte die britische Regierung die Union und die Konföderation als «kriegführende Parteien» anerkannt und ihre Neutralität in diesem Konflikt erklärt. Washington drohte an, «gegen jegliche europäische Nation oder Gruppe von Nationen, die der südlichen Konföderation Hilfe, Trost oder Anerkennung spendet, Krieg zu führen». England wollte einen dritten Krieg mit den Vereinigten Staaten vermeiden und verhielt sich während der ersten Bürgerkriegsmonate neutral, auch wenn Waffen und Güter in großen Mengen im Austausch gegen Baumwolle durch den Blockadering geschmuggelt wurden.

Nun ließ die CSA-Regierung in Richmond John Slidell und James Murray Mason heimlich als Gesandte nach England beziehungsweise nach Frankreich reisen. Sie fuhren in einem kleinen

Blockadebrecherboot Ende Oktober nach Havanna und von dort mit dem englischen Postschiff «Trent» nach England.

Während ihres mehrtägigen Aufenthalts in Havanna weilte dort auch ein gewisser Unionskapitän Charles Wilkes mit seiner Dampffregatte «San Jacinto». Wilkes erfuhr wenige Tage vor der geplanten Abreise von der Anwesenheit und der Mission der beiden CSA-Politiker. Er ließ die «San Jacinto» sofort auslaufen und lauerte in der Nähe der Bahamas der «Trent» auf. Am 8. November sichtete er seine Beute und stoppte das Postschiff mit einem Schuß vor den Bug. Er ließ bewaffnete Matrosen an Bord der «Trent» gehen und Mason und Slidell in Haft nehmen. Die «Trent» durfte weiter nach England reisen, während Wilkes Kurs auf Baltimore nahm. Am 15. November erreichte die «San Jacinto» Hampton Roads an der Eingang zur Chesapeake Bay. Wilkes wurde wie ein Held gefeiert, seine «Passagiere» warf man ins Gefängnis.

Die «Trent» erreichte London am 27. November und berichtete vom «Angriff auf hoher See», wie man es ausdrückte. Ganz England geriet in Aufruhr, die herrschenden Klassen riefen nach Krieg gegen die Union, der «rechtswidrige Handlungen» gegen England vorgeworfen wurden. In Washington verteidigte sich Kapitän Wilkes mit dem Hinweis darauf, daß laut Völkerrecht ein Staat im Kriegszustand befugt sei, Schiffe neutraler Staaten nach Kriegskonterbande zu durchsuchen. Da Mason und Slidell den Kopf voller Staatsgeheimnisse der CSA hätten, behauptete Kapitän Wilkes, seien sie als «lebendige Depeschen» und somit als Kriegskonterbande zu betrachten und entsprechend zu behandeln. Das Argument wurde vom Weißen Haus akzeptiert.

Ein Krieg mit den Vereinigten Staaten lag vor allem nicht im Interesse der englischen Arbeiterklasse, wie Marx und Engels erkannten. Als die Kriegshetze in Großbritannien immer schärfer wurde, griffen beide Männer energisch in die Ereignisse ein. In ihren Schriften sowie auf Arbeiterversammlungen riefen sie die englischen Arbeiter auf, gegen die Kriegshetze zu protestieren. Im Dezember 1861 sowie im Januar 1862 fanden in England Massendemonstrationen statt und bewirkten wesentlich die Verhinderung eines Krieges zwischen diesem Land und den Vereinigten Staaten von Amerika.

In der Tat erkannten vernünftige Staatsmänner auf beiden Seiten des Atlantiks, daß ein Krieg sinnlos und destruktiv gewesen wäre. Ende Dezember ließ Lincoln die Politiker Mason und Slidell auf freien Fuß setzen, und sie konnten ihre Reise nach Europa wieder aufnehmen. Trotz weiterer Intrigen mit anderen Staaten und heimlicher Mitwirkung am Waffenhandel und Schiffbau für die CSA erteilte die britische Regierung der Konföderation keine offizielle Anerkennung.

Vorboten einer ersten Wende: der Krieg im Westen

Im Grenzstaat Missouri und in den Nordwestterritorien der Union spitzte sich die Lage im Laufe des Sommers 1861 immer mehr zu. General John Charles Frémont wurde mit dem Befehl über das Militärdepartement, in dem sich Missouri befand, betraut. Frémont richtete sein Hauptquartier in St. Louis (Missouri) ein.

Hier unterliefen ihm verschiedene Fehler, von denen sich der erste zugleich als der folgenschwerste erweisen sollte: Er entschied sich gegen eine Verstärkung der Freiwilligenarmee unter Unionsgeneral Nathaniel Lyon, die in der Nähe von Springfield praktisch eingekreist war. In der Schlacht von Wilson's Creek am 10. August 1861 unternahm Lyon gegen eine zwar buntgescheckte, recht und schlecht bewaffnete, aber verbissen kämpfende und gut geführte CSA-Armee den verzweifelten Versuch durchzubrechen. Die konföderierte Seite hatte 10 000 Mann, also doppelt soviel wie Lyon. In der Schlacht wurden 1 300 Mann Unionstruppen, das heißt etwa 25 Prozent der hier stehenden Unionssoldaten, außer Gefecht gesetzt. General Lyon fiel im Kampf. Die CSA waren jedoch nicht in der Lage, diesen Sieg auszubauen. Lyons heldenhafter Kampf inspirierte die Gegner der Sklaverei in Missouri, die Regierung zu übernehmen und den Staat für die Union zu retten.

General Frémont war ein schlechter Regent, der sich in Missouri unbeliebt machte. Er erarbeitete aber einen recht guten

Plan für die Sicherung des oberen Mississippi und errichtete für dessen Ausführung feste Fundamente. Der wichtigste Posten in dieser Region war die Stadt Cairo, die die Mündung des großen Ohio in den mächtigen Mississippi kontrollierte. Hier benötigte Frémont eine besonders fähigen Kommandanten. Die Wahl, die er eigentlich teilweise unter Druck aus Washington traf, war Frémonts größtes Verdienst im Bürgerkrieg, obwohl es zu jener Zeit noch niemand ahnen konnte.

Der Kongreßabgeordnete Elihu Washburne aus dem benachbarten Bundesstaat Illinois, der als sehr einflußreicher Politiker galt, wollte für einen Freund ein gutes Kommando erwirken. Dieser Freund aber besaß scheinbar keine guten Eigenschaften, die ihn für einen solch bedeutenden Posten empfehlen konnten: Zwar hatte er viele Jahre zuvor West Point absolviert und im Mexiko-Krieg gedient, wurde jedoch am Ende dieses Krieges nach Kalifornien versetzt, wo er zu trinken anfing und aus diesem Grund mit einem Militärgerichtsverfahren bedroht wurde. Er schied aus dem Militärdienst aus, versuchte sich als Kaufmann in Illinois, erwarb sich aber auch hier den Ruf eines Versagers. Er entstammte dem Kleinbürgertum, hatte sich nie besonders hervorgetan und war in der Armee alles andere als geachtet. Trotz allem gab Frémont Washburnes Druck nach und übergab das Kommando über die Basis in Cairo dessen Freund, der zum General der Freiwilligen ehrenhalber ernannt wurde.

Dieser ehemalige Trinker und Versager hieß Ulysses Simpson Grant. Im Feuer eines Kampfes, an den er mit ganzem Herzen glaubte, entwickelte sich Grant zu einem der bemerkenswertesten Generale der modernen Militärgeschichte.

In seinen Memoiren schrieb Grant, er habe am Anfang des Krieges so gut wie nichts von der neueren Infanterietaktik gewußt: «Als ich an West Point studierte, war die Taktik die von Scott und die Waffen die Flinte ... Die Waffen waren jetzt anders, und Hardees Taktik war eingeführt ... Mit der neuen Taktik konnten ... alle Änderungen in der Marschordnung während der Bewegung vorgenommen werden. Ich hatte keine Schwierigkeiten, Befehle zu geben, die mein Regiment dorthin, wo ich es haben wollte, bringen und über alle Hindernisse tragen würden. Ich glaube nicht, daß die Offiziere des Regiments jemals bemerkt haben, daß ich die von mir verwendeten Taktiken nie studiert hatte.» Grants Denkart war gradlinig und sachlich; er kam meist von allein auf die richtige Methode und baute systematisch auf die Erfahrungen, die er sich im Krieg erwarb.

Grant übernahm das Kommando in Cairo Anfang August 1861. Schon am nächsten Tag bekam er Gelegenheit, eine wichtige Aktion zu unternehmen, als ein Aufklärer General Frémonts ins Hauptquartier stürzte. «Er berichtete, er sei eben von Columbus gekommen – einem Punkt am Mississippi zwanzig Meilen flußabwärts auf der Kentucky-Seite. Dort hätten sich Truppen in Bewegung gesetzt oder sollten gleich losmarschieren, um Paducah an der Mündung des Tennessee River zu besetzten.» Grant telegrafierte Frémont über sein Vorhaben, nahm 2 Regimenter und 1 Artilleriebatterie und begab sich mit ihnen um Mitternacht auf einige Flußdampfer, die am 6. August bei Sonnenaufgang in Paducah anlangten.

CSA-General Leonidas Polk (der bis zum Kriegsausbruch anglikanischer Bischof von Louisiana gewesen war) hatte in der Nähe von Paducah gut 4000 Mann zu stehen – fast doppelt soviel wie Grant. «Aber der Feind wußte dies nicht und begab sich zurück nach Columbus.» Somit behielt die Union eine wichtige Stadt am Mississippi im offiziell «neutralen» Kentucky, dessen Neutralität wegen seiner strategischen Lage von beiden Kriegsparteien zunehmend mißachtet wurde.

Inzwischen hatten die Konföderierten die Kommandostruktur ihrer Armeen im Westen nach chaotischem Beginn stabilisiert und General Albert Sidney Johnston zum Oberbefehlshaber in dieser Region ernannt. Nachdem Grant Paducah besetzt hatte, legte Johnston eine Sperrlinie über die ganze Breite Kentuckys an, um die Bewegungen der Unionstruppen am Mississippi südlich von Paducah sowie an den Nebenflüssen Tennessee und Cumberland zu behindern. Fußpunkt dieser Linie war Columbus am Mississippi. Die Konföderierten unterhielten weiterhin auf der anderen Flußseite in Belmont ein vorgeschobenes Lager.

General Frémonts Reaktion auf die CSA-Operationen in dieser Region war alles andere als energisch: Er befahl lediglich Täuschungs- und Störmanöver um Cairo und Paducah, um Angriffe der Konföderierten im südlichen Missouri zu verhindern, aber keinen Angriff auf Johnstons Sperrlinie.

Anfang November sollte Grant von Cairo aus solche Manöver auf beiden Seiten des Mississippi durchführen. Am 1. November begann der Kommandeur der Unionstruppen in Paducah, General C. F. Smith, die Aufmerksamkeit der konföderierten Armee Polk durch Manöver abzulenken, während Grant die Brigaden Oglesby und Wallace zusammen mit dem 10. Iowa-Regiment südwärts auf der Westseite des Flusses in Richtung New Madrid und Pilot Knob schickte, um eine kleine CSA-Truppe in dieser Region aus Süd-Missouri zu vertreiben. Grant selbst führte 3114 Mann, die auf Flußdampfern der Kriegsmarine transportiert wurden, nach Belmont, wo er laut Befehl das Lager lediglich «bedrohen» sollte.

Belmont lag etwas mehr als 14 Kilometer südlich von Cairo. Das Lager befand sich auf einer Anhöhe in dichtem Wald direkt gegenüber von Columbus. Die Flußufer waren hier jedoch ziemlich hoch, so daß eine Landung der Unionstruppen weder von Belmont noch von Cairo aus beobachtet werden konnte. Aber von einer Landung war noch keine Rede; Grant beabsichtigte nur die Ausführung des Befehls von Frémont.

Sein Plan wurde durch eine Nachricht geändert, die sich später als falsch erwies: CSA-General Polk setze Truppen von Columbus zur Missouri- (also zur Belmont-) Seite des Flusses über. Grant schrieb in seinen Memoiren: «Columbus hatte, neben seinen starken Befestigungen, eine Garnison, die weit mehr Truppen zählte, als ich bei mir hatte. Deshalb wäre es nutzlos gewesen, diesen Punkt anzugreifen... Ich wußte, daß es das kleine Lager der Konföderierten bei Belmont genau gegenüber von Columbus gab, und ich entschloß mich rasch, den Fluß hinabzugehen und auf der Missouri-Seite zu landen, Belmont anzugreifen, das Lager aufzulösen und zurückzukehren.»

Grants Truppen waren zum größten Teil neue Rekruten, die noch keine Kampferfahrung und kaum militärische Ausbildung besaßen. Der Unionsgeneral konnte sich auf seine Kommandeure Logan, Buford und McClernand verlassen, auch wenn der Letztgenannte kaum militärische Erfahrung hatte. Am 7. November ließ Grant seine Truppen etwa 5 Kilometer nördlich von Belmont landen. Nachdem er 5 Kompanien zum Schutz der Transport- und Kanonenboote zurückgelassen hatte, führte er die übrigen Truppen – 4,5 Infanterieregimenter, 2 Kavalleriekompanien und 1 Batterie mit 6 Geschützen – durch den dichten Wald gegen das Lager bei Belmont. Dort hielten sich 6 CSA-Regimenter auf, die derart überrascht wurden, daß sie das Lager in relativ kurzer Zeit aufgaben. Sie liefen zum Fluß, wo sie durch die Kanonen von Columbus gedeckt werden konnten. Grants unerfahrene Truppen, berauscht vom ersten schnellen Sieg, plünderten und verbrannten das CSA-Lager. Der Rauch wurde von der CSA-Garnison in Columbus bemerkt. General Polk, der sich dort aufhielt, schickte südlich von Belmont 10000 Mann über den Fluß, um Grants Truppen von den Transportschiffen abzuschneiden und zu vernichten. Trotz allem gelang es Grant und seinen Offizieren, die Unionstruppen rechtzeitig zusammenzuziehen und mit 6 erbeuteten Geschützen, mehreren Pferden und Gefangenen abzuziehen. Grant ritt als letzter zum Fluß, nachdem er sich davon überzeugt hatte, daß alle Unionstruppen die Anlegestelle erreicht hatten, und konnte nur knapp an Bord des letzten Kanonenboots springen, das schon unter gegnerischem Feuer vom Ufer ablegte.

General Grants kleiner Erfolg bei Belmont war für den Norden der erste echte Sieg in einem ansonsten deprimierenden Jahr. In Washington begrüßte der Präsident dieses Ereignis sehr. Ihm wurde jedoch auch bewußt, daß der Oberbefehlshaber des Militärdepartements Missouri, General Frémont, bisher zu inaktiv und unentschlossen gewesen war. Frémont wurde entlassen. Am 18. November wurde Generalmajor Henry Wager Halleck zu seinem Nachfolger ernannt.

Hallecks Ruf erwies sich als besser als der Mann selbst. Der Spezialist für Kriegs- und Völkerrecht war für die Führung eines Feldzuges nicht geeignet. Er war zwar ein ausgezeichneter Verwalter, im Umgang mit seinen Unterstellten verhielt er sich jedoch steif und im strategischen Bereich übervorsichtig. Halleck entstammte dem Großbürgertum, hatte für den Kleinbürger Grant nur Verachtung übrig, hielt ihn wegen seiner Vergangenheit für sein Kommando ungeeignet und brüskierte ihn vom Anfang an.

General Grant wollte seinen Sieg von Belmont durch eine Operation südwärts gegen Fort Henry am Tennessee River sowie gegen das nahegelegene Fort Donelson am Cumberland River ausbauen – ein logischer und unter den Bedingungen der überdehnten CSA-Gruppierungen durchaus realistischer Plan. Demgemäß meldete er sich bei Halleck, der ihn derart schroff und kalt empfing, daß er verunsichert wurde und nach eigenen Worten «den Grund meines Besuchs vielleicht mit weniger Klarheit darstellte, als ich es sonst getan hätte. Ich hatte nicht viele Sätze herausgebracht, als meine Worte abgeschnitten wurden, als ob mein Plan glatter Wahnsinn wäre.»

Grant gab jedoch nicht auf. Das Jahresende 1861 verbrachte er bei Beratungen mit dem Kommandeur der hiesigen Flußflottille, Flaggoffizier Andrew Foote, zur exakten Planung eines Feldzuges gegen die Forts Henry und Donelson.

Auch Präsident Lincoln drängte an der westlichen Kriegsfront nach einem Feldzug weiter südwärts. Halleck, der den Präsidenten in militärischen Fragen für inkompetent hielt, weigerte sich, ohne Befehl des Oberbefehlshabers der Streitkräfte irgendwelche Operationen zu unternehmen. Dieser war seit September General George McClellan, der sich ausschließlich dem Aufbau der Potomac-Armee widmete. Sie sollte sich erst im Frühling nach langen Übungen in Bewegung setzen. Bis Ende 1861 zählte die Potomac-Armee etwa 180 000 Mann, die samt und sonders in und um Washington mehr schlecht als recht untergebracht waren. Im Laufe des Winters brachen in der Potomac-Armee verschiedene Epidemien aus: Erst grassierten die Pocken, mit der die Bevölkerung angesteckt wurde (auch ein Sohn Lincolns starb daran), dann Typhus und Paratyphus. An Typhus erkrankte sogar McClellan, der deshalb Halleck keine Weisungen erteilte.

Am 3. Dezember 1861 erstattete Lincoln seinen Jahresbericht. In einer merkwürdig verschleierten Rede vor dem Kongreß sagte er unter anderem: «In meinen Überlegungen zur Politik, die für die Unterdrückung dieses Aufstandes angewendet werden soll, bin ich darum bemüht und vorsichtig gewesen, daß der unvermeidliche Konflikt zu diesem Zweck nicht in einen gewaltigen und rücksichtslosen revolutionären Kampf degenerieren sollte. Deshalb habe ich es in jedem Fall für richtig gehalten, die Integri-

tät der Union als primäres Ziel des Kampfes unsererseits zu unter-
streichen und dabei alle Fragen, die nicht militärischer Natur
sind, der wohlerwogeneren Handlung der Legislative zu überlas-
sen.» Dies war jedoch das Kernproblem der Kriegführung der
Union. In seiner Botschaft zeichnete Lincoln ein Idealbild der
Zukunft: Vielleicht würde es im Laufe des Kampfes um die ganze
Idee einer klassenlosen Gesellschaft gehen, in der der «gemeine
Mann» wirklich unabhängig und der Besitzer seiner eigenen Arbeit sein würde. Lincolns Vision war die einer kleinbürgerlichen
Utopie, in der das Handwerk dominieren und das Kapital ver-
schwinden würde. Er behauptete, die meisten Amerikaner in den
Nord- wie auch in den Südstaaten würden für sich arbeiten – auf
kleineren Bauerngütern, in Läden oder in Handwerkbetrieben,
wo sie «das ganze Produkt für sich behalten, ohne das Kapital auf
der einen Seite oder Lohnarbeiter bzw. Sklaven auf der anderen
Seite um Hilfe zu bitten».

Diese Behauptung traf längst nicht mehr zu. Sie beruhte auf
einer demographischen Struktur, die das Kapital schon zu Beginn
des 19. Jahrhunderts beseitigt hatte. Die Rede deutete aber darauf hin, daß sich Lincoln früher oder später mit der Frage der
Sklaverei konfrontiert sehen würde. Der Kampf «gegen die Insur-
rektion», der 1861 so zögernd und vorsichtig begonnen hatte,
sollte mit dem Jahreswechsel so gewaltig anschwellen, wie es sich
weder Lincoln noch seine Generale vorstellen konnten. Die
Frage des echten Klassenkampfes, die Lincoln meiden wollte,
ließ sich nicht mehr umgehen.

KAPITEL 3

1862:
ES WIRD ERNST
MIT DEM KRIEG

Operationen im Westen:
Logan Cross Roads, Fort Henry und
Fort Donelson

Gleich zu Beginn des Jahres 1862 verlor Abraham Lincoln die Geduld mit seinem inkompetenten Kriegsminister Cameron und ersetzte ihn durch Edwin McM. Stanton. Der Ernennung stimmte der Senat am 15. Januar 1862 zu.

Stanton war mit General McClellan gut befreundet, was den General zu Freudenbekundungen über Stantons Ernennung veranlaßte. Stanton aber gebärdete sich als feuerspeiender Drache und behauptete einem Journalisten gegenüber: «...ich werde Abe Lincoln zum Präsidenten der Vereinigten Staaten machen. Ich werde diesen McClellan zwingen, zu kämpfen oder zu gehen.» Leider blieb es bei den großen Worten. Stanton, der im Gegensatz zu Lincoln überhaupt kein diplomatisches Geschick hatte, machte sich in Washington bald unbeliebt.

Im Westen war das Kommando über die Truppen im jetzt heiß umstrittenen «neutralen» Kentucky auf 2 Unionsmilitärdepartements aufgeteilt: Missouri unter General Halleck und Ohio unter General Don Carlos Buell. Halleck hatte 71000 Mann in Missouri und 20000 Mann unter General Grant in Kentucky am Mississippi und am Ohio zwischen Commerce (Missouri) und Smithland (Kentucky). Zwar informierte Halleck General Buell über die Operationen seines Militärdepartements, hegte jedoch nicht das geringste Interesse an einer Koordinierung der Operationen Buells mit denen von Grant. Buell hatte 45000 Truppen zwischen dem Ohio und dem Cumberland in Ost-Kentucky zu stehen. Sein Hauptquartier richtete er in Louisville ein.

Der Gegner hatte etwa 43 000 Mann unter dem Kommando des Generals A. S. Johnston in Kentucky und im nördlichen Teil von Tennessee stationiert. Von diesen standen Grant insgesamt 16 000 Mann gegenüber (12 000 Mann in Columbus und 4000 auf verschiedenen, voneinander weit entfernten Posten am Mississippi, am Tennessee und am westlichen Cumberland). Sie wurden von CSA-General Leonidas Polk befehligt, während der Taktiker General Hardee 22 000 Mann CSA-Truppen am östlichen Abschnitt gegenüber von Buells Unionsarmee unter seinem Kommando hatte.

Wichtig ist zu beachten, daß sich nur Unionsgeneral Grant und die ihm zur Verfügung stehenden Kräfte der Kriegsmarine unter Flaggoffizier Foote in einem bestimmten strategischen Gebiet konzentriert hatten. Die anderen Befehlshaber auf beiden Seiten verteilten ihre Kräfte über große Entfernungen.

Eine gewisse Koordinierung auf der Unionsseite kam Mitte Januar doch noch zustande, als Buell die rechte Flanke der langen CSA-Sperrlinie in Kentucky und Nord-Tennessee angriff, während Grant und Foote, denen Halleck endlich die entsprechende Genehmigung erteilt hatte, gegen Fort Henry am Tennessee River marschierten.

Grant hatte wiederholt an Halleck geschrieben: «Wenn es mir gestattet wird, könnte ich Fort Henry am Tennessee nehmen und behaupten.» Er erläuterte, daß die Festung und der Tennessee River von diesem Punkt nordwärts bis zur Mündung in den Ohio River nur schwach verteidigt würden. Halleck erteilte halbherzig Ende Januar seine Zustimmung.

Schon Mitte Januar hatte Buell 5000 Mann unter General George Thomas in die Berge Ost-Kentuckys geschickt, um dort gegen CSA-Truppen am östlichen Cumberland River zu operieren. Schlechtes Wetter brachte die Expedition fast zum Scheitern: Die Hälfte der Unionstruppen erkrankte, viele Soldaten starben, und gut 20 Prozent der Armee wurden kampfunfähig. Trotzdem setzte Unionsgeneral Thomas, der im Ruf der Hartnäckigkeit stand, seinen Marsch fort.

Der Gegner befand sich dank der Dummheit des CSA-Generals Zollicoffer in einer noch schlechteren Lage als die Unionsarmee. Zollicoffer ließ seine Truppen sich mit dem Rücken zum hochwasserführenden und somit unüberwindbaren Cumberland River verschanzen. Die CSA-Regierung schickte General George Crittenden dorthin, um neue Stellungen zu erkunden und Zollicoffer zu beraten. Crittenden hatte jedoch seine ganze militärische Karriere in den Wüstengebieten Mexikos und des Westens der USA verbracht und beurteilte die militärische Bedeutung des Cumberland River falsch. Als sich die Unionstruppen Logan Cross Roads nördlich des Cumberland näherten, befahl Crittenden am 17. Januar einen Nachtmarsch und für den Morgen des 18. Januar einen Überraschungsangriff. Die CSA-Truppen gerieten jedoch in fürchterlichen Schlamm, der den Marsch derart verlangsamte, daß zum geplanten Angriffsbeginn nur 2 Regimenter in Stellung waren. Der Überraschungsmoment war also verloren. Als der Angriff endlich begann, versagten die alten Gewehre der meisten CSA-Infanteristen wegen des naßgewordenen Pulvers. Unionsgeneral Thomas organisierte einen vernichtenden Gegenangriff, die CSA-Truppen wurden weit zurückgeworfen, und General Zollicoffer fiel. Dieser Unionssieg zerschlug den östlichen Abschnitt der CSA-Sperrlinie.

Am 2. Februar setzte Unionsgeneral Grant seine Truppen in Marsch. Die meisten rückten über Land den Tennessee River aufwärts vor, während einige Einheiten auf Flaggoffizier Footes Kanonenbooten transportiert wurden. Auf den Kanonenbooten befand sich auch Grants Artillerie. Die Marschstrecke von Grants Infanteristen läßt sich heute nicht mehr genau nachvollziehen, weil Staudämme an Tennessee und Cumberland die Flußtäler bis zur Grenze des Bundesstaates Tennessee unter Wasser gesetzt haben.

Fort Henry lag in der Nähe dieser Grenze in einem Flußbogen und verfügte über 17 Kanonen. Das Fort befand sich noch im Bau. Sein Mauerwerk war sehr niedrig, so daß Fort Henry ein gutes Ziel für Kanonenboote abgab. Das andere Flußufer war höher gelegen, dort stand eine viel kleinere und schwächere Festung – Fort Heiman. Zusammen wurden diese Festungswerke von etwa 2500 Mann unter dem Kommando des CSA-Generals Lloyd Tilghman verteidigt.

Tilghman erfuhr bereits am 4. Februar von Grants Bewegungen und gab Fort Heiman als unhaltbar auf. Am 5. Februar entschloß er sich, auch Fort Henry nicht zu verteidigen; an diesem Tag schickte er fast seinen gesamten Bestand ostwärts nach Fort Donelson. Er selbst blieb mit den Batterien und 70 Artilleristen in Fort Henry zurück.

Grant und Foote erreichten die Gegend am 6. Februar. Mit ihnen kamen etwa 15000 Soldaten. Die Unionsinfanteristen marschierten auf beiden Seiten des hochwasserführenden Flusses. Flaggoffizier Foote ließ seine Kanonenboote das Feuer eröffnen. Die Wirkung auf die Festung war derart verheerend, daß der Unionsinfanterie wenig zu tun blieb. Schon am frühen Nachmittag kapitulierte CSA-General Tilghman.

Nach der Übergabe der Festung schickte Grant die Kanonenboote weiter stromaufwärts, um die Brücke der Memphis-Ohio-Eisenbahn und damit die Hauptverbindung zwischen den zerstreuten Teilen der CSA-Armee Johnstons zu zerstören. Diese Spaltung der konföderierten Armee gelang. General Johnston beriet sich mit General Beauregard, der vom CSA-Kriegsministerium nach Westen geschickt worden war, über die Lage. Auch Beauregard hielt die Lage der Truppen im Zentrum Kentuckys für hoffnungslos. Die 4 CSA-Divisionen um Bowling Green wurden nach Nashville zurückgezogen. 12000 Mann wurden aus Clarksville nach Fort Donelson verlegt, um dessen Verlust zu verhindern.

Grants Unionstruppen schlugen vom 6. bis 11. Februar ihr Lager in Fort Henry auf. Einen derart langen Aufenthalt hatte Grant nicht geplant. Das Wetter war jedoch sehr schlecht, so daß sich die Versorgung der Unionstruppen verzögerte. Die Zeit in Fort Henry nutzte Grant zur Aufklärung seines nächsten Ziels.

Fort Donelson lag nur 19 Kilometer über Land von Fort Henry entfernt. Dazwischen stand dichter Wald, durch den ein Waldweg sowie eine enge Straße in schlechtem Zustand zum Cumberland und zum Dorf Dover in der Nähe von Fort Donelson führten. Grant ritt mit einer kleinen Begleitung durch den Wald: «Am 7. Februar, nach dem Fall von Fort Henry, nahm ich meinen Stab und die Kavallerie – einen Teil eines Regiments – auf eine Aufklärungsoperation bis etwa 1 Meile von der äußeren Linie der Be-

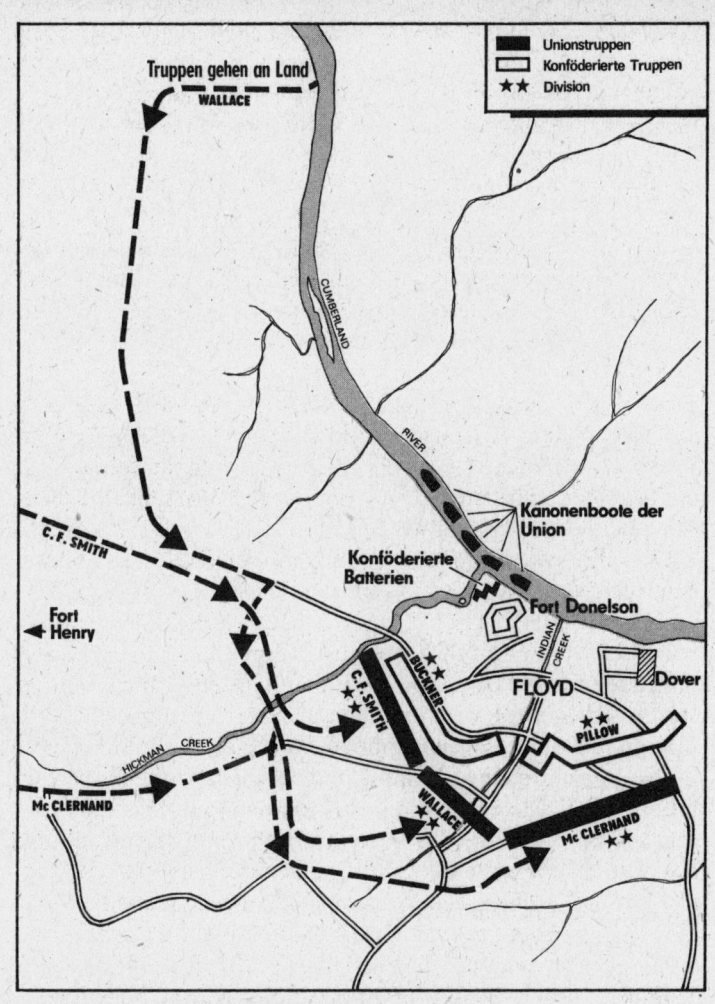

Die Eroberung von Fort Donelson.
13. bis 16. Februar 1862

festigungen bei Donelson. Ich kannte General Pillow (den Vize-kommandanten des Forts–L. I.-K.) von Mexiko her und rech-nete damit, daß ich mit jeglicher Streitmacht, und sei sie noch so klein, bis in Schußweite jedes Festungswerks marschieren konnte, das er zu verteidigen hatte.»

CSA-General Gideon Pillow war wegen seines Hochmutes und seiner Inkompetenz berüchtigt. Mit ihm zusammen hielten sich 2 weitere Generale in Fort Donelson auf: der noch weniger kompe-tente John B. Floyd und der mutige und erfahrene, aber dienst-jüngste Simon Bolivar Buckner. In Fort Donelson und in den Schützengräben um die Festung verfügten die Generale über 15000 Mann. Grant hatte schon 20000 Mann in Fort Henry; auf Footes Kanonenbooten war noch eine Division mit etwa 5000 Mann unter Unionsgeneral Lew Wallace unterwegs. Wal-lace war als General keine Leuchte, wie sich herausstellte, aber ein begabter Schriftsteller, der Jahre später mit seinem Roman «Ben Hur» sehr berühmt wurde.

Grant schickte Flaggoffizier Foote mit seinen Kanonenbooten den Tennessee River abwärts bis zum Ohio River. Von der Ten-nessee-Mündung liefen sie ostwärts bis zur Mündung des Cum-berland und von dort flußaufwärts bis Fort Donelson. Als Grant die Lage von Fort Donelson sowie den Bau der Festung während seiner Aufklärungsoperation studiert hatte, hätte ihm klarwerden müssen, daß Footes Kanonenboote nicht dieselbe Taktik wie bei Fort Henry anwenden könnten: Fort Donelson war solide gebaut, erhob sich 30 Meter über den Cumberland und verfügte über 2 schwere Batterien in 2 Ebenen, die den Fluß unter Kontrolle hiel-ten. Die Flußkriegstaktik mit gepanzerten Kanonenbooten be-fand sich allerdings damals noch im Anfangsstadium. Weder Grant noch Foote erkannten die Gefahr eines Frontalangriffs vom Fluß her.

Endlich trafen die Versorgungstransporte in Fort Henry ein. Am 11. Februar 1862 besserte sich das Wetter, und Grant setzte seine Truppen in Marsch. Sie marschierten in 2 Abteilungen: Auf der schlammigen, aber noch begehbaren Straße drangen die Divi-sion C. F. Smith und der Hauptteil der Division McClernand vor, während der andere Teil der Division McClernand auf einem parallel verlaufenden Waldweg marschierte. Bis 13. Februar erreichten beide Divisionen den Waldrand vor Donelson, an demselben Tag liefen die Kanonenboote bis zur letzten Flußbiegung vor Fort Donelson, wo sie Lew Wallaces Division anlandeten.

Am 14. Februar eröffneten die Kanonenboote das Feuer, das von der Festung sofort erwidert wurde. Die Kanonen der Festung erwiesen sich als überlegen, fügten den Kanonenbooten erheblichen Schaden zu und drängten sie zurück. Flaggoffizier Andrew Foote erlitt eine Fußverletzung, die an sich nicht ernsthaft war. Er ließ sich jedoch keine Zeit bis zur Ausheilung, die Wundeiterung wurde chronisch, und der tapfere Marineoffizier starb noch vor Kriegsende.

Während des Artilleriebeschusses verteilte Grant seine Divisionen folgendermaßen: C. F. Smiths Division verschanzte sich an der linken Flanke der Unionstruppen, die Division Wallace behauptete die Mitte und McClernands Truppen (zusammen mit einer Brigade aus Smiths Division) bildeten an der rechten Flanke eine lange, aber überdehnte Linie bis fast nach Dover hinter einen nach einer Sturmflut unüberquerbaren Bach. McClernands rechte Flanke war sehr exponiert, wie er selber Grant berichtete. Grant hatte jedoch andere Sorgen. In der Nacht zum 15. Februar sank die Temperatur weit unter dem Gefrierpunkt, unaufhörlich fiel Schnee, aber wegen der Scharfschützengefahr mußte Grant seinen Truppen das Anzünden von Lagerfeuern verbieten.

In der Festung waren die Bedingungen viel schlechter. Die CSA-Truppen hatten kaum noch Nahrung, die Kampfmoral war sehr niedrig. In der Nacht trafen sich die 3 CSA-Generale zu einem Kriegsrat. Ihr Entschluß beruhte auf 2 gravierende Fehleinschätzungen: erstens auf einer Überschätzung der sicher vorhandenen zahlenmäßigen Überlegenheit der Unionsseite, zweitens auf einer Unterschätzung des Schadens, der auf den Kanonenbooten angerichtet worden war. Pillow und Floyd entschlossen sich zur Aufgabe der Festung und zum Ausbruch aus der Einkreisung. Der rangniedere Buckner mußte sich fügen. Die konföderierten Truppen in den Schützengräben hatten schon die Schwäche an der rechten Flanke der Unionstruppen erkannt. Zwischen der linken Flanke, bei der Unionsdivision McClernand am Weg nach Wynn's Ferry, und an der rechten Flanke, bei der Division

83

Wallace, war die Linie überdehnt. Hier sollte der Ausbruch gewagt werden. Pillow und Floyd sollten an diesen Stellen 5 Brigaden und 1 Kavallerieregiment konzentrieren, während Buckners Division für die Deckung zu sorgen hatte.

Am nächsten Morgen erwartete Grant keinen konföderierten Angriff aus Fort Donelson und besuchte den verwundeten Flaggoffizier Foote auf dessen Bitte, ohne für die Zeit seiner Abwesenheit einen Vertreter benannt zu haben. Während sich Grant bei Foote aufhielt, begann der Angriff des Gegners. Die CSA-Brigaden schlugen mit aller Wucht zu. Die Unionstruppen an McClernands rechter Flanke mußten sich aus den Stellungen vor Dover zurückziehen und den Kameraden zur Hilfe eilen. Bis Mittag waren etwa 2000 Mann Unionstruppen außer Gefecht gesetzt. Der Besatzung von Fort Donelson stand der Weg zum Ausbruch offen.

Inzwischen war General Grant zurückgekehrt. Er zeigte nicht die geringste Aufregung, sondern handelte kühl und entschlossen. Als erstes bat er Foote, mit den noch einsatzfähigen Kanonenbooten demonstrativ vor die Festung zu laufen. Zweitens befahl er der Division Smith, die gegnerischen Schützengräben an ihrem Abschnitt heftig anzugreifen, um die konföderierten Generale abzulenken.

Gerade zu diesem Zeitpunkt unterlag der CSA-General Pillow einem merkwürdigen Trugschluß: Aus der Leichtigkeit des Durchbruchs gewann er, wenigstens zeitweilig, die Überzeugung, die Festung könne doch noch gehalten werden! Er befahl seinen Truppen, das bisher schwer erkämpfte Gelände aufzugeben und in ihre Ausgangsstellungen zurückzukehren. Nur murrend und zögernd gehorchten sie. Jetzt konnte sich die Unionsdivision McClernand wieder sammeln. Um 15.00 Uhr ritt Grant zu McClernand und befahl ihm und Wallace, die verlorenen Stellungen zurückzuerobern, was sie dann auch taten. C. F. Smiths Division vertrieb die CSA-Infanteristen aus den Schützengräben auf der Nordwestseite der Festung, übernahm diese Stellungen und verbrachte in ihnen die Nacht zum 16. Februar.

In dieser Nacht kamen die 3 konföderierten Generale nochmals zu einem Kriegsrat zusammen. Floyd, Pillow und Buckner entschlossen sich zur Kapitulation, die Buckner am nächsten Morgen überreichen sollte.

Als der kalte Morgen dämmerte, war Bruckner allein zurückgeblieben: Pillow und Floyd hatten während der Nacht feige die Flucht ergriffen. Sie nahmen nur wenige Soldaten mit und überließen den Hauptteil ihrer Truppen der Gefangenschaft. Auch der CSA-Kavalleriegeneral Nathan Bedford Forrest konnte sich nachts mit seinem gesamten Regiment aus der Festung schleichen. Buckner schickte eine Nachricht an Grant, mit dem er vor dem Krieg befreundet gewesen war, und bat ihn um die Bedingungen für die Übergabe der Festung.

Grants Antwort stand bald danach in allen Zeitungen der Union und machte ihn berühmt: «Keine Bedingungen außer bedingungsloser und sofortiger Kapitulation!» Buckner empfand die Antwort als schockierend, hatte jedoch keine Wahl und übergab die Festung sofort Grant und seiner Armee.

Die Schlacht um Fort Donelson zwang den Oberbefehlshaber der Konföderierten im Westen, General A. S. Johnston, seine Armee aus Kentucky und Nordtennessee zurückzuziehen. Sogar die Großstadt Nashville (Tennessee) mußte er räumen – und mit ihm flüchtete die Bevölkerung der Stadt in Panik, weil die CSA-Regierung wilde Gerüchte über angebliche «Bestialitäten» der Unionstruppen in Umlauf gesetzt hatte. Johnstons Armee war zusammengeschrumpft, seine Verbindungen zu den östlich liegenden Bergen der Appalachen und der Ozark Mountains waren gestört. Die Union kontrollierte die Flüsse Tennessee und Cumberland auf ihrer gesamten schiffbaren Länge. Die Bedrohung des Mississippi durch Unionstruppen war jetzt das akuteste strategische Problem für die Konföderierten – und diese Gefahr drohte nicht nur von Norden, sondern auch von Süden: Der fähigste Marineoffizier des Nordens, Flaggoffizier David Farragut, war dabei, vor der Mündung des Mississippi in den Golf von Mexiko eine große Flotte zu sammeln.

Grant bat General Halleck um die Genehmigung, weiter südwärts zu marschieren und die große Armee des Generals Buell zur Unterstützung heranzuführen. Aber der von sich sehr eingenommene Halleck hegte extreme Neidgefühle gegen Grant, der über Nacht zum «Helden der Union» geworden war. In Washington feierte man den Sieg von Fort Donelson; Lincoln ließ Grant zum Generalmajor befördern. Halleck protestierte und setzte schließlich Grant unter dem Vorwand von seinem Kommando ab, er habe beim Angriff auf die Forts Henry und Donelson seine, Hallecks, Befehle mißachtet! In der Tat hatte Grant von Halleck keinen besonderen Befehl außer der Genehmigung, seine Truppen in diese Richtung in Bewegung zu setzen.

General C. F. Smith übernahm Grants Kommando. Er durfte die Unionsarmee nur in äußerst langsamem Tempo nach Süden bewegen.

Hallecks Komplott gegen Grant stieß bei der Unionsregierung auf Widerstand. In einer Botschaft des Kriegsministeriums an Halleck hieß es, er müsse, falls er etwas gegen Grant habe, eine formelle gerichtliche Untersuchung gegen den frisch beförderten Generalmajor einleiten. Halleck konnte keine Beweise vorlegen und mußte nach einigem Zögern Grant sein Kommando zurückgeben.

Während die Unionsarmee den Tennessee River entlang marschierte, zog sich die konföderierte Armee unter Johnston immer weiter nach Süden zurück. Grant schrieb später über die strategische Lage: «Ich glaube jetzt, daß es keine Kämpfe mehr im Westen nach der Einnahme von Fort Donelson gegeben hätte, wenn alle Truppen in jener Region unter einem einzigen Oberbefehlshaber gewesen wären, der nach dem Sieg konsequent gehandelt hätte.» Für diese Schlußfolgerung gab es folgende Gründe: «Eine Armee von 21 000 Mann war gefangengenommen oder vernichtet worden. Als Ergebnis waren Bowling Green, Columbus und Hickman in Kentucky gefallen; Clarksville und Nashville in Tennessee – beide mit immensen Vorräten – waren uns ebenfalls in die Hände gefallen. Der Tennessee und der Cumberland waren von ihren Mündungen bis zum obersten Punkt der Schiffbarkeit gesichert worden.» Die Befehlshaber der betreffenden Militärdepartements, Halleck und Buell, verschenkten diesen enormen Vorteil. Immerhin darf man bezweifeln, ob die Kämpfe im Westen tatsächlich beendet werden konnten, solange die Armee der Konföderierten den wesentlichen Teil des Mississippi unter Kontrolle hielt.

Auch Halleck kam auf die Idee, beide Militärdepartements zwischen den Appalachen und dem Mississippi unter einem Befehl – allerdings seinem eigenen! – zusammenzufassen. In diesem

Punkt gab Lincoln nach: Am 11. März 1862 ernannte er Halleck zum Befehlshaber des Departements Ohio/Missouri.

Zu diesem Zeitpunkt hatte C. F. Smith noch den Befehl über jene Unionsarmee, die Grant bis zum Sieg über Fort Donelson kommandiert hatte. Sie stand tief in Tennessee an einer Anlegestelle am Tennessee River, genannt Pittsburg Landing, etwas mehr als 14 Kilometer südlich von Savannah.

Die CSA-Generale Beauregard und A. S. Johnston hatten sich inzwischen auf den günstigsten Ort für die Vereinigung ihrer Armeen geeinigt: die Kleinstadt Corinth (Mississippi) an der Grenze zu Tennessee. Johnston brachte 17000 Mann aus Bowling Green (Kentucky) heran; General Polk rückte aus Westkentucky mit 10000 Mann an; die CSA-Regierung schickte General Braxton Bragg mit 10000 Mann aus Florida und Alabama in Richtung Corinth und befahl weiteren 5000 Mann von der Garnison New Orleans, nach Norden zu marschieren und sich den anderen Truppen anzuschließen.

Unionsgeneral Hallecks erster Befehl als Befehlshaber des neuen Militärdepartements erging an General Buell und lautete, seine 35000-Mann-Armee nach Pittsburg Landing zu bringen.

Trotz aller Maßnahmen waren Teile der CSA-Streitkräfte in der Mississippi-Region in gefährlich exponierten Stellungen zurückgeblieben. General Leonidas Polk hatte in 2 Forts am Mississippi – New Madrid und Insel Nr. 10 – etwa 8500 Mann stationiert mit der Absicht, eine Unionsarmee unter General John Pope (aus Hallecks Departement) zu beschäftigen. Im Staat Arkansas verfügten die Konföderierten über etwa 15000 Mann unter den CSA-Generalen Earl Van Dorn, Sterling Price und Ben McCulloch. Anstatt diese verschiedenen Verbände so schnell wie möglich nach Corinth zu bringen, begingen Johnston und Beauregard einen schwerwiegenden Fehler: Die Besatzungen von New Madrid und Insel Nr. 10 verblieben dort, wo sie waren, während General Van Dorn mit seinen Divisionen in Arkansas, an der Grenze zu Missouri, einen Angriff auf eine gleich starke Unionsarmee unter General Curtis unternahm. Der Angriff war schlecht geplant, Prices Division verlor die Verbindung zu den anderen, und die Schlacht von Pea Ridge (7. März 1862) endete mit dem Tod des Generals McCulloch und einer schweren Niederlage der CSA-Armee, die sich nach Süden zurückziehen mußte.

Ein schneller und konsequenter Marsch der Unionsarmee auf Corinth in den ersten Märztagen hätte den übrigen Divisionen unter A. S. Johnston und Beauregard die Vernichtung bringen können, denn die Verstärkungen aus Florida, Alabama und Louisiana waren noch nicht eingetroffen. Stattdessen lautete der Befehl Generals Hallecks an die Kommandeure am Tennessee – nach Grants Worten –, auf keinen Fall einen Kampf zu provozieren und «sich lieber zurückzuziehen als zu kämpfen».

Am selben Tag, als Halleck den Befehl über die Militärdepartements Missouri und Ohio erhielt, am 11. März, erreichte die Armee, die bei den Festungen Henry und Donelson unter Grants Befehl gestanden hatte, Pittsburg Landing. Damit stand sie in der Nähe von Corinth. Sie durfte nicht weiter, denn Halleck erlaubte ihr keinen Angriff auf Corinth. Die Soldaten schlugen ihr Lager auf dem bewaldeten Plateau südwestlich von der Anlegestelle auf. Mitten im Wald stand eine Kirche, die kaum mehr als eine Hütte war, jedoch dem Plateau ihren Namen gab: Shiloh. Bald würde dieses biblische Wort zum Synonym für alles Grauen einer Schlacht werden.

Die Schlacht von Shiloh

Nach Ankunft der Unionsarmee in Pittsburg Landing erging aus Washington die Order, Ulysses S. Grant den Befehl über die Armee zurückzugeben. Sie war inzwischen auf 40 000 Mann gewachsen und in 6 Divisionen unterteilt. 20 000 dieser Unionssoldaten hatten ihre ersten Kampferfahrungen bei Fort Henry und Fort Donelson erworben; bei der anderen Hälfte der Unionsarmee handelte es sich um frische Rekruten, die kaum wußten, wie man ein Gewehr halten sollte. Grant hatte von Halleck den Befehl, sein Hauptquartier weiter flußabwärts in Savannah einzurichten und dort Buells Unionsarmee abzuwarten. Auf keinen Fall sollte er etwas ohne General Buell unternehmen. So wurde Grant gezwungen, in schlechter Lage – mit dem Rücken zum Tennessee

River – untätig zu verharren. Er erwartete keinen baldigen Angriff. Laut eigenem Bericht stand er vor der Wahl zwischen dem Ausheben von Schützengräben und der Ausbildung der völlig unerfahrenen Truppen. Er entschied sich für die zweite Alternative. General Buell sollte binnen kuzem eintreffen, dann hätte die Union um Pittsburg Landing mehr Soldaten als der Gegner in Corinth versammelt.

Buell ließ auf sich warten. Trotz aller Befehle von Halleck hielt er sich unglaublich lange in Nashville auf; danach bewegte sich seine Armee vorsichtig und zögernd südwärts.

Als Grant seine Armee wieder übernahm, befanden sich erst 5 Divisionen in und um Pittsburg Landing; sie wurden von den Generalen W. H. L. Wallace, Lew Wallace, Hurlbut, Prentiss und McClernand kommandiert. Die sechste Division traf als letzte ein; ihr Kommandeur war General William Tecumseh Sherman, derselbe, der sich in der Schlacht am Bull Run als einziger auf der Unionsseite durch Klugheit und Energie ausgezeichnet hatte. Sherman entstammte wie Grant dem Kleinbürgertum des Mittelwestens; wie Grant hatte er Probleme mit der Hierarchie der regulären Armee gehabt. Grant schätzte Sherman vor allen anderen Divisionskommandeuren, wie aus seiner Beschreibung der Stellungen bei Shiloh hervorgeht: «Etwa zwei oder drei Meilen von Pittsburg Landing war ein Blockhaus, das als Gotteshaus diente und Shiloh hieß. Es stand auf dem Plateau, das die Bäche Snake und Lick trennt...Dieser Punkt war der Schlüssel zu unserer Stellung und wurde von Sherman gehalten. Damals war seine Division völlig neu, kein Teil von ihr hatte jemals an einem Kampf teilgenommen. Aber ich dachte, dieser Mangel würde durch die Überlegenheit des Kommandeurs mehr als kompensiert werden.»

Die Ausbildung der Truppen begann – und wurde einen Monat lang fortgesetzt, während Grant auf General Buells Armee wartete. Wer dann als erster kam, war nicht Buells Armee, sondern der Gegner.

Grant bezeichnete die Schlacht von Shiloh als «die am wenigsten verstandene – oder, genauer gesagt, absichtlich mißverstandenste» Schlacht des Bürgerkrieges. Es gibt keine zwei Berichte dieser Schlacht, die in sämtlichen Details übereinstimmen. Selbst

Grants Erinnerungen tragen wenig zur Klärung bei. Sie waren zum Teil durch Hallecks Druck geprägt, dem Grant damals ausgesetzt war. «General Halleck zog mit seinem Hauptquartier nach Pittsburg Landing und übernahm den Befehl über die Truppen im Feld. Obwohl ich der ihm Nächststehende im Rang war und dem Namen nach mein altes Militärdepartement und meine Armee kommandierte, wurde ich ebenso ignoriert, als ob ich mich am entferntesten Punkt meines Kommandobereiches aufgehalten hätte; und obwohl ich alle Truppen, die bei Shiloh kämpften, kommandierte, wurde es mir nicht erlaubt, in jener Schlacht auch nur einen einzigen Bericht von General Buell oder einem seiner Unterstellten einzusehen, bis sie lange nach dem Ereignis vom Kriegsministerium veröffentlicht wurden. Aus diesem Grunde habe ich nie einen vollständigen, offiziellen Bericht über die Schlacht vorgelegt.»

Bei allem Respekt vor Grant muß aber gesagt werden, daß diese Erklärung nicht zutrifft. Es gibt außer Grants (20 Jahre nach dem Kampf geschriebenen) Memoiren keinen Beweis dafür, daß sich Halleck in Shiloh aufgehalten hat. General Buell erreichte Shiloh zu spät, um an den Kampfhandlungen des ersten Tages teilzunehmen. Selbst wenn Halleck in Shiloh gewesen ist, blieb er absolut untätig und ohne Bedeutung für die Entwicklung des Kampfes. Es war Grant, der kommandierte, der allein und mitten im Kampf jene Taktik abspulte, mit der sich nach den schrecklichen Verlusten durch den Überraschungsangriff der Konföderierten die Unionslinie endlich stabilisieren und am zweiten Tag die Lage wenden ließ. Es lag, wie wir bald sehen werden, an der scharfen und unberechtigten Kritik der Unionspresse sowie der Konservativen in Washington gegen Grant, daß er gekränkt reagierte und sich noch Jahre später mit einem Gefühl der Peinlichkeit an die Schlacht erinnerte.

In der Tat und zugegebenermaßen befand sich Grant in Shiloh zum erstenmal in der Defensive. Es war eigentlich auch das letztemal. An der defensiven Lage trug er keine Schuld, sie wurde durch Hallecks und Buells Verzögerungsstrategie verursacht. In einem Punkt aber beging Grant einen sehr groben Fehler, für den seine Armee teuer bezahlen mußte: Er vernachlässigte in der Überzeugung, daß die konföderierte Armee nach den Nieder-

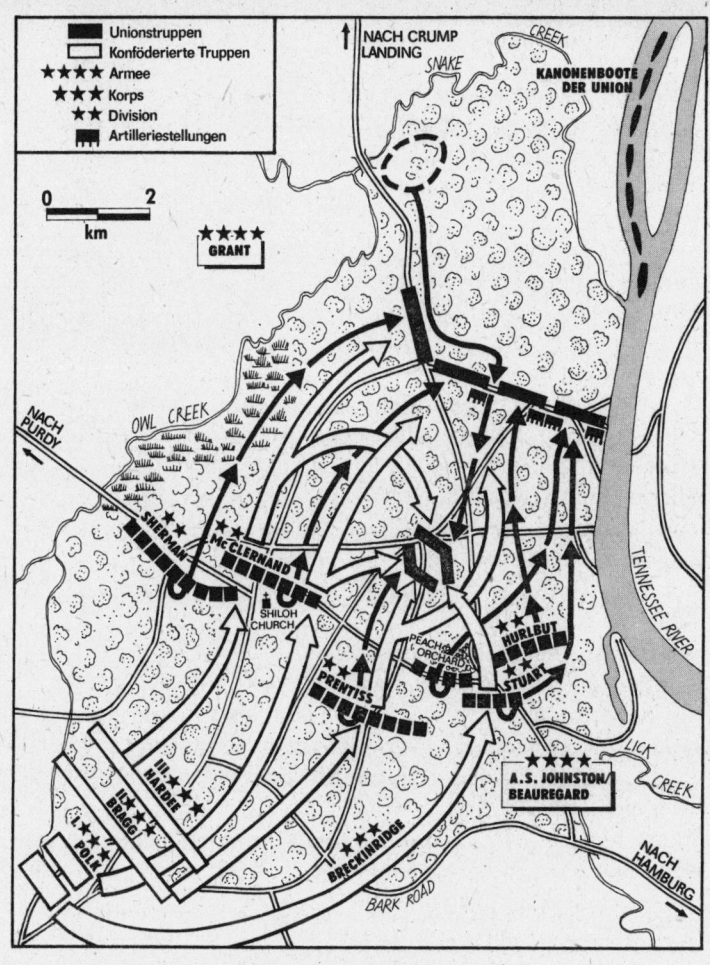

Die Schlacht von Shiloh.
Der Angriff der Konföderierten am 6. April 1862

lagen in Kentucky und Tennessee demoralisiert und nicht so
schnell in kampffähigen Zustand zu bringen sei, die Aufklärung
der gegnerischen Aktivitäten in Corinth. Auch mit einer wesentlichen Verstärkung der CSA-Armee Johnstons rechnete er nicht.

Das weitgestreckte Unionslager stand auf einem bewaldeten Dreieck. Um eine Landstraße von Corinth in der Nähe von Savannah gegen mögliche Handlungen der Konföderierten aus dieser Richtung zu verteidigen, hatte Grant die Division von Lew Wallace mit 6500 Mann nach Savannah geschickt. In einem Walddickicht außerhalb des Lagers am Plateau standen Feldposten.

Am 4. April wurden die Vorposten der Division Sherman von einer CSA-Kavallerieeinheit überfallen und vernichtet. Da Streifzüge der CSA-Kavallerie keinesweg ungewöhnlich waren, nahmen weder Sherman noch Grant an, der Hauptteil der CSA-Armee könnte in der Nähe stehen. Eine Nachricht von General Buell war schon eingetroffen, der langsame Befehlshaber der Ohio-Armee wurde deshalb jeden Augenblick erwartet, und Grant kehrte nach Savannah zurück, um ihn dort zu empfangen. Sherman fungierte als Grants Vertreter in Shiloh. Er organisierte eine Verfolgung der CSA-Kavallerie durch eine Unionskavalleriegruppe. Diese traf jedoch auf größere Truppenkonzentrationen aller Gattungen und mußte zurückweichen. Trotz des Berichts der Kavallerie schrieb Sherman an Grant, er würde «nichts, was einem Angriff ähnelt, erwarten».

Aber an diesem Tag stand A. S. Johnstons Armee mit 40000 Mann gute 3 Kilometer vor Shermans und Prentiss' vordersten Stellungen! Der CSA-General plante einen Überraschungsangriff für den nächsten Morgen, den 5. April. Es kam aber nicht dazu, weil die verschiedenen Teile der CSA-Armee bei ihrem Marsch auf Shiloh durch schlechte Wege behindert wurden. Erst am späten Nachmittag des 5. April kamen die letzten Divisionen am Sammelpunkt an.

In der Nacht vom 5. zum 6. April analysierte General Sherman ein weiteres Mal die Ergebnisse des 4. Aprils. Seine Überlegungen ließen ihm keine Ruhe. Um 3.00 Uhr morgens schickte er einen Teil des 25. Missouri-Regiments auf Aufklärung. Um 5.15 Uhr stießen diese Truppen auf die ersten Einheiten der anrückenden CSA-Armee. Nach kurzem Gefecht zogen sich die Missourianer zurück und warnten Sherman und Prentiss, die ihre Truppen sofort wecken ließen. Die Zeit reichte nur dazu, sie vor den Zelten in Kampfstellung zu bringen.

Die CSA-Armee war in 4 Korps geteilt. Als erstes marschierte das Korps Hardee in langer, kompakter Linie; hinter ihm rückte Braggs Korps in ähnlicher Formation an. Hinter Bragg marschierte das Korps Polk in Kolonne; Breckinridges Korps sollte die Reserve bilden, wurde jedoch bald ebenfalls in den Kampf verwickelt. A. S. Johnston war der Oberbefehlshaber, Beauregard sein Stellvertreter.

Um 6.00 Uhr erreichten die Korps Hardee und Bragg das Schlachtfeld, wo sie sich im Bereich der Shiloh-Kirche mit aller Gewalt auf Shermans und Prentiss' unerfahrene Infanteristen warfen. Shermans Linien brachen schon in den ersten Minuten und fielen etwas zurück, stabilisierten sich aber wieder, weil ihnen die Unionsdivision McClernand zu Hilfe eilte. Sherman führte seine Truppen mit großem Können, verlor aber anfangs viele Soldaten, die vor Schreck und Angst nach Pittsburg Landing zurückliefen. Später fanden die meisten von ihnen den Weg zurück ins Gefecht.

Grant saß gerade beim Frühstück in seinem Hauptquartier in Savannah, als die Nachricht vom Überfall einging. Er ritt eiligst nach Pittsburg Landing, wo er um 8.30 Uhr eintraf. Zu diesem Zeitpunkt war die Lage ziemlich verworren. Die Division Prentiss zählte nur noch 1000 Mann und befand sich im Unionszentrum auf dem Rückzug. McClernands und Shermans Divisionen wurden von den CSA-Korps Hardee und Polk arg bedrängt. Die linke Flanke der Unionstruppen war vom CSA-Korps Breckinridge bedroht. Grant erkannte sofort, daß die konföderierte Armee zahlen- und stellungsmäßig überlegen war. Schon unterwegs zum Feld hatte er General Lew Wallace befohlen, seine Division sofort nach Shiloh zu bringen. Wallace zögerte jedoch sehr lange. Bis 9.00 Uhr hatten erst 2 seiner Regimenter das Feld erreicht, die übrigen trafen viel später ein.

Grant beschäftigte sich mit der Stabilisierung der Stellungen. Bis Mittag hatte er sie auf eine relativ geschlossene Front zwischen dem Owl Creek und dem Lick Creek zurückgenommen. An der rechten Unionsflanke bedrohte Hardees CSA-Korps Shermans dezimierte Division. Prentiss' Division befand sich auf einem schluchtartigen Waldweg in schwieriger Lage. Breckinridges CSA-Korps drängte die Division Hurlbut links von Prentiss auf eine immer stärker gebogene Linie zurück, was Prentiss' Probleme auf dem Waldweg, den die Soldaten «Hornissennest» nannten, nur noch verschlimmerte.

Aber auf der konföderierten Seite war das Bild ebenfalls nicht günstig. Ihre Truppen waren ebenso unerfahren wie die Unionstruppen. Hardees, Braggs und Polks Kampflinien waren überdehnt, und die Einheiten gerieten völlig durcheinander, bis die Offiziere den Überblick verloren und nur die Truppen in ihrer unmittelbaren Nähe kommandieren konnten.

Eine erste Wende zugunsten der Union trat um 14.00 Uhr ein, als sich bei Breckinridges Truppen Ermüdung und Unentschlossenheit zeigten. Daraufhin übernahm General A. S. Johnston persönlich den Befehl über 2 der am schwersten mitgenommenen Divisionen von Breckinridges Korps. Dies geschah jedoch genau zu dem Zeitpunkt, als auf der Unionsseite Grant die Artilleriebatterien bei Pittsburg Landing vollständig in Stellung gebracht und ihnen den Befehl zur Feuereröffnung gegeben hatte.

Eine der ersten Salven tötete um 14.30 Uhr den Oberbefehlshaber der konföderierten Armee A. S. Johnston. Beauregard übernahm nun den Befehl. Zuerst hatte Johnstons Tod eine positive Wirkung auf die CSA-Truppen, als die Wut ihnen neue Kraft verlieh. Sie umzingelten Prentiss' Division sowie einen Teil der Division von W. H. L. Wallace. Um 16.00 Uhr fiel General W. H. L. Wallace, und um 17.30 Uhr mußte Unionsgeneral Prentiss nach heroischem Kampf kapitulieren und sich zusammen mit den letzten Verteidigern des «Hornissennestes» gefangen geben.

Das Schicksal der CSA-Armee war jedoch schon besiegelt, denn endlich um 15.30 Uhr trafen die ersten Einheiten der Unionsarmee unter General Buell auf der anderen Seite des Tennessee River gegenüber von Pittsburg Landing ein. Um dieselbe Zeit erschienen 2 Unionskanonenboote auf dem Fluß und unterstützten die Unionsbatterien mit ihrem Feuer. General Grant stellte seine Divisionen in einer langen, L-förmigen Linie auf, die bis Sonnenuntergang standhielt. Nach einem letzten, verzweifelten Versuch des CSA-Korps Bragg (von dem 2 Divisionen überhaupt keine Munition mehr hatten!), die Unionsbatterien zu erstürmen, wurde das Feuer eingestellt. Erst jetzt erreichten

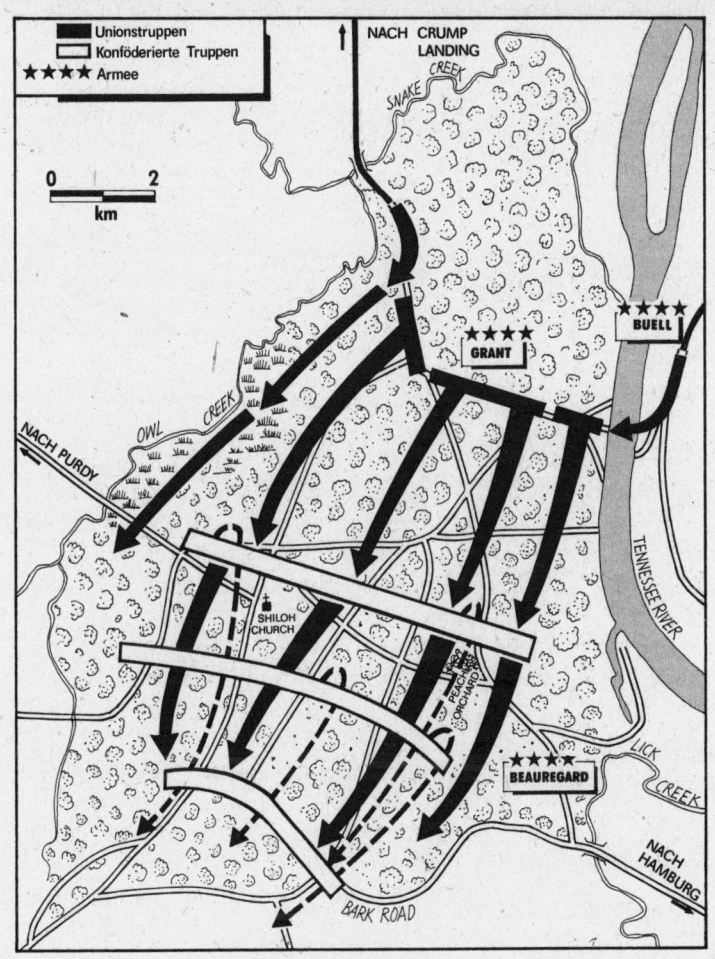

Die Schlacht von Shiloh.
Der Gegenangriff der Unionstruppen am 7. April 1862

die restlichen Regimenter des Unionsgenerals Lew Wallace das Feld.

CSA-General Beauregard wußte weder vom Eintreffen der Division Wallace noch von der Ankunft des Hauptteils der Unionsarmee Buells in der Nacht. Er glaubte allen Ernstes, einen bedeutenden Sieg errungen zu haben. In diesem Sinne telegrafierte er an die CSA-Regierung nach Richmond und «ging dann in Shermans erobertem Zelt zu Bett». Am nächsten Morgen weckte ihn eine böse Überraschung: In Pittsburg Landing standen über 60000 Unionssoldaten, davon 25000 Mann frische Truppen, also fast doppelt soviel, wie General Beauregard noch in den Kampf schikken konnte.

Nach Sonnenaufgang dieses 7. Aprils begann (trotz einer Verzögerung durch Unionsgeneral Buell) der massive Gegenangriff der Unionsarmee. Die konföderierten Truppen wurden Schritt um Schritt auf ihre Ausgangsstellungen zurückgedrängt, bis ihr Befehlshaber, General Beauregard, um 14.00 Uhr den Rückzug anordnen mußte.

Fast alle Berichte über die Schlacht von Shiloh stimmen in den statistischen Angaben überein: Von 63000 Mann bei den Unionstruppen fielen etwa 1750, wurden etwa 8500 verwundet und etwa 2850 gefangengenommen oder gelten als vermißt; von etwa 40000 Mann der konföderierten Truppen fielen rund 1700, wurden 8000 verwundet, und etwa 900 Mann gelten als vermißt oder gefangengenommen. Gemessen an der Zahl der auf dem Schlachtfeld verfügbaren Truppen, wogen die Verluste für die Konföderierten viel schwerer, denn sie betrugen über ein Viertel der Armee.

Nach Shiloh setzte eine fürchterliche Verleumdungskampagne gegen Grant ein. Leider werden viele der Lügen, die damals über ihn erzählt wurden, noch heute erzählt, zum Beispiel die, daß er während der Schlacht betrunken war. Daß Grant einen langen Kampf gegen seine Trunksucht hinter sich hatte, ist unumstritten. Alkoholprobleme hatten schließlich zu seinem Ausscheiden aus der regulären Armee in Kalifornien geführt. Es gibt aber nicht einen einzigen Beweis dafür, daß er nach Beginn des Bürgerkriegs noch dem Alkohol zusprach. Im Gegenteil, er hatte sich voll in der Gewalt, wenngleich er nun eine Unmenge Zigarren konsumierte, die zum persönlichen Kennzeichen wurden. Selbst bei großen Festessen im Weißen Haus in den Jahren seiner Präsidentschaft stülpte Grant stets sein leeres Weinglas um und lehnte den Genuß sämtlicher alkoholischer Getränke ab.

Eine eingehende Analyse aller Quellen über die Schlacht von Shiloh zeigt, daß Grants Handlungen unter den gegebenen Umständen durchaus logisch waren. Daß er bei Übernahme des Kommandos nicht sofort die Verschanzung seiner Truppen befahl, war ein Fehler, den er nie wieder beging und aus dem er lernte, auch wenn er damals sein Vorgehen rechtfertigte.

Ein weiterer Vorwurf, der nach Shiloh häufig zu hören war, lautete, daß Grant seine Truppen «wie Kanonenfutter» verheizt habe. Selbst Friedrich Engels teilte diese Meinung, fragte sich jedoch, ob Grant überhaupt eine andere Wahl hatte. In der Tat hatte Grant in den meisten Schlachten des Krieges proportional geringere Verluste als seine Gegner. Für die damaligen Maßstäbe waren die Verluste im Bürgerkrieg, insbesondere in den ersten zweieinhalb Jahren, erschreckend hoch. Sie waren die Folge des Einsatzes zahlenmäßig starker Armeen, die sich zum größten Teil aus Menschen zusammensetzten, deren Beruf nicht der Militärdienst war, sowie der massenhaften Anwendung verbesserter Kriegstechnik.

Die Kritik an Grant, daß er sich in Shiloh habe überraschen lassen, konnte nicht die Tatsache aus der Welt schaffen, daß er dort einen Sieg davongetragen hatte. Auf seinen selbstgefälligen Vorgesetzten Halleck wirkte der Sieg von Shiloh wie ein rotes Tuch auf den Stier. Wiederum war es Halleck, der die Hetzkampagne gegen Grant startete und ihn seines Kommandos enthob. Er forderte sogar das Kriegsministerium in Washington auf, Grant aus der Armee zu verstoßen. Grant befand sich in einer derart peinlichen Lage, daß er am liebsten von selber gegangen wäre, nicht zuletzt deshalb, weil Halleck sämtliche durch Shiloh gewonnenen Vorteile sinnlos vertat. Nur im Schneckentempo ließ Halleck die riesige Unionsarmee in Richtung Corinth kriechen. Von einer «Verfolgung» der konföderierten Armee konnte überhaupt keine Rede sein. Somit hatte Beauregard reichlich Zeit, um alles und jeden – einschließlich der Zivilbevölkerung – aus Corinth zu evakuieren. Als die Unionsarmee am 30. Mai in Corinth einmarschierte, fand sie lediglich sogenannte Quäker-Kanonen vor, das heißt Geschützattrappen aus Baumstämmen, die über Wagenachsen gelegt waren.

Auf Hallecks Forderung nach Grants Entlassung antwortete

Lincoln mit einem berühmten Satz: «Ich kann auf diesen Mann nicht verzichten – er kämpft.» Am 11. Juli ernannte der Präsident Halleck zum Oberbefehlshaber der Unionsstreitkräfte und Grant zu seinem Nachfolger als Befehlshaber des Militärdepartements Ohio/Missouri. Damit fand der Streit zwischen Halleck und Grant ein vorläufiges Ende.

Für Grant brachte Shiloh eine Wende in seinem strategischem Denken. «/.. jetzt gab ich jede Idee auf, die Union durch irgendein anderes Mittel als das der völligen Eroberung zu retten. Bis zu dieser Zeit war es die Politik unserer Armee oder gewiß des Teils, den ich befehligte, das Eigentum der Bürger zu respektieren, deren Territorium angegriffen wurde... Nachher aber sah ich es als menschlich beiden Seiten gegenüber an, die Leute in ihren Häusern zu schützen, jedoch alles zu nehmen, was zur Unterstützung oder Versorgung einer Armee verwendet werden konnte.»

Von diesem Punkt an führten die Unionsarmeen im Westen und später, nachdem Grant Oberbefehlshaber aller Streitkräfte geworden war, die Unionsstreitkräfte den Krieg nicht mehr nur gegen die Armeen des Gegners, sondern gegen seine Fähigkeit zur Kriegführung überhaupt. Shiloh war der Anfang vom Ende der napoleonischen Strategie in den USA. Bis heute machen viele Militärhistoriker Grant den Vorwurf, er habe den «totalen Krieg» und die «Strategie des Terrors» erfunden, und verkennen völlig, daß der Konflikt nicht in einer einzigen vernichtenden Schlacht zwischen Millionenarmeen mit neuartiger technischer Ausrüstung zu gewinnen war.

New Madrid und Insel Nr. 10

Flaggoffizier Foote und seine Kanonenboote nahmen an der Schlacht bei Shiloh nicht teil, weil sie eine andere Aufgabe hatten. Unionsgeneral John Pope, der mit einer kleinen Armee die von CSA-General Polk in den Mississippi-Forts New Madrid und Insel Nr. 10 zurückgelassenen Besatzungen vernichten sollte, bekam die Kanonenboote zur Unterstützung zugeteilt.

Beide Festungen lagen an einem besonders sumpfigen, an Biegungen reichen Stück des Flußlaufs. New Madrid bot ein relativ leichtes Ziel. Ab 3. März 1862 belagerte die Unionsarmee mit 20000 Mann die schwach verteidigte Festung, und am 13. März kapitulierte die Besatzung.

Die Insel, die keinen Namen, sondern nur die Nummer 10 führte, war ein völlig anders geartetes Problem. Heute gibt es sie nicht mehr: Der Mississippi neigt dazu, seinen Lauf zu ändern, und das Gebiet liegt heute weit abseits vom Fluß. Die Insel lag damals in einem Bogen südlich der Grenze zwischen Kentucky und Tennessee. Sie wurde von mehreren Batterien vom linken Ufer unterstützt. Der gesamte Flußbogen lag im Schußbereich einer Reihe von Uferbatterien, die sich den fast O-förmigen Bogen entlang bis nach Tiptonville (Tennessee) hinzogen. Die Insel war eine einzige Festung und bot außerdem kein gutes Ziel für Kanonenboote.

Nun stand Popes Armee flußabwärts in New Madrid, während Footes Kanonenboote flußaufwärts in der nächsten Flußbiegung von der Unionsarmee getrennt lagen. Zwischen ihnen lag nicht nur die Festung im Fluß, sondern auch ein überflutetes Sumpfgebiet im Flußbogen. Pioniere der Union versuchten, zwischen den Flußbögen einen Kanal zu stechen, was ihnen auch einigermaßen gelang. Aber der Kanal wurde von den konföderierten Batterien unter Feuer genommen und konnte nicht vollendet, geschweige denn benutzt werden.

Footes Kanonenboote bombardierten die Inselfestung 2 Wochen lang ohne Erfolg. Die Versorgung der Unionsarmee in New Madrid sollte über den Wasserweg laufen, doch nur, wenn sich die Kanonenboote einen Weg an der Festung vorbei bahnen konnten, war daran zu denken, New Madrid weiterhin zu behaupten.

Flaggoffizier Foote kam schließlich auf die Idee, nachts getarnt die Insel zu passieren. Kapitän Henry Walke vom Kanonenboot «Carondelet» meldete sich freiwillig zu dieser gefährlichen Aufgabe. Er vertäute einen mit Heu beladenen Kahn an der Backbordseite seines Bootes, um dieses gegen Geschosse aus der Festung zu schützen. In der Nacht zum 5. April ließ er das Boot fast ohne Dampf ablegen und von der starken Strömung treiben.

Sicher wäre es ihm gelungen, völlig unbemerkt zu bleiben,

wenn nicht ein starkes Gewitter aufgezogen wäre. Die «Carondelet» hatte die Insel schon passiert, als sie von den Artilleristen in der Festung im Scheine eines Blitzes entdeckt wurde. Diese eröffneten das Feuer, jedoch zu spät, um dem Boot Schaden zufügen zu können.

Die «Carondelet» erreichte New Madrid, wo Popes Truppen sie jubelnd begrüßten. Am 5. April zerstörten die Kanonen der «Carondelet» sämtliche konföderierten Batterien bis Tiptonville. In der folgenden Nacht, die diesmal gewitterfrei blieb, erreichte auch das Kanonenboot «Pittsburgh» New Madrid. Jetzt war die Insel Nr. 10 ohne Unterstützung eigener Uferbatterien geblieben und dem Artilleriebeschuß von Kanonenbooten der Union aus zwei Richtungen ausgesetzt. Am Abend des 7. April, demselben Abend, an dem sich Beauregards Armee von Shiloh zurückzog, kapitulierte die Besatzung der Inselfestung. Mit Ausnahme des Forts Pillow weiter flußabwärts stand jetzt nichts mehr zwischen der Unionsarmee am Mississippi und der wichtigen Hafenstadt Vicksburg.

Der Seekrieg im Frühjahr 1862

Die Panzerschiffsschlacht von Hampton Roads. Als die Union gleich zu Beginn des Bürgerkrieges den wichtigen Hafen Norfolk mit seinen Werften verlor, wurden einige bedeutende Kriegsschiffe verbrannt und versenkt. Unter ihnen befand sich die bereits erwähnte Schraubenfregatte «Merrimac». Dieses berühmte Schiff wurde später vom Grund des Elizabeth River gehoben, seine Dampfmaschinen wurden repariert und die Masten sowie die ausgebrannten Aufbauten entfernt. Auf das flache Hauptdeck setzten konföderierte Schiffbauer eine gepanzerte Kasematte, aus deren Mitte ein niedriger Schornstein herausragte. Die Wände dieses Aufbaus waren abgeschrägt und wurden mit Talg eingeschmiert, um Geschosse von anderen Schiffen abzulenken. Die Kanten der Kasematte waren abgerundet. Die Kasematte war 24 Meter lang bei einer Länge über alles von 75,5 Metern. Ein Rammsporn sowie 4 Geschütze mit gezogenem Rohr und

6 9-Zoll-Dahlgren-Geschütze bildeten die Bewaffnung dieses improvisierten Panzerschiffes, das eine Mannschaft von 300 Matrosen und Artilleristen aufnehmen konnte. Nach dem Umbau wurde das Schiff in «Virginia» umgetauft und zur Bekämpfung von hölzernen Blockadeschiffen der Union eingesetzt, die die Ein- und Ausfuhrmöglichkeiten der CSA zunehmend beeinträchtigten.

Der Umbau der «Merrimac»/«Virginia» im Winter 1861/62 dauerte mehrere Monate und wurde von Spionen der Unionsseite entdeckt und gemeldet. Der Marineminister Gideon Welles vergab daraufhin mehrere Aufträge für den Bau konventioneller gepanzerter Schiffe und Boote sowie für die Entwicklung eines völlig neuen, ausschließlich dampfgetriebenen Schiffstyps. Dieser ließ sich schneller bauen als die bestellten konventionellen Schiffe.

Das dampfgetriebene Panzerschiff der Union wurde von dem aus Schweden gebürtigen Ingenieur John Ericsson konzipiert und in der kurzen Zeit von 101 Tagen gefertigt. Das auf «Monitor» getaufte Unionsschiff hatte eine ziemlich eigenartige Konstruktion: Ein Deck von 51,6 Metern Länge und 12,5 Metern Breite war auf einen Rumpf von 37,5 Metern Länge gesetzt. Die Seiten des Decks ragten kaum 0,3 Meter aus dem Wasser heraus. Das Deck, eigentlich eine Art Floß, war auf der Oberfläche und an den Seiten gepanzert. Mittschiffs stand ein drehbarer Turm von 2,7 Metern Höhe und 6 Metern Durchmesser, in dem 2 elfzöllige Dahlgren-Geschütze installiert waren. Auf dem Vorderdeck befand sich ein kleines Steuerhaus, auf dem Achterdeck ein kurzer Schornstein.

Der eigenartige Wettbewerb um den Erstbau eines dampfgetriebenen Panzerschiffes, von dem nur einer der Konkurrenten wußte, wurde auch von diesem, also vom Norden, gewonnen: Am 6. März 1862 lief die «Monitor» auf der Brooklyn-Werft (New York) vom Stapel. Sie hatte jedoch eine lange Reise vor sich, bevor sie ihren Rivalen zum Kampf stellen konnte. Die konföderierte Seite wußte sehr wenig davon.

Die «Virginia» wurde am 8. März zu Wasser gelassen. Ohne jegliche Probefahrt begab sie sich nach Hampton Roads auf die Suche nach Unionsschiffen.

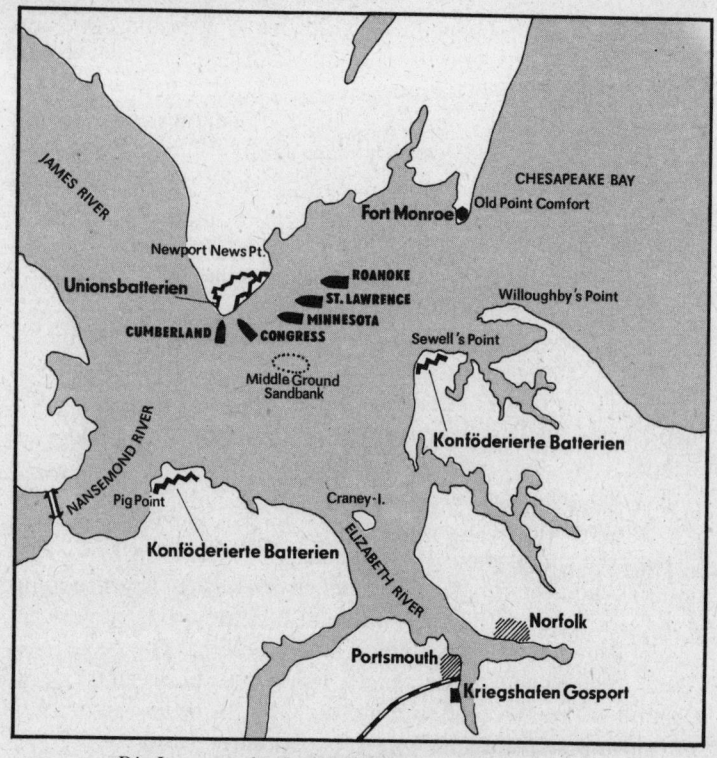

Die Lage vor der Seeschlacht von Hampton Roads.
8./9. März 1862

Diese übereilte Jungfernfahrt deckte schon von den ersten Minuten an erhebliche Mängel an der «Virginia» auf: Sie war viel zu schwer geraten und hatte einen für die Leistungsfähigkeit ihrer Maschine viel zu großen Tiefgang (7 Meter). Daher erreichte sie nur eine «Geschwindigkeit» von ganzen 5 Knoten. Sie ließ sich äußerst schwer steuern, eine Wendung von 180 Grad nahm über eine halbe Stunde in Anspruch. Ihr Kapitän, Franklin Buchanan, zeigte jedoch keine Neigung, wegen dieser Probleme zur Werft zurückzukehren. Um 13.00 Uhr erreichte das «Monstrum», wie Augenzeugen sie nannten, die Mündung des Elizabeth River. Gegenüber der Mündung und etwas nordwestwärts auf der anderen

Seite der Bucht von Hampton Roads lag Newport News, eine Landspitze unter Unionskontrolle mit mehreren Batterien, vor der die Kriegsschiffe der Union «Cumberland» und «Congress» vor Anker lagen. Bei beiden handelte es sich um hölzerne Segelschiffe.

Die folgende Schlacht zwischen der «Virginia» und den beiden Unionsschiffen bot ein Beispiel von vielen, daß der nordamerikanische Bürgerkrieg ein Bruderkrieg war. An Bord der «Congress» befand sich der Unionsoffizier McKean Buchanan, Bruder des CSA-Kapitäns Franklin Buchanan. Als Franklin Buchanan mit der «Virginia» an der «Congress» vorbeifuhr, befahl er Breitseitenfeuer, das von der «Congress» sofort erwidert wurde. Die Kugeln der Unionsfregatte glitten von der gepanzerten Kasematte der «Virginia» ab. Das Schiff der Konföderierten jedoch verschoß Granaten, die die Eichenplanken der «Congress» durchschlugen. Die «Virginia» lief dann weiter, rammte die «Cumberland» (wobei sie ihren Rammsporn verlor), feuerte Granate auf Granate auf das sinkende Schiff und kehrte dann zur «Congress» zurück. Diese hatte sich unterhalb der Unionsbatterien von Newport News auf den Strand gesetzt. Franklin Buchanan ließ die «Congress» beschießen, bis diese nichts weiter als ein brennendes Wrack war. Unter den Toten der Unionsseite war auch sein Bruder.

Als CSA-Kapitän Buchanan die Kasematte verließ, um seinen Sieg in Augenschein zu nehmen, wurde er von einer Kugel ins Bein getroffen. Leutnant Catesby Jones übernahm das Kommando über die «Virginia».

Drei Unionsschiffe aus der Unionsfestung Fort Monroe an der Einfahrt zur Chesapeake Bay liefen jetzt gegen die «Virginia» aus. Da Ebbe eingetreten war, konnten die für eine Schlacht erforderlichen Manöver nicht mehr durchgeführt werden. CSA-Leutnant Jones brachte die «Virginia» nach Sewell's Point, wo sie unter dem Schutz der dortigen CSA-Batterien vor Anker ging. Außer dem Leck, das durch den Verlust des Rammsporns entstanden war, wies sie nur geringfügige Schäden auf. Nur die Mannschaft hatte einige böse Erfahrungen machen müssen: Ein Matrose, der zur Zeit des Aufpralls eines gegnerischen Geschosses auf die Kasematte die Innenwand derselben berührte, erlitt einen schweren Schock. In einigen anderen Fällen gingen solche Berührungen tödlich aus.

An diesem ersten Tag der Seeschlacht von Hampton Roads hatte die Unionsseite bereits 250 Seeleute und 2 Kriegsschiffe verloren. Die Siegesfreude der «Virginia»-Besatzung dauerte jedoch keine 12 Stunden.

Seit dem 6. März war die «Monitor» von der Brooklyn-Werft unterwegs nach Hampton Roads. Wegen ihres niedrigen Freibords war sie, anders als die «Virginia», seetüchtig, und konnte die Kreuzfahrt die Atlantikküste entlang wagen. Allerdings waren ihre Aufbauten und Klüsen derart schlecht abgedichtet, daß sie in schwerer See am 7. März fast unterging. Trotz allem erreichte die «Monitor» am Abend des 8. März die Chesapeake Bay und ging in der Nacht neben dem Unionsschiff «Minnesota» vor Newport News vor Anker.

Am 9. März, 6.30 Uhr lief das CSA-Panzerschiff von seinem Ankerplatz ab, um die «Minnesota» anzugreifen. Der Kommandant der «Monitor», Leutnant John Worden, befahl den Angriff auf das gegnerische Panzerschiff, deren Offiziere zuerst nicht begriffen, daß sie in Wirklichkeit ein anderes Panzerschiff vor sich hatten. Sie hielten die plötzlich hinter der «Minnesota» erscheinende «Monitor» für einen auf einem Floß montierten Wassertank, der die Unionsfregatte versorgen sollte. Dann erkannten sie aber doch den Charakter des «Floßes» und eröffneten das Feuer.

Zwei Stunden lang beschossen sich die beiden eisernen Schiffe gegenseitig, ohne daß das eine oder das andere Schäden registrieren mußte. Die weit wendigere «Monitor» hielt sich so dicht am Gegner, daß die «Virginia» ihre Geschütze nicht effektiv einsetzen konnte. Das CSA-Schiff versuchte die «Monitor» zu rammen, diese drehte jedoch rechtzeitig ab, wobei sie den an sich schon beschädigten Bug der «Virginia» berührte und ein weiteres Leck verursachte. Die «Virginia» drehte jetzt ab, nahm die noch immer in der Nähe liegende «Minnesota» unter Beschuß und setzte sie in Brand. Die «Monitor» lief zwischen die brennende Fregatte und das konföderierte Schiff, das jetzt auf Grund gezwungen und von beiden Unionsschiffen unter Feuer genommen wurde. Die «Monitor» hätte das CSA-Schiff wahrscheinlich vernichten können, wenn nicht just in diesem Moment vor dem Steuerhaus der

Monitor», in dem sich Leutnant Worden befand, eine Granate detoniert wäre. Die Verblitzung seiner Augen beraubte Worden für mehrere Stunden seines Sehvermögens. Während der momentanen Verwirrung konnte sich das CSA-Schiff freimachen, war jedoch zu schwer beschädigt, um den Kampf wieder aufzunehmen. Die «Virginia» mußte nach Norfolk zurückgebracht werden.

Die Reparatur des Schiffes dauerte zu lange, um Hampton Roads für die Konföderierten zu behaupten. Es wurden weitere Unionspanzerschiffe gebaut, die dieses Tor zum Atlantik erreichten und zusammen mit der «Monitor» alle Angriffe auf die Blockadeschiffe der Union verhinderten. Die «Virginia» befand sich bald in einer Falle: Die Unionsbesatzung von Fort Monroe wurde auf eine Stärke von 12000 Mann gebracht; die Potomac-Armee unter McClellan traf bei Fort Monroe zur Eröffnung des Halbinsel-Feldzuges ein. Weiter südwärts landete Unionsgeneral Ambrose Burnside mit einer Armee, die dann nordwärts marschierte und Norfolk zu isolieren drohte. Am 10. Mai 1862 erteilte das Kriegsministerium der Konföderierten Staaten den Befehl, Norfolk wegen der hoffnungslosen Lage aufzugeben. Um die «Virginia» nicht der Union in die Hände fallen zu lassen, wurde sie von der eigenen Mannschaft gesprengt.

Vier Monate später schrieb Friedrich Engels, die Seeschlacht von Hampton Roads habe die «lange Ära der hölzernen Kriegsschiffe» beendet und die «Ära des Krieges zwischen eisenbepanzerten Schiffen» eröffnet. Allerdings setzte sich die neue Technik nur langsam durch und begrenzte sich bis 20 Jahre nach dem Bürgerkrieg hauptsächlich auf kleinere Schiffe und Kanonenboote. Obwohl das Segel- und das Holzschiff noch lange bei Seekriegsoperationen dominieren sollten, bewies die «Monitor», daß der Bau seetüchtiger Stahlpanzerschiffe mit Dampfantrieb möglich war.

Jede Erfindung der Schiffbauer wurde aber auch von den Waffenkonstrukteuren mit immer schwereren Waffen für den Seekrieg beantwortet – von mächtigen Kanonen bis zum Torpedo.

Die Eroberung von New Orleans. David Glasgow Farragut war 60 Jahre alt, als der Bürgerkrieg ausbrach. Seit 51 Jahren diente er in der Kriegsmarine der USA; sein Pflegevater, ein Marineoffizier, hatte ihn schon mit 9 Jahren an Bord genommen. Farragut erreichte den damals höchsten Rang, den des Flaggoffiziers. Anfang 1862 bekam er den schwierigen Auftrag, die Sperre der Konföderierten an der Mississippi-Mündung zu durchbrechen und die Hafenstadt New Orleans einzunehmen.

Das Mündungsgebiet des Mississippi war und ist auch heute äußerst kompliziert. Von New Orleans bis zum Golf von Mexiko erstreckt sich das breite, sumpfige, von zahllosen, «Bayous» genannten Wasserwegen durchzogen Delta. Zur Zeit des Bürgerkrieges war die Stadt New Orleans von Sumpf umgeben, in dem nur Fischer und Pelztierfänger französischer Herkunft in großer Entfernung voneinander wohnten. Die Stadt galt als praktisch uneinnehmbar, weil ein Marsch über Land durch die Sümpfe unmöglich erschien und der Fluß von 2 starken Festungen bewacht wurde. Nur von Baton Rouge konnte eine Armee über auf beiden Seiten des Mississippi verlaufende Landstraßen vorrücken – und Baton Rouge, die Hauptstadt von Louisiana, war noch fest in der Hand der Konföderierten.

Die Besatzung von New Orleans war jedoch durch die Erfolge der Unionskanonenboote auf dem mittleren Mississippi vorgewarnt, daß ein Angriff von Norden im Bereich des Möglichen lag. Die Kämpfe der Konföderierten gegen die Armeen Hallecks und Buells am mittleren Flußlauf des Mississippi hatten Truppen, Nachschubgüter und Geld von New Orleans abgezogen. Die Blockade im Golf von Mexiko erschwerte den Export von Zucker und Baumwolle. Die wirtschaftliche Lage der Stadt wurde immer schlechter, nichtsdestotrotz hielt die Regierung in Richmond New Orleans für sicher und kümmerte sich kaum um die Hafenstadt. Die Sperrung des Mississippi bei Fort Jackson an der letzten Flußbiegung vor der Mündung sah die konföderierte Regierung als hinreichenden Schutz, außerdem standen in Fort Jackson auf dem rechten Ufer 90 Kanonen und in Fort St. Philip auf dem gegenüberliegenden Ufer 52 Geschütze.

Bei den Festungen war der Fluß damals etwa 650 Meter breit. Unmittelbar vor Fort Jackson wurde mit schweren Ketten zwischen beiden Ufern eine massive Balkensperre aus Sumpfzypressenstämmen befestigt. 20 Anker sicherten die Sperre gegen die starke Strömung des Mississippi. Damit glaubte man sich vor allen gegnerischen Schiffen sicher. Nur mit den Naturgewalten hatten die Ingenieure nicht gerechnet. Das schlechte Wetter am Ober- und Mittellauf des Mississippi im Winter 1861/62 verursachte anhaltendes Hochwasser. Im Februar führte der Fluß Tausende Tonnen Treibholz mit sich, das trotz aller Bergungsbemühungen der konföderierten Armee und der Bevölkerung von New Orleans die Sperre durchbrach. Die Lücke wurde recht und schlecht mit alten, entmasteten Schonern geschlossen.

Inzwischen wuchs die Angst der konföderierten Besatzung von New Orleans vor den Unionskanonenbooten, die Anfang April bei New Madrid und der Insel Nr. 10 durchgebrochen waren und immer weiter nach Süden vordrangen. In New Orleans wurden fieberhaft 3 Panzerschiffe gebaut. Ketten, die besser zur Verstärkung der Sperre bei Fort Jackson verwendet worden wären, legten die Verteidiger der Stadt auf der Nordseite von New Orleans über den Fluß, um Unionskanonenboote aufzuhalten, wenn diese Vicksburg passiert hatten.

In Washington waren der stellvertretende Kriegsmarineminister Gustavus T. Fox und sein alter Freund, Kapitän David Dixon Porter von der Mörserflotte, davon überzeugt, daß die Forts am Mississippi sowie die Sperre überwindbar seien. Sie plädierten für den Aufbau einer mit Mörsern bewaffneten Schonerflottille, die die Forts bombardieren sollte. Die Flottille wurde zusammengestellt und gemeinsam mit einem Expeditionskorps der Unionsarmee auf den Weg geschickt. Zum Oberbefehlshaber der Expedition ernannte das Kriegsministerium auf Porters Vorschlag Flaggoffizier David Farragut.

Die Wahl war nicht zufällig auf Farragut gefallen, denn Porter war der Sohn jenes David Porter, der Farraguts Pflegevater gewesen war. Sonst im besten Einvernehmen, hatten Porter und Farragut in diesem Fall Meinungsverschiedenheiten zum Angriff auf die Festungen. Farragut hielt ein Mörserbombardement für unzureichend, während Porter seine ganze Hoffnung darein setzte.

Alle Schiffe der Flottille waren aus Holz gebaut, liefen aber schnell und waren sehr stark bewaffnet. Die Flottille bestand aus Farraguts Flaggschiff «Hartford», einem schnellen Kriegsschiff mit 22 9-Zoll-Dahlgren-Geschützen und 2 gezogenen 30-Pfündern, sowie aus 35 anderen Schiffen, darunter 18 Seeschoner und

12 kleinere Dampfsloops. 21 dieser Schiffe wurden mit schweren Balken verstärkt und mit je 1 32,5-Zentimeter-Mörser bewaffnet.

Farragut vertrat die Meinung, daß die konföderierten Garnisonen nur dann kapitulieren würden, wenn es seinen Schiffen gelänge, nach dem Artilleriebeschuß der Forts diese zu passieren. Er befahl seinen Kapitänen, nur soviel laufendes und stehendes Gut an Bord zu behalten, wie für die Fahrt unter vollen Segeln notwendig war. Alles Unnötige wurde in der Basis auf Ship Island vor der Küste des Staates Mississippi zurückgelassen.

Dasselbe Hochwasser, das im Vormonat das Treibholz den Fluß herunterbrachte, hatte an der Mündung des Mississippi Sand und Schlick aufgehäuft. Als die Unionsschiffe die Mündung erreichten, mußten sie einen Monat lang – von Mitte März bis Mitte April – kämpfen, um über die Untiefen zu kommen. Erst in der Nacht vom 17. zum 18. April erreichten die Mörserboote den Flußbogen vor den Festungen. Am nächsten Morgen eröffneten sie ein pausenloses Bombardement mit 200-Pfund-Sprenggranaten, bis die Barracken in Fort Jackson abbrannten und die Truppen die Kasematten nicht mehr verlassen konnten. Aber beide Forts hielten stand. Farragut hatte recht behalten.

In der Nacht zum 20. April befahl Farragut den Durchbruch durch die Sperre, damit 2 Kanonenboote passieren konnten. In derselben Nacht wurde jedoch das noch unvollendete CSA-Panzerschiff «Louisiana» von New Orleans nach Fort St. Philip geschleppt, um mit seinen Geschützen die Kanonen der Festung zu unterstützen. Auf der Fort-Jackson-Seite gingen mehrere konföderierte Widderschiffe und Kanonenboote vor Anker; heubeladene Flöße wurden in Brand gesetzt und flußabwärts gegen die Unionsflotte getrieben.

Farragut ließ sich nicht beeindrucken, sondern befahl zur Vorbereitung eines Nachtangriffs, die Schiffe zu tarnen und die Bordwände und Maschinenräume mit Ankerketten beziehungsweise Sandsäcken zu schützen. Am 24. April, 2.00 Uhr lichteten die Unionsschiffe die Anker. Die konföderierten Garnisonen wurden nicht überrascht. Ein furchterregendes Sperrfeuer dröhnte aus den Festungen. Das CSA-Widderschiff «Manassas» rammte 2 Unionsschiffe, ohne sie jedoch manövrierunfähig zu machen. Farraguts Flaggschiff «Hartford» lief auf Grund und wurde von einem der Branderflöße getroffen. Das Feuer konnte jedoch rechtzeitig gelöscht und der CSA-Schlepper, der das Floß am Tau hatte, zum Rückzug gezwungen werden. Die «Hartford» befreite sich aus dem Schlick und lief weiter. Das anfangs so gefürchtete Artilleriefeuer aus den Festungen stellte sich als relativ harmlos heraus, da die unerfahrenen CSA-Artilleristen in der Dunkelheit zu hoch zielten. Bis zum Morgengrauen durchbrachen 13 Unionsschiffe die Sperre. Sämtliche CSA-Schiffe wurden versenkt oder in Brand geschossen, während nur 1 Unionsschiff unterging. Die Personalverluste auf beiden Seiten hielten sich in Grenzen, bis das Gefecht mittags zu Ende ging.

New Orleans, dessen Besatzung lediglich 3000 Mann zählte, war jetzt in einer hoffnungslosen Lage. Um einen Beschuß zu vermeiden, schickte der Stadtkommandant alle Truppen aus der Stadt. Die Bevölkerung verbrannte alle wertvollen Güter (darunter 130000 Ballen Baumvolle) und sprengte die konföderierten Schiffe im Hafen. Am 29. April wurde auf dem Rathaus die Unionsfahne gehißt.

Mit der Einnahme von New Orleans verloren die CSA einen Hafen von Schlüsselwert sowie die Kontrolle über die Mündung des Mississippi – ihres wichtigsten Handelsweges. Bald danach besetzten die Unionstruppen Louisianas Hauptstadt Baton Rouge sowie den Hafen Port Hudson. Jetzt lag nur noch ein Hindernis auf dem Weg zur vollständigen Kontrolle über den großen Fluß, die Festungsstadt Vicksburg.

In Washington war die Begeisterung über den Sieg derart groß, daß Farragut zum ersten Konteradmiral der Geschichte der USA-Kriegsmarine ernannt wurde.

Der Krieg im Osten.
McClellans Pläne und der Beginn
des Shenandoah-Feldzuges

Den ganzen Winter hindurch hatte General McClellan seine riesige Armee in und um Washington ausbilden lassen. Er war weiterhin mit Intrigen sowie mit dem Ausbau seiner Position in der

Demokratischen Partei befaßt, scharte Anhänger um sich und manipulierte Politiker. Gegen die konföderierte Armee unter General Joseph E. Johnston, die seit der ersten Schlacht von Bull Run immer noch um Centreville operierte, unternahm McClellan nichts. Er behauptete, Johnston verfüge insgesamt über 180 000 Mann, außerdem seien das Wetter und die Straßen zwischen Washington und Richmond für einen Feldzug zu schlecht. Man müsse den Frühling abwarten. McClellan entwarf grandiose Pläne für einen Marsch auf Richmond, den er eigentlich nicht zu unternehmen beabsichtigte.

In der Tat wendete sich McClellan als konservatives Mitglied der Demokratischen Partei und Vertreter der Großbourgeoisie in aller Öffentlichkeit gegen eine Kriegführung zum Zwecke der Beseitigung der Sklaverei. Nur um die Wiederherstellung der Vereinigten Staaten wollte er kämpfen – und das so schonend wie möglich.

McClellans Aufklärung war der Schlüssel dafür, daß er lange mit Erfolg seine Phantasiegebilde über die Stärke der konföderierten Armee aufrechterhalten konnte. Die kleinen, schlecht versorgten Armeen des Gegners wurden von McClellans Spionen zu riesigen Heeren aufgebauscht. McClellan gründete den ersten staatlichen Geheimdienst der USA-Geschichte, den «Secret Service». Chef dieser Behörde war ein gewisser «Major E. J. Allen», der ein Netz von Spionen über ganze Konföderation ausbreitete.

Nur war besagter Geheimdienstchef kein Major, er hatte überhaupt keine Erfahrung in militärischer Aufklärung – und er hieß auch nicht E. J. Allen. Er war ein junger Privatdetektiv, der erste und berüchtigste der USA-Geschichte: Allen J. Pinkerton. Pinkerton bezog seine «Informationen» für General McClellan hauptsächlich von entlaufenen Sklaven, die weder lesen noch rechnen konnten und deren Angst alle beobachteten Einheiten der CSA-Armee doppelt so groß erscheinen ließ. Zudem hegte Pinkerton dasselbe Interesse wie McClellan, Schreckensbilder über die CSA-Streikräfte zu verbreiten.

In Wirklichkeit lag CSA-General Johnston mit 40 000 Mann in Manassas, während McClellans Potomac-Armee zu dieser Zeit 155 000 Mann zählte. CSA-General «Stonewall» Jackson hatte sich mit 4 200 Mann nach Winchester im Shenandoah-Tal zurückgezogen, während eine Unionsarmee von 23 000 Mann unter General Banks das Gebiet am Nordende des Tales um Harper's Ferry behauptete. Die Streitkräfte der Union waren also entschieden überlegen.

General J. E. Johnston bekam Kenntnis von McClellans Plänen für einen Angriff auf Richmond auf dem Landweg, der über Manassas verlief. Johnston hielt die eigene Lage für zu exponiert und zog sich mit Zustimmung der CSA-Regierung nach Fredericksburg zurück. Damit blockierte er in gut zu verteidigender Stellung den Weg, den McClellan in Richtung Richmond nehmen wollte. McClellan, der keinen Zusammenstoß mit Johnston wünschte, schmiedete einen neuen Plan: Die Potomac-Armee sollte zur Virginia-Halbinsel zwischen dem James River und dem York River transportiert werden und von dort aus auf Richmond marschieren. Präsident Lincoln hatte einige Einwände gegen dieses Vorhaben, stimmte aber schließlich zu.

Bevor die Truppen an Bord gingen, führte General McClellan seine Armee auf eine Art Trainingsmarsch nach Centreville und zurück, da sich Johnston mit seiner Armee aus diesem Gebiet zurückgezogen hatte. Hier entdeckten die Unionsoffiziere die Spuren des konföderierten Lagers, die bewiesen, wie schwach die gegnerischen Stellungen und wie gering die Truppenstärke der Konföderierten gewesen war. Ein Sturm der Kritik erhob sich in Washington gegen McClellan. Lincoln war derart verärgert, daß er McClellan am 11. März als Oberbefehlshaber der Unionsstreitkräfte entließ. Jetzt mußte sich der eitle General mit dem Befehl über die Potomac-Armee begnügen.

Lincoln übernahm selbst den direkten Oberbefehl über alle Streitkräfte – eine Aufgabe, mit der er trotz aller Bemühung und Logik überfordert war. Er verließ sich auf seinen neuen Kriegsminister Stanton, über den Ulysses S. Grant später treffend bemerkte: «Er (der Kriegsminister – L. I.-K.) war sehr furchtsam ... Unsere Schwäche sah er wohl, aber nicht, daß der Feind in Gefahr war. Der Feind wäre nie in Gefahr gewesen, wenn Herr Stanton sich im Feld befunden hätte.»

Obwohl die Konföderation zu dieser Zeit zur allgemeinen Kriegsdienstpflicht überging, waren ihre Möglichkeiten begrenzt, eben weil sie eine viel kleinere Bevölkerungszahl als die Union hatte. In Virginia lagen lediglich 50000 Mann in zerstreuten Stellungen von der Virginia-Küste bis zum Shenandoah-Tal, während die Unionsarmeen in Maryland und Nordvirginia über insgesamt 200000 Mann verfügten.

Im Winter 1861/62 hatte der Präsident der Konföderierten Staaten, Davis, den 54jährigen General Robert Edward Lee zu seinem persönlichen Militärberater und Chefstrategen ernannt. Lees Klasseninteressen als reicher Plantagenbesitzer und Angehöriger einer aristokratischen Familie Virginias bestimmten ihn bei Kriegsbeginn, zu den Konföderierten überzutreten, obwohl seine persönliche Loyalität eigentlich der alten Armee gehörte und zudem noch von religiösen Anschauungen geprägt war. Diese hatten in Lee einige Zweifel über die Moral der Sklavenwirtschaft geweckt.

Schon im Krieg gegen Mexiko hatte Lee einen ausgezeichneten Blick für die strategische Lage, die Schwächen des Gegners und die daraus resultierenden taktischen Notwendigkeiten bewiesen. Nun beurteilte er die allgemeine Lage der konföderierten Armee im nördlichen Virginia und die von guten Spionen eingebrachten Informationen über die Pläne der Union. Seine erste Sorge galt der kleinen Division im Shenandoah-Tal unter General «Stonewall» Jackson.

Jahrelang hatte Lee in Virginia mit «Stonewall» Jackson zusammen gedient. Er kannte den melancholischen, fanatisch religiösen General und seine vortrefflichen militärischen Fähigkeiten. Im März 1862 erteilte Lee Jackson den Befehl, unter allen Umständen eine Vereinigung der Unionstruppen Banks' mit denen von McClellan zu verhindern, denn eine noch größere Massierung der Unionsarmee auf der Virginia-Halbinsel würde den Fall der CSA-Hauptstadt bedeuten.

Jackson hatte in seinem Gefolge eine kleine Kavallerieeinheit von 600 Mann unter Oberst Turner-Ashby. Ashby war ein reicher Plantagenbesitzer und Politiker aus dem Shenandoah-Tal, das damals als «Kornkammer des Südens» galt. Obwohl Ashby keine regelrechte militärische Ausbildung durchlaufen hatte, bewies er ungewöhnliches Talent bei der Führung der Kavallerie.

Da General McClellan davon überzeugt war, daß Jackson keine direkte Bedrohung für Washington bedeute, befahl er Ge-

Abraham Lincoln (1809–1865),
Präsident der Vereinigten Staaten von Amerika
von 1861 bis 1865

William H. Seward (1801–1872),
Außenminister
in Lincolns Kabinett

Simon Cameron (1799–1889),
erster Kriegsminister
in Lincolns Kabinett

Edwin McM. Stanton (1814–1869),
Camerons Nachfolger als
Kriegsminister

Gideon Welles (1802–1878),
Marineminister
in Lincolns Kabinett

Generalleutnant Ulysses S. Grant (1822–1885)
Oberbefehlshaber der Unionsstreitkräfte im letzten Jahr
des Bürgerkrieges

Generalleutnant
Winfield Scott
(1786–1866)

Generalmajor
Henry W. Halleck
(1815–1872)

Generalmajor
George B. McClellan
(1826–1885)

Generalmajor
Ambrose E. Burnside
(1824–1881)

Generalmajor
William T. Sherman
(1820–1891)

Generalmajor
George G. Meade
(1815–1872)

Generalmajor
Philip H. Sheridan
(1831–1888)

Konteradmiral
David G. Farragut
(1801–1870)

Jefferson Davis (1809–1889),
Präsident der Konföderierten Staaten von Amerika

*General Robert E. Lee (1807–1870),
Befehlshaber der
konföderierten Nordvirginia-Armee*

*General
Thomas J. «Stonewall» Jackson
(1824–1863)*

General J. E. B. Stuart (1833–1864)

*General Pierre G. T. Beauregard
(1818–1893)*

*Gefecht zwischen dem Unionskriegsschiff «Monitor» (im Vordergrund)
und dem konföderierten Panzerschiff «Virginia»
in Hampton Roads, 9. März 1862*

Unionsinfanterie eröffnet in der ersten Schlacht von Bull Run das Feuer

Beobachtungsballon der Unionstruppen im Halbinsel-Feldzug, 1862

General George B. McClellan läßt sich von seinen Truppen bejubeln, April 1862

*Begegnung zwischen Abraham Lincoln (mit Zylinder)
und General McClellan (6. von links)
am Ende des Halbinsel-Feldzuges*

*Beginn der Schlacht
von Shiloh.
Links die Holzkirche von Shiloh*

Kapitän David D. Porter (Mitte) auf einem Mörserschoner an der Mississippi-Mündung, April 1862

Szene aus der Reiterschlacht bei Brandy Station, Juni 1863

Address delivered at the dedication of the
Cemetery at Gettysburg.

Four score and seven years ago our fathers
brought forth on this continent, a new nation, conceived in Liberty, and dedicated
to the proposition that all men are cre-
ated equal.

Now we are engaged in a great civil war,
testing whether that nation, or any nation
so conceived and so dedicated, can long
endure. We are met on a great battle-field
of that war. We have come to dedicate a
portion of that field, as a final resting
place for those who here gave their lives,
that that nation might live. It is alto-
gether fitting and proper that we should
do this.

But, in a larger sense, we can not dedicate— we can not consecrate— we can not
hallow— this ground. The brave men, living and dead, who struggled here, have con-
secrated it, far above our poor power to add

or detract. The world will little note, nor long remember what we say here, but it can never forget what they did here. It is for us the living, rather, to be dedicated here to the unfinished work which they who fought here have thus far so nobly advanced. It is rather for us to be here dedicated to the great task remaining before us — that from these honored dead we take increased devotion to that cause for which they gave the last full measure of devotion — that we here highly resolve that these dead shall not have died in vain — that this nation, under God, shall have a new birth of freedom — and that government of the people, by the people, for the people, shall not perish from the earth.

Abraham Lincoln.

November 19. 1863.

Überfall konföderierter Kavallerie auf eine
Nachschubkolonne der Union

Unionskavallerie verfolgt nach der Schlacht von Gettysburg
konföderierte Infanterie

Befreiung eines Kriegsgefangenenlagers der Konföderation
durch Unionskavalleristen

Reitergefecht von Yellow Tavern,
in dem General J. E. B. Stuart fiel, Mai 1864

neral Banks, 14 000 Mann Unionstruppen aus der Gegend von Winchester und Harper's Ferry abzuziehen und als Unterstützung für die Potomac-Armee nach Manassas zu führen. Zwei Divisionen von Banks' Armee – Shields' und Williams' – lagen zu dieser Zeit in Winchester. Williams brachte seine 7 000 Mann nach Manassas, während Shields mit 9000 Mann im Shenandoah-Tal zurückbleiben sollte, um Jackson zu beschäftigen.

Williams' Bewegungen wurden von Ashbys CSA-Kavallerie entdeckt. Ashby nahm an, daß auch Shields mit seiner Division abziehen würde. In der Tat war Shields im Begriff, nach Norden zu ziehen, als die CSA-Kavallerie am 22. März 1862 bei dem kleinen Ort Kernstown auf die letzten Kolonnen stieß. Ashbys Truppen eröffneten das Feuer und banden diese vermeintliche «Nachhut». Oberst Ashby benachrichtigte General Jackson in Strasburg. Jackson setzte seine Truppen in Bewegung und erreichte am nächsten Morgen das Feld. Aber während der Nacht hatte Shields seine gesamte Division in Kernstown gesammelt, was den konföderierten Befehlshabern Jackson und Ashby verborgen geblieben war.

Jacksons Infanterie wurde von den anderen CSA-Einheiten als «Fußkavallerie» bezeichnet, weil Jackson sie durch hartes Training zu ungewöhnlicher Beweglichkeit geführt hatte. Sie waren imstande, bei jedem Wetter, ob mit oder ohne Gefangene und Kriegsbeute, im Gebirge oder im Flachland lange Eilmärsche durchzuführen und dann noch ohne Erholungspause ein hartes Gefecht aufzunehmen. Jackson war wie kein anderer General auf beiden Seiten von Dennis Hart Mahans Theorie der Beweglichkeit besessen. Er diskutierte seine Pläne mit niemandem, auch nicht mit seinen Stabsoffizieren. Diese Verschwiegenheitsmanie sollte ihn schließlich das Leben kosten. Seine Truppen verehrten ihn grenzenlos und gehorchten blindlings.

Am Morgen des 23. März entschloß er sich nach einigem Überlegen – es war schließlich Sonntag, und er hegte moralische Zweifel, «am Tage des Herrn» eine Schlacht zu liefern – zum Angriff. Seine Truppen schlugen mit gewohnter Härte zu, die doppelte Überlegenheit der Unionsseite machte sich aber rasch bemerkbar. Jackson wurde gezwungen, unter hohen Verlusten (etwa 700 Mann) das Feld zu räumen.

Seine Niederlage schlug jedoch für die Konföderierten vorteilhaft aus, denn Unionsgeneral Shields, der in der Schlacht bei Kernstown verwundet worden war, telegrafierte nach Washington, er habe 540 Mann verloren; Jackson habe derart energisch angegriffen, daß er sicherlich vorher Verstärkung bekommen habe.

Diese Nachricht versetzte das Washingtoner Kriegsministerium in Panik. Der in Militärangelegenheiten unerfahrene Lincoln beorderte Banks sofort ins Shenandoah-Tal zurück. Als der Präsident entdeckte, daß McClellan statt der versprochenen 75 000 «nur» 50 000 Mann in der Washingtoner Garnison zurückgelassen hatte, gliederte er das I. Korps der Potomac-Armee mit 23 000 Mann aus McClellans Expeditionsarmee aus und schickte es nach Fredericksburg (Virginia), von wo aus es weder McClellans Feldzug auf der Halbinsel noch Banks' Armee im Shenandoah behilflich sein konnte. Weiter befahl Lincoln General Frémont, seine zerstreuten Einheiten zusammenzufassen und ostwärts gegen Jackson zu ziehen. Frémont ließ sich damit aber viel Zeit.

Die Umdisponierungen der Unionsstreitkräfte beanspruchten fast den ganzen Monat April – ein willkommenes Geschenk für den Gegner.

Die Potomac-Armee auf der Halbinsel

Unterdessen hatte McClellan am 2. April die Virginia-Halbinsel erreicht, wo der Hauptteil seiner riesigen Armee um Fort Monroe lag. Er verfügte nicht nur über 105 000 Mann, sondern auch über die schwerste und zahlenmäßig stärkste Artillerie, die bis zu jenem Zeitpunkt irgendwo auf dem nordamerikanischen Subkontinent konzentriert war.

Das erste, was die Unionsgenerale auf der Halbinsel feststellten, war die Ungenauigkeit ihrer Landkarten. Damals war das Gebiet zwischen den Flüssen York und James flach, meist sumpfig, stellenweise sandig, stark bewaldet und kaum bevölkert. Die einzigen Kleinstädte, die diese Bezeichnung verdienten, waren Yorktown und Williamsburg. Das Gebiet um Yorktown ließ McClellan durch einen Beobachtungsballon aufklären. Professor T. S. C. Lowe stieg in seinem mit Wasserstoff gefüllten, gut steuerbaren Ballon auf und stellte die topographischen Verhältnisse um Yorktown fest. Allerdings war die Südseite der Halbinsel außer Sicht- und Reichweite des Ballons – und gerade hier wollte McClellan angreifen. Das IV. Korps unter General Keyes sollte über den Warwick River bis Halfway House vordringen. McClellan glaubte, nur Yorktown sei stark verteidigt. Außerdem führten seine Karten den Warwick als kleinen, kurzen Strom.

Am 4. April brach das IV. Korps auf. Am späten Nachmittag traf im Hauptquartier eine unangenehme Botschaft von General Keyes ein: Der Warwick war in Wirklichkeit ein großer Fluß mit buchtartiger Mündung. Das IV. Korps war infolgedessen gezwungen, nach Norden zu schwenken und 5 Kilometer von der geplanten Marschroute abzuweichen. Hier war der Fluß zwar überquerbar, auf der anderen Seite sollten sich aber offensichtlich starke CSA-Verteidigungslinien befinden. General Keyes wähnte sich unter schwerem Feuer und bezweifelte stark die Möglichkeit eines Durchbruchs auf dieser Seite der Halbinsel. McClellan befahl den Rückzug des IV. Korps nach Fort Monroe und entschloß sich zur Belagerung von Yorktown.

Unionsgeneral Keyes hatte die Lage jedoch falsch beurteilt. Jenseits des Warwick lagen nur 13 000 Mann CSA-Truppen unter dem Befehl des alten Artilleristen und Meisters der Täuschung General John Magruder. Magruder ließ seine Truppen eifrig hin und her marschieren, viel Geschrei im Kommandoton anstimmen, als ob Hunderte Offiziere Befehle erteilten, und plötzlich schießen, als ob 50 000 Mann ihre Waffe ausgelöst hätten. Der Trick gelang so erfolgreich, daß das Unionskorps völlig in die Irre geführt wurde.

Unionsoberbefehlshaber McClellan plante den Artilleriebeschuß von Yorktown erst für den 5. Mai. Er nahm also einen ganzen Monat für die Vorbereitung seines Angriffs in Anspruch, im ganzen Monat April ruhte der Feldzug auf der Halbinsel.

Zu dieser Zeit sorgte sich General Lee um «Stonewall» Jacksons Lage im Shenandoah-Tal, die nach den Maßnahmen des

Kriegsministeriums der Union eingetreten war und zur Verstärkung der dortigen Unionstruppen auf 63 000 Mann geführt hatte. Nach Beratungen mit dem CSA-Präsidenten zog Lee die Division Ewell von Johnstons Armee bei Richmond ab und schickte sie in die Berge. So wurden Jacksons Truppen auf 15 000 Mann verstärkt. Der Befehl an Jackson lautete, die 3 Unionsarmeen im westlichen Virginia voneinander zu isolieren.

General Jackson zog sich sehr geschickt von Kernstown nach Süden zurück und vereinigte sich am 29. April mit General Ewell. Mehrere Tage lang blieben sie mit ihren Divisionen am Rande der Blue Ridge Mountains am Paß Swift Run. Dann verschwanden sie aus dem Sichtfeld der Unionsaufklärer.

Während Jacksons «Fußkavallerie» über die Pässe der Appalachen zog, rief General Lee die Division Magruder aus dem Raum Yorktown zurück. Der Hauptteil der Armee unter CSA-General J. E. Johnston wurde ihr zur Hilfe geschickt. Am 4. Mai – einen Tag vor der geplanten Bombardierung von Yorktown – mußte Unionsgeneral McClellan feststellen, daß Yorktown völlig geräumt war. Die konföderierte Besatzung war über Nacht abgezogen.

McClellan ließ sich zu seinen nächsten Entschlüssen mehrere Stunden Zeit. Am 5. Mai schickte er den Hauptteil der Potomac-Armee in Richtung Richmond und befahl, die Artillerie per Schiff den York River aufwärts bis zur Ortschaft West Point zu transportieren. Fünf Divisionen begleiteten die Artillerie.

Noch am gleichen Tag traf die Unionsdivision Hooker vom III. Korps der Potomac-Armee auf die CSA-Division Longstreet, die sich hinter Williamsburg verschanzt hatte, um die Verfolgung durch die Unionsarmee zu verhindern. Unionsgeneral Joseph Hooker – schon damals unter seinen Truppen als Hitzkopf und «Fighting Joe» (Kämpfender Joe) bekannt – wartete weder den Befehl seines Vorgesetzten noch den Rest des III. Unionskorps ab, sondern griff Longstreets zahlenmäßig überlegene CSA-Division sofort an. Die Unionsdivision wurde zurückgeworfen und einem Gegenangriff ausgesetzt, der jedoch von der heranrückenden Unionsbrigade Kirby zum Stehen gebracht wurde. Die CSA-Division D. H. Hill traf zur Unterstützung Longstreets ein, doch bald rückten auch die übrigen Divisionen des III. Unionskorps an. Die Unionsdivision Hancock konnte am späten Nachmittag Longstreets linke Flanke umfassen und 2 leere Redouten besetzen, die sie bis Sonnenuntergang behauptete. In der Nacht zogen Longstreet und Hill ihre Truppen ab. Sie hatten ihre Aufgabe erfüllt, die Unionsarmee aufzuhalten.

General McClellan, der an der Schlacht bei Williamsburg nicht teilnahm – er war mit den Transportschiffen in West Point – erlaubte sich jetzt eine zweite, sehr lange Pause in seinem Feldzug. Fast den ganzen Monat Mai verbrachte er damit, seine Armee vor den CSA-Verteidigungslinien östlich von Richmond in Stellung gehen zu lassen.

Die Fortsetzung
des Shenandoah-Feldzuges

Während McClellan auf diese ruhmlose Art seinen Halbinsel-Feldzug begann, tauchten CSA-Truppen unter «Stonewall» Jackson (ohne Ewell, dessen Division Jackson am Südende des Shenandoah-Tals zurückgelassen hatte) am Bahnhof Staunton auf. Hier verließen die Truppen die Züge, die sie nach einem Eilmarsch vom Swift Run Gap in Charlottesville bestiegen hatten. Von Staunton marschierten sie weiter bis West View, wo sie bereits von der CSA-Division E. Johnson erwartet wurden.

Jacksons Aufklärung stellte fest, daß im nächsten Tal westwärts beim Dorf McDowell etwa 4000 Mann Unionstruppen von Frémonts Armee lagerten. Am 8. Mai tauchten bei Sonnenaufgang – für die Unionsseite völlig überraschend – die CSA-Divisionen im Tal auf. Nach kurzem Gefecht waren die Unionskommandeure Schenck und Milroy gezwungen, ihre Truppen nach Norden zurückzuziehen. Jacksons CSA-Truppen verfolgten sie 3 Tage lang. Dann zog sich «Stonewall» Jackson ebenso plötzlich zurück, wie er gekommen war, und führte seine Truppen wieder ins Shenandoah-Tal.

Jackson kannte Frémont schon aus dem Mexiko-Krieg und rechnete damit, daß sich der Unionsgeneral viel Zeit lassen würde, um seine zerstreuten Brigaden zu sammeln. Und wirklich benötigte Frémont dafür 2 Wochen.

Jackson nahm die Division Johnson mit sich, traf sich mit General Ewell im Shenandoah-Tal und hörte von diesem, daß sich die Unionstruppen unter Banks nach Strasburg zurückgezogen hatten.

Von der Quelle des Shenandoah River bei Staunton bis zu seiner Mündung in Harper's Ferry an der nördlichsten Spitze des Staates Virginia ist das Shenandoah-Tal etwa 200 Kilometer lang und selten mehr als 20 Kilometer breit. An seiner breitesten Stelle, etwa auf der halben Länge, beträgt die Breite etwa 50 Kilometer. Hier wird das Tal von der Hügelkette South Mountain geteilt, an deren Westseite damals eine der in den Südstaaten so seltenen Landstraßen mit befestigter Straßendecke verlief. Solche Landstraßen wurden allgemein als «turnpike» bezeichnet.

Unionsgeneral Banks rechnete damit, daß CSA-General Jackson den Valley Turnpike entlang vorrücken würde. Deshalb stellte er seine Truppen in Strasburg am nördlichen Ausgang der Hügelkette auf. Jackson schickte Ashbys Kavallerie nordwärts, um die Unionsaufklärung in die Irre zu führen und den Eindruck zu vermitteln, die CSA-Truppen würden tatsächlich über den Turnpike anrücken. Danach wendete sich Jacksons Infanterie ostwärts zum einzigen Paß über die Hügelkette, überquerte ihn, eilte nordwärts durch das östliche Tal, durch das der Shenandoah River verlief, und überfiel am 23. Mai Front Royal, wo 1000 Mann aus Banks' Befehlsbereich die linke Unionsflanke deckten. Fast alle, einschließlich des Kommandeurs, wurden gefangengenommen. Einige konnten jedoch entkommen und General Banks benachrichtigen.

Nun versuchte Banks, seine ihm noch verbliebenen 8000 Mann nach Norden zurückzuführen. Seine Infanteristen waren jedoch langsamer als Jacksons «Fußkavallerie» und wurden am 25. Mai bei Winchester eingeholt. Hier mußten sie eine ernsthafte Niederlage hinnehmen. Banks führte die noch Kampffähigen knapp vor Jacksons CSA-Truppen über den Potomac River bei Harper's Ferry. Die Konföderierten hielten sich dann an Harper's Ferry samt seinen umfangreichen Versorgungsdepots schadlos.

Zwischen Winchester und dem Potomac River hatte die Unionsseite insgesamt 4500 Mann, über 10000 Gewehre, viele Kanonen und Ausrüstung in Millionenwert verloren. Die Nachricht von Banks' Niederlage steigerte die Panik in Washington. Das I. Korps der Potomac-Armee unter McDowell wurde in Richtung Shenandoah in Marsch gesetzt, traf jedoch zu spät ein. Frémont wurde nach Winchester befohlen. Unionsgeneral Banks bekam Verstärkungen und den Befehl, «Stonewall» Jacksons Armee in die Zange zwischen den drei Unionsgruppierungen zurückzutreiben.

Damit befand sich Jackson in einer Falle. Er entschloß sich zu einem blitzschnellen Rückzug – und nahm trotzdem seine fast 3000 Gefangenen und eine doppelte Wagenkolonne mit geplünderten Ausrüstungen und Lebensmitteln mit! Seine Truppen erreichten Winchester am 31. Mai knapp vor Frémont, zogen weiter bis Harrisonburg und machten hier am 5. Juni eine kurze Pause. Jackson teilte seine Armee: Ewells Division schickte er gegen Frémont vor, der jetzt hinter der CSA-Armee südwärts durch das westliche Tal marschierte. Die Division lauerte in Cross Keys auf Frémonts Armee, während Jackson weiter nach Port Republic zog, um Banks' auf der Ostseite des Tals heranrückende Unionsarmee aufzuhalten.

Während Jacksons Rückzug war es zu mehreren Zusammenstößen zwischen seiner Nachhut, die von Ashbys Kavallerie gebildet wurde, und der Vorhut der Union gekommen. Bei einem dieser Gefechte fiel am 6. Juni bei Harrisonburg der erst 2 Wochen zuvor zum General ernannte Turner Ashby – ein großer Verlust für die konföderierte Armee.

Endlich trafen am 8. Juni Frémonts 15000 Mann Unionstruppen in Cross Keys an. Obwohl er nun eine Überlegenheit von 2:1 hatte, griff er die CSA-Division Ewell halbherzig und nur mit einem Teil seiner Armee an. Die Angreifer wurden zurückgeworfen und die einzige Brücke zerstört, über die Frémont weiter hätte vorrücken können. Daraufhin marschierte Ewells Division nach Port Republic ab, um Jackson zu unterstützen.

Am 9. Juni griffen Jacksons Truppen die Unionsdivison Shields bei Port Republic an. Erst 5 Stunden nach Beginn der Schlacht erreichte die CSA-Division Ewell das Feld, trotzdem wurden die

Unionstruppen 31 Kilometer nach Norden zurückgeworfen. Um Mitternacht erreichten Jacksons nun wieder zurückgezogenen Truppen den Paß Brown's Gap, wo sie sich erholen konnten. Jackson schickte am nächsten Tag seine Wagenkolonnen nach Richmond und wartete Befehle von General Lee ab.

Innerhalb von 2 Monaten hatte CSA-General Jackson mit nur 18000 Mann 3 Unionsarmeen in einer Gesamtstärke von 63000 Mann irregeführt und im Bergland festgenagelt. Trotz aller Schwierigkeiten und einer Ende Mai hoffnungslos erscheinenden Lage hatte es Jackson geschafft, der Falle zu entrinnen. Ausschlaggebend dafür waren nicht allein seine Klugheit und Beweglichkeit. Die Hauptursachen für den Erfolg der Konföderierten im Shenandoah-Tal lagen in der Halbherzigkeit der Unionskommandeure, der mangelhaften Kampfmoral und der schlechten militärischen Ausbildung der Unionssoldaten (der größte Teil der Unionsstreitkräfte bestand immer noch aus Freiwilligen, die nur kurze Zeit gedient hatten). Ein durchaus wichtiger Faktor war auch die mangelnde Koordinierung der Unionsoperationen im Shenandoah, für die es keinen Oberbefehlshaber gab.

Die Fortsetzung des Halbinsel-Feldzuges

Auf der Virginia-Halbinsel hatte sich Unionsgeneral McClellan davon überzeugt, daß ein Angriff auf Richmond von der Nordseite des von Westen nach Osten verlaufenden Chickahominy River unmöglich sei. Ende Mai verlegte er seine Truppen extrem langsam über den Chickahominy, wo sie sich auf einer Nord-Süd-Linie verschanzten. Schwere Regenfälle während des Marsches isolierten mehrere Korps auf der Nordseite des Flusses. Während Keyes' IV. Korps schon seit dem 30. Mai südlich des Flusses in Stellung lag, befanden sich das V. Korps unter General FitzJohn Porter, das III. unter General Heintzelman und Teile von Sumners II. Korps immer noch zwischen den Ortschaften Seven Pines und Fair Oaks, wo sie auf den Rückgang des Hochwassers des Chickahominy warteten.

CSA-General J. E. Johnston, der sämtliche CSA-Truppen vor Richmond befehligte, bekam Nachricht über diese Verbände und entschloß sich, am 31. Mai anzugreifen. Sein Plan war gut, konnte jedoch nicht voll verwirklicht werden, weil die Division Longstreet auf die falsche Landstraße geriet und die Bewegungen der Division Huger behinderte. Der Angriff wurde von den CSA-Divisionen A. P. Hill, D. H. Hill, Magruder und Whiting ausgeführt, deren Stärke nicht ausreichte, um die Schlachtentscheidung zu erzwingen. Die Unionstruppen, von denen die meisten zum erstenmal im Kampf standen, kämpften gut und entschlossen. Mit Anbruch der Dunkelheit wurde auf beiden Seiten das Feuer eingestellt.

An diesem Tag wurde CSA-General J. E. Johnston ernsthaft verwundet und vom Feld getragen. Dies führte in Richmond zu einer Entscheidung von großer Tragweite für den weiteren Kriegsverlauf: Aus den Armeen von Johnston und «Stonewall» Jackson wurde am 1. Juni 1862 eine einheitliche Nordvirginia-Armee gebildet, zu deren Oberbefehlshaber General Robert E. Lee ernannt wurde. Diese Armee blieb bis Ende des Bürgerkrieges die wichtigste auf der CSA-Seite und der ständige Gegner der Potomac-Armee der Union.

Nach der Schlacht von Fair Oaks/Seven Pines deckte McClellan mit seinen Aktivitäten seine weiteren Pläne auf, denn er brachte den ganzen Monat Juni damit zu, Batterien für die Belagerung Richmonds in Stellung zu bringen, seine Truppen südlich des Chickahominy umzudisponieren und demonstrative Kleinangriffe zu unternehmen, wodurch die CSA-Armee in ihren Verteidigungslinien festgehalten werden sollte. Nur Porters V. Korps hielt McClellan noch auf der Nordseite des Flusses zurück, um seine rechte Flanke zu decken. Die übrigen 3 Unionskorps lagen auf einer stark gezackten Linie direkt vor den Verschanzungen der konföderierten Armee.

CSA-General Lee beabsichtigte, McClellan zum Kampf zu stellen. Um dieses Ziel zu erreichen, mußte er sich erst ausreichende Kenntnis von der Lage der Unionstruppen verschaffen. Zu diesem Zweck befahl er seinem Kavalleriegeneral J. E. B. Stuart, eine Aufklärungsexpedition zu organisieren.

General Stuart – derselbe, der Jahre zuvor zusammen mit Lee und Jackson John Browns Aufstand in Harper's Ferry niedergeschlagen hatte – war ein eigenartiger Mensch: grenzenlos eitel, theatralisch im Auftreten, aber durchaus fähig für seine Aufgabe. Von seinen Truppen wurde er «Jeb» genannt, von seinen Offizieren jedoch «Beauty» (Schönheit) wegen seines langen, welligen Barts und seiner stets auffälligen Kleidung. Er trug einen großen Hut mit riesiger Straußenfeder und wurde – wenn er nicht gerade im Kampf stand oder auf Aufklärung ritt – von seinem persönlichen Trommler begleitet, der den Truppen die Ankunft des Generals zu signalisieren hatte.

Da es Stuart an Selbstdisziplin und General Lee an Härte gegenüber den ihm unterstellten Offizieren mangelte, darf es nicht überraschen, daß Stuart seine Aufgabe auf der Halbinsel wie ein Theaterstück aufzog. Vom 12. bis 15. Juni umritt er mit 1200 Kavalleristen die gesamte Unionsarmee. Stuarts Aufklärungsritt blieb der Unionsarmee nicht verborgen. In diesem Streifzug lagen mehr Schau als Substanz und mehr Risiko als für die Aufgabe nötig, er brachte jedoch sehr wichtige Informationen für den konföderierten Oberbefehlshaber ein. Stuart hatte festgestellt, daß Porters V. Unionskorps mit 30000 Mann auf der Nordseite des Chickahominy lagerte. Er konnte über Porters gebrochene, L-förmige Linie bei Mechanicsville wie auch über McClellans Stärke südlich des Flusses und die Verstärkung durch das VI. Korps unter Unionsgeneral Franklin berichten. In den Unionslinien südlich des Chickahominy standen nunmehr über 75000 Mann. McClellan hatte 101 schwere Batterien aufstellen lassen, darunter 48 Kanonen und Mörser von derart großem Gewicht, daß sie nur mit Schiff und Eisenbahn bewegt werden konnten. Zwei dieser Giganten waren Parrott-Kanonen, die 200-Pfund-Granaten verschießen konnten.

CSA-General Lee sah für sich eine Angriffsmöglichkeit, die allerdings ein enormes Risiko in sich barg. Er verließ sich auf McClellans fehlenden Kampfwillen und befahl «Stonewall» Jackson, seine Armee so schnell und gedeckt wie möglich aus dem Shenandoah-Tal heranzuführen. Das tat Jackson. Seine Bewegungen wurden jedoch am 24. Juni von einem Unionsspion bemerkt und nach Washington gemeldet. So erhielt McClellan die

Warnung, Jackson würde vielleicht das V. Korps an der rechten Unionsflanke überfallen. Inzwischen hatte Lee 47000 Mann CSA-Truppen aus den Gräben vor Richmond abgezogen; ganze 25000 Mann unter Magruder und Huger blieben zurück.

Die CSA-Divisionen Longstreet, D. H. Hill und A. P. Hill bewegten sich rasch nordwärts in Richtung Mechanicsville, während sich Magruder mit seinen altbewährten Täuschungstricks beschäftigte. Wie schon 2 Monate zuvor am Warwick River ließ er auch jetzt seine Truppen ständig Bewegungen ausführen, Lärm schlagen und gelegentlich dichte Schußfolgen abgeben. Unionsgeneral McClellan fiel auf dieses Schauspiel herein und zögerte mit dem Entschluß, entweder Porters V. Korps zu verstärken oder die CSA-Verteidigungslinien anzugreifen. Er nahm sich nach dem Eintreffen der Warnung aus Washington einen ganzen Tag Zeit, die Lage zu überdenken. Der Gegner ergriff dann die Initiative: Als Jacksons Divisionen aus dem Shenandoah die Bahnstation Ashland erreicht hatten und durch eine weitere Division auf 18500 Mann verstärkt worden waren, befahl Lee für den 26. Juni den Angriff auf das V. Unionskorps. Er rechnete mit Jacksons gewohnter Beweglichkeit.

Der Angriff war jedoch schlecht koordiniert. Die Hauptschuld daran trug A. P. Hill, der als erster vor den Unionsstellungen ankam, aber nicht Lees Befehle abwartete, sondern gleich um 15.00 Uhr angriff. Er wurde unter hohen Verlusten zurückgeworfen. Das V. Unionskorps kämpfte verbissen, und die anrückenden CSA-Divisionen Longstreet und D. H. Hill vermochten nicht, die Unionslinien zu durchbrechen. Nur «Stonewall» Jacksons Divisionen hätten noch die Entscheidung erzwingen können. Aber Jackson benahm sich wie auf einem Sonntagsspaziergang und erreichte das Schlachtfeld nicht!

Im Hauptquartier der Unionsarmee plädierten die Korpskommandeure für einen Ablenkungsangriff auf die konföderierten Linien. McClellan verwarf die Idee und befahl General Porter, sein V. Korps über den Chickahominy River zurückzunehmen, obwohl es bisher ausgezeichnet gekämpft hatte. Porter leitete den Rückzug am nächsten Tag ein, wurde jedoch um 14.00 Uhr bei Gaine's Mill von A. P. Hills CSA-Division energisch angegriffen. Abermals hatte der konföderierte Oberbefehlshaber Lee

Schwierigkeiten mit der Koordinierung: Longstreets Division traf erst um 16.00 Uhr ein, um Hills Angriff zu unterstützen. Jacksons Divisionen bummelten wieder einmal und nahmen außerdem die falsche Straße, so daß sie erst um 16.30 Uhr das Feld erreichten. Unter vorzüglicher Artilleriedeckung gelang es Porter, den Hauptteil seines Korps über den Chickahominy zu führen und die Brücken zu zerstören. Er verlor jedoch 22 Kanonen und 2800 Soldaten, die in Gefangenschaft gerieten.

Porters Korps hatte mutig und effektiv gekämpft; jetzt lag es zusammen mit den zusätzlichen, frischen Verstärkungen und den seit langem auf der Halbinsel operierenden Korps der Potomac-Armee auf der Südseite des Chickahominy. Das hieß, daß die Unionsarmee, endlich wieder vereinigt, in ausgezeichneter Stellung lag, während die konföderierte Armee durch den Chickahominy River gespalten war. Die CSA-Division Ewell lag sogar weit östlich hinter der Eisenbahnlinie von West Point. Magruders und Hugers überdehnte Divisionen in den Verteidigungslinien vor Richmond hätten dem konzentrierten Angriff eines einzigen Korps von McClellan nicht standhalten können, geschweige denn einem Angriff der gesamten Potomac-Armee. Vom James River her hätten Unionsboote mit ihren schweren Mörsern Richmond in Trümmer legen können. Und zwischen CSA-General Magruders rechter Flanke und dem Fluß lagen gut 10 Kilometer unverteidigtes Territorium, wo die Hauptstreitmacht der Union durchbrechen konnte! Selbst unter weitaus schwierigeren Bedingungen hätte eine energisch geführte Unionsarmee bis zum 1. Juli in Richmond stehen und dem Bürgerkrieg wahrscheinlich ein schnelles Ende bereiten können.

Der größte Vorteil ist nutzlos, wenn ihn der Befehlshaber nicht wahrhaben will. McClellan bildete sich ein oder gab vor, seine Armee sei in eine Falle geraten. Die Einnahme von Richmond und die damit verbundene Konfrontation mit der Sklaverei als (auch im Norden) noch gesetzliche Institution scheute McClellan aus seinem Klasseninteresse heraus und befahl also den Rückzug der Unionsarmee zum James River.

Robert E. Lee war kein defensiv denkender Befehlshaber und ließ die Unionsarmee nicht in Ruhe abziehen. Er setzte ihr mit der Absicht nach, sie auseinanderzutreiben und ihre Korps einzeln zu schlagen. Sein Plan mißlang teilweise wegen des zweimaligen Versagens des General Jackson, der bei der Verfolgung der Unionsarmee das Schlachtfeld im White-Oak-Sumpf sowie bei Frayser's Farm nicht rechtzeitig erreichte. Beide Gefechte gingen unentschieden aus. McClellan zog weiter nach Harrison's Landing.

Am 30. Juni endlich sammelte McClellan sämtliche Korps außer Keyes' (das die riesige Kolonne der Versorgungswagen weiter zum Flußhafen geleitete) auf dem Malvern Hill über dem James River, wo sie sich verschanzten. Und hier beging sein Gegner zum erstenmal seit Beginn des Halbinsel-Feldzuges einen gravierenden Fehler: General Lee entschloß sich zum Frontalangriff, obwohl Jackson diesmal rechtzeitig zur Stelle und durchaus in der Lage war, die Unionsarmee an ihrer rechten Flanke zu packen. Wie so manches Mal im Bürgerkrieg äußerte sich hier eine Schwäche Lees im Kampf gegen eine auf höherer räumlicher Ebene stehende Armee. In solchen Situationen wählte er (wie auch andere Befehlshaber beider Seiten) den Angriff auf das Zentrum. Die Unionsartillerie trieb die CSA-Kolonnen auseinander und zwang sie zum Rückzug.

Am nächsten Tag brachte McClellan die Potomac-Armee nach Harrison's Landing, wo sie bis Anfang August tatenlos verharrte.

Die letzte Schlacht des Halbinsel-Feldzuges, die von Malvern Hill, war auch die letzte der Serie vom 25. Juni bis 1. Juli 1862, die als die «Siebentageschlacht» in die Geschichte eingegangen ist. Im ruhmlosen Feldzug auf der Halbinsel hatte die Unionsseite 1734 Tote, 8062 Verwundete und 6053 Gefangene zu beklagen, während die Konföderation insgesamt etwa 20000 Mann, also ein Viertel ihrer Nordvirginia-Armee verloren hatte. Die Armee hatte jedoch ihre Aufgabe erfüllt, als sie Richmond rettete, die Potomac-Armee von der Halbinsel vertrieb und 52 Kanonen, 35000 Stück Handfeuerwaffen sowie große Mengen Proviant erbeutete.

Die Siebentageschlacht hatte aber auch eine postive Auswirkung für die Union, die lange nicht erkannt wurde. Sie zeigte, wie gut Unionssoldaten unter solch entschlossener, kompetenter Führung wie der des Generals Porter kämpfen konnten. Das V. Korps hatte in den Schlachten bei Mechanicsville und Gaine's

Mill überzeugend demonstriert, daß die Truppen eine hohe Kampfmoral hatten und verbissen kämpfen konnten, wenn sie eine entsprechende Chance erhielten. Porter verstand auch seine Artillerie geschickt einzusetzen, während viele andere Unionskommandeure die Bedeutung der Artillerie unterschätzten oder sie nicht richtig zur Geltung brachten.

Am 8. Juli 1862 fand eine merkwürdige Begegnung statt. Auf gegnerischem Gebiet und mitten im Krieg tauchte das Staatsoberhaupt der Union, Abraham Lincoln, in Harrison's Landing auf, wo er sich mit McClellan beriet. Das Treffen wurde sogar fotografiert: Der langaufgeschossene Lincoln ragt, durch seinen schwarzen Zylinder noch länger erscheinend, aus einer Reihe von Offizieren heraus, unter denen McClellan zu den kleinsten gehört. Die Begegnung selbst verlief kaum harmonischer als die Figuren auf dem vergilbten Foto aussehen. Lincoln hatte schon die ersten Formulierungen einer Befreiungserklärung für die Negersklaven gedanklich formuliert, während McClellan die Ansichten der konservativen Generale der Unionsstreitkräfte vertrat. McClellan sagte, wenn die Washingtoner Regierung wieder im ganzen Lande regieren wolle, müsse sie die Idee der Abschaffung der Sklaverei aufgeben und dies offen erklären.

Lincoln hörte höflich zu und verriet seine Gedanken nicht. Innerlich hatte er aber, wie Unionsgeneral Grant nach Shiloh, jegliche Illusion über diesen Krieg verloren. Der Riß zwischen Norden und Süden, zwischen dem industrialisierten Kapitalismus und der agrarischen Sklavenhaltergesellschaft, war viel zu tief, um mit Kompromissen überbrückt zu werden. Lincoln wollte jedoch einen Sieg oder zumindest einen erheblichen Fortschritt in der Sache der Union abwarten, bevor er die Sklavenbefreiung proklamierte.

Schlußbemerkungen
zum Halbinsel-Feldzug

Aus der Sicht unserer Zeit erscheinen uns der Feldzug auf der Halbinsel als unrühmliche Verschwendung von Menschen und Material und McClellans Führungsstil als auf fast pathologische

Weise stur. Eigentlich war der Feldzug für beide Seiten ein Experiment mit völlig überholten Methoden der Kriegführung, die eher ins 18. als ins 19. Jahrhundert paßten. McClellan konzentrierte sich auf grandiose Belagerungsoperationen und vorsichtiges Manövrieren – mit einem Wort, auf die Inbesitznahme von Territorium mit minimalen Verlusten, als ob er zu Zeiten des Preußenkönigs Friedrich II. leben und handeln würde (allerdings mit damals unvorstellbarer Kriegstechnik). Trotz aller Meinungsverschiedenheiten mit Winfield Scott erwies sich McClellan als getreuer Schüler des alten Generals, unter dem er im Mexikanischen Krieg seine ersten Kampferfahrungen erworben hatte. McClellans Gegner wiederum praktizierten die napoleonische Strategie und Taktik, die den Bedingungen zumindest besser angepaßt waren als die McClellans.

Aber auch bei CSA-General Lee deuteten sich in diesem Feldzug Grenzen an. Für eine Kriegführung auf der Basis der Theorien von Napoleon, Jomini und D. H. Mahan war der Preis hoher Verluste zu entrichten, den sich die Konföderation früher oder später nicht mehr würde leisten können. Lee offenbarte auch Schwächen im Umgang mit den ihm unterstellten Offizieren (er beriet sich oder bat lieber, als er befahl) und in der Einschätzung der eigenen Möglichkeiten hinsichtlich der Versorgungs- und Verbindungslinien. Je angespannter die wirtschaftliche Lage im Süden wurde, desto fataler sollte sich der letztgenannte Fehler auswirken.

Eine Frage hat die bürgerlichen Historiker und Militärwissenschaftler von der Siebentageschlacht bis auf den heutigen Tag beschäftigt: Was waren die Ursachen für das sonderbare Verhalten des sonst so beweglichen, aggressiven und zuverlässigen CSA-Generals Jackson? Seine Verzögerungen machten die Koordinierung von Lees Angriffen unmöglich und verhinderten einen entscheidenden Schlag gegen ein oder mehrere Unionskorps. Sie werden meist irgendwelchen Launen oder «besonderen Psyche» Jacksons zugeschrieben. Man berichtet überlicherweise von den «zwei Jacksons»: dem von Shenandoah und dem von Chickahominy. Nie wieder zeigte sich Jackson derart unzuverlässig und träge wie auf der Halbinsel.

Die wahren Gründe liegen sicherlich in der Logik der Entwicklung Jacksons, in seiner Klassenherkunft sowie in den Vorstellungen von einem Feldherrn im 19. Jahrhundert. Er war in der aristokratischen Armee der Südstaaten der einzige General kleinbürgerlicher Herkunft. Durch die Großzügigkeit eines weitläufigen Verwandten war ihm die Ausbildung an der Militärakademie West Point vergönnt gewesen. Wollte er keine langweilige Laufbahn in den mittleren Rängen einschlagen, so blieb ihm nur die Möglichkeit, mit aller Gewalt und mit aller «Publicity» heischenden List den Nimbus eines großen Offiziers zu erwerben. Er ehelichte eine junge Dame aus den «richtigen» Kreisen und pflegte das Image eines Feldherrn des 19. Jahrhunderts, also eines Einzelgängers, einer «hervorragenden Persönlichkeit», die, auf sich allein gestellt, das Schicksal einer Schlacht zu entscheiden vermochte, solange weder Gott noch ein mysteriöses «Walten des Kriegsgeschicks» es anders entschieden. Jackson setzte sich nur dann mit besonderer Brillanz ein, wenn ihm seine Aufgabe ermöglichte, auf eigene Initiative zu handeln. Nur ein einziger Vorgesetzter vermochte ihm mit Erfolg Befehle zu erteilen – Robert E. Lee, mit dem er jahrelang zusammen diente. Lee gab «Stonewall» stets lieber allgemeine Aufgaben, als daß er ihm präzise Befehle erteilte, und wurde nur auf der Halbinsel von ihm enttäuscht. Hier mußte sich Jackson in eine großangelegte, schon von anderen durchdachte Operation einfügen, die ihm keinen Spielraum für brillante Einfälle ließ. Außerdem war die Lage nicht nach seinem Geschmack. Er war offenkundig mit der Art der Verfolgung einer zahlenmäßig weit überlegenen Unionsarmee – so wie ein Hündchen auf den Fersen eines Raubtiers – nicht einverstanden. Die überlieferten Fakten lassen keine andere Erklärung für Jacksons Verhalten zu. Er war jedoch nicht der erste und nicht der letzte General im Bürgerkrieg in den USA, der aus persönlichen Gründen einen Befehl schamlos ignorierte.

Die zweite Schlacht
am Bull Run

Während sich McClellans Potomac-Armee noch auf dem Rückzug nach Harrison's Landing befand, ließ Präsident Lincoln am 26. Juni eine neue Unionsarmee formieren, die Virginia-Armee. Zu deren Befehlshaber ernannte er General John Pope, der sich mit seinen Siegen bei Pea Ridge und New Madrid an der Westfront als energisch und initiativreich empfohlen hatte. Diese Wahl hätte jedoch kein Oberbefehlshaber mit militärischer Erfahrung getroffen, denn Pope war an Lebens- und Dienstjahren jünger als alle seine Korpskommandeure. Ein ruhiger, umsichtiger und souveräner General hätte dieses Problem möglicherweise meistern können, doch John Pope besaß keine dieser Qualitäten. Schon in seiner ersten Rede vor den Truppen befremdete er seine Zuhörer dadurch, daß er die angebliche moralische Überlegenheit der Unionstruppen im Westen herausstellte und behauptete, die schlappen Kerle an der östlichen Front müßten dazulernen. Die Folge war ein Skandal. Popes Hochmut und seine relative Jugend bewegten General Frémont, unverzüglich als Kommandeur eines Korps in Popes Armee zurückzutreten (gewiß kein allzu großer Verlust). Das Korps übernahm nun der deutsche 48er Revolutionär Franz Sigel; die beiden anderen Korps wurden aus den Armeen der Generale Banks und McDowell gebildet.

Pope unterliefen zu Beginn gleich mehrere fundamentale organisatorische Fehler, die seinen Feldzug erheblich erschwerten. Der gravierendste war die Aufteilung der Kavallerie auf die einzelnen Unionskorps, so daß er keine Kavallerie zur eigenen Verfügung hatte. Schlechte Aufklärung und mangelnde Verbindung zwischen den Korps sowie zwischen ihnen und dem Armeekommando waren charakteristisch für die Operationen der Armee.

Popes strategisches Ziel bestand in einem Schlag gegen Richmond zu Lande. Als General Halleck am 11. Juli 1862 zum Oberbefehlshaber sämtlicher Unionsstreitkräfte ernannt wurde, befahl er den Abzug der Potomac-Armee von der Halbinsel und ihren Anschluß an Popes Armee. General McClellans 5 Korps sollten mit Schiffen den Potomac aufwärts gebracht werden. Einige sollten an der Landestelle Aquia an Land gehen und andere nach Washington weiterfahren. McClellan richtete sein Hauptquartier in Arlington (Virginia) gegenüber von Washington ein.

Die Landroute nach Richmond war bei schlechtem Wetter schwer begehbar. Selbst in der Trockenzeit bildeten der Rapidan River und der Rappahannock River zusammen mit dem dichten Wald- und Sumpfgebiet an der Rapidan-Mündung in den Rappahannock (die sogenannte Wildnis) nicht leicht zu überwindende Hindernisse. Die meisten Straßen des Südens waren Sandwege, die bei Regenwetter schlammig wurden. Nur die «Turnpikes» waren mit Schotter befestigt. Für Popes Strategie spielten der Warrenton-Alexandria-Turnpike, der das alte Schlachtfeld von Bull Run überquerte, sowie die Eisenbahnlinien, die sich in Manassas kreuzten, eine Schlüsselrolle.

Unionsgeneral McClellan nahm sich, wie gewohnt, unnötig viel Zeit, um seine Armee nach Aquia und Washington zu bringen. Erst Anfang August konnte General Pope mit Unterstützung von der Potomac-Armee rechnen. Die Formierung der Unionsarmee von Virginia war für die CSA-Regierung kein Geheimnis geblieben. Schon Anfang Juli vermutete CSA-General Lee, McClellan würde sich früher oder später Popes Armee anschließen. Er entschloß sich, die Vereinigung möglichst zu verhindern, und schickte «Stonewall» Jackson mit 3 Divisionen nach Norden, um Popes Bewegungen zu beobachten. Dann ließ er eine Besatzung von 20 000 Mann in Richmond zurück und folgte zusammen mit den übrigen Divisionen der Armee von Nordvirginia Jacksons Spuren.

In der zweiten Julihälfte stellte General Pope seine Armee nördlich des Rapidan River in ziemlich zerstreuten Stellungen zwischen Aquia Landing und dem Vorgebirge westlich der wichtigen Orange-Alexandria-Eisenbahn auf. Das I. Korps unter Sigel lag vor dem Paß Thornton's Gap, Banks' II. Korps etwas weiter südlich, und das III. Korps unter McDowell nahm von Fredericksburg im Osten von Virginia bis nach Warrenton südlich von Manassas Aufstellung. In Manassas selbst richtete die Union ein riesiges Versorgungsdepot ein. Die Überdehnung der Unionsarmee auf diesem zur Konföderation gehörigen Territorium war den CSA-Generalen selbstverständlich bekannt.

Am 19. Juli erreichte «Stonewall» Jackson mit 12 000 Mann den für die Konföderierten sehr wichtigen Eisenbahnknotenpunkt Gordonsville. Bald traf dort auch der Rest des Korps – 24 000 Mann unter A. P. Hill – ein. Jacksons Aufklärung stellte zuerst wenig Bewegung auf der Unionsseite fest. In diesen Wochen jedoch wurde das IX. Unionskorps unter General Ambrose Burnside, das bisher in North Carolina und in Virginia auf der Halbinsel operiert hatte, nach Aquia verlegt. Dies war für das CSA-Hauptquartier der endgültige Beweis, daß Popes Armee durch die Truppen McClellans von der Halbinsel verstärkt werden sollte. CSA-General Jackson wurde über die Ankunft der 14 000 Mann vom IX. Unionskorps informiert.

Anfang August brachte Unionsgeneral Banks sein Korps am Cedar Creek sowie auf dem Cedar Mountain in Stellung. Am 9. August erreichte Jackson, der sich zu einem Präventivschlag auf Banks' Stellungen entschlossen hatte, diesen Berg und überfiel das Unionskorps, obwohl die übrigen CSA-Truppen noch auf dem Anmarsch von Gordonsville waren. Die CSA-Seite siegte im Gefecht von Cedar Mountain, freilich um einen hohen Preis. Jackson verlor 1 365 Mann – Banks aber fast doppelt soviel.

Am 15. August traf General Lee mit seiner Hauptstreitmacht in Gordonsville ein. Sein Plan sah vor, die Kavallerie unter Stuart über den Rapidan östlich der Somerville Ford zu schicken. Sie sollte die Eisenbahnbrücke über den Rappahannock bei Rappahannock Station zerstören. Die CSA-Armee sollte dann am 18. August den Rapidan überqueren, die linke Flanke der Unionsarmee Popes überfallen und vernichten. Dieser Plan wurde jedoch durch einen kühnen Streifzug der Unionskavallerie – dem ersten dieser arg vernachlässigten Waffengattung der Unionsarmee – vereitelt. Die Unionskavallerie überfiel Stuarts Lager, erbeutete eine Kopie von Lees Operationsbefehl für den 18. August und brachte diese zu Pope, der seine Armee daraufhin hinter den Rappahannock zurückzog.

Das Ereignis hatte eine lächerliche Seite. Der konföderierte General Stuart konnte nur knapp entkommen, doch fielen sein berühmtes Cape und der Hut mit der großen Straußenfeder Unionssoldaten in die Hände. Darüber geriet Stuart derart in Wut, daß er einen waghalsigen Angriff auf Popes Hauptquartier unternahm, in dessen Verlauf er den Parademantel des Unions-befehlshabers erbeutete. Außerdem aber brachte Stuart Dokumente vom Washingtoner Kriegsministerium mit, die die gesamte Verstärkung der Armee Popes durch Truppen der Potomac-Armee beschrieben.

Jetzt stellte CSA-General Lee einen neuen Plan auf: Er wollte Popes Armee, die zu diesem Zeitpunkt 75000 Mann zählte, einfach umgehen und ihre Verbindungslinie – die Orange-Alexandria-Eisenbahn – bei Manassas abschneiden. «Stonewall» Jacksons Korps sollte die Vorhut bilden, die Blue Ridge Mountains als Deckung benutzen, nordwärts marschieren und in Salem an der Manassas-Gap-Eisenbahn nach Osten einschwenken. Über den Paß Thoroughfare Gap sollte er das Unionsdepot in Manassas angreifen.

Nun war Jackson wieder in seinem Element. Am 25. August führte er seine «Fußkavallerie» nach Norden, erreichte Salem schon in der Nacht, und im Morgengrauen des 26. August marschierten seine Truppen über den Thoroughfare Gap. Stuarts Kavallerie ritt als Vortrupp auf Aufklärung, traf jedoch auf so gut wie keinen Widerstand. Abends erreichten die konföderierten Reiter und Infanteristen Bristoe Station auf der Verbindungslinie der Union. Stuarts Kavallerie und die CSA-Brigade Trimble nahmen den Bahnhof Manassas Junction ohne Schwierigkeiten ein.

Um 20.00 Uhr schwieg plötzlich die Telegrafenlinie zwischen Manassas und Washington – und erst jetzt fiel jemandem im Kriegsministerium der Union ein, daß irgendeine CSA-Truppe, vielleicht sogar der gefürchtete «Stonewall» Jackson, in Manassas auftauchen könnte. Am nächsten Morgen bestätigten Unionsaufklärer die schlimmsten Ahnungen.

Jacksons Divisionen stillten inzwischen ihren Hunger in einem gigantischen Siegesschmaus aus dem Unionsdepot von Manassas. Was sie nicht verzehren oder mitnehmen konnten, verbrannten sie. Am 28. August führte sie Jackson in den Wald auf dem Stony Ridge westlich von Sudley Springs zurück, wo sie sich verschanzten und darauf warteten, daß einerseits die Unionsarmee und andererseits die restlichen Verbände ihrer CSA-Armee eintrafen.

Unionsgeneral Pope hatte nur sehr vage Vorstellungen von der Lage der CSA-Divisionen, vermutete jedoch, daß Jacksons Divisionen getrennt von den übrigen Divisionen der CSA-Armee (die unter Longstreets Befehl standen) marschierten. Seine Gedanken gingen dahin, daß sich Jackson offensichtlich irgendwo in der Gegend von Manassas aufhalte. Longstreet würde wahrscheinlich dieselbe Marschroute wie Jackson nehmen. Pope schickte Sigels I. Unionskorps, McDowells II. Korps, die Division Reynolds und deren Kavallerie unter Bayard zur Ortschaft Gainesville, die zwischen dem Thoroughfare Gap und Manassas lag. Das II. Korps sollte nordwestwärts bis Warrenton Junction marschieren, wo es mit Porters V. Korps von der Potomac-Armee zusammentreffen sollte. Zwei zusätzliche Korps von der Potomac-Armee – das III. unter Heintzelman und das IX., jetzt von Reno kommandiert – trafen noch ein. Pope schickte Hookers Division vom III. Korps nach Bristoe Station, um Jackson zu suchen, während die übrigen Truppen dieser beiden Korps in Richtung New Market und Centreville nach den Spuren von Jacksons Divisionen suchen sollten.

So driftete Popes Armee auseinander, ohne einen effektiven Keil zwischen die Teile der CSA-Armee zu treiben. Pope vergaß, McDowell den Befehl zu erteilen, den Thoroughfare Gap zu sichern und gegen Longstreet zu behaupten, falls er anrückte.

Am Morgen des 28. August konnte Pope zumindest feststellen, daß sich Jackson nicht in Manassas aufhielt. Den ganzen Tag hindurch irrten die Unionstruppen durch die Gegend zwischen Union Mills am Bull Run (wo Jackson am Tag zuvor die Eisenbahnbrücke hatte sprengen lassen) und Gainesville, ohne einen einzigen grauuniformierten Soldaten zu finden. Wäre General Jackson nicht ungeduldig geworden, hätte sich dieses Schauspiel auch am nächsten Tag fortgesetzt, aber um 17.30 Uhr, als die Division King von McDowells Korps auf dem Warrenton Turnpike direkt an Jacksons versteckten Stellungen vorbeimarschierte und so demonstrierte, daß die Unionstruppen im Begriff waren, Longstreets Aufmarschroute zu blockieren, gab der CSA-General Befehl, das Feuer zu eröffnen.

Das Gefecht dauerte bis 21.00 Uhr, ohne daß Jacksons Truppen auch nur einen Zentimeter Boden preisgaben. Mit Anbruch der Dunkelheit wurde das Feuer eingestellt. Ein Drittel der Unionsdivision lag tot auf dem Feld, denn sie hatte keinerlei Hilfe erhalten. In diesem Gefecht wurde der CSA-Divisionskomman-

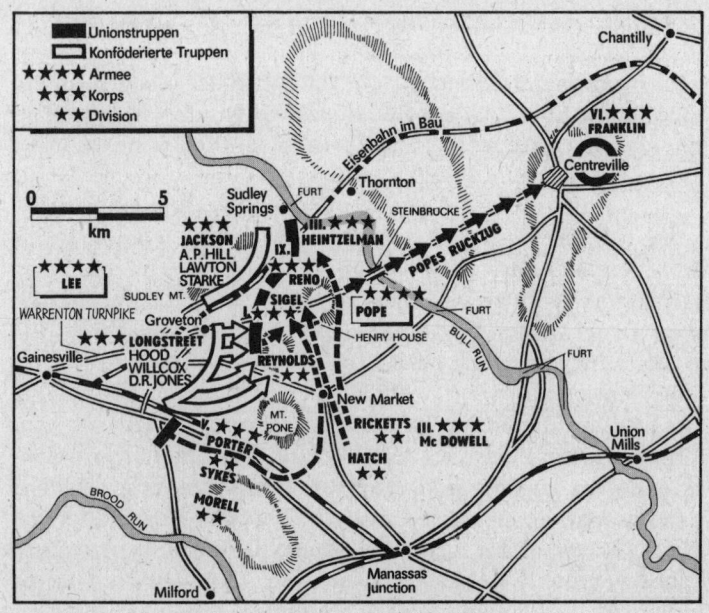

Die zweite Schlacht am Bull Run.
29./30. August 1862

deur Ewell verwundet. In der Nacht verlegte Jackson seine Truppen und Artillerie hinter den noch unfertigen Bahndamm der Eisenbahnstrecke von Gainesville nach Fairfax und wartete den Angriff ab, den Pope am nächsten Morgen sicherlich eröffnen würde.

Unionsgeneral Pope hatte jedoch die illusionäre Vorstellung, Jackson habe sich in der Nacht zurückgezogen. Von der Idee einer Einkreisung der Divisionen Jacksons besessen, schickte Pope das III. und das IX. Korps nach Centreville, beorderte McDowells Korps aus Gainesville zurück nach Manassas, beließ das V. und II. Korps zusammen mit der Division Ricketts von McDowells Korps in Bristoe Station und schickte Sigels Korps, unterstützt von der Division Reynolds, gegen Jacksons 3 Kilometer lange Front vor. Pope hatte den Überblick völlig verloren – wenn er ihn überhaupt jemals gehabt hatte. Und die andere

Hälfte der CSA-Armee hinter dem Thoroughfare Gap hatte er gänzlich vergessen! Im Morgengrauen des 29. August überschritten Longstreets CSA-Truppen, begleitet von General Lee, den Thoroughfare Gap, erreichten um 9.00 Uhr Gainesville und standen mittags am Westrand des Schlachtfeldes, ohne daß Unionsgeneral Pope ihre Anwesenheit erahnte!

Einen Teil der Schuld dafür trug Unionsgeneral McDowell, der von Bufords Kavallerie um 11.00 Uhr erfuhr, daß der Gegner mit 30000 Mann schon um 9.00 Uhr Gainesville passiert hatte. Diese Nachricht gab McDowell nicht an Pope weiter, wahrscheinlich deshalb, weil er zu diesem Zeitpunkt andere Sorgen hatte. Sein Korps war dem Korps Sigel zu Hilfe geeilt und befand sich unter Artilleriebeschuß aus dem Wald auf dem Stony Ridge.

Unionsgeneral Sigel hatte frühmorgens damit begonnen, Jacksons hinter dem Bahndamm vermutete «Nachhutstellung» mit Artillerie zu beschießen. Als er jedoch den Infanterieangriff befahl, mußte er feststellen, daß sich hier Jacksons vordere Linien befanden. Die Unionsinfanteristen gerieten in einen Granaten- und Kugelhagel, der ihre Kolonnen dezimierte. Von Centreville rückten die Unionskorps Reno und Heintzelman an, während sich McDowells Korps links von dem Sigels aufstellte. Reno und Heintzelman griffen die linke CSA-Flanke an, wo A. P. Hills «leichte Division» mit 2000 Mann gut verschanzt lag – und gegen 24000 Unionssoldaten standhielt.

An der Westseite des Schlachtfeldes überlegte CSA-Befehlshaber Lee, ob er in den Kampf eingreifen sollte. General Longstreet plädierte dagegen, weil er von Stuarts Kavallerie gehört hatte, daß Porters Unionskorps sich noch am Dawkin's Branch Creek gegenüber der rechten CSA-Flanke aufhalte. Lee ließ Longstreets Meinung gelten, mit dem Ergebnis, daß Jacksons Divisionen die ganze Last des Kampfes allein tragen mußten. Die Angriffe der Union waren jedoch derart schlecht koordiniert, daß sie zurückgeworfen wurden.

An diesem Tag hatte Unionsgeneral FitzJohn Porter von Pope den Befehl bekommen, nach Gainesville zu marschieren, fand aber Stuarts Kavallerie vor sich und benachrichtigte Pope von der Ankunft dieses Teils der CSA-Armee. Pope antwortete mit einem für Porter unmöglichen Befehl: Sein Korps sollte gleichzeitig die rechte CSA-Flanke angreifen und den Kontakt mit der Unionsdivision Reynolds aufrechterhalten. Aber Reynolds befand sich 2 Kilometer weiter nördlich auf der anderen Seite eines dichten Waldes am Warrenton Turnpike! Da Porter nicht beide Bedingungen zugleich erfüllen konnte, entschloß er sich, aus seiner isolierten Stellung auszubrechen und sich Reynolds anzuschließen.

(Als Pope später entlassen worden war, suchte er nach «Sündenböcken» für sein eigenes Versagen und strengte ein Kriegsgerichtsverfahren gegen Porter an. Das Gericht verurteilte Porter wegen Befehlsverweigerung zum unehrenhaften Ausstoßen aus der Armee. Somit wurde die Union im zweiten Kriegsjahr eines ihrer fähigsten Generale beraubt. Erst 20 Jahre später kam die Wahrheit ans Licht; das Urteil wurde revidiert, und General Porter erhielt kurz vor seinem Tode seinen Rang zurück.)

Die Kämpfe am 29. August wurden mit Anbruch der Dunkelheit eingestellt. CSA-General A. P. Hill zog seine vorderen Linien in den Wald auf dem Stony Ridge zurück. Etwa um dieselbe Zeit schickte Longstreet eine Division zur Aufklärung an den Warrenton Turnpike. Sie traf dort auf Truppen von McDowells Korps. Nach kurzem Feuergefecht, in dem weder die eine noch die andere Seite den Gegner sehen konnte, zog sich die CSA-Division zurück. Hills und Longstreets Bewegungen in dieser Nacht verleiteten Unionsgeneral Pope abermals zum Trugschluß, der Gegner befände sich auf dem Rückzug. Erst als er am Vormittag des 30. August Befehl zur «Verfolgung Jacksons» gegeben hatte, erhielt er von Reynolds Nachricht, daß sich die CSA-Truppen nicht zurückgezogen hatten.

Daraufhin warf Pope all seine auf dem Feld befindlichen Truppen gegen Jacksons immer noch relativ intakte Stellungen. Pope vermutete die gesamte CSA-Armee auf dem Stony Ridge. Doch Lee und Longstreet lagerten immer noch an der Westseite des Feldes. Die linke Flanke der Unionstruppen war absolut ungedeckt, und in diese Lücke hinein marschierten unter ausgezeichneter Artilleriedeckung Longstreets frische Divisionen.

Die Unionsarmee brach auseinander und fiel bis zum Henry House zurück, wo es den Kommandeuren gelang, ihre Korps zu sammeln. Sie hielten ihre Stellungen bis Sonnenuntergang. In der

Nacht zum 31. August befahl Pope den Rückzug nach Centreville.

Die CSA-Divisionen waren zu erschöpft, um eine Verfolgung zu riskieren. Jacksons Truppen hatten hohe Verluste erlitten. Am Bull Run kämpften viele CSA-Soldaten barfuß. In der Nacht blieben sie auf dem Schlachtfeld. Erst am nächsten Tag schickte General Lee Jacksons Divisionen in Richtung Norden, wo sie die Unionsarmee zu umgehen und einzukreisen versuchen sollten.

Pope hatte diese Möglichkeit vorausgesehen und bat das Washingtoner Kriegsministerium um die Erlaubnis, sich in die Befestigungslinien um Washington zurückziehen zu dürfen. Am 1. September schickte Pope die Divisionen Stevens und Kearny vom II. Korps der Potomac-Armee nordwärts, um die Bewegungen der Unionsarmee zu decken. Bei der Ortschaft Chantilly stießen die Unionsdivisionen auf «Stonewall» Jacksons Truppen. Im kurzen, heftigen Gefecht während eines gewaltigen Gewitters fielen die Unionsgenerale Stevens und Kearny; ihre Divisionen wurden nach Germantown und Fairfax Court House zurückgeworfen. Longstreets CSA-Divisionen, die sich Jacksons Truppen anschließen sollten, erreichten das Feld zu spät, um behilflich zu sein. Am 2. September erreichten Popes Armee und die ihm zugeteilten Korps der Potomac-Armee die äußeren Befestigungslinien um Washington.

In der zweiten Schlacht von Bull Run wurden etwa 15000 Mann Unionstruppen und rund 9500 konföderierte Soldaten außer Gefecht gesetzt; einige Quellen schätzen die Unionsverluste auf 16000. Beide Seiten verloren an die 18 Prozent ihrer am Kampf teilnehmenden Truppen. Taktisch und strategisch war Bull Run II ein entscheidender Sieg für die konföderierte Armee von Nordvirginia, die immerhin 2 Unionsarmeen nach Washington zurückgedrängt hatte. In Washington herrschte Panik, hauptsächlich von General McClellan hochgepeitscht, der zwar meinte, er könne Washington verteidigen, es jedoch für ratsam hielt, seine Frau mitsamt dem Tafelsilber und sonstigen Wertsachen weiter nach Norden zu evakuieren.

Die zweite Bull-Run-Schlacht war seitens der Union eine der am schlechtesten geführten Kampfhandlungen des ganzen Krieges. Pope ignorierte die elementarsten Regeln der Kriegskunst:

Er teilte und zerstreute seine Armee, vernachlässigte die Aufklärung und verlor nicht nur den Gegner, sondern auch Teile der eigenen Armee aus den Augen. Pope wurde entlassen, seine Korps wurden in die immer noch von McClellan befehligte Potomac-Armee integriert. Damit erreichte die Potomac-Armee wieder eine Stärke von 120 000 Mann.

Bull Run II war der Tiefpunkt der Union. Weder Lincoln noch seine Berater hatten die nötigen Kenntnisse über die Eigenschaften und Fähigkeiten ihrer Generale sowie über die Gepflogenheiten in der regulären Armee, um die kompetentesten Führer für die wichtigsten Bereiche einzusetzen. Auch die Ernennung Hallecks zum Oberbefehlshaber der Streitkräfte änderte nichts an dieser Lage. Niemand in Washington schien die elementare Notwendigkeit der Vereinigung und Koordinierung der gesamten Kommandostruktur zu begreifen. Der Gegner aber kämpfte konzentriert und effektiv, seine Truppen waren von fanatischem Chauvinismus beseelt und von der eigenen Überlegenheit überzeugt. Hierbei erhielten sie keine geringe Unterstützung von der Unionspresse (!), die Lee und Jackson zu legendären Figuren hochstilisierte und die Taten der «Rebellen» lobpries.

Präsident Lincoln ließ sich nicht entmutigen. Er bewahrte in sich ein tiefes Geheimnis, worüber er mit keinem anderen Politiker sprach: den Entwurf für die Proklamation der Sklavenbefreiung. Er wußte sehr wohl, daß die Veröffentlichung dieser Erklärung den ganzen Charakter des Krieges ändern würde. Erst nach einem Unionssieg – und sei er noch so bescheiden – gedachte Lincoln seine Proklamation an die Öffentlichkeit zu bringen.

Seine Zuversicht rührte zum Teil aus der Erkenntnis, daß ein großer Schatten über der Konföderation lag, der den Chirurgen und Sanitätern der Union im Feld trotz aller CSA-Propaganda nicht verborgen bleiben konnte. Es war der Schatten des Hungers und der Not. Unionsarzt Dr. Horace H. Thomas berichtete nach der Schlacht von Bull Run: «Am ... 1. September zogen wir mit einer weißen Fahne los ... Ich fand kaum einen Toten, der noch mit Hose, Waffenrock und Schuhen in gutem Zustand bekleidet gewesen wäre. Wenn die Kleidung nicht gestohlen war, weil allzu schäbig, dann waren zumindest alle Taschen umgewendet. In der Tat sah ich an abgelegenen Stellen des Schlachtfeldes ... Leichen-

fledderer am Werke, die Taschen der Unglücklichen zu leeren ...
Diesen gemeinen Subjekten begegneten wir überall. Die meisten
von ihnen waren sehr jung, anscheinend kaum älter als achtzehn
oder zwanzig Jahre.» Die Kinder der ärmeren weißen Schichten
im Süden, die noch nicht in die Armeen eingezogen waren, mußten zum Diebstahl greifen, um ihre verwitweten Mütter und ver-
waisten Geschwister am Leben zu halten.

Der blutigste Tag des Krieges: Antietam

Trotz der Befürchtungen des Unionsgenerals McClellan war ein
Frontalangriff der Konföderierten auf Washington unmöglich.
Wegen ihrer schwachen Wirtschaftsstruktur konnten die CSA
keine große Belagerungstechnik herstellen, geschweige denn sie
nach Washington transportieren. General Lee stand also vor der
Alternative: entweder McClellan aus Washington herauszulok-
ken und zum Kampf zu stellen oder in Virginia in der Defensive
zu verharren. Für den aktiven Lee war die zweite Möglichkeit
nicht akzeptabel. Mit Zustimmung des CSA-Präsidenten entschloß er sich zum Überfall auf das Gebiet der Union. Unmittelbar nach der zweiten Schlacht am Bull Run wurde die Armee von
Nordvirginia auf eine Stärke von 55000 Mann gebracht. Sie bestand weiterhin aus 2 Korps unter Longstreet und Jackson sowie
aus 1 Kavalleriebrigade unter Stuart; allerdings wurden die Divisionen reorganisiert.

Lees Strategie war darauf gerichtet, die Potomac-Armee in
Südwestpennsylvania in eine unvorteilhafte Lage zu manövrieren
und ihr auf einem von ihm selbst gewählten Schlachtfeld einen de-
moralisierenden Schlag zu versetzen. Der Plan war, mit anderen
Worten, durchaus «napoleonisch». Die Vorteile für die CSA-
Seite lagen in ihrer Beweglichkeit und Geschwindigkeit sowie in
des Gegners gewohnter Trägheit. Die kommende Schlacht sollte
durch Operationen in Maryland und Pennsylvania vorbereitet
werden, um die von Washington westwärts führenden Eisenbahnstrecken zu unterbrechen und das Gebiet von Unionsmilizen zu

«säubern». Lee, der McClellans vorherige Feldzüge gründlich analysiert hatte, verließ sich auf die Eigenschaft des Unionsgenerals, die eigenen Kräfte nicht wirksam zu massieren und während der Schlacht falsch einzusetzen.

Anfangs schien alles so glatt zu laufen, wie geplant: Während Stuarts Kavallerie zwischen Arlington und Centreville Täuschungsmanöver ausführte, überquerte der Hauptteil der konföderierten Armee vom 4. bis 6. September 1862 den Potomac River südöstlich von Harper's Ferry und marschierte nordwärts durch Maryland in Richtung Pennsylvania. Wie erwartet, wurden diese Bewegungen in Washington registriert und, wie ebenfalls erwartet, reagierte McClellan in seinem gewohnten Schneckentempo.

Bald aber machten sich die Folgen einer riesigen Fehlkalkulation des konföderierten Generals bemerkbar: Er hatte die Frage der Versorgung seiner Truppen völlig außer acht gelassen. Dies ist zum Teil dem Erkenntnisstand der US-amerikanischen Militärwissenschaft vor dem Bürgerkrieg zuzuschreiben. Die Generale waren es gewöhnt, sich völlig auf die militärische Strategie und Taktik zu konzentrieren. Es gab noch keine «Logistik», wie man in den USA die personelle, materielle und transportmäßige Infrastruktur der Streitkräfte sowie den operativ-taktischen Einsatz dieser Infrastruktur bezeichnet (vergleichbar mit den rückwärtigen Diensten einschließlich ihrer Einsatztaktik). Erst im späteren Verlauf des Bürgerkrieges begriff man die Notwendigkeit solcher Berechnungen. Trotzdem hätte Lee die nachteiligen Bedingungen im eigenen Lager erkennen müssen. Die zunehmende Effektivität der Küstenblockade hatte die Einfuhr britischer Enfield-Gewehre und anderer europäischer Waffen gedrosselt. Das CSA-Arsenal in Richmond litt unter Arbeitskräftemangel sowie an Rohstoff- und Maschinenknappheit, von denen die industriell schwach entwickelte Konföderation von Anfang an geplagt war. Besonders mangelte es an Schuhwerk, Hufeisen und Proviant. Die harten Schotterstraßen des Nordens strapazierten nicht nur die Füße und Schuhe der CSA-Soldaten, sondern auch die Hufe der Pferde. Die Soldaten aßen unreifen Mais von den Feldern und bekamen davon Durchfallerkrankungen.

Die Versorgungsprobleme zwangen General Lee dazu, das wichtige Arsenal und Versorgungsdepot der Union in Harper's Ferry überfallen und plündern zu lassen – und für diese Operation bedurfte es einer riskanten Teilung der Armee. Während das Korps Longstreet in der Region zwischen Hagerstown (Maryland) und Chambersburg (Pennsylvania) operierte – bei ziemlicher Zerstreuung der einzelnen Divisionen –, bereitete Jacksons Korps einen Angriff auf Harper's Ferry vor. Seinen strategischen Gesamtplan für die Operationen im Norden stellte Lee seinen Generalen während eines Aufenthalts bei Frederick (Maryland) am 9. September schriftlich im «Sonderbefehl Nr. 191» vor.

Erst am 13. September, nach langen Verzögerungen, erreichte die Vorhut der Unionsarmee die Kleinstadt Frederick, die von den CSA-Truppen 2 Tage zuvor geräumt worden war. Als eine Unionseinheit dort ihre Zelte aufschlug, wo einige Tage vorher D. H. Hills CSA-Division gelagert hatte, entdeckte ein Unionssoldat im Gras einen Umschlag, der 2 Zigarren und eine Kopie des «Sonderbefehls Nr. 191» enthielt. Das Dokument wurde sofort an McClellan weitergeleitet.

Der Unionsgeneral ließ sich jedoch 16 Stunden Zeit, um den Befehl zu studieren. Dann diskutierte er das Dokument nicht nur mit seinen Generalen, sondern in Anwesenheit von ihm unbekannten «prominenten» Personen aus Frederick. Einer von diesen war CSA-Sympathisant. Er entwich in der Nacht und erreichte am Vormittag des 14. September Lees Hauptquartier, wo er diesen warnte und McClellans Pläne verriet.

McClellan hatte 2 Korps zum Paß Turner's Gap und 1 Korps zum Crampton Gap – beide in der Bergkette South Mountain – geschickt, um Longstreets zerstreute Truppen auf der Westseite des South Mountain zu überfallen und damit Lees Armee endgültig zu spalten. Lee schickte sofort D. H. Hills Division zum Turner's Gap und 2 Brigaden sowie die Division McLaws zum Crampton Gap. Damit hoffte er, den Vormarsch der Unionstruppen verzögern zu können, während Longstreet seine zerstreuten Divisionen sammelte und auf die andere Seite des South Mountain führte. Noch am 14. September entbrannten an den beiden Pässen kurze, harte Gefechte. Trotz der enormen zahlenmäßigen Überlegenheit der Unionsseite konnten die konföderierten Divisionen die gegnerischen Befehlshaber über die Stärke der CSA-Truppen täuschen und die Unionskorps vorläufig aufhalten. Im Kampf um den Turner's Gap fiel der Unionskorpskommandeur Reno.

Das Unionskorps unter General Franklin am Crampton Gap hatte den Befehl, weiter nach Harper's Ferry zu marschieren und die dort belagerte Garnison zu entsetzen. Der alte, langsam reagierende Franklin überschätzte jedoch die Stärke des Gegners, ließ sein Korps am Paß übernachten – und es war noch dort, als die Garnison von Harper's Ferry am nächsten Morgen kapitulierte.

General Lee mußte jetzt seine noch getrennte Armee so schnell wie möglich wieder vereinigen. Die Falle, die er der Unionsarmee bereiten wollte, war ihm selbst zum Verhängnis geworden: Wollte er weiter auf Unionsterritorium kämpfen, so mußte er das nächstgelegene Schlachtfeld akzeptieren. Er war nicht der Mann für einen taktischen Rückzug, also ließ er Jacksons Korps über den Potomac River verlegen und bestimmte als möglichen Sammelpunkt der Armee auf der Maryland-Seite des Flusses die Gegend um das Dorf Sharpsburg. Eine andere Möglichkeit gab es nicht, denn die CSA-Armee hatte sämtliche Brücken über den Potomac an diesem Abschnitt zerstört und die einzige Furt – Boteler's Ford – lag auf der Südseite von Sharpsburg.

Bis zum Morgengrauen des 17. September waren fast alle Divisionen beider CSA-Korps, mit Ausnahme der Division A. P. Hill (die sich noch auf dem Marsch von Harper's Ferry befand), in Sharpsburg eingetroffen. Das Wetter war denkbar unfreundlich, ein Nieselregen schränkte die Sicht ein. Die Flur von Sharpsburg lag um eine Biegung des Potomac westlich und südlich davon. Östlich der CSA-Stellungen verlief der Antietam Creek von Norden nach Süden durch die Maisfelder und einen kleinen Wald. Das Gelände war hügelig und dünn besiedelt. Nur eine einsame Anabaptistenkirche erhob sich aus den Feldern auf der Westseite des Antietam. Vom South Mountain nach Sharpsburg verlief eine Landstraße, auf der die Unionstruppen anrückten. Jacksons Korps bezog auf der Nordhälfte des Geländes bis zur Landstraße Stellung. Longstreets Korps lag auf der Südseite der Landstraße. Die Truppen verschanzten sich und warteten ab.

von dort den gesamten Mittelabschnitt der CSA-Linien unter Feuer nehmen. Gleich vor Mittag entstand an D. H. Hills Abschnitt eine breite Lücke in den CSA-Linien. In diese führte Porter sofort die ihm zugeteilte Kavallerie unter General Pleasonton ein.

Der erfolgversprechende Angriff wurde jedoch von General McClellan gestoppt, der zudem befahl, die Truppen zurückzuordern! Während die Unionskavallerie zur Untätigkeit verurteilt war, schwenkten Truppen von Longstreets Korps nach links, um die Bresche zu schließen. Wie gefährlich die Lücke wirklich war, beschrieb Longstreet später: «Hier stand ganz allein Cookes Infanterieregiment ..., das außerdem keine Munition mehr hatte. Als ich mit meinem Stab die Linke abritt, bemerkte ich zwei Geschütze ... Aber es waren nicht genug Leute da, um sie zu bedienen ... Ich stellte meine Stabsoffiziere an die Kanone, während ich ihre Pferde hielt. Man kann sich leicht ausrechnen, daß unsere Armee in zwei Teile auseinandergebrochen wäre, wenn die Unionstruppen hier in unsere Linien eingebrochen wären ...»

Unionsgeneral McClellan hielt an diesem Tag nicht nur Pleasontons Kavallerie zurück. Auch als Franklins Korps das Feld erreichte, verweigerte McClellan die Genehmigung, die offensichtlichen schwachen Stellen in den CSA-Linien anzugreifen. Insgesamt ließ McClellan 20000 Mann, also ein Viertel seiner Armee, während der Schlacht von Antietam tatenlos herumstehen.

Ausdrücklich billigte er als letzten Angriff des Tages den Plan des Generals Burnside, der den Oberbefehl über 2 Unionskorps hatte. Diese wurden gegen Longstreets geschwächte vordere Linien geworfen, aber mit geringerem Erfolg als erwartet, weil Burnside die CSA-Stellungen nicht hatte präzise aufklären lassen. Bis seine Truppen am frühen Nachmittag die Lage präzisiert hatten, war es zu spät: Die CSA-Division A. P. Hill erreichte nach forciertem Marsch von Harper's Ferry endlich das Schlachtfeld und eilte Longstreets erschöpften Truppen zu Hilfe.

Am Abend wurden die Kämpfe eingestellt. Der 17. September 1862 war mit insgesamt 25950 außer Gefecht Gesetzten der blutigste Tag des ganzen Bürgerkrieges in den USA.

Die Folgen von Antietam.
Die Befreiungsproklamation

In den Vereinigten Staaten besteht seit vielen Jahrzehnten die Tendenz, den Ausgang der Schlacht von Antietam als «unentschieden» zu betrachten. Die Zeitgenossen des Bürgerkrieges neigten jedoch bis Kriegsende dazu, diese als Entscheidungsschlacht zu charakterisieren. Erst später wurde erkannt, daß der eigentliche Wendepunkt noch nicht erreicht worden war, zumindest nicht vom militärischen Standpunkt. Objektiv betrachtet, war Antietam weder eine Schlacht mit unentschiedenem Ausgang noch das, was eine in Amerika beliebte Formel ausdrücken soll: «ein taktischer Sieg für den Süden und ein strategischer Sieg für die Union».

Wollen wir Antietam auswerten, so müssen wir erst von den Ereignissen unmittelbar nach der Schlacht sprechen. Wahrscheinlich in der Hoffnung, daß McClellan seiner Armee den Rückzug befehlen würde, blieb Lee mit seinen Truppen in der Nacht zum 18. September sowie den ganzen folgenden Tag auf dem Schlachtfeld. Die Unionsseite unternahm nichts, McClellan ließ nicht angreifen. Auch die nächste Nacht verbrachten beide Seiten in den Schützengräben. Nun war aber die CSA-Armee hinsichtlich ihrer Versorgung in einer prekären Lage und hatte nur den einen Ausweg, sich aus der Sharpsburger Flußbiegung über den Potomac auf eigenes Gebiet zurückzuziehen. Am 19. September verließ die CSA-Armee das Feld über Boteler's Ford. Auch jetzt nahm McClellan nicht die Verfolgung auf.

Für Präsident Lincoln in Washington war Lees Rückzug der eindeutige Beweis, daß die Union einen wichtigen Sieg errungen hatte – den ersten im psychologisch so wichtigen Gebiet an der Ostküste nahe den beiden Hauptstädten. Auf diesen Sieg hatte Lincoln den ganzen Sommer gewartet, denn erst jetzt, nach einer gewonnenen Schlacht, fühlte er sich stark genug, das Dokument, das er seit Monaten insgeheim ausgearbeitet hatte, bekanntzugeben. Nur seine engsten Mitarbeiter im Kabinett wußten von der Existenz dieser Erklärung.

Am 22. September berief Lincoln sein Kabinett zur Sitzung ein und legte ihm die Proklamation zur Befreiung der Negersklaven vor. Später wurde die Proklamation der Bevölkerung bekanntgegeben. Am 1. Januar 1863 sollte sie in Kraft treten, obwohl es mit ihrer endgültigen Durchsetzung bis Kriegsende dauern sollte. Die Befreiungsproklamation gab den befreiten Sklaven auch das Recht, in der Armee und der Kriegsmarine der Union zu dienen.

Die Wirkung in den nächsten Monaten war zumindest für die Unionsstreitkräfte und die Regierung in Washington enorm. Jetzt wußte jeder Unionssoldat, wofür er kämpfte. Mit der klaren Zielstellung, die Sklaverei auf dem nordamerikanischen Kontinent zu beseitigen, wurde das Fundament für die entscheidenden Schlachten, für den endgültigen militärischen Sieg errichtet. Nicht, daß von diesem Moment an Lincolns Generale samt und sonders einen Volkskrieg auf revolutionäre Weise führten, aber der Übergang von der «konstitutionellen» zur «revolutionären» Kriegführung, wie Marx und Engels es nannten, war jetzt eingeleitet.

Aller Anfang ist schwer, wie Lincoln wohl wußte. Obwohl er am 6. Oktober Oberbefehlshaber Halleck an McClellan den Befehl telegrafieren ließ, «den Potomac zu überqueren und den Feind zu bekämpfen oder ihn nach Süden zu treiben», reagierte McClellan überhaupt nicht. Auch als Stuarts CSA-Kavallerie abermals mit einem Streifzug die Potomac-Armee umritt, Chambersburg überfiel und eine große Menge Proviant und Pferde erbeutete, brachte der Unionsgeneral keine Aktivitäten auf. Erst Ende Oktober setzte er seine Armee in Bewegung, überquerte den Potomac und marschierte bis Warrenton unweit von Manassas.

Nun riß Lincolns Geduldsfaden endgültig, und am 7. November entließ er McClellan. Mit diesem verschwand aus Washington auch Allen Pinkerton samt seinen Trugbildern von einer «riesenhaften» CSA-Armee.

Diese Armee hatte zwar immer noch eine sehr hohe Kampfmoral, sie verließ jedoch das Schlachtfeld am Antietam Creek in einem bedenklichen Zustand. Ihre Verluste betrugen 13700 Mann gegenüber 12250 auf der Unionsseite. Prozentual gesehen waren sie jedoch viel gravierender, denn die konföderierte Seite hatte 27 Prozent ihres Personals (gegenüber 14 Prozent bei der Unionsarmee) verloren. Sie hatte also keine Reserven, um den Feldzug im Norden weiterzuführen. Noch schwerer wogen der Mangel an Ausrüstungen und die Schwierigkeiten bei der Versorgung. Hätte McClellan sich zur Verfolgung durchringen können, dann hätte die Vernichtung der Armee von Nordvirginia im Bereich des Möglichen gelegen. In der Schlacht von Antietam selbst hatte sie standgehalten, in Wirklichkeit aber war sie angeschlagen und früher oder später zum Rückzug gezwungen.

Die Schlacht von Antietam, die die Veröffentlichung der Befreiungsproklamation ermöglichte, nahm der CSA-Armee zwar nicht die Fähigkeit, einen neuen Feldzug nach Norden zu wagen, kann jedoch als politischer Wendepunkt im Bürgerkrieg gelten. Karl Marx schrieb zu Recht: «Der kurze Feldzug in Maryland hat das Schicksal des Amerikanischen Bürgerkrieges entschieden, wie immer für kürzere oder längere Zeit das Kriegsglück zwischen den streitenden Parteien noch schwanken möge.» Zwar sei der Überfall auf den Norden zu einer Zeit gekommen, als die Unionsführung schwach und träge war, aber: «E pur si muove» («Und sie bewegt sich doch»), zitierte er Galilei und schlußfolgerte: «Die Vernunft siegt dennoch in der Weltgeschichte.«

Nicht ausschließlich mit heller Begeisterung begrüßten Marx und Engels die Befreiungsproklamation, denn sie war nicht von einer eigentlich notwendigen Landreform im Süden begleitet. Auch die Basis für die soziale Integration der Afroamerikaner hatte Lincoln weder eingeplant noch verwirklicht. Stattdessen verfiel er darüber ins Grübeln, was mit den Negern geschehen sollte. Ihm fiel nicht Besseres ein als ihre Verschiffung nach Liberia. Marx kommentierte das so: «Lincoln ist nicht die Ausgeburt einer Volksrevolution.»

Die Schlacht von Fredericksburg und der «Schlamm-Marsch»

«Burnside war als Offizier allgemein beliebt und geachtet; er eignete sich jedoch nicht zum Befehlshaber einer Armee. Niemand wußte das besser als er selbst.» So schrieb Ulysses S. Grant über

McClellans Nachfolger, General Ambrose Burnside. Der gutmütige, freundliche und ausgeglichene General protestierte gegen seine Ernennung und äußerte Zweifel über seine Kompetenz. Da aber die Regierung bei ihrer Entscheidung blieb, akzeptierte Burnside diese als Befehl.

Als Korps- und Divisionskommandeur sowie als Leiter einer kleineren, selbständigen Operation im Küstengebiet von North und South Carolina hatte Burnside ausgezeichnete Fähigkeiten als Organisator und Koordinator relativ einfacher Kriegspläne demonstriert. Es mangelte ihm vor allem an Weitsicht und an der Fähigkeit, sämtliche mögliche Folgen einer bestimmten Taktik zu durchdenken. Er ließ sich von technischen Neuerungen begeistern und war ein durchaus fähiger Konstrukteur, der zum Beispiel das Patent für einen in die Serienproduktion übernommenen Karabiner besaß. Burnsides Erfindungen und exotischen Einfälle litten unter denselben Schwächen wie seine Kriegführung: Der praktische Einsatz erwies sich stets als problematisch, weil er immer irgendeinen wichtigen Faktor in der Rechnung außer acht ließ. Sein Karabiner zum Beispiel war zwar leicht zu laden, wog aber entschieden zu viel. Burnside war jedoch ein gewissenhafter Offizier, der stets sein Bestes gab.

Nach seiner Ernennung zum Oberbefehlshaber der Potomac-Armee entwickelte Burnside einen Plan für einen Angriff auf Richmond über Fredericksburg mit Aquia Landing als Versorgungsbasis für die Armee. Die Verbindungslinie sollte über die Orange-Alexandria-Eisenbahn laufen. Lincoln billigte den Plan unter dem Vorbehalt: «Es wird gelingen, wenn Sie sich schnell bewegen – sonst nicht.»

Die dennoch auftretenden Verzögerungen waren nicht Burnsides Schuld, obwohl er sie hätte voraussehen können. Die Pontonbrücken für die nötige Überquerung des Rappahannock River bei Fredericksburg trafen eine Woche später als geplant ein, und die Potomac-Armee mußte zuviel Zeit auf der Nordseite des Flusses zubringen. Dies war ein Geschenk für die Konföderierten, denn das Korps Longstreet konnte Fredericksburg besetzen, bevor die Unionsarmee aus Aquia abrückte.

Es war schon Ende November, die Flüsse führten Hochwasser, und die Straßen waren in schlechtem Zustand. Hätte Burnside seine Möglichkeiten richtig erkannt, dann wäre er unverzüglich nach Westen marschiert, um die Potomac-Armee zwischen die Korps Longstreet und Jackson zu schieben, denn Jackson hielt sich immer noch im Shenandoah-Tal auf und benötigte trotz der berühmten Geschwindigkeit seiner «Fußkavallerie» mindestens 3 Tage, um Fredericksburg zu erreichen. Burnside war jedoch so auf seine geplante Marschroute fixiert, daß er Jacksons Bewegungen nicht aufklären ließ. Wie alle Befehlshaber der Potomac-Armee vor ihm konzentrierte Burnside seine Aufmerksamkeit auf die Hauptstadt des Gegners und nicht auf dessen Armee. Am 30. November erreichten Jacksons Korps und Stuarts Kavallerie Fredericksburg.

Burnside kannte Fredericksburg vom vergangenen August, als er nach der Evakuierung von der Halbinsel mit seinem Korps dorthin marschiert war. Die geographische Lage dieses Städtchens war kompliziert und bot einem geschickten Verteidiger vorzügliche Möglichkeiten gegen einen Angriff von der anderen Flußseite. Der Angreifer würde nur dann dem Verteidiger erhebliche Schwierigkeiten bereiten, wenn dieser sich in Fredericksburg selbst aufhielt: Fredericksburg lag nämlich in einem Talkessel auf der Südwestseite des Rappahannock River zwischen 2 Hügelketten. Die Höhen auf der Südseite des Flusses am Stadtrand hießen Marye's Heights, an deren Südende schloß sich der Prospect Hill an. Auf der Nordseite des Flusses erstreckten sich die Stafford Heights. Auf beiden Seiten des Flusses waren die Höhen dicht bewaldet. Die Kleinstadt selbst lag unmittelbar vor den Marye's Heights am Ufer in einer breiten Biegung des Flusses und war durch einen Sumpf und einen Kanal am Nordende der Biegung, einen breiten Abwasserkanal am Fuß der Marye's Heights und den Bach Hazel Run weiter südlich praktisch zu einer Insel geworden. Der Sumpf war für Infanterie so gut wie unpassierbar. Der Abwassergraben um Südrand der Stadt war 10 Meter breit und 2 Meter tief. Nur 2 enge Brücken führten über dieses Hindernis. Südlich des Hazel Run lagen breite, offene Felder zwischen dem Prospect Hill und dem Fluß. Die Entfernung zwischen den Marye's Heights und den gegenüberliegenden Stafford Heights betrug etwa 2 Kilometer, also mehr als die Reichweite der meisten Artilleriegeschütze jener Zeit.

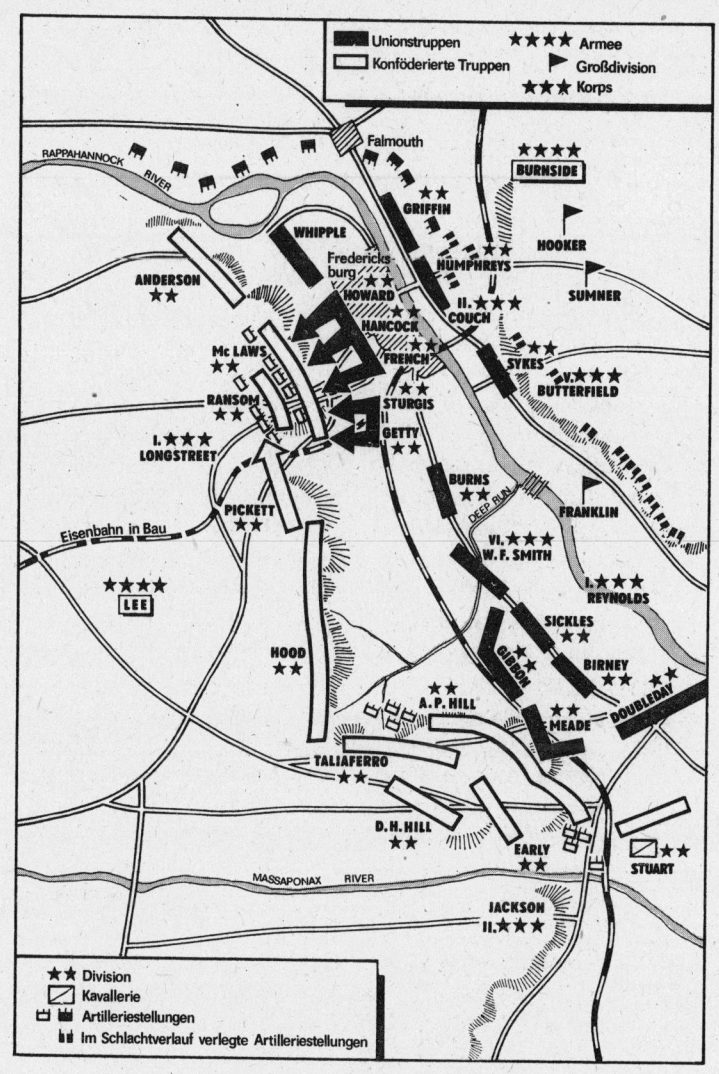

RAPPAHANNOCK RIVER

Falmouth

★★★★
BURNSIDE

GRIFFIN ★★

WHIPPLE

HOOKER ▶

Fredericks-burg

HUMPHREYS ★★

ANDERSON ★★

HOWARD ★★

II. ★★★ COUCH

SUMNER ▶

Mc LAWS ★★

HANCOCK ★★

FRENCH ★★

SYKES ★★

RANSOM ★★

STURGIS ★★

BUTTERFIELD F.V. ★★★

GETTY ★★

I. ★★★ LONGSTREET

BURNS ★★

PICKETT ★★

DEEP RUN

FRANKLIN ▶

Eisenbahn in Bau

VI. ★★★ W. F. SMITH

I. ★★★ REYNOLDS

★★★★ LEE

SICKLES ★★

HOOD ★★

GIBBON ★★

BIRNEY ★★

A. P. HILL ★★

MEADE ★★

DOUBLEDAY ★★

TALIAFERRO ★★

D. H. HILL ★★

EARLY ★★

STUART ★★

MASSAPONAX RIVER

JACKSON II. ★★★

Die Schlacht bei Fredericksburg.
13. bis 15. Dezember 1862

Die CSA-Armee hatte sich auf den Marye's Heights, die vom Korps Longstreets mit 35000 Mann behauptet wurden, und auf dem Prospect Hill, wo Jacksons Korps mit 44000 Mann lag, sehr gut verschanzt. Longstreet massierte seine Artillerie hoch über dem Abwassergraben, wo sie die beiden Brücken sowie das ganze Gebiet der Kleinstadt höchst wirksam bestreichen konnte. Jackson konzentrierte seine Artillerie an seiner rechten Flanke, die zusätzlich von Pelhams «Pferdeartillerie» (also reitender Artillerie mit leichten Geschützen) und von Stuarts Kavallerie gedeckt wurde. Die konföderierten Generale ließen die Stadt evakuieren und in den leeren Häusern Scharfschützen postieren.

Als Burnside mit der Potomac-Armee endlich die Stafford Heights erreichte, ließ er sämtliche geographische Probleme des Schlachtfeldes außer acht. Da seine Ankunft das Feuer der Scharfschützen in Fredericksburg aktivierte, nahm er an, die konföderierte Armee halte sich in der Stadt versteckt. Er verteilte seine Batterien auf die ganze Länge der Stafford Heights und befahl ein sinnloses Bombardement der hübschen alten Stadt, das lediglich die Scharfschützen zum Rückzug zwang.

Als er die Potomac-Armee übernahm, hatte Burnside eine große Reorganisation vorgenommen, um seine Probleme mit der Führung so vieler Korps zu reduzieren. Er teilte die Korps auf 3 Großdivisionen («Grand Divisions») auf:

Grand Division General Sumner (27000 Mann)
II. Korps General Couch
IX. Korps General Wilcox
Grand Division General Franklin (60000 Mann)
I. Korps General Reynolds
IV. Korps General W. F. Smith
Grand Division General Hooker (26000 Mann)
V. Korps General Butterfield
III. Korps General Stoneman
Reserve (etwa 8000 Mann)
XI. Korps General Sigel

Gegen die Potomac-Armee kämpfte die konföderierte Armee von Nordvirginia mit etwa 69000 Mann. Die Potomac-Armee verfügte über fast doppelt soviel Artillerie wie ihr Gegner.

Das Wetter begünstigte zunächst die Unionstruppen: Ein dichter, anhaltender Nebel gab die nötige Deckung für den Bau mehrerer Pontonbrücken über den Rappahannock. Burnside hatte begriffen, daß sein Gegner oben auf den Marye's Heights und dem Prospect Hill lag. Er befahl der Großdivision Sumner, die geräumte Stadt zu besetzen, und der Großdivision Franklin, sich südlich von Fredericksburg am Flußufer vor dem Prospect Hill zu verschanzen. Die Überquerung des Flusses ging am 12. Dezember unter dem Schutz des Nebels vor sich. Der Angriffsbeginn war für den Morgen des 13. Dezember angesetzt. Dieser Befehl war jedoch sehr vage, denn Burnside hatte keine genauen Anweisungen für den koordinierten Einsatz der verschiedenen Korps gegeben und den größten Teil der Artillerie auf den Stafford Heights zurückgelassen, wo sie gegen den Hauptteil der CSA-Linien nichts bewirken konnte. Der immer noch anhaltende Nebel verzögerte Sumners Angriff auf die Marye's Heights bis 11.00 Uhr, während die Großdivision Franklin den Kampf schon am frühen Morgen eröffnet hatte.

Franklins Truppen griffen nicht in voller Stärke an, sondern nur divisionsweise. Das war gegen solch zähe Truppen wie die von «Stonewall» Jackson eine grundfalsche Taktik. Die Divisionen Meade, Doubleday und Gibbon kamen anfangs gegen die vorderen Linien der Konföderierten und Pelhams leichte Artillerie gut voran, zwangen Pelham zum Rückzug und erreichten den Bahndamm der Fredericksburg-Richmond-Linie. Im Laufe dieser Aktion gerieten die Divisionen Meade und Gibbon ziemlich durcheinander, was die Führung erschwerte. Außerdem bildete sich eine große Lücke zwischen den 3 vorgeschobenen Unionsdivisionen und den anderen, die immer noch am Flußufer lagen. Infolgedessen konnten keine Reserven für Meade und Gibbon nach vorn gebracht werden. Sie kamen schließlich durch den heftigen Widerstand der CSA-Truppen zum Stehen. Als der Konföderiertengeneral Jackson die Lücke bemerkte, befahl er um 13.30 Uhr einen massiven Gegenangriff.

Durch diesen Gegenangriff gerieten die konföderierten Truppen allerdings in den Wirkungsbereich der auf den Stafford Heights postierten Geschütze der Unionsartillerie und wurden so zum Stehen gebracht.

Als sich der Nebel über Fredericksburg um 11.00 Uhr lichtete, befanden sich die Unionstruppen der Großdivision Sumner auf dem Marsch durch die leeren Straßen der Kleinstadt. Jetzt standen sie völlig entblößt, und die CSA-Artilleristen auf den Marye's Heights nahmen sie sofort unter Beschuß. Die eigene Artillerie auf den Stafford Heights konnte keine Deckung geben, und so mußten sie in den Häusern und Ruinen Fredericksburgs Schutz suchen.

Um Mittag erhielten die Großdivisionen Sumner und Hooker den Befehl zum Sturmangriff auf die Marye's Heights – ein wahnwitziges Unterfangen! Die beiden engen Brücken über den Abwasserkanal zwangen sie, in engen Kolonnen zu marschieren. Eine Division nach der anderen bot den CSA-Truppen ein vorteilhaftes Ziel und wurde niedergemäht. Bis zur Einstellung der Kämpfe nach Sonnenuntergang hatten 9 Unionsdivisionen den Sturm auf die Höhen gewagt. Allein an dieser Stelle waren 6000 Mann außer Gefecht gesetzt worden.

Nachdem der Gegenangriff der Konföderierten vor dem Prospect Hill abgewiesen war, beließ Unionsgeneral Franklin seine Großdivision in völliger Inaktivität, obwohl er von Burnside wenigstens den Befehl bekommen hatte, den Angriff wieder aufzunehmen.

Am nächsten Tag blieben beide Seiten auf dem Schlachtfeld, ohne den Kampf fortzusetzten. Am Nachmittag wurde ein formeller Waffenstillstand ausgehandelt, um die Toten zu bergen und zu beerdigen. In der Nacht zum 15. Dezember zog Burnside seine Armee geschickt und mit der gesamten noch brauchbaren Ausrüstung vom Feld ab.

Die Statistik über die Schlacht von Fredericksburg ist sehr umstritten, fest steht aber, daß die Unionsseite mindestens 10000 Mann, wahrscheinlich über 12000 Mann verloren hat. Auf seiten der Konföderierten wurden etwa 5500 Mann außer Gefecht gesetzt. Fredericksburg war eine peinliche Niederlage für die Union, die nicht nur aus Burnsides mangelndem Überblick, sondern auch aus der Verbohrtheit seiner Korps- und Großdivisionskommandeure resultierte. Alle Unionsgenerale ignorierten völlig die Lücke zwischen den Korps Longstreet und Jackson, die sich noch vergrößerte, als die Division Pickett zur Unterstützung der

Verteidigung der Marye's Heights nach Norden abgezogen wurde. Zwischen Hazel Run und Deep Run verteidigte lediglich die CSA-Division Hood die südlichen Hänge der Marye's Heights. Unionsgeneral Franklin hätte das gesamte IV. Korps mit seinen mehr als 30 000 Mann gegen Hoods Division werfen können. Anstatt eine Division nach der anderen vor den Marye's Heights in den Tod zu jagen, hätte Hooker seine Großdivision durch die Bresche südlich der Stadt führen können. Burnside schließlich, der für alles die Verantwortung trug, beurteilte die Lage falsch und hielt trotz des unglaublichen Blutbads unter seinen Truppen an seinem ursprünglichen Plan fest.

Nach der Schlacht beabsichtigte Burnside, mit einem Marsch den Rappahannock aufwärts die linke Flanke der CSA-Armee zu umfassen. Schwere Regenfälle behinderten den Marsch und verwandelten diesen sumpfigen Teil Virginias in ein Schlammeer, das die Potomac-Armee zu verschlingen drohte. Die Soldaten sagen dazu «Mud March» (Schlamm-Marsch). Burnside geriet – ausnahmsweise – mit seinem Stab in Streit, und in Washington regte sich Zorn über den Verlauf des Feldzuges. Am 25. Januar 1863 wurde Burnside zusammen mit Sumner und Franklin (der es reichlich verdient hatte) entlassen. Für den weiteren Verlauf des Krieges hatte die Niederlage bei Fredericksburg keine wesentliche militärische Bedeutung, auch wenn es die Regierung in Washington so sah.

Friedrich Engels traf in einem Brief an Marx vom 30. Dezember 1862 eine interessante Einschätzung der Schlacht: «Die taktischen Arrangements scheinen sehr schlecht gewesen zu sein. Der Flankenangriff des linken Flügels hätte offenbar erst entwickelt sein müssen, ehe der Frontalangriff unter Sumner geschah. Dies wurde aber ganz verbummelt ... Dann scheint Burnside über den Gebrauch seiner Reserve keinen Entschluß haben fassen können. Die Erfolge des linken Flügels hätten ihn veranlassen sollen, dorthin wenigstens einen Teil zu schicken, da dort doch das Entscheidende geschehen mußte ... Die Dummheit, den Konföderierten einen Monat Zeit zu lassen, sich in der Stellung festzusetzen, und dann sie in der Front anzugreifen, ist übrigens nur durch Arschprügel zu kritisieren.» Marx pflichtete der Einschätzung seines Kampfgefährten im wesentlichen bei und ergänzte: «Was aber die Grundeselei betrifft, 1. das Abwarten von 26 Tagen, so ist dabei unbedingt direkter Verrat in der Kriegsadministration in Washington im Spiel. Selbst der New York Correspondent der ‹Times› gab zu, daß Burnside Mittel, die ihm für sofort versprochen waren, erst nach Wochen erhielt; 2. daß er dann trotzdem diesen Angriff machte, zeigt die moralische Schwäche des Mannes.»

Der Krieg im Westen ab
Anfang Juli 1862.
Der konföderierte Überfall
auf Kentucky

Nach Beauregards Entlassung als Befehlshaber der CSA-Armee von Tennessee als Folge seiner Niederlage bei Shiloh wurde General Braxton Bragg zum Oberbefehlshaber dieser wichtigsten Armee der Konföderierten im Westen ernannt. Bragg war einer der kompliziertesten und widersprüchlichsten Kommandeure im Bürgerkrieg in den USA: einerseits ein guter Organisator und kühner Planer, andererseits ein knausriger und jähzorniger Tyrann im Umgang mit seinen Truppen und ein chaotischer Führer im Feld, der den Rat seiner zum Teil sehr befähigten Korpskommandeure in den Wind schlug und sich stets durch Rückzug um die Früchte seiner Siege brachte. Aus irgendeinem unerfindlichen Grund genoß Bragg die Gunst des CSA-Präsidenten Davis, der ihn gegen den Protest der anderen Generale förderte, bis er schließlich seine Armee an den Rand der völligen Vernichtung brachte.

Als Unionsgeneral Halleck im Juli 1862 nach Washington berufen wurde, gab er Grant und Buell ihre alten Kommandos zurück. Damit teilte Halleck abermals die Unionsarmee im Westen, die mit soviel Mühe vereinigt worden war. Halleck befahl Buell mit 56000 Mann nach Chattanooga (Tennessee) – ein Ziel, das Buell nie erreichen sollte – und beauftragte Grant, mit seinen 67000 Mann die über 1000 Kilometer lange Eisenbahnlinie von Cairo (Illinois) bis Nordmississippi zu sichern. Damit wurden die Unionstruppen unter Grant überdehnt und auf gefährliche Weise zerstreut. Grant, der diese Zeit als beängstigend und nervenzermürbend empfand, verlegte sein Hauptquartier nach Memphis und ernannte General William Rosecrans zum Kommandanten der zahlenmäßig starken Garnison von Corinth.

Der Marsch der Armee unter General Buell nach Chattanooga wurde bald durch die Streifzüge von 2 konföderierten Kavallerie-gruppen unterbrochen. Der CSA-General Nathan Bedford For-rest, der mit seinen Reitern im vergangenen Winter aus Fort Do-nelson hatte entfliehen können, überfiel am 13. Juli die Ortschaft Murfreesboro in Tennessee südlich von Nashville und zerstörte die dortige Eisenbahnstrecke derart, daß sie erst am Monatsende wieder befahrbar war. Dies war ein empfindlicher Schlag gegen Buells Versorgungslinie aus seinem Hauptquartier in Louisville (Kentucky). Ähnliche Operationen führte Forrest an verschiede-nen Punkten in der Gegend von Nashville durch, bis der (wie ge-wöhnlich) recht langsam marschierende Unionsgeneral Buell sei-nen Marsch vorläufig abbrach, um sich die Lage zu durchdenken.

Zu dieser Zeit lag CSA-General Bragg mit seiner Armee in Tu-pelo (Mississippi) südlich von Corinth. Eine andere CSA-Armee unter General Edmund Kirby Smith in Stärke von 15 000 Mann hielt sich im östlichen Tennessee am Cumberland Gap unweit von Chattanooga auf. Um Buells Armee anzugreifen, gedachte Bragg die Tennessee-Armee mit Smiths Armee zu vereinigen. Da ihm die Vorteile der Eisenbahn bekannt waren, rechnete er sich aus, daß sich seine 30 000-Mann-Armee trotz des riesigen Umweges von 1 226 Kilometern über die noch intakten Eisenbahnlinien von der Golfküste durch Alabama und Georgia noch schneller verle-gen ließen als im Fußmarsch direkt nach Chattanooga. Vom 23. bis 30. Juli verlegte Braggs Armee von Tupelo per Eisenbahn nach Mobile (Alabama) und von dort nordwärts über Montgo-mery und Atlanta nach Chattanooga.

Unionsgeneral Buell hatte inzwischen seinen Marsch wieder aufgenommen, seine Bewegungen wurden jedoch ständig von CSA-Kavallerie gestört und verzögert. Nicht nur Forrests Reiter, sondern auch die 800 berüchtigten «Morgan's Raiders» (Streif-zügler) unter CSA-General John H. Morgan griffen seine Ver-sorgungslinien an. Im Juli überfielen «Morgan's Raiders» den Bundesstaat Kentucky und versetzten die Bevölkerung in Panik, worüber Lincoln schon Anfang des Monats Halleck informierte.

Bis zum 1. August legte Morgans Kavallerie knapp 1600 Kilometer zurück, machte 1200 Gefangene (und ließ sie gleich wieder frei), zerstörte mehrere wichtige Transport- und Kommunikationseinrichtungen der Unionsarmee und fügte der Union vor allem psychologischen Schaden zu. Am 13. August überfiel Morgan Buells Vorhut in Gallantin, nahm die 1750 Mann und ihren Kommandeur T. L. Crittenden gefangen und zerstörte den Eisenbahntunnel in Gallantin sowie zahlreiche Brücken. Damit wurde die Verbindungslinie zwischen Louisville und Nashville auf Monate unterbrochen. General Crittenden und seine Truppen wurden sehr bald freigelassen und konnten sich wieder Buells Armee anschließen.

Die CSA-Befehlshaber Kirby Smith und Bragg trafen sich Anfang August in Chattanooga. Sie entschlossen sich zu einem getrennten Marsch nach Norden, um Kentucky zu überfallen und eine mit der Konföderation sympathisierende Regierung in diesem unionstreuen, auf dem Papier aber immer noch zu den CSA gehörigen Staat einzusetzen.

Am 14. August setzte sich Kirby Smiths Armee von Knoxville in Osttennessee nach Kentucky in Bewegung. In Buells Armee war bekannt, daß sich CSA-General Bragg in Chattanooga aufhielt. Auch Kirby Smiths Bewegungen waren schon beobachtet worden. Unionskorpskommandeur General George Thomas riet seinem Befehlshaber Buell, bis McMinnville vor dem Cumberland-Plateau zu marschieren, um Braggs offensichtlich geplanten Marsch nach Norden zu stoppen. Buell brachte seine Armee tatsächlich bis McMinnville, konnte sich jedoch nicht zum Kampf entschließen und zog sich am 5. September nach Murfreesboro zurück. Bragg marschierte ungehindert nordwärts.

Von seinem Hauptquartier in Memphis aus verfolgte Unionsgeneral Grant Buells Bewegungen in Tennessee und schickte ihm 2 Divisionen zur Unterstützung. Buell wollte jedoch nicht in den Bergen kämpfen und zog sich parallel zu Braggs Marschroute immer weiter nach Norden zurück. Bragg marschierte schneller, erreichte am 14. September Bowling Green in Kentucky und blockierte in Munfordsville Buells Weitermàrsch nach Norden. Er hielt sich aber auch hier nicht lange auf. Auch er wollte noch keinen Kampf, denn er hatte Sorgen.

Erstens hatte Bragg, der dafür berüchtigt war, daß er seine Truppen hungern ließ, keine direkte Versorgungslinie mit Chattanooga aufrechterhalten. Seine Truppen mußten von unterwegs gefundenem Mais, Salz und Äpfeln leben, was zum gern erzählten Witz führte, die Abkürzung «CSA» würde eigentlich «Corn, Salt and Apples» bedeuten. Zweitens kam es trotz aller Bemühungen Braggs zu keiner Vereinigung seiner Armee mit der Kirby Smiths, die weit entfernt stand. General Kirby Smith war Bragg nicht unterstellt und konnte nach eigenem Ermessen marschieren. Schon am 30. August hatte er Lexington im Herzen Kentuckys erreicht und besetzt – und dort blieb er auch.

Die Versuche beider CSA-Generale, Bürger von Kentucky für ihre Armeen zu rekrutieren, schlugen fehl. Bragg beschwerte sich: «Die Leute hier haben zuviel fettes Vieh und ihnen geht's zu gut, um kämpfen zu wollen.» Die wahren Gründe waren jedoch andere: Die Mehrzahl der Bevölkerung Kentuckys bestand aus Kleinbauern und Kleinbürgern. Die Plantagenbesitzer hatten die politische Struktur des Staates nicht in ihrem Würgegriff, und die Interessen der meisten Kentuckyaner lagen bei der Union.

Bragg wollte die beiden Armeen in Bardstown vereinigen und zog sich aus diesem Grund am 21. September von Munfordsville zurück. Aber damit öffnete er die Unionsverbindungslinie nach Louisville! Der sonst so langsame Buell entdeckte plötzlich, daß er doch schnell marschieren konnte, und traf am 25. September in Louisville ein.

Als CSA-General Bragg Bardstown erreichte, fand er nicht Kirby Smith vor, sondern lediglich einen Brief von ihm, in dem er die fromme Hoffnung äußerte, Bragg möge allein Louisville einnehmen und mit Buells Armee fertig werden. Aber Buell in Louisville hatte Verstärkung bekommen und seine Armee auf eine Stärke von 58000 Mann gebracht.

Schon Anfang September hatte Bragg um Verstärkung aus Mississippi telegrafiert. Dort lag südlich von Corinth CSA-General Van Dorn mit 16000 Mann. Bragg befahl ihm, sofort nach Kentucky zu kommen. Von Van Dorn kam weder eine Antwort noch ein Zeichen, daß er seine Truppen in Bewegung gesetzt hatte.

Braggs nächster Zug war unerklärlich: Er zerstreute seine Truppen über die Gegend zwischen Louisville und Lexington.

Am Abend des 7. Oktober schrieb ihm der erfahrene Taktiker Hardee, der in Braggs Armee ein Korps befehligte, einen freundlichen, aber sehr deutlichen Brief, in dem er unter anderem hervorhob: «*Erlauben Sie mir auf Grund der freundschaftlichen Beziehungen, die zwischen uns bestehen, Ihnen offen zu schreiben: Zerstreuen Sie Ihre Streitkräfte nicht!*»

Bragg ignorierte Hardees Warnung. Er beließ General Polks Korps mit 16 000 Mann in Perryville, um Buells 58 000 Mann aufzuhalten, während er selbst mit seiner Hauptstreitmacht nach Harrodsburg zog, um die isolierte Unionsdivision Sill mit etwa 12 000 Mann zu überfallen.

Hätte Buell nicht genau denselben Fehler wie Bragg begangen, wäre Polks Korps glatt vernichtet worden. Buell hatte aber immer noch keine gute Kavallerie und übertrug die Aufklärung seinen Divisionen, die er in alle Himmelsrichtungen ausschickte, um nach der CSA-Armee zu suchen. Am 8. Oktober fand das Unionskorps Gilbert das CSA-Korps Polk und eröffnete das Gefecht. Als sich auch die Unionskorps McCook und T. L. Crittenden Perryville näherten, zog sich Polk nach Harrodsburg zurück, wo er sich wieder Braggs Armee anschloß.

Endlich kam auch Kirby Smiths CSA-Armee nach Harrodsburg. Mit ihren vereinigten Armeen hätten die CSA-Generale den Kampf gegen Buells Armee aufnehmen können, doch Bragg befahl den Rückzug. Ohne ein einziges nennenswertes Gefecht geliefert zu haben, ohne einen Vorteil aus der Invasion nach Kentucky gewonnen zu haben, marschierten die CSA-Armeen auf langen Umwegen über den Cumberland Gap nach Chattanooga zurück. Bragg verlor die Achtung seiner Offiziere und Soldaten; die Moral seiner Armee litt sehr unter diesem Eindruck.

Unionsgeneral Buell hätte Bragg und Smith verfolgen können. Er gab dieses Vorhaben jedoch auf, woran sich die öffentliche Meinung im Norden entzündete. Abraham Lincoln war froh, soviel öffentliche Unterstützung für seine eigenen Pläne zu bekommen, und entließ Buell. Zum Nachfolger ernannte er den Kommandanten der Garnison von Corinth, General William S. Rosecrans. Um den Hintergrund dieser Entscheidung zu verstehen, müssen wir zur Lage um Corinth im Oktober zurückkehren.

Die Schlacht von Corinth und die Vorbereitungen auf den Vicksburg-Feldzug

Das Telegramm, mit dem General Bragg General Van Dorn befahl, sofort nach Kentucky zu marschieren, kam angeblich 2 Monate verspätet an. Das behauptete jedenfalls General Van Dorn, der seine eigenen Gründe hatte, in Mississippi zu bleiben. Er plante nämlich einen Schlag gegen die Unionsgarnison von Corinth.

Südlich von Corinth operierte eine Unionsdivision von Grants Armee unter dem Befehl des Generals Rosecrans, der auch für die Verteidigung Corinths verantwortlich war. Andere Unionsgenerale bezeichneten Rosecrans als einen «befähigten Strategen, persönlich mutig und kampfbereit», aber auch als allzu leicht erregbaren Kommandeur, der eine hohe Meinung von seinen eigenen Leistungen habe. Ohne Grants Befehl und Wissen überfiel Rosecrans am 19. September 1862 eine CSA-Division unter General Sterling Price bei Iuka. In dem zweitägigen Gefecht wurde Prices Division zwar zum Rückzug gezwungen, sie schloß sich dann aber Van Dorns Division an. Damit wurde Grants Plan für eine doppelte Umfassung der Verbände durchkreuzt. Grant kritisierte Rosecrans scharf und befahl ihn in die Festungslinien um Corinth zurück.

Die Befestigungen, die Grant hatte errichten lassen, waren sehr stark. CSA-General Van Dorn unterschätzte sie und führte zusammen mit Price am 4. Oktober einen Angriff auf Corinth durch. Rosecrans' Truppen wiesen den Gegner ohne größere Mühe ab. Allerdings kam Rosecrans erst am nächsten Tag auf die Idee, Van Dorn und Price zu verfolgen; dabei wählte er die falsche Straße. Dafür erntete er ein weiteres Mal heftige Kritik von General Grant. Erst später, schrieb Grant, habe er selbst die große Bedeutung der Schlacht von Corinth begriffen, die Van Dorn und Price aus Nordmississippi vertrieb.

Rosecrans' Sieg in Corinth brachte ihm in Washington höheres Ansehen ein. Als Lincoln Grant um seine Meinung über die Ernennung Rosecrans' als Nachfolger von Buell bat, billigte Grant die Beförderung. Am 30. Oktober wurde Rosecrans nach Louisville befohlen, um Buells Kommando zu übernehmen.

Um den Mississippi endgültig für den Norden zu erobern und die Konföderation zu spalten, blieb nur noch die Einnahme der letzten großen konföderierten Festung am Fluß: der Hafenstadt Vicksburg. Das war keine leichte Aufgabe. Vicksburg lag auf einem hohen Hang über einer Flußenge des Mississippi südlich der Mündung des Yazoo River, umgeben von einem im Winter schwer zugänglichen Sumpfgebiet. Die Stadt war ausgezeichnet befestigt; ihre Garnison stand unter dem Kommando des CSA-Generals Pemberton. Dazu verfügte die Stadt über eine gesicherte Versorgungslinie aus Jackson, der Hauptstadt des Staates Mississippi. Die Vicksburger Batterien, die sich über die Chickasaw Hills am Fluß hinzogen, hinderten Unionsschiffe aus beiden Richtungen am Passieren und unterbrachen die Verbindung nach New Orleans und dem Golf von Mexiko.

Die Ereignisse bei Corinth ließen jetzt einen Feldzug gegen Vicksburg durchführbar erscheinen. Am 6. Juni 1862 hatten die vom Norden kommenden Unionskanonenboote, die einst von Flaggoffizier Foote und nun von Kapitän Charles H. Davis kommandiert wurden, eine CSA-Flottille nördlich von Vicksburg vernichtet und die Mündung des Yazoo River, etwa 8 Kilometer von Vicksburg entfernt, erreicht. Obwohl sich ein einzelnes CSA-Panzerwidderschiff, die «Arkansas», durch die Unionsflotte durchschlagen und Vicksburg erreichen konnte, wurde es mit der Ankunft der Unionsflotte unter Admiral Farragut von Süden für die CSA nutzlos. Am 21. und 22. Juli versuchte Farragut erfolglos, die «Arkansas» zu vernichten. Später wurde sie bei Baton Rouge (Louisiana) von der eigenen Besatzung gesprengt.

Zunächst mußte die Unionsseite bestimmen, in welchem Ausmaß der Angriff auf Vicksburg zu führen sei. Mit einem ersten Versuch gegen die schweren Batterien auf den Chickasaw Hills wurde General Sherman beauftragt, der den Befehl über eine Expeditionsarmee von 30000 Mann erhalten hatte. Das Wetter verschlechterte sich; der Mississippi und seine vielen Seitenarme (Bayous) führten Hochwasser und verhinderten den Aufmarsch sowie die Konzentration von Truppen vor den Hügeln. Sherman mußte wieder umkehren und bessere Verhältnisse abwarten.

Die Schlacht am Jahreswechsel:
Murfreesboro/Stones River

Nachdem General Rosecrans die Unionsarmee in Tennessee von
Buell übernahm, marschierte er südwärts und besetzte am 6. November die Stadt Nashville. CSA-General Bragg, der sich mit seiner Armee immer noch in Chattanooga aufhielt, geriet jetzt unter
den Druck seines Stabes, das Kommando über die Tennessee-Armee abzugeben. Seine Korpskommandeure schrieben sogar an
Präsident Davis, der jedoch nicht glauben wollte, daß Bragg wirklich inkompetent sei. Um die Generale zu beruhigen, stellte er jedoch die Armeen Braggs, Kirby Smiths und Pembertons in Vicksburg unter den vereinigten Oberbefehl des Generals Joseph
E. Johnston, der von seiner schweren Verwundung im Halbinsel-
Feldzug genesen war. Diese Lösung erschien besonders merkwürdig, weil Davis den klugen Johnston persönlich nicht leiden
konnte. Johnstons Kommandobereich war – geographisch gesehen – gewaltig. Die Probleme der Armeen in Chattanooga auf der
einen Seite und der Besatzung von Vicksburg auf der anderen
Seite unterschieden sich so sehr wie die beiden Regionen, in denen diese Armeen operierten. Bragg nahm die Ratschläge Johnstons ebenso wenig an wie die seiner Korpskommandeure. In dieser peinlichen Lage ließ Johnston Bragg viel Freiheit in der Führung seiner Armee.

Davis verschlechterte Braggs Stellung, indem er sich in der
Weise in die militärischen Operationen einmischte, daß er
10000 Mann von Braggs Armee abzog und sie General Pemberton zuteilte, obwohl die Bedrohung Vicksburgs zu diesem Zeitpunkt erheblich geringer war als die Herausforderung Braggs
durch die Unionsarmee unter Rosecrans. Danach erhielt Bragg
den Befehl, mit seinen 38000 Mann auf der Nashville-Chatta-
nooga-Eisenbahn nach Norden zu verlegen.

Bragg unterbrach seinen Marsch in der Ortschaft Murfreesboro
am Stones River und ließ seine Truppen ein Lager aufschlagen.
Er schickte die Kavalleriebrigaden Morgan und Forrest sofort auf
Streifzug. Am 7. Dezember überfiel Morgan ein Unionslager in
Hartsville, während Forrest am 11. Dezember einen langen Ritt

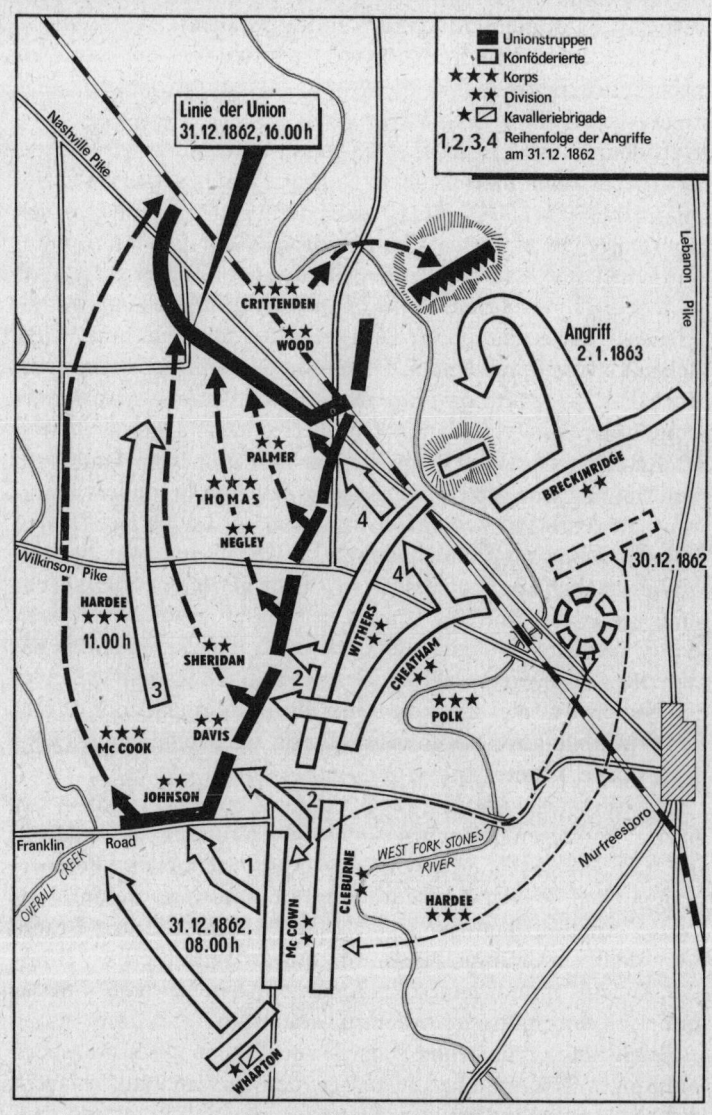

Die Schlacht von Murfreesboro/Stones River.
30. Dezember 1862 bis 3. Januar 1863

westwärts unternahm, in dessen Verlauf er die für Grant so wichtige Memphis-Ohio-Eisenbahn für längere Zeit unbrauchbar machte, Kentucky ein weiteres Mal überfiel, die Eisenbahnstrecke Louisville–Nashville von Bardstown bis Munfordsville zerstörte und damit Rosecrans Versorgungsprobleme bereitete.

Rosecrans blieb fast bis Ende Dezember tatenlos in Nashville. Dann schickte er 3 Korps unter Crittenden, Thomas und McCook – insgesamt 45 000 Mann – auf getrennten Wegen nach Murfreesboro.

Hardees CSA-Korps operierte westlich von Murfreesboro und entdeckte als erstes die Bewegungen der Union. Bragg wurde informiert. Am 26. Dezember wurde Hardees Korps von McCooks Unionskorps überrascht. Hardee zog sich auf einem Umweg nach Murfreesboro zurück. Bis zum Abend des 29. Dezember befanden sich fast alle Unionstruppen außer McCooks Korps am Stones River nördlich von Murfreesboro. McCooks Korps, dessen Marschtempo sich durch das kurze Gefecht gegen Hardee verlangsamt hatte, erreichte das Schlachtfeld am 30. Dezember, 9.30 Uhr.

Warum CSA-General Bragg ausgerechnet das schwierige Gelände am Stones River als Schlachtfeld wählte, ist bis heute nicht klar. CSA-Korpskommandeur Hardee schrieb später, er sei entschieden gegen diese Wahl gewesen, da es «keine besonderen Vorteile für eine Verteidigung bot ... Das Terrain auf allen Seiten war offen und dem Feind zugänglich.» Der Grund war rauh, steinig und etwas bewaldet, zum größten Teil flach. Für beide Seiten war es schwer, die Bewegungen des Gegners zu beurteilen. Braggs Stellungen befanden sich hauptsächlich auf der Westseite des kleinen und bei trockenem Wetter gut passierbaren Flusses. Das Korps Polk behauptete die Mitte, Hardees Korps die linke CSA-Flanke, mit Ausnahme der Division Breckinridge, die auf der Ostseite des Flusses stand.

Rosecrans verteilte seine Unionskorps westlich des Flusses auf einer Nordost-Südwest-Linie. Am linken Flügel der Unionstruppen stand das Korps Crittenden, Thomas' Korps lag in der Mitte, und McCooks Korps hatte zu stark überdehnte Stellungen an der rechten Flanke bezogen. McCooks Dispositionen luden die CSA-Kavallerie, die mit 2000 Reitern die linke Flanke des CSA-Korps Hardee deckte, förmlich zur Umfassung ein.

Bragg erwartete den Unionsangriff für den 30. Dezember. Er kam aber nicht, weil sich McCook verspätete. Daraufhin entschloß sich Bragg zu einem Angriff am Morgen des 31. Dezember, während Unionsgeneral Rosecrans ebenfalls für den 31. Dezember den Angriffsbefehl gab.

Der kurioseste Aspekt dieser Schlacht ist die Tatsache, daß sich beide Generale für genau denselben Angriffsplan entschieden, nämlich einen Stoß gegen den rechten Flügel des Gegners. So konnte es geschehen, daß der rechte Flügel der Unionstruppen zu dünn besetzt war, während Thomas' 10900 Mann dicht neben Crittendens Korps konzentriert waren. In der Nacht befahl Rosecrans Crittenden, die Division Van Cleve frühmorgens über den Stones River zu schicken, damit sie die vordere Angriffslinie der Union bilde. Van Cleve führte diese Bewegung befehlsgemäß aus, aber während seine Truppen den Fluß überquerten, vernahmen sie schon Schlachtenlärm von der anderen Seite des Schlachtfeldes.

Bragg hatte zufällig einen früheren Angriffsbeginn als Rosecrans gewählt (6.00 Uhr). Damit hatte er den Vorteil der Überraschung und der Initiative. Die Unionstruppen waren noch beim Frühstück, als Kavallerie unter Wharton und Hardees Korps die Stellungen des Unionskorps McCook erstürmten. McCooks Korps wurde sofort zurückgeworfen. Die kleine Unionskavalleriebrigade Zahm, die dem Korps McCook zugeteilt war, wurde vom Feld vertrieben. Innerhalb einer Stunde war der rechte Flügel der Unionslinie tief eingedrückt, fast alle Divisionen McCooks befanden sich in panikartigem Rückzug. Nur die Division Davis versuchte standzuhalten, konnte jedoch dem enormen Druck nicht widerstehen und fiel um 9.00 Uhr zurück.

Dieser Rückzug setzte die Division Sheridan vom Unionskorps Thomas der vollen Wucht des CSA-Angriffs aus. Philip Sheridan war jedoch der einzige Unionsgeneral, der vom CSA-Angriff nicht überrascht wurde. Dieser junge und relativ unerfahrene General hatte seine Feldposten in der Nacht zu größter Aufmerksamkeit ermahnt, und sie informierten ihn über die rege Tätigkeit beim Gegner. Schon um 4.00 Uhr hatte Sheridan seine Division geweckt und in Stellung gebracht. Wiederholte Angriffe konnten seine Kämpfer nicht zum Weichen bringen.

Als mit Davis' Rückzug seine rechte Flanke entblößt wurde, brachte Sheridan mit einer äußerst kühnen Bewegung seine am weitesten links stehende Brigade hinter seine anderen Brigaden zur äußersten Rechten und ging zum Gegenangriff über! Die Division Sheridan brachte den Vormarsch des CSA-Korps Hardee endlich zum Stehen.

Damit erhielt die Unionsseite eine kurze Atempause. Thomas und Crittenden bildeten eine neue, straff gebogene Verteidigungslinie, auf die sich Sheridans Division jetzt zurückziehen konnte.

Die Unionsdivision Van Cleve stand immer noch auf der Ostseite des Flusses, wo sie bis 11.00 Uhr blieb und keinen einzigen Schuß abgab. Sie erfüllte aber – unbeabsichtigt – eine wichtige Funktion: CSA-General Breckinridge, der Van Cleves Division vor sich sah, rechnete mit einem massiven Angriff auf die eigenen Stellungen und blieb dort, wo er war, statt Hardees Korps zu Hilfe zu eilen.

Inzwischen war die CSA-Kavallerie unter Wharton tief ins rückwärtige Gebiet der Unionstruppen vorgedrungen, wo sie einen mit Munition beladenen Pferdewagenzug entdeckte und in Brand steckte. Das wichtigste Ergebnis dieses Angriffs war, daß Sheridans tapfere Division um 11.00 Uhr keine Munition mehr hatte und sich vorläufig aus dem Kampf lösen mußte.

General Rosecrans stand mitten im Kampf, wo er mit enormer Energie und ungewöhnlichem persönlichen Mut seine Truppen anfeuerte und allmählich die Initiative im Gefecht übernahm. Die gegnerischen Truppen im Zentrum waren durcheinander geraten und zeigten deutliche Ermüdungserscheinungen. Rosecrans beorderte die Division Van Cleve über den Fluß zurück, und dieser Rückzug wurde von der CSA-Seite nicht bemerkt. Breckinridge hatte einen Angriff auf den vermeintlichen Gegner auf seiner Flußseite befohlen und ließ seine Truppen vorsichtig vorrücken. Sie fanden keine Unionstruppen vor. Breckinridge informierte Bragg davon; dieser erhielt jedoch zur selben Zeit eine Falschmeldung, daß auf dem Lebanon Turnpike östlich vom Schlachtfeld starke Unionstruppen anrückten. Breckinridges Truppen wurden deshalb in ihre Ausgangslage zurückbefohlen, wo sie den ganzen Tag blieben.

Alle Versuche der Konföderierten, durch Lücken in die Unionslinien einzudringen, wurden abgewiesen. Um 16.00 Uhr begann Bragg, der die Stärke des linken Flügels seines Gegners unterschätzte, einen Angriff gegen Crittendens Stellungen in der Flußbiegung. Die Folge waren hohe Ausfälle unter den Konföderierten und gesteigerter Autoritätsverlust Braggs bei seinen Korps- und Divisionskommandeuren. Mit Anbruch der Dunkelheit wurde der Kampf eingestellt.

In dieser Silvesternacht rief Unionsgeneral Rosecrans seine Korpskommandeure zum Kriegsrat zusammen. Die Kommandeure sprachen sich gegen eine Wiederaufnahme der Schlacht aus, Rosecrans glaubte jedoch, die Schlacht sei für die Union noch zu gewinnen. Durch das Eintreffen einer zusätzlichen Unionskavalleriebrigade war die konföderierte Kavallerie etwas zurückgedrängt worden; der rechte Flügel hatte sich jetzt stabilisiert. Van Cleves Division wurde abermals über den Fluß geschickt.

Am nächsten Tag wartete die Unionsarmee vergeblich auf einen CSA-Angriff, es kam jedoch nur zu halbherzigen Feuerwechseln. Der eigentliche Kampf wurde im CSA-Hauptquartier ausgetragen, wo sich Bragg und seine Offiziere heftig über den weiteren Verlauf stritten. Deshalb gab es weder am 1. Januar 1863 noch am zweiten Tag des neuen Jahres eine Fortsetzung der Schlacht bei Murfreesboro.

Bragg befahl – gegen die energischen Proteste seiner Korpskommandeure – der Division Breckinridge, die auf der Ostseite des Flusses liegende Unionsdivision Van Cleve (vorläufig von Oberst Beatty kommandiert, da der Kommandeur leicht verwundet war) anzugreifen, um die kleine Höhe, auf der die Division stand, zu erobern. Breckinridge war entsetzt, mußte sich aber fügen und am 3. Januar angreifen. Vor der Schlacht sagte er seinem Freund General Preston: «Wenn es mit einem Desaster endet und ich unter den Gefallenen bin, will ich, daß Sie meinem Andenken Gerechtigkeit widerfahren lassen und dem Volk sagen, daß ich diesen Angriff für sehr unklug hielt und versucht habe, ihn zu verhindern.»

Breckinridge war einer der wenigen von seiner Division, die den sinnlosen Angriff überlebten. Wie vorausgesehen, hatten die

Unionstruppen seine Vorbereitungen bemerkt. Sie hatten 58 Kanonen über den Fluß gebracht und mähten die konföderierten Truppen einfach nieder. Die Verzögerung der Wiederaufnahme der Schlacht bis zum 3. Januar hatte es der Union erlaubt, Verpflegung und Munition nach Murfreesboro zu bringen. Breckinridges Division sah sich mit dem gesamten Korps Crittenden konfrontiert, während die Unionskorps Thomas und McCook an ihren Abschnitten zum Gegenangriff übergingen und Hardees sowie Polks Infanteristen aus ihren Schützengräben vertrieben.

Kurz nach Mittag befahl Bragg den Rückzug in Richtung Chattanooga. Unionsgeneral Rosecrans besetzte Murfreesboro, konnte sich jedoch nicht zu einer Verfolgung Braggs entschließen. Bragg nahm seine Armee nicht ganz bis Chattanooga zurück, sondern errichtete eine Verteidigungslinie zwischen Shelbyville und Wartrace etwas südlich von Murfreesboro. Auf den erneuten Kampf mit Rosecrans sollte er viele Monate warten müssen.

Wenn auch der Unionssieg am Stones River am Ende des langen, schließlich und endlich unergiebigen Kentucky-Feldzuges der Konföderierten eher der Inkompetenz des CSA-Generals Braggs als den Fähigkeiten des Unionsbefehlshabers Rosecrans zu verdanken war, befand sich die CSA-Armee auf alle Fälle in der Defensive. Bragg blieb in Tennessee festgenagelt, während die konföderierten Streitkräfte weiter westlich am Mississippi keineswegs ausreichten, um dem wachsenden Druck der Armee General Grants auf Dauer zu widerstehen. Unionsgeneral Rosecrans hatte zwar die Kritik aus Washington vollauf verdient, die er sich in den kommenden Monaten wegen seiner Untätigkeit anhören mußte, wichtig war jedoch, daß Braggs Armee in Tennessee festgehalten und eine wirksame Unterstützung für die Besatzung von Vicksburg verhindert wurde. Diese Aufgabe erfüllte Rosecrans' Armee.

KAPITEL 4

1863:
DAS JAHR DER
WENDE

Wirtschaftliche und politische Veränderungen
im Winter 1862/63

Die letzten Monate des Jahres 1862 hatten auf beiden Seiten wichtige Veränderungen vor allem in der wirtschaftlichen Lage gebracht. Schmugglerwirtschaft und Spekulation trieben in der Konföderation die Preise für sämtliche Konsumgüter in unglaubliche Höhen. Ein Beispiel dafür war das Salz, das in jener noch kühlschranklosen Zeit im warmen Klima des Südens für die Konservierung von Fleisch unentbehrlich war. Der Süden verfügte jedoch über keine Salzquellen. Die Regierung in Washington drosselte trotz heftigen Protests der Unionsgenerale Grant und Sherman, die die Bedeutung jeglichen Handels für den Gegner gut begriffen hatten, nicht den Privathandel mit dem Süden. Geschäftsleute aus der Union transportierten ihre Waren in die CSA und verlangten dort den höchsten Preis, den man zu zahlen bereit war. Während der Normalpreis für einen Sack Salz auf Unionsterritorium 1,25 Dollar betrug, kostete dieselbe Menge auf konföderiertem Gebiet zwischen 60 und 100 Dollar. Die Händler nahmen nur Gold oder Silber in Zahlung, da die CSA-Währung außerhalb der Südstaaten praktisch keinen Wert hatte.

Im Norden stiegen die Preise für die großen Exportgüter des Südens. Baumwolle, die bei Kriegsbeginn 30 bis 35 Dollar je Ballen gekostet hatte, wurde schon im Sommer 1862 für 100 Dollar je Ballen gehandelt.

Die wirtschaftlichen Probleme des Südens verschärften sich in allen Bereichen, nicht zuletzt deshalb, weil die CSA-Regierung keine konkrete Basis für ihre Währung oder gar für die Finanzierung des Krieges schaffen konnte. Nicht einmal ein intaktes Steuersystem gab es in der Konföderation! Stattdessen wurde Papiergeld nach Bedarf gedruckt und wurden Wertpapiere als Gegenleistung für Kredite ausgegeben. Folge dieses Wahnsinns war eine ungehemmt galoppierende Inflation.

Obwohl es dem Süden weitestgehend an einer für die Kriegführung unentbehrlichen Rüstungsindustrie fehlte und die Industriestruktur überhaupt sehr schwach ausgebildet war, herrschten weiterhin tiefe Vorurteile gegen eine Industrialisierung der Konföderation und die Etablierung neuer Industrien. Im wesentlichen beruhten diese Vorurteile auf der Angst vor der Entstehung eines Industrieproletariats im Süden. Die CSA-Zeitschrift «De Bow's Review» bezeichnete zum Beispiel im Sommer 1862 die Fabrikarbeiter als «Söhne und Töchter Belials» (also des Teufels) und brachte ihr Schaudern vor dem «Gedanken an ein... Manchester im Piedmont-Gebiet» zum Ausdruck.

Als die CSA-Regierung zur allgemeinen Wehrpflicht überging, wurde diese ausnahmslos auch auf kriegswichtige Industriebranchen angewendet, bis unter anderem die Eisenbahn so gut wie stillgelegt werden mußte, weil ihr Personal in die Armee eingezogen worden war. Die Regierung mußte Ausnahmeregelungen treffen, die allerdings in vielen Industriezweigen die Lage nicht verbessern konnten.

Die wahre Arbeitskräftesituation kam durch eine Tragödie in Richmond ans Tageslicht: Am 13. März 1863 kam es in einer Fertigungshalle der staatlichen Munitionsfabrik auf Brown Island zu einer Explosion. Von den 69 Toten und Verletzten waren 62 Frauen! In der Tat wurde jetzt das Gros der Fabrikarbeiter im Süden von Frauen und Kindern gestellt. Auf den Feldern und in den Kontoren der großen Plantagen übernahmen die Ehefrauen oder die 12- bis 14jährigen Söhne der Besitzer die Leitung. Die Kinder der armen Pächter, die keine Sklaven besaßen, mußten Feldarbeit verrichten, während sich ihre Mütter in den Fabriken verdingten. Dies war aber nur der Anfang des Leids, das zwar wie immer die Armen zu allererst und am allermeisten traf, jedoch wegen der Verbohrtheit der Herrschenden schließlich alle Klassen und Schichten der Konföderierten Staaten heimsuchen sollte.

Rohstoffe wurden zu einem dringenden Problem, besonders in der Rüstung. Noch heute kann dem europäischen Besucher der USA-Südstaaten auffallen, daß die älteren Kirchen nicht viele und keine guten Glocken haben, sondern oft nur eine für jede Kirche, die meist schlecht gegossen ist und einen stumpfen Klang abgibt. Im Bürgerkrieg wurden alle bronzenen Kirchenglocken eingeschmolzen. «Die Sonntage», so die Worte eines Zeitgenossen, «vergingen in Stille.»

Im Norden war die Stimmung der Bevölkerung in jenem Winter sehr gedrückt. Immer mehr wuchs die Zahl der Kriegsversehrten auf den Straßen; die von den Armeen eingeschleppten Seuchen forderten Opfer auf Opfer, und Frauen und Mädchen in Trauerkleidung wurden zu einer alltäglichen Erscheinung. General Grant schrieb über diesen Winter: «Viele starke Unionsmänner glaubten, der Krieg würde sich als nutzlos herausstellen. Die Wahlen von 1862 (zum Kongreß – L. I.-K.) gingen gegen die Partei aus, die den Krieg zur Erhaltung der Union befürwortete, selbst wenn er den letzten Mann und den letzten Dollar fordern sollte. Im größten Teil des Nordens meldeten sich keine Freiwilligen mehr zum Militärdienst, und man hatte zur Wehrpflicht gegriffen...»

Die Kampfmoral der CSA-Soldaten war nach mehrfachen Siegen sehr hoch. Der Sieg in Fredericksburg machte die Niederlage von Murfreesboro mehr als wett, und die öffentliche Meinung wies die Schuld an dem Debakel ausschließlich Bragg zu. Trotz der viel schlechteren Bedingungen und des entbehrungsreichen Lebens im Feld waren die CSA-Soldaten ihrer Sache fanatisch ergeben. Ein anonymer Unionsarzt schrieb nach der Schlacht von Antietam: «Es ist einfach unbegreiflich, daß diese Männer, aus denen die Truppen der Rebellen bestehen, noch immer so weiter kämpfen, wie sie es tun. Daß diese verdreckten, kranken, hungrigen und elenden Männer solche Helden im Kampf sind, entzieht sich jeder Erklärung.»

Selbstverständlich gibt es eine Erklärung: Der konföderierte Soldat kämpfte um die Privilegien der weißen Rasse, für die Illusion der «südlichen Lebensweise». Und noch etwas: Im nordamerikanischen Bürgerkrieg spielte zum erstenmal in der Geschichte die systematische Propaganda unter den Truppen eine bedeutende Rolle, eine Tatsache, die von der Konföderation viel schneller erkannt worden war als von der Union. Nicht nur der Rassismus diente der konföderierten Propaganda, sondern auch die im Laufe der USA-Geschichte eingetretene Mystifizierung der Begriffe «Patriotismus» und «Freiheit» wirkte sich sehr stark bei der «Fanatisierung» der Truppen aus. Immer wieder wurde dem Soldaten eingetrichtert, er sei freier Bürger eines freien Staates, der von keinem überlebten Adel zum Dienst gezwungen sei. Von allem Anfang an pflegten sich die Amerikaner als Auserwählte Gottes zu betrachten und den Patriotismus mit der Religion gleichzusetzen. Ihr kontinuierlich genährter Sendungsanspruch, der im Grunde genommen chauvinistischen und rassistischen Charakter trägt, kam im Bürgerkrieg den Konföderierten zupaß.

Ein zusätzliches Problem für die an sich schon schlechte Moral in den Nordstaaten bot die widersprüchliche Haltung der meisten Weißen zu den befreiten, nach Norden abgewanderten Negern. Weitsichtigeren Politikern im Norden war durchaus klar, daß das kapitalistische System die Neger nicht auf gleichberechtigter Basis in die Gesellschaft zu integrieren imstande war. An eine Änderung des Systems selbst aber dachten die allerwenigsten. Die Fabrikanten des Nordens betrachteten die Neger als billige Arbeitskräfte – viel billiger als die Flüchtlinge aus Europa, die vor allem seit den 40er Jahren in Massen in die Vereingten Staaten strömten.

Hier lag der Zündstoff für beschämende Auseinandersetzungen, von denen der Norden immer wieder erschüttert wurde. Die Zeitung «Cincinnati Commercial» vom 11. Juli 1862 berichtete zum Beispiel, daß irische Arbeiter im Flußhafen von Cincinnati (Ohio) befreite Neger verprügelt und mit Steinen beworfen hätten, weil diese für weit geringeren Lohn zur Entladung der Flußdampfer eingestellt worden waren. Der Angriff auf die Neger geschah am hellichten Tag, und die Polizei schaute tatenlos zu. Schon lange verstanden es die Kapitalisten, die Arbeiterklasse zu spalten und zu beherrschen, und der Rassismus gehörte zu ihren beliebtesten Methoden.

Als Postskriptum zu seiner ansonsten trübsinnigen Einschätzung der Atmosphäre in der Union bei Jahresende 1862 schrieb General Grant ein kämpferisches Wort: «Es gab nichts zu tun als vorwärts zum entscheidenden Sieg zu gehen.» Für ihn war offensichtlich, daß nur die Nordstaaten mit ihrem gut entwickelten Verkehrswesen und Finanzsystem den entscheidenden Sieg zu erringen in der Lage waren. Bis zu diesem Zeitpunkt war schon zuviel investiert, waren schon zuviele Menschenleben geopfert worden. Für Grant wie auch für die progressivsten Politiker des Nordens gab es kein Zurück mehr.

Dasselbe Gefühl verstärkte sich allmählich im größten Teil der Bevölkerung der Union. Bald machte sich Unduldsamkeit gegenüber jenen großbürgerlichen Politikern und Unternehmern, die für einen «Frieden ohne Sieg» plädierten, bemerkbar. Die Massen verlangten immer stärker nach konsequenter Kriegführung.

Führungsprobleme in beiden Armeen

Bei einem Vergleich zwischen beiden Regionen, in denen der Bürgerkrieg ausgetragen wurde, kann man feststellen, daß der Krieg an der Ostküste die Infrastruktur der Konföderation weniger strapazierte als der Krieg in den Staaten westlich der Appalachen. Über die Kriegführung im Osten kam es seltener zu Diskussionen, und Robert E. Lees Nimbus als Heerführer gab die Gewähr dafür, daß sich Präsident Davis weitaus weniger in seine Aktivitäten einmengte als in die der Generale auf den westlichen Kriegsschauplätzen.

Eine der größten Schwächen in der Kriegführung der Konföderation war die mangelhafte Koordinierung. Es gab keinen Oberbefehlshaber der Streitkräfte, und zwar aus dem einfachen Grund, weil Präsident Davis darauf bestand, die dazugehörigen Funktionen allein wahrzunehmen. Obwohl er die Militärakademie West Point absolviert hatte, verfügte er nicht über jene militärische Begabung, die er sich einbildete. Es fehlte ihm an strategischem Weitblick sowie an der für die Wahl seiner Befehlshaber nötigen Menschenkenntnis. Sein streitbarer Charakter und seine

Vorbehalten sämtlicher Korpskommandeure McClernands gegen ihren Befehlshaber. Eine gefährliche Situation, meinte Grant, schrieb sofort nach Washington und überredete Halleck dazu, die Mississippi-Armee wegen der Gefährdung der Kommandostruktur im Westen aufzulösen. Sie wurde zu 2 Korps unter Sherman und McClernand reorganisiert und in Grants Armee eingegliedert.

Nun drängten Lincoln und sein Kriegsminister auf Bewegung im Vicksburg-Feldzug, obwohl das gesamte Gebiet um Vicksburg nach schweren Regenfällen überschwemmt war. Viermal versuchte Grant, auf verschiedenen Landwegen beherrschende Höhen bei Vicksburg zu erreichen und zu besetzen. Jedesmal scheiterte das Unternehmen am schwierigen Gelände, in dem sich die konföderierten Scharfschützen viel besser zurechtfanden als die Unionssoldaten.

Ende März besserte sich das Wetter, das Hochwasser ging allmählich zurück, und die Felder und Straßen trockneten langsam ab. Am 4. April entwarf Grant einen neuen Plan: Die Unionskanonenboote, die jetzt unter dem Kommando von Kapitän David Dixon Porter standen, sollten die Unionsarmee von der Yazoo-Mündung nördlich von Vicksburg zu einer Landungsstelle südlich der Stadt übersetzen, um die Stadt einzukreisen und zu belagern sowie die Versorgungslinie von Jackson her abzuschneiden. Der Plan lautete, daß die Kanonenboote die Batterien von Vicksburg passieren sollten, während Shermans Korps die konföderierte Besatzung mit demonstrativen Manövern gegen die Chickasaw Hills ablenkte.

Die Korpskommandeure – einschließlich Sherman – sowie Kapitän Porter hielten diesen Plan für nicht realisierbar, Grant aber bestand auf seiner Durchführung. Bis zum 28. April befanden sich 2 Unionskorps und Porters Flottille in Bruinsburg auf der Vicksburger Seite des Flusses etwas südlich von Grand Gulf, das von einer CSA-Besatzung mit starker Artillerie verteidigt wurde.

Am 29. April eröffneten die Unionskanonenboote ein heftiges Bombardement auf die Siedlung Grand Gulf. Die Verteidigung aber war stark, und die Besatzung ergab sich nicht. Grant entschloß sich zu einem Angriff auf dem Landweg und ließ am 1. Mai die Ortschaft Port Gibson südlich von Grand Gulf überfallen. Binnen kurzem fiel der angegriffene Ort.

Der konföderierte Befehlshaber in Vicksburg, General Pemberton, hielt Grand Gulf jetzt für unhaltbar und ließ die Garnison am 2. Mai evakuieren.

Inzwischen sollte Unionsgeneral Banks, der zusammen mit Admiral Farraguts Flottille das Gebiet von New Orleans bis Baton Rouge besetzt hatte, auf Port Hudson, den letzten Hafen in konföderierter Gewalt zwischen Vicksburg und Baton Rouge, marschieren. Port Hudson liegt etwa 400 Kilometer südlich von Vicksburg. Zur Unterstützung hatte Grant schon eine größere Kavallerietruppe unter General Grierson auf einen sehr erfolgreichen Streifzug von Nordmississippi über die Gegend hinter Jackson bis Baton Rouge geschickt. Zudem hatte er versprochen, Banks' Angriff auf Port Hudson mit einem Korps zu unterstützen, um die Kapitulation des Hafens vor Beginn der Hauptoperation gegen Vicksburg zu erzwingen.

Nun war Banks nicht dort, wo er sein sollte, sondern auf einer eigensinnigen und recht nutzlosen Expedition im Red-River-Gebiet in Louisiana. Frühestens am 10. Mai würde er in der Lage sein, seine 15 000 Mann nach Port Hudson zu bringen. Grant mußte den Feldzug nach Vicksburg ohne die Eroberung von Port Hudson fortsetzen, was natürlich die Gefahr heraufbeschwor, daß die Besatzung von Port Hudson zur Verstärkung der Verteidigung von Vicksburg herangezogen werden konnte.

Es sei daran erinnert, daß der konföderierte Präsident Davis im Spätherbst General Joseph E. Johnston zum Oberbefehlshaber der 3 CSA-Armeen im Westen ernannt hatte. Die in Vicksburg stehende Armee gehörte dazu. Als Johnston bemerkte, welch große Gefahr Vicksburg drohte, machte er sich mit 6000 Mann auf den Weg nach Jackson und setzte Verstärkungen aus dieser Stadt nach Vicksburg in Marsch.

Johnstons Bewegungen versetzten die Unionsarmee in einer prekäre Lage. Ihre Versorgungsbasis lag immer noch an der Mündung des Yazoo River, die Verbindung dorthin verlief über den Fluß, durch einen Sumpf und an den Vicksburger Batterien vorbei. Die Unionskorps standen auf einer ausgedehnten Linie von Grand Gulf bis Rocky Springs, wo das Korps McClernand am 7. Mai eintraf. Die Aufrechterhaltung dieser Linie war nur möglich, solange die Armee südlich von Vicksburg stand, aber das bedeutete, daß CSA-General Johnston mit seinen Verstärkungen ungehindert von Jackson nach Vicksburg marschieren konnte.

Unionsgeneral Grant faßte daraufhin einen der kühnsten Entschlüsse des Bürgerkrieges: «Da ich hoffte, Vicksburg schließlich belagern zu können, mußte ich erst jede Möglichkeit der Hilfe (für die Stadt – L. I.-K.) eliminieren. Ich entschloß mit deshalb, schnell auf Jackson zu marschieren ... Aber wenn ich mich gegen Jackson bewegte, würde ich meine eigene Verbindungslinie exponieren. Also entschloß ich mich letzen Endes, keine zu haben. ...»

Er rechnete damit, daß sich die Truppen durch Requirierung sowie durch Plünderung der konföderierten Depots in Jackson versorgen konnten. Größte Probleme bereitete ihm die Munition. Grant befahl, an die Truppen Proviant für 3 Tage auszugeben sowie 120 Pferdewagen mit Kaffee, Salz, Zucker und Zwieback zu beladen. Diesen Teil der Versorgung sollte Sherman organisieren. Dann ließ Grant alle greifbaren Wagen und Zugtiere von Bauern in der Umgebung requirieren und zusammen mit allen verfügbaren Armeewagen mit Munition beladen. Jedes Regiment wurde von 2 Munitionswagen begleitet. Nachdem alle Vorbereitungen getroffen waren, setzte sich die Unionsarmee in Richtung Jackson – 75 Kilometer östlich von Vicksburg – in Bewegung.

Am Morgen des 14. Mai erreichten die Unionskorps Sherman und McPherson als erste die Stadt Jackson und griffen die konföderierten Truppen unter Johnston an. Die beiden Unionskorps waren zahlenmäßig weit überlegen. Johnston hatte keine andere Wahl, als die Stadt aufzugeben und nach Norden zu fliehen. Die Unionstruppen plünderten und verbrannten die Versorgungsdepots in Jackson.

Bereits am 13. Mai hatte General Johnston General Pemberton in Vicksburg einen Befehl erteilt, sich mit dem größten Teil seiner Truppen Johnston anzuschließen und dann gemeinsam die südöstlich von Vicksburg vermutete Versorgungslinie der Union zu überfallen. In der Nacht vom 14. zum 15. Mai erbeutete Unionsgeneral McPherson eine Kopie dieses Befehls und leitete sie sofort an Grant weiter. Grant zögerte keinen Augenblick, sondern befahl, im Eilmarsch nach Vicksburg zurückzuverlegen, um Pem-

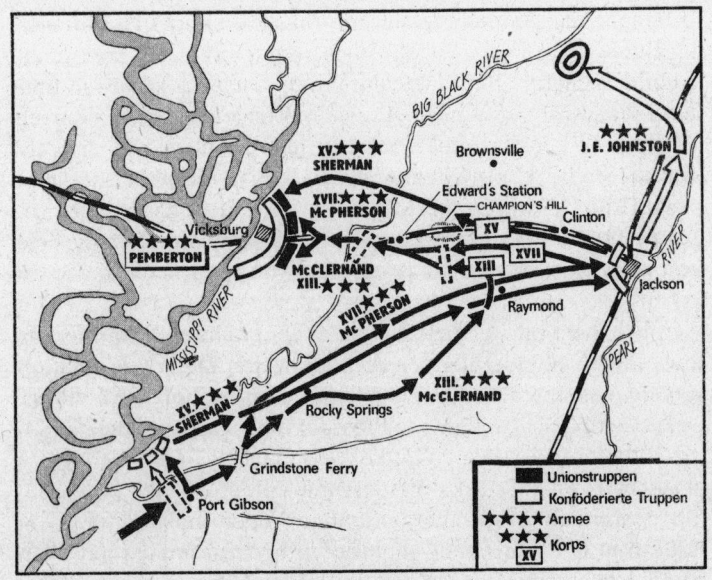

Der Feldzug nach Vicksburg.
1. bis 18. Mai 1863

bertons Marsch und die Vereinigung der konföderierten Truppen
zu verhindern.

Nun stand es äußerst gefährlich um die CSA-Armee in Mississippi: Johnston befand sich auf dem Rückzug von Jackson, aber in
genau entgegengesetzter Richtung, als er eigentlich beabsichtigt
hatte. Pembertons Befehl lautete, nach Südosten zu marschieren,
wo Johnston nun nicht mehr anzutreffen war – und zwischen beiden stand die Unionsarmee.

Pemberton war ein eigenwilliger General. Johnstons Befehl akzeptierte er nicht und ließ ihn 24 Stunden lang unbeachtet. Erst
am 16. Mai setzte er seine Truppen in Bewegung, allerdings nicht
nach Südosten, sondern ostwärts in Richtung Jackson. Pemberton wußte nicht, wo sich sein Oberbefehlshaber befand, geschweige denn die Unionsarmee. Am Abend des 16. Mai erreichten seine Divisionen einen Hügel namens Champion's Hill, auf
dessen Westseite sie biwakierten.

Am selben Abend erreichten die Unionskorps McClernand und McPherson die Ostseite des Champion's Hill und schlugen ihr Lager nur 4 Kilometer von dem der Konföderierten entfernt auf. Die beiden gegnerischen Armeen verbrachten die Nacht, ohne daß eine von der Anwesenheit der anderen wußte.

Am Morgen des 17. Mai erreichte ein Kurier von General Johnston Pembertons Lager und überbrachte den Befehl, nach Clinton zu marschieren und Johnston dort zu treffen. Daß Unionstruppen im Moment Clinton passierten, wußte Johnston offensichtlich noch nicht. Pembertons Antwort blieb aus, denn in diesem Augenblick entdeckten konföderierte Scharfschützen auf dem Champion's Hill die Vorhut der Unionsarmee. Um 7.30 Uhr begann die Schlacht.

Anfangs verschaffte die höhere Lage den konföderierten Truppen, die Stellungen auf dem Champion's Hill bezogen hatten, einen Vorteil. Es gelang der Unionsseite jedoch, die CSA-Linien zu umfassen und sie allmählich vom Gipfel zurückzudrängen. Um 16.00 Uhr mußte Pemberton den Rückzug befehlen. Auf dem Weg nach Vicksburg ließ er am Big Black River eine Division zurück, um Grants Vormarsch aufzuhalten. Fast die gesamte Division wurde von den Unionstruppen eingekreist und gefangengenommen. Mit lediglich 20 000 Mann zog sich Pemberton in die Festung Vicksburg zurück.

Die geschwächte Besatzung war damit überfordert, die für ihre Artilleriedeckung lebenswichtigen Chickasaw Hills zu behaupten. Pemberton zog die dortigen Batterien in die Stadt ab. Als Grants Truppen am 18. Mai die Stadt einschlossen und bemerkten, daß die Höhen nicht besetzt waren, befahl Grant General Shermans Korps, diesen wichtigen Punkt, um den sie im vergangenen Winter vergebens gerungen hatten, einzunehmen.

Als am Tage zuvor CSA-General Johnston Nachricht vom Gefecht auf dem Champion's Hill bekommen hatte, schickte er einen zusätzlichen Befehl an Pemberton, nicht wieder in Vicksburg einzuziehen, weil dies den sicheren Verlust der Armee bedeuten würde. Stattdessen sollte Pemberton auf Umwegen nach Clinton kommen und zusammen mit Johnston der Unionsarmee eine offene Feldschlacht liefern oder sich bis zum Eintreffen von Verstärkungen zurückziehen. Pemberton ignorierte diesen Befehl und weigerte sich, Vicksburg aufzugeben.

Im feuchtheißen Klima von Mississippi war die Unionsarmee permanent der Gefahr von Epidemien ausgesetzt. Aus diesem Grund wollte Grant eine lange Belagerung Vickburgs möglichst vermeiden. Auch schien es ihm nicht ratsam, noch mehr Truppen aus Memphis und anderen Regionen nach Vicksburg zu verlegen. Seine vor Vicksburg stehenden Truppen waren moralisch stark motiviert, sie wollten unbedingt einen Angriff auf die Stadt wagen. Trotz einiger Zweifel ließ Grant am 19. Mai probeweise angreifen, um die Stärke der Befestigungen zu testen. Am 22. Mai befahl er einen Frontalangriff.

Diesen Befehl bereute Grant sofort, denn seine Truppen vermochten beim besten Willen nicht, die äußerst starken konföderierten Linien zu durchbrechen. Schon um 10.00 Uhr wollte Grant das Feuer einstellen lassen. In diesem Moment erreichte ihn die erste einer Reihe von Falschmeldungen von dem immer noch auf persönlichen Ruhm versessenen General McClernand, der die Lage an seinem Abschnitt optimistisch beurteilte und Grant mit Meldungen über einen angeblichen Durchbruch irreführte. Dadurch wurde der Kampf unnötig in die Länge gezogen, bis Grant die Wahrheit erkannte und die Kampfhandlungen endgültig einstellen ließ. Die Verluste waren hoch – 3200 Mann. Grants Geduld mit McClernand war am Ende, und der ruhmsüchtige General wurde entlassen.

Eine lange Belagerung war nicht mehr zu vermeiden. Mit täglichen Bombardements sowie mit Minenstollen wurde versucht, einen schnellen Durchbruch zu erzielen. Das Minieren erforderte großen Aufwand und brachte nichts ein.

Die konföderierte Armee hatte die Zivilisten nicht aus Vicksburg evakuieren lassen. So mußten Frauen, Kinder und Greise deren Los teilen. An Hunger und durch Artilleriebeschuß kamen die Hälfte der Bevölkerung sowie fast die Hälfte der Soldaten Pembertons ums Leben.

Den ganzen Juni lang versuchte der konföderierte General Johnston, eine Armee zum Einsatz Vicksburgs zu organisieren. Seine wiederholten Bitten an die Regierung brachten jedoch kaum Ergebnisse, denn die CSA waren schon nicht mehr imstande, Truppen aus einem Gebiet ins andere zu verlegen. Bis Ende des Monats hatte Johnston lediglich 31 000 Mann zusammengebracht, weniger als die halbe Stärke der Unionstruppen, die Vicksburg belagerten und im Raum zwischen Vicksburg und Jackson lagen. Nichtsdestotrotz rückte Johnston Anfang Juli aus Jackson ab, in der Hoffnung, zumindest den Druck auf Vicksburg lindern zu können.

Es war bereits zu spät. In der Hoffnung, durch eine Kapitulation am Nationalfeiertag der Vereinigten Staaten bessere Bedingungen zu erreichen, übergab General Pemberton am 4. Juli 1863 Vicksburg und damit die Kontrolle über den Mississippi bis nach Port Hudson. Als CSA-General Johnston die Nachricht von der Kapitulation empfing, stand er am Big Black River. Er zog sich sofort nach Jackson zurück, wurde fast noch von Shermans verfolgenden Truppen eingekreist, konnte jedoch entkommen und seine Truppen nach Osten zurückführen.

Das weitere Halten von Port Hudson war nun für die Konföderation sinnlos geworden. Am 9. Juli kapitulierte die Besatzung. Damit waren die Südstaaten endgültig gespalten, Louisiana, Texas und Arkansas vom Rest der Konföderation isoliert. Der Mississippi befand sich nun auf seiner ganzen Länge in der Hand der Union.

Für den Krieg im Westen brachte der Sieg im Vicksburg-Feldzug die entscheidende Wende. Außer, daß er das Schicksal der westlichen CSA-Territorien besiegelte, öffnete er Grants Armee den Weg nach Osten. Grant und Sherman waren sich darüber einig, daß dieser Weg über die wichtigsten Transport- und Versorgungszentren des tiefen Südens, vor allem Chattanooga, Mobile und Atlanta, führen mußte.

Als Grant am 4. Juli die Siegesnachricht an Lincoln telegrafierte, wußte er noch nicht, daß am Tag zuvor auch an der Ostfront eine entscheidende Schlacht zu Ende gegangen war.

Als General Joseph Hooker von Burnside die Führung der Potomac-Armee übernahm, befand sich die Armee auf einem morali-
schen und materiellen Tiefpunkt. Nach der Niederlage bei Fredericksburg und dem «Schlamm-Marsch» war sie in ihre Basis bei
Aquia Landing zurückgekehrt. Hier brach die Organisation zusammen, Desertionen waren an der Tagesordnung. Zur Überraschung aller erwies sich Hooker, der sich auf diesem Gebiet noch
nie sonderlich fähig gezeigt hatte, als ausgezeichneter Organisator. In kurzer Zeit hatte er die Disziplin wiederhergestellt, die
Versorgung verbessert und die Armee reorganisiert. Burnsides
«Grand Divisions» löste er auf. Die Armee bestand jetzt aus 7 In-
fanterie- und 1 Kavalleriekorps:

I. Korps	General J. F. Reynolds
II. Korps	General D. N. Couch
III. Korps	General D. E. Sickles
V. Korps	General G. G. Meade
VI. Korps	General J. Sedgwick
XI. Korps	General O. O. Howard
XII. Korps	General H. W. Slocum
Kavallerie	General George Stoneman.

Zusammen mit der Kavallerie zählte die Armee etwa 134 000
Mann. Auch die Washingtoner Garnison, jetzt auf eine Iststärke
von rund 30 000 Mann reduziert, stand ihr als Reserve zur Verfügung. Ein zweites Reservekorps unter General Franz Sigel löste
sich allmählich infolge von Krankheiten und Desertionen auf, bis
Sigel seinen Rücktritt einreichte. In den Wintermonaten unternahm Hooker keine Kampfhandlungen gegen die immer noch in
Fredericksburg liegende CSA-Armee.

Diese hatte große Probleme, denn nicht nur die schlechte Versorgung, sondern auch die organisatorischen Probleme der überdehnten Dispositionen reduzierten ihre Kampfstärke. Im Februar
wurde ein Befehlshaber für das CSA-Militärdepartement Südvir-
ginia/North Carolina gesucht. Zu diesem Zweck wurde General
Longstreet zusammen mit den Divisionen Hood und Pickett von

Lees Armee nach Suffolk (Virginia) verlegt. Dort blieb Longstreet bis Ende Mai, offenbarte einen auffälligen Mangel an Talent für ein unabhängiges Kommando und unternahm gegen die Unionsbasen an der Küste so gut wie nichts. Das einzige Interessante an seiner Inaktivität außer deren Wirkung auf Lees Lage vor der Schlacht von Chancellorsville ist die Tatsache, daß sich viele Militärhistoriker in den USA entweder nicht für deren Grund interessieren oder die verschiedensten unhaltbaren Versionen aufstellen.

Die konföderierte Armee von Nordvirginia zählte im Frühjahr 1863 knapp über 60000 Mann. Nach Longstreets Abmarsch bestand sie aus dem Korps Jackson, mehreren Verbänden aus Longstreets Korps und Stuarts Kavalleriedivision mit 6500 Reitern. Die Verbindungslinie der CSA-Armee nach Richmond wäre bei gutem Wetter von einem talentierten Unionskavalleriekommandeur mit genügend Reitern leicht anzugreifen gewesen, denn sie verlief hauptsächlich über die Richmond-Fredericksburg-Eisenbahn.

In diesem Frühling erkannte Unionspräsident Lincoln ein wichtiges Prinzip der Kriegführung: Will man einen Gegner besiegen, so muß man zuallererst seine Armee vernichten und nicht unbedingt seine Hauptstadt zerstören. Einen entsprechenden Befehl erteilte er Hooker, der am 4. April einen neuen Plan für die Operationen der Potomac-Armee im Frühjahr aufstellte.

Der Plan sah vernünftig aus. Als Vorbereitung sollte das Kavalleriekorps Stoneman einen Streifzug in breitem Bogen nach Westen und dann nach Süden unternehmen, um die Verbindungslinie der CSA-Armee zu unterbrechen. Danach, am Monatsende, sollten das I. und VI. Unionskorps nach Fredericksburg marschieren, südlich der Stadt den Fluß überqueren und sich am Ufer verschanzen, um die Höhen scheinbar zu bedrohen. Während dieses Ablenkungsmanövers beabsichtigte Hooker, mit dem Hauptteil seiner Armee in die Gegend westlich von Aquia zu marschieren, den Rapidan und den Rappahannock zu überqueren und die konföderierte Armee aus dem Rücken anzugreifen. Die Konföderierten würden sich dann in einer Zange zwischen 2 Teilen einer ihnen an Zahl doppelt überlegenen Armee befinden. Lincoln billigte den Plan, ermahnte Hooker jedoch, alle seine Truppen einzusetzen und sich möglichst schnell zu bewegen.

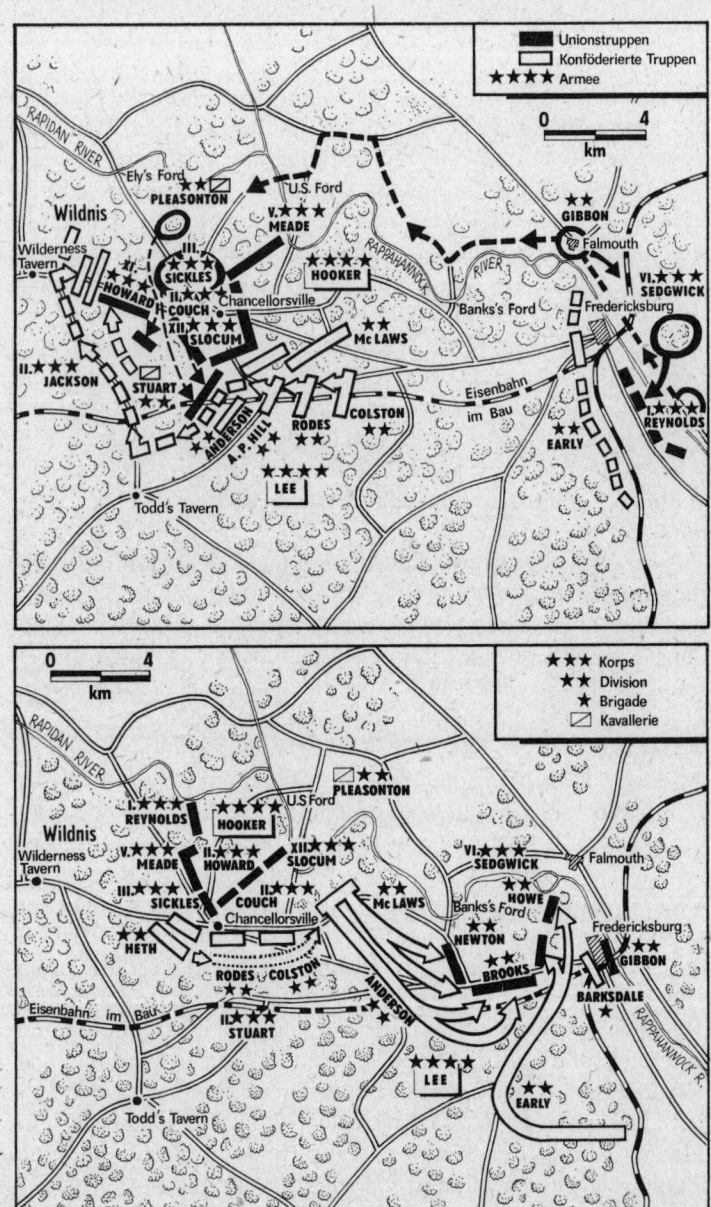

Unionstruppen
Konföderierte Truppen
★★★★ Armee

RAPIDAN RIVER

Ely's Ford
PLEASONTON
U.S. Ford
V. ★★★★ MEADE
Wildnis
Wilderness Tavern
XI. HOWARD
III. SICKLES
III.
II. COUCH
Chancellorsville
HOOKER ★★★
RAPPAHANNOCK RIVER
Banks's Ford
Fredericksburg
VI. ★★★ SEDGWICK
GIBBON
Falmouth
II. ★★★★ JACKSON
XII SLOCUM
STUART
ANDERSON
A. P. HILL
RODES
COLSTON
McLAWS
Eisenbahn im Bau
EARLY
LEE ★★★★
Todd's Tavern
I. REYNOLDS

0   4
km

0   4
km

★★★ Korps
★★ Division
★ Brigade
▱ Kavallerie

RAPIDAN RIVER
Wildnis
Wilderness Tavern
I. ★★★ REYNOLDS
U.S Ford
HOOKER ★★★★
PLEASONTON
V. ★★★ MEADE
II. ★★★ HOWARD
XII ★★★ SLOCUM
VI. ★★★ SEDGWICK
Falmouth
III. ★★★ SICKLES
II. COUCH
Chancellorsville
McLAWS
Banks's Ford
HOWE
HETH
RODES
COLSTON
ANDERSON
NEWTON
BROOKS
Fredericksburg
GIBBON
BARKSDALE
II. ★★★ STUART
Eisenbahn im Bau
RAPPAHANNOCK R.
LEE ★★★
EARLY
Todd's Tavern

186

Stonemans Streifzug wurde durch schlechtes Wetter verhindert und endete schließlich mit einem Mißerfolg, obwohl so manches Versorgungsfahrzeug der Konföderierten erbeutet werden konnte. Die Störung der CSA-Versorgung war jedoch nicht General Hookers Hauptproblem. Seine Armee setzte sich am 27. April in Bewegung. Am 28. April erreichten die beiden Unionskorps unter Sedgwick und Reynolds – absichtlich mit soviel Lärm wie möglich – den Rappahannock bei Fredericksburg, überquerten den Fluß und signalisierten so dem Oberbefehlshaber der Konföderierten, daß er aus dieser Richtung einen Angriff zu gewärtigen hatte.

Es war jedoch nicht so leicht, Robert E. Lee zu täuschen. Der demonstrative Aufmarsch am Rappahannock kam ihm nicht geheuer vor, und so beauftragte er Stuarts Kavallerie mit der Aufklärung der Gegend hinter Fredericksburg. Stuart stellte binnen kurzem fest, daß Stonemans Unionskavallerie in seinem Hinterland operierte, während Hooker mit den meisten seiner Korps auf der Nordseite des Rappahannock River marschierte.

Laut Befehl sollten die Unionskorps auf 3 verschiedenen Wegen vorrücken und sich bei einer Straßenkreuzung inmitten eines Waldgebiets treffen, das «Wilderness» (Wildnis) genannt wurde. Diese Gegend auf der Südseite des Rappahannock und des Rapidan sollte den Bewegungen der Unionsarmee Deckung bieten. Das III. Unionskorps marschierte von den Stafford Heights gegenüber von Fredericksburg westwärts bis zur United States Ford, das I., XI. und XII. Korps rückten auf einem sehr weiten Umweg über Kelley's Ford an. Hooker marschierte mit dem II. Korps vorneweg über die United States Ford. Am 29. April erreichte er die Straßenkreuzung mitten in der Wildnis und hielt an, um die anderen Korps abzuwarten.

An dieser Kreuzung stand ein einsames, recht großes Haus aus rotem Backstein mit breiter Veranda. Es gehörte einem Grundbesitzer namens Chancellor, der die Kreuzung in der Hoffnung auf die Entstehung einer Siedlung an diesem Ort Chancellorsville

Die Schlacht von Chancellorsville
1. T. J. Jacksons Umfassungsmanöver am 2. Mai 1863;
2. Die Niederlage des VI. Unionskorps am 4. Mai 1863

nannte. Aus der Siedlung wurde nichts, denn das Gelände um Chancellorsville war eine Wildnis im wahren Sinne des Wortes. Zahlreiche kleine, sumpfige Bäche durchquerten das Gelände, das dicht mit niedrigen Tannen und Eichen bestanden war. Unter den Bäumen wuchs derart viel Gebüsch und Gestrüpp, daß es ein einzelner Mensch kaum zu durchdringen vermochte, geschweigen denn Truppenmassen. Wenige Sandwege und unbefestigte Straßen führten durch den Wald. Nur eine einzige Erhebung in der unmittelbaren Nähe von Chancellorsville namens Fairview Hill erlaubte einen begrenzten Überblick. Weder Kavallerie noch Artillerie konnten in dieser Gegend konzentriert und effektiv eingesetzt werden. Als Schlachtfeld war Chancellorsville so ungeeignet wie kein anderes. Aus diesem Grund erwartete hier Unionsgeneral Hooker keinen Angriff und hielt an, um seine Armee zu sammeln. Bis zum Abend des 30. April hatten alle Korps außer Sickles' III. die Wildnis erreicht. Das letzte Korps, das noch am 30. April eintraf, war das XII. Unionskorps.

Es war ihm verborgen geblieben, daß sein Marsch auf dem Umweg bis Kelley's Ford von Jeb Stuarts Kavallerie beschattet worden war. Spät am 30. April erreichte Stuart Lees Hauptquartier in Fredericksburg und erstattete Bericht über die Bewegungen der Unionsarmee. Mit Jackson beriet Lee die sehr schlechte Lage der konföderierten Armee. Ein Rückzug aus der Zange war möglich, doch in diesem Falle hätte man die Wahl des Schlachtfeldes Hooker überlassen. Die Stellungen auf den Marye's Heights waren so gut, daß eine einzige starke Division dem Angriff der am Flußufer verschanzten Unionskorps zumindest eine Zeitlang widerstehen konnte, falls es überhaupt zu diesem Angriff käme. In dieser Hinsicht hatten die CSA-Generale ihre berechtigten Zweifel. Sie faßten den Entschluß, die Division Early allein auf den Marye's Heights zurückzulassen und mit Jacksons Korps und Stuarts Kavallerie gegen Hooker zu marschieren. Das Risiko war gewaltig, aber Lee rechnete mit der gewohnten Trägheit des Unionsoberbefehlshabers und hoffte, Hooker überraschen zu können. Er schickte bereits am 30. April die Division Anderson als Vorhut nach Chancellorsville. Anderson hatte Berührung mit der Unionskavallerie, ermittelte die Stärke der Linien des V. Unionskorps vor Chancellorsville und kehrte um. Er zog sich auf eine

Linie quer zur Landstraße von Fredericksburg zurück, wo sich seine Truppen verschanzten.

Beobachtungsballons der Union registrierten Lees Bewegungen sowie die Schwäche der überdehnten CSA-Division auf den Marye's Heights. Nun hätte Unionsgeneral Hooker eine ausgezeichnete Gelegenheit gehabt, Lee schon auf der Landstraße von Fredericksburg zu schlagen, während die beiden bei Fredericksburg stehenden Unionskorps die dünnen Linien von Earlys Division durchbrachen. Nach kurzem Zögern setzte Hooker schließlich am 1. Mai, 11.00 Uhr seine Truppen in Bewegung, erteilte aber Sedgwick und Reynolds keinen Befehl, gleichzeitig anzugreifen.

Schon zu diesem Zeitpunkt hatte sich Jacksons Korps mit Andersons Division vereinigt und an der Landstraße starke Stellungen bezogen. Mit einer geschickten doppelten Umfassung durch das XI. und XII. Korps am rechten und das V. Korps am linken Flügel der Unionstruppen hätten die konföderierten Truppen rasch geworfen werden können. Dazu kam es nicht: Beim ersten Zusammenstoß verlor Hooker entweder die Nerven oder den Überblick (vielleicht beides) und befahl trotz heftiger Proteste seiner Korpskommandeure den Rückzug auf die Ausgangsstellungen im schwierigen Gelände von Chancellorsville. Der Rückzug kam den konföderierten Generalen derart verdächtig vor, daß sie dem Gegner nur vorsichtig und langsam folgten.

Bis zur Abenddämmerung des 1. Mai hatten die Unionstruppen Bäume gefällt und auf einer gebogenen Linie um Chancellorsville und den Fairview Hill starke Brustwehren errichtet. Das II. und XII. Korps verschanzten sich an dieser Linie, das III. Korps wurde hinter den anderen konzentriert. Am linken Flügel baute das V. Korps eine Linie bis zum Fluß aus. Aber das XI. Korps unter General O. O. Howard lag am rechten Unionsflügel nahe dem Gasthof Dowdall's Tavern ziemlich isoliert.

Die CSA-Generale Jackson und Lee waren sich darin einig, daß ein Angriff auf das Zentrum und den linken Flügel der Unionsarmee Selbstmord bedeuten würde. Während ihrer Beratung ging von der Kavallerie ein Bericht über die gefährlich exponierten Stellungen des XI. Unionskorps ein. «Stonewall» Jackson hielt einen Angriff auf diesen Flügel für möglich, wenn er mit den schnellsten Einheiten seiner «Fußkavallerie» von Catherine Furnace zum Gasthof Wilderness Tavern marschierte.

Es war ein äußerst waghalsiges Unternehmen: Lee mußte seine Armee ein weiteres Mal teilen, sich mit nur 17000 Mann den Hauptlinien der Union bei Chancellorsville gegenüber behaupten und 21000 Mann unter Jackson unter Deckung von Kavallerie auf einen 22 Kilometer weiten Marsch schicken. Wegen des schwierigen Geländes kam ein Nachtmarsch nicht in Frage. Das Manöver mußte am hellichten Tag vor den Frontlinien der Unionsarmee ausgeführt werden. Wenn Hooker sich entschließen sollte, einen Teil der konföderierten Armee anzugreifen, war Hilfe vom nicht angegriffenen Teil nicht zu erwarten.

Der CSA-Oberbefehlshaber rechnete aber immer noch mit Hookers Unentschlossenheit und mangelnder Erfahrung in der Führung einer großen Armee. Das Gelände, in dem sich die konföderierten Soldaten viel besser als Hookers Truppen auskannten, würde die Artillerie der Union stark behindern. So rückten am 2. Mai, 6.00 Uhr die im Bergland gestählten Infanteristen Jacksons ab.

Soldaten des XII. Unionskorps entdeckten Jacksons Bewegungen und benachrichtigten ihren Kommandeur, der seine Linien weiter südwärts nach Catherine Furnace zog und General Hooker um die Erlaubnis bat, die marschierenden CSA-Kolonnen anzugreifen. General Sickles warnte auch General Howard vor der drohenden Gefahr. Weder Hooker noch Howard wollten ihm Glauben schenken. Hooker befahl Sickles, die Aktionen seines Korps auf Aufklärung zu beschränken, solange es nicht angegriffen wurde. Sickles gab sich damit nicht zufrieden und baute seine «Aufklärungsoperation» zu einem Angriff aus, der jedoch vom Terrain behindert und von Stuarts CSA-Kavallerie gestoppt wurde.

Die Stunden vergingen, und Jacksons Korps marschierte unverdrossen. General Howard blieb bei seiner Meinung, Jackson könne an diesem Tag gar nicht angreifen. Er und seine Truppen wurden also völlig überrascht, als um 18.00 Uhr Jacksons Kolonnen auf der Straße nach Wilderness Tavern auftauchten und zum Sturmangriff antraten.

Das XI. Unionskorps wurde zum Rückzug gezwungen. Sobald Lee den Kampflärm von Westen vernahm, befahl er an seinem Abschnitt die Feuereröffnung und band damit das Unionszentrum. Sickles' III. Unionskorps wurde bis zum Fairview Hill zurückgeworfen. Sickles ließ den Hügel sofort besetzen. Das II. und XII. Unionskorps bezogen die starken Befestigungen im Zentrum, während Howards zurückgehendes XI. Korps die ehemaligen Stellungen des V. Korps am linken Flügel übernahm und das V. Korps mit dem Ausbau einer zweiten Verteidigungslinie hinter Chancellorsville beauftragt wurde. Erst bei Anbruch der Dunkelheit stellten beide Seiten die Kämpfe ein.

«Stonewall» Jackson rechnete mit einer Verstärkung der Unionsarmee durch die beiden Korps aus Fredericksburg und entschloß sich, ohne sich mit irgendjemandem darüber zu beraten, das Gebiet nördlich des Schlachtfeldes aufzuklären, um die Verstärkung von dieser Seite zu vereiteln oder der Unionsarmee den möglichen Rückzugsweg zu verlegen. In seiner üblichen Art, die Pläne geheimzuhalten, ritt Jackson allein vom Lager zum Rapidan River, der westlich der United States Ford in den Rappahannock mündet. In seiner Abwesenheit zog ein Gewitter auf, und bei der Rückkehr ins Lager, so heißt es in manchen Versionen der Geschichte, ging das von ihm genannte Kennwort im Sturmgetöse unter. Aus welchen Gründen auch immer, Jackson wurde von den Feldposten nicht erkannt und beschossen. Ein Minié-Geschoß zerschmetterte seinen Arm, und er fiel vom Pferd. Erst jetzt erkannten ihn die herbeieilenden Soldaten und trugen ihn zum Chirurgen, der den Arm amputieren mußte. So war Jackson zumindest für die nächste Zeit außer Gefecht gesetzt.

Am Morgen des 3. Mai sah die Lage der CSA-Armee recht bedenklich aus: Das Unionskorps Sickles kontrollierte nach Besetzung des Fairview Hill die Straße von Dowdall's Tavern bis Catherine Furnace – den einzigen Weg, über den sich die beiden Teile der CSA-Armee wieder vereinigen konnten. Hooker ließ das I. Korps während der Nacht von Fredericksburg nach Chancellorsville marschieren, wie Jackson vorausgesehen hatte. Die Verwundung des letzteren hatte jedoch verhindert, daß sich jemand über das Eintreffen der Uniontruppen von Fredericksburg Gedanken machte. Das I. Unionskorps konnte problemlos nach

Chancellorsville gelangen und von Sickles' rechter Flanke nordwärts bis zum Rapidan-Ufer eine Verteidigungslinie ausbauen. Von dieser Stellung aus konnte das Unionskorps dem CSA-Korps Jackson – jetzt von Stuart befehligt, da auch Jacksons Stellvertreter A. P. Hill leicht verwundet worden war – in die linke Flanke stoßen und es zerschlagen. Lees Truppen lagen vor den stark verteidigten Brustwehren südlich von Chancellorsville. Ihr rechter Flügel war ziemlich exponiert und bot sich dem XI. Unionskorps zum Gegenangriff an. Ein Unionsangriff im Zentrum hätte einen Keil zwischen die beide Hälften der CSA-Armee treiben können.

Hooker ignorierte all diese Faktoren und machte sich Sorgen über die Enge des Bogens um Chancellorsville. Frühmorgens suchte er Sickles' Korps auf dem Fairview Hill auf, hielt die Stellung für zu exponiert und befahl Sickles, sich zur Straße vor Chancellorsville zurückzuziehen. Das war ein fataler Irrtum, denn nun war der Weg zur Wiedervereinigung der CSA-Armee unbewacht. CSA-General Stuart nahm die Gelegenheit sofort wahr. Kaum hatte sich das Korps Sickles vom Fairview Hill zurückgezogen, als Stuart den Hügel besetzen und 31 Kanonen dorthin bringen ließ. Die CSA-Artilleristen eröffneten das Feuer auf Sickles' und Slocums Korps, während Lee im Zentrum einen erneuten Angriff eröffnete. Der Hauptteil von Stuarts Korps konnte sich im Laufe des Tages mit den Truppen in Lees Abschnitt vereinigen.

Unionsgeneral Hooker warf keines der 3 Korps hinter Chancellorsville nach vorn, sondern ließ sie weiter die neuen Verteidigungslinien ausbauen. Er nahm kaum aktiven Anteil am Kampf, sondern hielt sich als passiver Beobachter auf der Veranda des Chancellor House auf. Gelegentlich lehnte er sich an eine der Säulen – bis ein Geschoß aus einer der auf dem Fairview Hill postierten konföderierten Kanonen diese Säule traf. Hooker fiel in Ohnmacht. Als er zu sich kam, war er verwirrt und auf einer Seite gelähmt. Obwohl er deutliche Symptome von Gehirnerschütterung aufwies, weigerte er sich, den Oberbefehl abzugeben. Der behandelnde Arzt wollte ihn nicht gegen seinen Willen für dienstuntauglich erklären. Hooker bezog seine eigene Situation auf die ganze Armee und befahl den Rückzug auf Linien hinter Chancellorsville, der bis Mittag vonstatten ging.

Schon in der Nacht vom 2. zum 3. Mai hatte Hooker einen Befehl an General Sedgwick bei Fredericksburg geschickt, bei Tagesanbruch Earlys CSA-Division auf den Marye's Heights anzugreifen. Dies tat Sedgwick und zwang Early bis zum Vormittag des 3. Mai zum Rückzug. Bis 16.00 Uhr hatte Early seine Division südwestlich von Fredericksburg wieder gesammelt und Lee von seiner Lage verständigt.

In der Überzeugung, Hooker würde nicht mehr angreifen, ließ Lee Stuart mit 25 000 Mann an den Unionslinien zurück, nahm die Divisionen McLaws und Anderson und eilte in Richtung Fredericksburg. Early marschierte nordwärts, um sich mit Lees Truppen zu vereinigen. Bei der Salem-Kirche auf dem Plateau westlich von Fredericksburg stießen die CSA-Brigade Wilcox und die Division McLaws auf das Unionskorps Sedgwick und banden es hier.

In der Nacht zum 4. Mai verlegte General Lee die Division Anderson auf eine Stellung rechts von McLaws und südlich von Sedgwicks Linien, während Early wieder die Marye's Heights bezog, aber seine Truppen nach Westen ausrichtete. Unionsgeneral Sedgwicks Aufklärer bemerkten diese Bewegungen, und Sedgwick ließ seine Truppen die Verteidigungslinien verstärken.

Lees Angriff am 4. Mai verzögerte sich bis 17.30 Uhr, was Sedgwick Zeit gab, Hooker Nachricht über seine Lage zu geben. Hooker schickte ihm jedoch keine Hilfe. Sedgwicks Linien hielten, bis die Dunkelheit anbrach. In der Nacht konnte Sedgwick sein Korps geschickt über den Rappahannock zurückziehen.

Der fast unglaubliche Erfolg seiner Armee trotz eines negativen Kräfteverhältnisses von 1 : 2 stieg General Lee zu Kopf. Er bildete sich ein, die Potomac-Armee vernichten zu können. Bis zum 6. Mai, 5.00 Uhr hatte er das Haus an der Chancellorsville-Kreuzung (inzwischen in Trümmer gelegt) besetzt und alle verfügbaren Truppen auf diese Linie zurückgebracht. Aber als er den Angriffsbefehl geben wollte, entdeckte er zu seinem großen Erstaunen, daß sich die Unionsarmee zurückgezogen hatte.

Chancellorsville wird oft als Lees größter Sieg und als «klassischste» Schlacht des Bürgerkrieges bezeichnet. Als solche wird diese Schlacht an den US-amerikanischen Militärhochschulen gelehrt. Es ist eine Tatsache, daß die CSA-Generale die Fehler und die Kurzsichtigkeit des Gegners geschickt ausnutzten, die Aufklärung brillant durchführten und den Gegner richtig beurteilten. Ebenso wahr ist aber auch, daß Hooker an der Niederlage die Alleinschuld trug, denn seine Korpskommandeure sowie seine Truppen waren kampfbereit und zeigten (mit Ausnahme Howards) während der Schlacht Mut und Entschlossenheit. Es soll auch nicht vergessen werden, daß Lee vor Chancellorsville in einer äußerst gefährlichen Lage ausharrte – zu einem Zeitpunkt, als er 1 Korpskommandeur und 2 Divisionen verlor. Warum blieb er in Fredericksburg? Warum hatte er nichts gegen die Unionsarmee unternommen, als diese gleich nach dem «Schlamm-Marsch» demoralisiert in ihre Basis nördlich von Fredericksburg zurückkehrte?

«Nichts ist abhängiger von ökonomischen Vorbedingungen als grade Armee und Flotte», stellte Engels fest, und die ökonomischen Bedingungen waren es auch, die General Lee die größten Probleme bereiteten. Die konföderierte Armee war materiell nicht in der Lage, die Potomac-Armee nach dem Schlamm-Marsch zu schlagen. Ferdericksburg war der strategisch wichtigste Punkt auf dem direkten Weg von Washington nach Richmond. Er mußte solange verteidigt werden, wie die herrschende Strategie der Union die konföderierte Hauptstadt als Hauptziel und -objekt anvisierte. Daß Lincoln diese Strategie schon aufgegeben hatte, konnte Lee nicht wissen.

Obwohl die Schlacht von Chancellorsville damals auf beiden Seiten als eindeutiger Sieg der CSA angesehen wurde, sollte man sich heute auch andere Aspekte dieser Schlacht genauer betrachten: Die Unionsarmee zog sich zwar vorläufig über den Rappahannock zurück, ohne objektiv dazu gezwungen zu sein, verließ aber nicht den Raum zwischen Fredericksburg und Washington. Weiterhin waren die Verluste der Konföderierten höher als die der Union. Der taktische Sieg brachte ihnen nicht den geringsten strategischen Vorteil ein, und beide Armeen bezogen wieder ihre Ausgangslage. Chancellorsville brachte Lee schließlich die wertvolle Erkenntnis, daß jetzt nicht mehr Richmond das Ziel der Operationen seines Gegners war, sondern seine Armee. Wenn er von Fredericksburg abzog, würde die Unionsarmee ihm wahrscheinlich folgen.

Chancellorsville kostete Lee viel, und der größte Verlust war «Stonewall» Jackson. Dessen Verwundung war zwar als ernst, aber nicht unbedingt als tödlich anzusehen. Doch der nicht nur in religiösen Belangen, sondern auch in Fragen der Ernährung fanatische General Jackson bestand auf einer kargen Kost und lutschte ständig an Zitronen, was ihm eine «Dyspepsie» (wie er es selbst diagnostizierte) einbrachte. In Wirklichkeit wird es sich wohl um ein Magengeschwür gehandelt haben. Er behandelte die vermeintliche Dyspepsie allnächtlich mit kalten Umschlägen. Auch nach der Amputation seines Armes bestand er auf den kalten Umschlägen, die in seinem geschwächten Zustand eine Lungenentzündung auslösten. Am 10. Mai 1863 starb General Thomas Jonathan Jackson, zweifellos einer der begabtesten Militärs des 19. Jahrhunderts.

Der Schock traf Robert E. Lee schwer. Jacksons kühne, aber realistische und kühl berechnende Taktik war der Schlüssel zu den Erfolgen der Konföderierten an der Ostküste gewesen. Jackson hatte aber auch auf Lee beschwichtigend gewirkt, denn Lee war häufig von einer aggressiven Sturheit besessen, die ihn zu undurchdachten Handlungen trieb und nur von Jackson gezügelt werden konnte. Nun war Jackson tot, und Lee, dessen Erfolg in Chancellorsville in der Südstaatengesellschaft übersteigerte Erwartungen und Illusionen auslöste, ließ sich von der Stimmung in der Konföderation beeinflussen und entschloß sich zu einem langen Marsch nach Norden, wo seine Armee ein Desaster erwartete.

Die zweite Invasion nach Norden

Im Frühjahr 1863 war die Union bei weitem nicht so einig, wie aus ihrem Namen zu schließen wäre. Die Demokratische Partei, die im November des vergangenen Jahres bei den Kongreßwahlen gesiegt hatte und nun die Präsidentschaftswahl von 1864 anvisierte, stiftete mit ihrem Programm des Kompromisses mit den Sklavenhaltern des Südens Unruhe und Verwirrung in der

Bevölkerung. Ihr Motto hieß «Frieden ohne Sieg», und sie setzte auf die Emotionen, die sich durch diesen Bruderkrieg in der Wählerschaft verbreiteten. Ihr extrem rechter Flügel, die «Copperheads» (nach den im Osten der USA verbreiteten giftigen Kupferkopfschlangen), agierte in den Großstädten New York, Philadelphia und anderswo. Hier (wie auch in Großstädten des Mittelwestens) fanden die «Copperheads» Elemente, die sie für ihre Zwecke mißbrauchen konnten. Marx zeichnete in seiner Analyse der Wahlresultate in den Nordstaaten ein sehr zutreffendes Bild der Lage in New York City: «Die *Stadt* New York, stark mit irischem Pöbel zersetzt, bis in die letzte Zeit aktiv im Sklavenhandel beteiligt, der Sitz des amerikanischen Geldmarktes und voller Hypothekargläubiger auf die südlichen Pflanzungen, war von jeher entschieden ‹demokratisch›, ganz wie Liverpool noch heute toryistisch ist.» Die armen irischen Einwanderer sahen in den befreiten Negern gefährliche Konkurrenten im Kampf um die ohnehin unsicheren Arbeitsplätze und ließen sich zu Unruhen und «Antikriegsdemonstrationen» aufwiegeln.

Die Iren in Amerika, die die erste große «Einwanderungswelle» der USA-Geschichte gebildet hatten, waren im Gegensatz zu den Einwanderern vor ihnen arm und katholisch. In Irland, wo die arme Bevölkerung völlig vom Kartoffelanbau abhängig war, hatte es Anfang der 40er Jahren eine Reihe von Mißernten gegeben. Um dem sicheren Hungertod zu entgehen, waren Millionen irischer Bauern nach den USA ausgewandert. Die meisten von ihnen ließen sich in den Industriezentren des Nordens nieder, wo sie das junge Industrieproletariat vermehrten. Ihrer Religion wegen wurden sie von der protestantischen Umwelt gehaßt. Schon 1844 war es in Philadelphia zu schrecklichen Ausschreitungen gegen die Iren gekommen. Tausende ihrer Wohnungen wurden in Brand gesteckt, Hunderte von ihnen getötet. Bis zur Ankunft der ersten befreiten Negersklaven hatten die irischen Arbeiter die untersten Stufen der Lohnskala allein für sich, seit Beginn des Bürgerkrieges erwuchs ihnen aber Konkurrenz im Kampf um die wenigen Arbeitsstellen, die ihnen überhaupt offenstanden. Die «Copperhead»-Presse und die Demokratische Partei schreckten die Iren mit Alpträumen von «einer Überschwemmung ihrer Territorien durch den ‹nigger›», wie Karl Marx bemerkte.

Hinzu kam nun die Wehrpflicht, die die wohlhabenderen Bürger durch das Stellen eines «Ersatzmannes» umgehen konnten. Für die mittellosen Iren waren «Ersatzmänner» unerschwinglich; sie rebellierten gegen den ungeliebten Kriegsdienst. Dabei fanden sie Unterstützung von anderen Teilen der Bevölkerung.

Die «Copperheads» bauten auf diese Mißstimmung im Frühjahr 1863, überschätzten aber ihre Wirkung auf die Mehrheit der Bevölkerung im Norden. Sie übermittelten geheime Botschaften nach Richmond, denen zufolge Lee und seine Armee von der Stadtbevölkerung des Nordens mit offenen Armen empfangen werden würden. Presse und Publikum im Süden drängten auf eine Invasion nach Norden.

Am 30. Mai 1863 trafen sich General Lee und CSA-Präsident Jefferson Davis, um über die Lage zu beraten. Nicht nur die Ostfront, sondern weit mehr die Lage im Westen und vor allem um Vicksburg beschäftigte sie. Vicksburg befand sich schon im Belagerungsring. Lee riet Davis, die Armee im Westen zu verstärken, Davis aber wußte, daß dies unmöglich war, solange Braggs Armee in Tennessee durch Rosecrans gebunden wurde. Lee vertrat die Meinung, Unionsgeneral Rosecrans' gewohnte Trägheit würde es den Konföderierten erlauben, ein größeres Kontingent von Braggs Armee nach Mississippi abzuziehen. Davis blieb bei halbherzigen Maßnahmen im Westen und konzentrierte seine Bemühungen auf die Ostküste. Er und Lee meinten, die Zeit sei reif für eine Invasion nach Norden.

Die Nordvirginia-Armee wurde auf ihre größte Stärke seit Beginn des Bürgerkrieges gebracht: über 80 000 Mann. Einige blieben in Fredericksburg zurück, aber Lee nahm mindestens 76 000 Mann und 272 Kanonen mit. Die Armee wurde reorganisiert, nachdem General Longstreet mit seinen beiden Divisionen aus Suffolk zurückbefohlen worden war. Longstreet übernahm wieder das Kommando über das I. CSA-Korps (zum erstenmal wurden die Korps numeriert, obwohl diese Praxis nicht systematisch fortgesetzt wurde), das II. Korps wurde von General R. S. Ewell kommandiert, während der von seiner Verwundung genesene General A. P. Hill das III. Korps übernahm.

Bis zum 3. Juni hatte Lee seinen strategischen Plan konzipiert. Der Marsch sollte durch das Shenandoah-Tal führen, wo reichlich Proviant zu finden war. Wie im vergangenen Jahr sollte es dann weiter über Harper's Ferry nach Hagerstown und zur Endstation der Eisenbahn gehen, die über Chambersburg (Pennsylvania) nach Harrisburg führte. Ewells Korps sollte als Vorhut Pennsylvania zuerst erreichen, die Eisenbahnlinien von Harper's Ferry sowie die verschiedenen Strecken in Südpennsylvania zerstören und die Unionsdepots plündern. Gleich hinter Ewell hatte Longstreet zu marschieren. Das III. Korps unter Hill sollte nicht durch das Shenandoah-Tal, sondern am Ostrand der Blue Ridge Mountains operieren und die Bewegungen der anderen abschirmen. Zur Deckung Hills und zur Aufklärung der Marschroute bewegte sich Stuarts Kavallerie etwas östlich von Hills Korps. Nachdem sich alle Korps in Pennsylvania vereinigt hatten, sollte der Marsch weiter nach Philadelphia führen, wo ihnen – so hatten die CSA-Sympathisanten im Norden versichert – von einem starken Teil der Bevölkerung ein begeisterter Empfang bereitet werden würde. Lees Strategie sah die Isolierung der Unionshauptstadt vor, deren Versorgung durch die Unterbrechung des Eisenbahnverkehrs von Westen gefährdet wäre. Da General Hooker immer noch Befehlshaber der Potomac-Armee war, rechnete Lee abermals mit dessen taktischer Blindheit und damit, daß dieser seine Armee wahrscheinlich erst dann in Bewegung setzen würde, wenn Ewells Korps bei Harper's Ferry die Grenze nach Maryland überschritt.

Der CSA-General wie auch seine «Informanten» aus dem Norden vernachlässigten verschiedene Posten in ihrer Rechnung. Erstens ist zur Lage der Union anzumerken – wie Karl Marx schon Ende des Jahres 1862 geschrieben hatte –, daß die Wahlverluste der Republikanischen Partei, also Lincolns Partei, zwar in den Großstädten erheblich, auf dem Lande jedoch gering waren. «Die *Landdistrikte* des Staates New York haben diesmal, wie seit 1856, mit den Republikanern gestimmt...», bestätigte Marx. Überhaupt behaupteten die Republikaner eine knappe, aber immerhin entscheidende Mehrheit. Seitdem hatte sich die Stimmung zugunsten der Republikanischen Partei und der Sklavengegner geändert, wie Marx schon gleich nach den Wahlen prophezeite, weil der Krieg nun energischer geführt wurde und die Beseitigung des Sklavereisystems als sein Ziel proklamiert worden war.

Zweitens verkannte Lee gewisse Entwicklungen innerhalb der Armee des Gegners. Hooker lag wegen seiner Niederlage in Chancellorsville in einem langanhaltenden und erbitterten Streit mit dem Kriegsministerium in Washington. Seine fähigen und energischen Generäle waren gegen ihn eingestellt. Präsident Lincoln hegte ernsthafte Zweifel hinsichtlich Hookers Eignung als Befehlshaber einer großen Armee, die inzwischen einen festen Stamm erprobter und erfahrener Soldaten aufwies.

Hooker selbst hatte einige positive Änderungen vorgenommen: Die Uniformen und die Truppenfahnen trugen jetzt die Kennzeichen ihrer Divisionen und Korps, so daß die Truppen im Gefecht nicht mehr durcheinander gerieten. Die Disziplin hatte sich verbessert, und auch die technische Ausrüstung war so gut wie nie zuvor. Zum erstenmal verfügte die Union über eine wirklich starke und fähige Kavallerie von 8000 Mann, die in 3 Divisionen gegliedert war und von General Pleasonton befehligt wurde. Großen Einfluß hatte hierbei der Divisionskommandeur General Alfred Nattie Duffié, ein Absolvent der berühmten französischen Kavallerieschule St.-Cyr und Veteran des Krimkrieges, der beim Ausbruch des Bürgerkrieges freiwillig in die USA gekommen war, die Staatsbürgerschaft des Landes erworben hatte und nun seine reichen Kenntnisse und Erfahrungen weitergab. Pleasontons Kavalleriekorps bestand nicht nur aus Reitern, sondern verfügte auch über Infanteriebrigaden und 6 leichte Batterien (hauptsächlich 3-Zoll-Kanonen mit gezogenem Rohr). Das Korps zählte insgesamt 11000 Mann.

CSA-General Lee ging, wie im zurückliegenden Jahr, ein ziemliches Risiko ein, als er seinen Truppen befahl, sich vom Land und aus den geplünderten Unionsdepots zu versorgen. Seine einzige Verbindungslinie sollte über Harper's Ferry verlaufen.

Am 3. Juni setzte sich Ewells Korps von Fredericksburg nordwestwärts in Bewegung. Bald folgten die anderen Korps. Der Schlüsselpunkt in Lees Plan war die Aufklärungs- und Deckungstätigkeit der Kavallerie. Stuart sollte auf der Ostseite der Berge bleiben, den Kontakt mit Hills Korps aufrechterhalten und auf die Bewegungen der Unionsarmee achten. Er verteilte seine

Kavallerie am Südufer des Rappahannock River, um den Beginn des Marsches abzuschirmen. Nicht daran gewöhnt, mit der Unionskavallerie irgendwelche Probleme zu haben, mußten es Stuarts Reiter diesmal hinnehmen, daß sich diese ihnen an die Fersen heftete.

Am 9. Juni überfiel die Division Buford von Pleasontons Unionskavallerie die konföderierte Kavalleriebrigade W. E. Jones am Rappahannock und trieb sie westwärts in Richtung eines Eisenbahndepots namens Brandy Station, das in offenem Gelände stand. Die Unionskavalleriedivision Gregg griff zur selben Zeit die CSA-Kavalleriebrigade Robertson bei Kelley's Ford in der Wildnis an und zwang sie ebenfalls zum Rückzug auf Brandy Station. General Duffiés Kavalleriedivision hatte es nicht so leicht wie die restliche Unionskavallerie, denn sie geriet in ein Gefecht mit der starken CSA-Brigade unter Wade Hampton, Stuarts Stellvertreter, und konnte Hampton nur unter Schwierigkeiten aus seinem Lager in Stevensburg vertreiben. So erreichte Duffié die übrigen Kavalleriedivisionen Pleasontons in der Nähe von Brandy Station etwas später als geplant.

Die CSA-Kavallerie sammelte sich um Brandy Station. Hier entbrannte die erste und wohl einzige wirkliche Kavallerieschlacht des nordamerikanischen Bürgerkrieges. Zum erstenmal wurde der Kampf ausschließlich zu Pferde (Pleasontons Infanterie- und Artillerieeinheiten waren noch nicht eingetroffen) und mit Säbel ausgetragen. Brandy Station muß mit den beteiligten 10 000 Reitern auch als größte Kavallerieschlacht gelten.

Der Kampf verlief wellenartig mit zahlreichen Sturmangriffen, die über das Feld hin und her wogten. Als erste wurde Unionsgeneral Bufords Brigade angegriffen und vorläufig vom Feld vertrieben, danach ging Greggs Unionsdivision zum Gegenangriff über und warf die CSA-Kavallerie zurück. Wade Hamptons CSA-Reiter unternahmen einen neuen Angriff und besetzten die einzige Höhe in der Gegend, Fleetwood Hill. Die Höhe wurde schließlich wieder von den Unionstruppen genommen, wechselte aber noch mehrmals den Besitzer. Bei Tagesende konnte die konföderierte Kavallerie das Feld behaupten. Sie hatte auch geringere Verluste zu beklagen (523 Mann gegenüber 936 auf der Unionsseite). Erst nach Abbruch des Kampfes konnte Unionsgeneral Duffié mit seiner Division das Feld erreichen.

Obwohl die CSA-Kavallerie als geschlossene Truppe die größere Erfahrung und, statistisch gesehen, die besseren Reiter hatte, war die Schlacht bei Brandy Station für die Union ein Meilenstein, die «Feuertaufe» für die bisher so vernachlässigte Kavallerie. Die Schlacht galt als unentschieden, offenbarte der konföderierten Armee jedoch, daß die Unionskavallerie jetzt für sie zu einer echten Bedrohung geworden war. Die Schlacht bestätigte den Unionskavalleristen, daß sie gut kämpfen konnten. Wäre Duffié rechtzeitig eingetroffen, hätte die Unionsseite zweifellos Stuarts Reiter endgültig vom Feld vertrieben.

In den nächsten Tagen sollte sich Brandy Station zu einem Sieg für die Union entwickeln. Die Presse der Konföderation überschüttete den eitlen und empfindlichen General Stuart mit Kritik, er hätte sich nicht von Pleasontons Kavallerie überraschen lassen dürfen. Stuart nahm sich die Vorwürfe sehr zu Herzen, fühlte sich verletzt und grübelte über jeden negativen Zeitungsbeitrag nach, während er der CSA-Armee langsam nach Norden folgte.

Am 23. Juni ging dann ein ziemlich vage gehaltener Befehl von Lee ein: Stuart solle sich jetzt Hills Korps anschließen. Stuart bediente sich des undeutlichen Wortlauts des Befehls, um seinen Nimbus durch einen seiner berühmten Streifzüge wieder aufzupolieren. Diesmal entschloß er sich, zwischen der Unionsarmee und der Hauptstadt einen Umweg nach Pennsylvania zu nehmen, dessen Grenze er bei Littletown südlich von Hanover überschreiten wollte. Damit brach er aber den Kontakt zur konföderierten Armee ab und ließ deren Befehlshaber Lee ohne Aufklärung zurück.

Inzwischen hatte sich die Potomac-Armee endlich in Bewegung gesetzt. Hooker ließ sie langsam und vorsichtig aus dem Raum Fredericksburg abrücken – zu langsam für Lincoln, der Hooker zu größerer Eile drängte. Hooker wußte, wo sich die CSA-Korps befanden und was sie unternahmen. Die Berichte aus dem Shenandoah waren beunruhigend: Am 13. Juni war Ewells Korps wie der Streitwagen eines Giganten durch das Tal gerollt und hatte 9000 Mann Unionstruppen unter General Milroy die zweite Schlacht von Winchester geliefert, die mit einer Niederlage der Unionsseite ausging. Die Konföderierten hatten große Mengen von Munition, Wagen, Pferden und Proviant erbeutet. Ewells

Korps erreichte die Maryland-Grenze, Longstreets Korps hielt sich nur wenige Kilometer hinter ihm im Shenandoah. Bis zum 22. Juni erreichte Ewell Chambersburg in Pennsylvania. Kurz danach trafen die anderen Korps in dem Gebiet ein, ohne auf nennenswerten Widerstand getroffen zu sein. Von Carlisle bis York zerstörten die CSA-Truppen Eisenbahnstrecken und legten das Verkehrsnetz in Südpennsylvania lahm. Das Wetter war gut, das Wintergetreide reif und die Scheunen voll; die konföderierten Truppen nahmen den Bauern weg, soviel sie konnten, verlangten von den Städten große Geldsummen und bekamen diese gegen das Versprechen der Schonung.

Stuarts Kavallerie war immer noch weit entfernt. Am 27. Juni überquerte Stuart den Potomac nur wenige Kilometer nördlich von Washington. Am 28. Juni entdeckte er südlich der Pennsylvania-Grenze eine sehr lange Wagenkolonne der Union, die mit Versorgungsgütern westwärts fuhr. Die Kavallerie überfiel die Kolonne und brachte sämtliche 125 Pferdewagen samt Ladung und Personal in ihre Gewalt. Stuart entschloß sich, sie nach Norden mitzunehmen, was allerdings seinen Marsch erheblich verlangsamte.

Die Unionsarmee hatte schon wenige Tage zuvor die Kleinstadt Frederick (Maryland) erreicht, wo Hooker eine Rast befahl und sein Hauptquartier einrichtete. Hier geriet er mit General Halleck in einen Streit über die Stationierung einer Garnison in der Ortschaft Maryland Heights. An sich war die Sache nicht von großer Bedeutung, doch Hookers auffällige Gereiztheit seit Chancellorsville spitzte sich zu. Am 27.Juni bot er Halleck seinen Rücktritt an.

Halleck ließ sich nicht zweimal bitten. Sichtlich erleichtert, nahmen er und Präsident Lincoln Hooker beim Wort. Am 28.Juni, 3.00 Uhr traf im Lager ein Kurier aus Washington ein und benachrichtigte General George G. Meade, daß er von nun an der neue Befehlshaber der Potomac-Armee sei. Der Befehl an ihn lautete, den Gegner aufzuspüren und zu besiegen.

General Meade war erst im vergangenen Herbst während der Antietam-Schlacht zum Divisionskommandeur ernannt worden. Bei Fredericksburg und Chancellorsville befehligte er ein Korps. Seine Ernennung zum Befehlshaber der Potomac-Armee kam für

viele Unionsoffiziere sehr überraschend, denn er kam aus dem Ingenieurkorps und hatte relativ wenig Erfahrung von Schlachtfeldern. Für die bevorstehende Schlacht im Süden von Pennsylvania
hatte Meade aber ein sehr wichtiges Talent, wie Grant später
schrieb: «Sein erster Gedanke war, aus der Gestalt des Geländes
Nutzen zu ziehen, bisweilen ohne Rücksicht auf die Richtung, in
die wir später marschieren wollten», aber Meade hatte «leider ein
Temperament, das manchmal außer Kontrolle geriet...» Im
Streß des Kampfes wurde Meade oft derart jähzornig, daß ihn
seine Offiziere kaum anzusprechen wagten. Grant schätzte ihn
trotzdem als einen großen Offizier, der in der Geschichte seines
Landes einen hohen Platz verdient hatte.

Über seine Ernennung zum Befehlshaber der Potomac-Armee
war Meade kaum glücklicher als seinerzeit Burnside. Er hielt sich
nicht länger in Frederick auf, sondern gab Befehl, sofort nach
Pennsylvania zu marschieren.

Gettysburg:
der Wendepunkt im Osten

Als Meade am 28. Juni sein Kommando übernahm, waren die
3 CSA-Korps über ein Gebiet mit einer Ausdehnung von etwa
100 Kilometern zerstreut. General Lee hatte nur eine vage Vorstellung, wo sich sein Gegner befand, bis am Abend des 28. Juni
ein Spion eintraf und berichtete, daß die Potomac-Armee in Frederick sei und Meade den Befehl über sie übernommen habe.
Lee wollte das Schlachtfeld selbst wählen. Ihm erschien Cashtown unweit von Chambersburg der topographisch am besten geeignete Platz zu sein; so schickte er Befehle an seine Korpskommandeure, ihre Truppen nach Cashtown zu führen. Dieser Ort
lag in einem Tal vor dem South Mountain und bot gute Verteidigungsstellungen, wenn die Unionsarmee anrücken würde.

Lee hatte jedoch Probleme: Erstens wußte er nicht, wo sich
Stuarts Kavallerie aufhielt, zweitens mangelte es an Schuhwerk,
insbesondere bei A. P. Hills Korps. General Stuart ließ nichts
von sich hören, also war dieses Problem vorläufig nicht zu lösen.

General Hill aber erhielt Nachricht über eine große Schuhliefe-rung, die in Gettysburg eingetroffen sein sollte. Diese Kleinstadt lag unweit von Cashtown, wo die Division Heth von Hills Korps schon eingetroffen war. Hill befahl Heth, am 30. Juni eine Bri-gade nach Gettysburg zu schicken, um die Schuhe abzuholen.

Am 29. Juni erreichte die Vorhut der Unionsarmee die Grenze zu Pennsylvania. Unionsgeneral Meade schickte 2 Kavalleriebri-gaden von Bufords Division unter Bufords Kommando in Rich-tung Cashtown und Chambersburg, um diesen Raum aufzuklä-ren. Ihre Marschroute führte durch Gettysburg.

Bufords Reiter erreichten Gettysburg am 30. Juni, morgens, durchquerten die Kleinstadt und setzten ihren Weg auf der Cham-bersburger Landstraße in Richtung Cashtown fort. Als sie den Bergkamm McPherson's Ridge nordwestlich von Gettysburg er-reichten, sichteten sie eine von Westen kommende konföderierte Brigade – eben jene Brigade von Heths Division, die die Schuhlie-ferung in Gettysburg abholen sollte. Bufords Reiter gingen sofort in Stellung und eröffneten das Feuer.

Überrascht und zahlenmäßig unterlegen, fielen die CSA-Infan-teristen nach Cashtown zurück. Hier informierten sie General Heth, der daraufhin A. P. Hill konsultierte. Es wurde befohlen, daß die ganze Division Heth am nächsten Tag nach Gettysburg gehen und die Schuhe um jeden Preis erbeuten sollte. Ebenso wie bei der ersten Invasion nach Norden im vergangenen Herbst war auf den harten Straßen gutes Schuhwerk für die Soldaten von aus-schlaggebender Bedeutung.

Unionsgeneral Buford sah sich in Gettysburg um und entschloß sich, diesen wichtigen Eisenbahnendpunkt zu verteidigen. Er schickte eine dringende Bitte an Meade, die Potomac-Armee schneller heranzubringen, und befahl seinen Kavalleristen, sich auf dem McPherson's Ridge zu verschanzen. Somit hatte die Po-tomac-Armee die Initiative ergriffen, und Lees Schlachtplan für Cashtown war – wenngleich es sein Schöpfer noch nicht wußte – unbrauchbar geworden.

Gettysburg lag am Nordende eines topographisch komplizier-ten Tals zwischen zwei niedrigen Bergkämmen: Cemetery Ridge an der Ostseite und Seminary Ridge an der Westseite. Der Ceme-tery Ridge war so benannt, weil sich an seinem nördlichen Ende der kleine Friedhof des Ortes befand. Dieser Kamm wies die Form eines umgekehrten Fragezeichens auf, das am Culp's Hill gleich vor Gettysburg an der Ostseite begann und in den Kuppen Little Round Top (93 Meter) und Round Top (113 Meter) endete. Der Seminary Ridge, nach dem dort befindlichen evangelischen Seminar benannt, war breiter, offener und nicht so hoch wie der Cemetery Ridge, der zum Teil – insbesondere am Südende – dicht bewaldet war. Vor den Kuppen lag eine tiefe, durch Wald und Felsen verdunkelte Schlucht namens Devil's Den (Teufelshöhle). Das Tal zwischen den Kämmen war etwa 1,5 Kilometer breit und hauptsächlich mit Feldern bedeckt. Außer einer Pfirsichplantage gab es hier praktisch keine Deckung. Unterhalb der Hänge des Cemetery Ridge verlief der Bach Plum Run, in seiner Nähe verlief die Landstraße Emmitsburg–Gettysburg, die in der Nähe des Friedhofs den Hügel überquerte. Die Eisenbahn von Hanover lief an der Ostseite nach Gettysburg ein und endete damals auch dort; die geplante Strecke nach Chambersburg befand sich noch im Bau. Die Topographie des Tals bei Gettysburg war in der bevorstehenden Schlacht ein sehr entscheidender Faktor.

Am 30. Juni gab es nicht nur auf der Chambersburger Landstraße eine kurze Gefechtshandlung. An diesem Tag traf Stuarts Kavallerie endlich in Hanover östlich von Gettysburg ein, wo sie eine Unionsbrigade antraf und angriff. Das Gefecht ging unentschieden aus. Aus der dortigen Lokalzeitung erfuhr Stuart, daß die CSA-Division Early in York gewesen war. Er befahl einen nächtlichen Eilmarsch zu dieser Stadt, die 125 erbeuteten Versorgungswagen nahm er aber auch jetzt mit.

Der Marsch war umsonst, denn Early war schon abgezogen. Die Bürger von York gaben vor, nichts über seine Marschrichtung zu wissen. Stuart marschierte auf der Suche nach der konföderierten Armee weiter in Richtung Carlisle. Als er sie am 3. Juli fand, war es längst zu spät.

In der Nacht zum 1. Juli marschierten das I. und XI. Unionskorps so schnell wie möglich auf der Emmitsburger Landstraße in Richtung Gettysburg. Das XI. Korps, von General O. O. Howard befehligt, war als «Deutsches Korps» bekannt, weil es zum Teil aus Veteranen der Revolution von 1848/49 bestand. Howards

Stellvertreter war der bürgerliche Demokrat und General Carl Schurz.

Bufords Reiter verbrachten in ihren Stellungen auf dem McPherson's Ridge sicherlich eine unruhige Nacht. Erst um 9.00 Uhr sichteten sie auf der Chambersburger Landstraße die anrückende CSA-Division Heth. Mit ihren neuen, schnellfeuernden Spencer-Karabinern sowie mit dem Höhenvorteil vermochten die Unionskavalleristen, eine Stunde lang Heths Division aufzuhalten, bis um 10.00 Uhr das I. Unionskorps eintraf.

Auf der CSA-Seite wurde die Nachricht über die Kämpfe nach Cashtown übermittelt. Daraufhin setzte A. P. Hill den Rest seines Korps in Bewegung.

Als das Korps in voller Stärke auf dem Feld versammelt war, befanden sich die Konföderierten nunmehr im Vorteil. Unionsgeneral Reynolds entschloß sich, sein Korps zusammen mit Bufords Reitern durch Gettysburg zurückzuführen, um auf der Südseite der Stadt eine bessere Stellung zu beziehen und das XI. Korps abzuwarten. Eben in diesem Moment traf Earlys Division vom CSA-Korps Ewell, das von York anrückte, auf der Nordseite von Gettysburg ein. Somit gerieten die Unionstruppen unter schweres Kreuzfeuer. General Reynolds wurde getötet.

Nun erreichte das XI. Unionskorps das Schlachtfeld. General Howard übernahm den Befehl über alle schon auf dem Feld anwesenden Unionstruppen, während General Schurz den Befehl über das XI. Korps übernahm und General Abner Doubleday zum Kommandeur des I. Korps ernannt wurde. Schurz warf seine Truppen gegen Earlys CSA-Division, bis der Rest von Ewells Korps mit schwerer Artillerie das Feld erreichte. Diese Artillerie dezimierte das XI. Unionskorps und zwang es zum Rückzug.

Endlich gelang es Howard, die noch verbliebenen Unionstruppen mit ihrer Artillerie auf dem Cemetery Ridge zu sammeln. Howard schätzte seine Lage als äußerst gefährlich ein, denn seine Verluste waren sehr hoch und vor ihm standen 2 frische konföderierte Korps. Die Lage war jedoch keineswegs hoffnungslos. Hier oben auf dem hakenförmigen Bergkamm hatten seine Infanteristen und vor allem seine Batterien sehr starke Positionen bezogen. Howard beobachtete, wie Hills CSA-Truppen ihre Stellun-

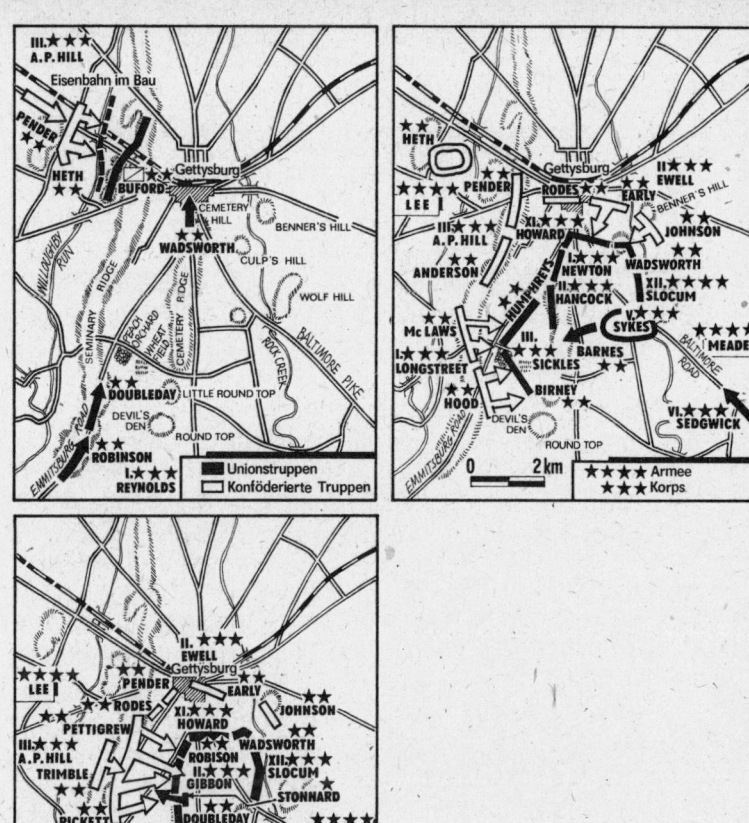

Die Schlacht von Gettysburg. Kampfhandlungen am 1., 2. und 3. Juli 1863

gen auf dem gegenüberliegenden Seminary Ridge einnahmen, während Ewells Korps in langen Linien auf der Südostseite von Gettysburg gegenüber dem Culp's Hill Aufstellung nahm. Da Howard vermutete, daß die CSA-Armee bald angreifen würde, befahl er seinen Truppen, sich zu verschanzen, und der Artillerie, sich am Nordende des Kamms zu postieren.

Um 15.00 Uhr erreichte CSA-Oberbefehlshaber Lee Gettysburg. Das Korps Longstreet war noch unterwegs. Vom Seminary Ridge konnte Lee die Unionsbatterien am Nordende des Cemetery Ridge erkennen, aber er hatte, wie er später zugab, nicht die geringste Ahnung, wieviele Unionstruppen ihm tatsächlich gegenüberstanden. Er glaubte, die gesamte Potomac-Armee vor sich zu haben. Lee befahl Ewell, die Lage näher zu erkunden und den Cemetery Ridge, «wenn möglich», anzugreifen. Ewell überschätzte ebenfalls die Stärke seines Gegners und hielt einen Angriff für «zu riskant», solange Longstreets Korps noch nicht eingetroffen war.

Nach 16.00 Uhr trafen einige Unionsdivisionen vom XII. Korps sowie der Kommandeur des II. Korps, General W. S. Hancock, auf dem Cemetery Ridge ein. Bis 18.00 Uhr erreichten weitere Unionsverbände das Feld. Hancock war Meades Stellvertreter und hatte von diesem den Befehl erhalten, das Kommando auszuüben, bis Meade selbst Gettysburg erreichen konnte. Die übrigen Unionskorps sollten einen forcierten Nachtmarsch nach Gettysburg ausführen.

Erst um 2.00 Uhr erreichte Befehlshaber Meade die Unionsstellungen auf dem Cemetery Ridge. Im Morgengrauen inspizierte er die Kampflinien und nahm einige Korrekturen an der Disposition vor, bis die Unionstruppen eine kompakte, etwa 2 Kilometer lange Verteidigungslinie vom Culp's Hill bis vor den Little Round Top bildeten. Meade befahl dem spät eintreffenden General Sickles, mit seinem III. Korps den Little Round Top und den Round Top zu besetzen. Sickles mißverstand oder mißachtete den Befehl und verteilte seine Truppen ziemlich weit vorn im Tal am Bach. Seine Positionen waren also sehr exponiert, brachten jedoch einen gewissen Vorteil, weil der Gegner über den eigentlichen Schwerpunkt der Unionslinien getäuscht wurde.

Longstreets CSA-Korps hatte erst am 1. Juli, spätabends das Feld erreicht. Da die anderen CSA-Korps schon Gettysburg und den langen Hang des Seminary Ridge besetzt hatten, bezogen Longstreets Truppen Stellungen südlich des Seminary Ridge auf der Westseite der Emmitsburger Landstraße, wo sie dem Unionskorps Sickles gegenüberlagen. Die CSA-Linien waren gefährlich dünn und gedehnt: Die Entfernung vom linken bis zum rechten

Flügel betrug 3,2 Kilometer. Der Unionsoberbefehlshaber erkannte diese Überdehnung, sah jedoch seine beste Möglichkeit in der Verteidigung auf höherer Ebene und wartete den Angriff der CSA-Armee ab. Aber der Morgen des 2. Juli verlief ruhig, und die Unionsgenerale wunderten sich über das Ausbleiben des Angriffs.

Im CSA-Hauptquartier war ein heftiger Streit zwischen den Generalen ausgebrochen. Oberbefehlshaber Lee hatte General Ewell vorgeschlagen – allerdings nicht befohlen –, einen Umfassungsangriff gegen den rechten Unionsflügel auf dem Culp's Hill zu unternehmen. Ewell wendete sich aber scharf dagegen und schlug einen Angriff von Longstreets Korps gegen den vermeintlichen Schwerpunkt der Unionslinien am Südende des Tals vor. Longstreet selber meinte, die Union sollte zum Angriff provoziert werden. Bis 11.00 Uhr blieb General Lee unentschlossen, wählte dann aber doch die Variante eines Angriffs an Longstreets Abschnitt mit dem Ziel, die beiden Kuppen einzukreisen und zu erobern.

Dieser Entschluß erforderte weitere Umdisponierungen, die bis 15.00 Uhr dauerten. Erst dann eröffnete Longstreets Artillerie das Feuer.

Zu Beginn des Gefechts ritt Meade an seinen Südflügel und bemerkte Sickles' Fehler, allerdings zu spät, um das III. Korps auf den Kamm zurücknehmen zu können. Gerade an Sickles' vorspringendem Winkel griffen die Konföderierten an. Auf dem Weizenfeld und in der Obstplantage kam es zu einem schrecklichen Massaker, in dessen Verlauf auch General Sickles schwer verwundet wurde. Seine Truppen wurden über den Plum Run zurückgeworfen und von der CSA-Division Hood bis zur Devil's Den und zum Round Top verfolgt. Hoods Division griff die beiden Kuppen an. Der Little Round Top war völlig unbesetzt, als der Unionsingenieurgeneral G. K. Warren sich zufällig auf diesen Hügel begab, um den Verlauf des Kampfes zu beobachten. Er forderte sofort Verstärkung an, und die Union konnte diese wichtige Höhe behaupten.

Einige CSA-Truppen gelangten bis zum Gipfel des höheren Round Top, wurden aber bald wieder zurückgeworfen. Die geplanten Nebenangriffe der CSA kamen nicht in Gang: General

Hill beließ es bei einigen unwichtigen Gefechten im Zentrum, während General Ewell erst um 18.00 Uhr dazu kam, die Divisionen Johnson und Early gegen den Culp's Hill und die Nordkurve der Unionslinien zu schicken. Sie wurden schnell zurückgeworfen.

Am Ende des Tages waren die Unionsstellungen auf dem Cemetery Ridge intakt geblieben, obwohl Truppen von Longstreets Korps Stellungen am Plum Run, im Weizenfeld und am Fuß des Round Top behaupteten. Die Verluste auf beiden Seiten waren sehr hoch.

In der Nacht zum 3. Juli zählte Unionsgeneral Meade seine Toten und Verwundeten, und ihn beschlichen Zweifel darüber, ob die Potomac-Armee bei Gettysburg weiterkämpfen sollte. Er rief seine Generale zum Kriegsrat zusammen. Nach der Analyse der Lage beider Seiten und im Hinblick auf die aus erbeuteten konföderierten Postsendungen bekanntgewordene Tatsache, daß die konföderierte Armee keine Verstärkung zu erwarten hatte, entschlossen sie sich zur Fortsetzung des Kampfes, wenn Lees Armee nochmals angreifen sollte.

In Lees Hauptquartier gab es am Morgen des 3. Juli wieder Streit. Die Korpskommandeure wollten abziehen und weiter ostwärts marschieren. General Lee jedoch hatte sämtliche Unschlüssigkeit abgestreift. Im Gegenteil, an diesem Tag beharrte er stur auf einem erneuten Angriff, diesmal mit aller Wucht gegen das Unionszentrum. Jetzt duldete er auch keinen Widerspruch mehr. Die Leitung des Hauptangriffs übertrug er General Longstreet.

Der Angriffsplan sah vor, die Batterien Longstreets und Hills auf dem Seminary Ridge zu konzentrieren, den Cemetery Ridge einem verheerenden Bombardement auszusetzen und anschließend einen riesigen Sturmangriff mit 15000 Infanteristen unter Deckung von Artilleriefeuer durchzuführen. Es war ein grandioser, altmodischer Plan für einen Frontalangriff massierter Truppenkolonnen unter fliegenden Fahnen über völlig offenes Gelände. Wer heute das breite, kaum veränderte Tal von Gettysburg abschreitet, gelangt unweigerlich zu dem Schluß, daß Lee seinen verzweifelten und letztlich unmenschlichen Plan in der Gewißheit gefaßt hatte, daß dies die letzte Chance für die Konföderation war. Ohne Sieg in Gettyburg wäre die Invasion nach Norden ein

Fiasko, würde der Krieg unvermeidlich zu einem langwierigen Abnutzungskampf ausarten.

Genau um 13.00 Uhr begann der größte Artilleriebeschuß der Geschichte auf dem amerikanischen Kontinent. Die Zahl der auf dem Seminary Ridge konzentrierten konföderierten Geschütze wird auf etwa 150 geschätzt. Zwei Sunden lang verschossen sie pausenlos ihre Granaten und Kartätschen gegen den Cemetery Ridge. Sie standen jedoch zu weit von den Unionstellungen entfernt und die Unionstruppen hatten sich zu gut verschanzt, als daß der Beschuß aus den veralteten konföderierten Kanonen mit ihrem glatten Rohren und niedrigen Erhöhungswinkeln großen Schaden anrichten konnte. Nur ein paar Unionslafetten wurden zerstört, einige Zugtiere getötet und der kleine, schlichte Friedhof umgewühlt, doch nicht so sehr, daß die spätere Massierung der Unionstruppen an diesem Abschnitt unmöglich geworden wäre.

Anfangs schossen die Unionsbatterien zurück, bis die Artilleristen bemerkten, daß ihr Feuer keine Wirkung hatte. Daraufhin stellten sie das Feuer ein, um Munition zu sparen. Das Schweigen der Unionskanonen verursachte einen entscheidenden Trugschluß auf der konföderierten Seite, wie General Lee später zugab: Er meinte, er habe «alle feindlichen Geschütze bis auf sechs oder acht zum Schweigen gebracht». Um 15.00 Uhr befahl Lee den Sturmangriff der Infanterie.

Niemand aber hatte den CSA-Oberbefehlshaber davon informiert, daß seinen Batterien jetzt die Munition ausgegangen war. Als die grauuniformierten Divisionen, ihnen voran die Division Pickett, in perfekter Marschordnung wie eine Flutwelle den Hang hinab ins Tal vorrückten, schwiegen die konföderierten Kanonen:

Der Angriff ist als «Pickett's Charge» in die Geschichte eingegangen, obwohl Pickett an diesem Tag zu einer anderen Division abkommandiert war und seine Division von Pettigrew befehligt wurde. Vom Cemetery Ridge starrten die Unionstruppen auf die schier endlos erscheinenden CSA-Kolonnen. Die Unionskommandeure aber behielten die Nerven und befahlen ihren Truppen, das Feuer erst dann zu eröffnen, wenn die ersten gegnerischen Linien weniger als 700 Meter entfernt waren. Die Stille auf dem Cemetery Ridge wich nur allmählich dem Schrittgeräusch von Tausenden anrückenden CSA-Soldaten.

Dann kam das Signal an die Unionsartillerie, das Feuer zu eröffnen. Die grauen Kolonnen wurden auseinandergetrieben und niedergemäht. In der Glut dieses außergewöhnlich heißen Tages erlitten auch nicht wenige der anrennenden konföderierten Soldaten einen Hitzschlag und fielen aus. Manche CSA-Infanteristen erreichten die niedrige Friedhofsmauer auf dem Cemetery Ridge, wurden aber von den Unionstruppen mit Gewehrfeuer und Bajonetten empfangen. Nicht mehr grün vom Gras oder golden vom Getreide, sondern grau und blutrot zeigten sich nun die Wiesen und Felder des Tals.

Auf dem Seminary Ridge soll Lee lamentiert haben: «Ach wie traurig! So traurig! Das ist allein meine Schuld!» Am Nordende des Tals versuchte CSA-General Ewell ein weiteresmal, den Culp's Hill anzugreifen – auch diesmal vergeblich. Am linken Unionsflügel wurden die CSA-Truppen daran gehindert, einen Beitrag zum Hauptangriff zu leisten. Bei Sonnenuntergang wurden die Kämpfe eingestellt.

In dieser Nacht war es Unionsgeneral Meade, der seinen Gegner überschätzte. Er rechnete mit einem vierten Angriff und befahl seinen Truppen, das Pulver trocken zu halten, denn wie so oft nach einem schwülheißen Sommertag kam mit dem Abend ein Gewitter.

Der nächste Morgen dämmerte grau und regnerisch heran. Auf dem Seminary Ridge waren jedoch nur der zertrampelte Boden und einige Sanitäter zu sehen. In der Nacht hatte Lee den Befehl zum Rückzug gegeben.

Während der dreitägigen Schlacht bei Gettysburg wurden über 50 000 Mann außer Gefecht gesetzt: 23 049 auf seiten der Union und etwa 28 000 bei den Konföderierten. Die CSA-Armee hatte mehr als ein Drittel ihres Bestandes verloren, außerdem war ihre Versorgung praktisch zusammengebrochen, und ihre Artillerie hatte keine Munition mehr. Die Kolonne der Pferdewagen, die die Zehntausenden Verwundeten nach Süden zurücktransportierten, war an die 29 Kilometer lang.

Meade verkannte das Ausmaß der Verluste seines Gegners und überbewertete die eigenen. Er vergaß die Reserven, die der

Potomac-Armee zur Verfügung standen, und erlaubte dem Gegner, sich in den Schutz des Shenandoah-Tals zu flüchten, obwohl er bei konsequenter Verfolgung durchaus die Chance gehabt hätte, Lees erschöpfte und dezimierte Armee bei Hagerstown anzugreifen. Sie wäre zweifellos vernichtet worden, was vielleicht ein viel früheres Ende des Krieges bedeutet hätte.

Auch ohne Verfolgung erwies sich die Schlacht von Gettysburg als Wendepunkt an der Ostküste. Mit Ausnahme eines einzelnen kleinen Streifzuges im darauffolgenden Jahr kam es nie wieder zu einer konföderierten Truppeninvasion nach Norden. Lees Armee hatte ihren Höhepunkt überschritten. Jetzt hieß es, bis zur unweigerlichen Niederlage auszuharren und der Union den Sieg so teuer wie nur möglich zu verkaufen.

Obwohl von Generationen bürgerlicher Militärhistoriker romantisiert, wurde die Schlacht von Gettysburg weder von der einen noch der anderen Seite gut geführt. Zwar nutzte Meade hervorragend die Vorteile des Geländes und seiner Stellungen, verpaßte jedoch gleich mehrere Gelegenheiten zum Gegenangriff. Vor allem die exponierte Lage Longstreets am Morgen des 2. Juli sowie die Linien Ewells an der Ostseite von Gettysburg hatten sich als erfolgversprechende Ziele angeboten. Unionsgeneral Meade ergriff jedoch kein einziges Mal die Initiative, sondern wartete lediglich den Angriff des Gegners ab.

Ein bemerkenswertes Postskriptum zur Schlacht von Gettysburg schrieb Präsident Lincoln vier Monate später, als er bei der Einweihung des ersten Soldatenfriedhofs der USA-Geschichte eine Rede, die zu den schönsten, wenn auch wegen der Nichterfüllung ihres Versprechens des sozialen Fortschrittes zu den tragischsten gehört, die je ein bürgerlicher Politiker gehalten hat. Bis zum Bürgerkrieg hatte es keine staatlichen Soldatenfriedhöfe gegeben. Die Leichen der Gefallenen wurden meist auf dem Schlachtfeld verscharrt, oft so nah an der Oberfläche, daß sie die Bauern beim Pflügen im nächsten Jahr freilegten. Mitunter blieben die Gefallenen im Wald und in Schluchten unentdeckt und folglich unbegraben liegen. Nur wenige konnten identifiziert und ihre sterblichen Überreste den Angehörigen zurückgebracht werden. Nun sollten in Antietam, Gettysburg und auf anderen Schlachtfeldern Soldatenfriedhöfe angelegt werden.

Die Mitglieder der Kommission des Bundestaates Pennsylvania, die für die Zeremonie am 19. November 1863 verantwortlich war, beschlossen, den berühmtesten Redner Amerikas, den Gelehrten und Politiker Edward Everett, nach Gettysburg einzuladen. Buchstäblich in letzter Minute verfielen sie auf die Idee, auch den Präsidenten um seine Teilnahme zu bitten. Lincoln galt als schlechter Redner, und so wurde ihm (wenn auch unausgesprochen) bedeutet, er solle sich kurz fassen.

Everett sprach als erster. Seine sentimentale, patriotische, mit Hinweisen auf große Soldaten und Staatsmänner der Antike und der europäischen Geschichte gewürzte Rede dauerte fast 2 Stunden und ist seither in Vergessenheit geraten. Nachdem ein Chor aus Baltimore eine eigens für diese Gelegenheit komponierte Ode gesungen hatte, sprach Lincoln. Seine Rede dauerte nur 5 Minuten:

«Vor viermal zwanzig und sieben Jahren gründeten unsere Väter auf diesem Kontinent eine neue Nation, in Freiheit gebildet und dem Gedanken geweiht, daß alle Menschen gleich geschaffen sind.

Gegenwärtig sind wir in einem großen Bürgerkrieg verstrickt, der erweisen wird, ob diese Nation – oder eine andere derartig gebildete und solchem Gedanken geweihte Nation – auf Dauer bestehen kann.

Wir sind auf einem großen Schlachtfeld dieses Krieges zusammengekommen. Wir sind zusammengekommen, um einen Teil dieses Feldes jenen als letzte Ruhestätte zu weihen, die ihr Leben hingegeben haben, auf daß die Nation lebe. Daß wir dies tun, ist nur recht und billig.

Aber in einem tieferen Sinne können wir diesen Boden nicht weihen, nicht segnen und nicht heiligen. Die tapferen Männer, die Lebenden und die Toten, die hier kämpften, gaben ihm eine weit größere Weihe, als wir hinzutun oder hinwegnehmen könnten.

Die Welt wird sehr wenig beachten und sich kaum lange daran erinnern, was wir hier sagen; aber sie kann nie vergessen, was jene hier vollbrachten.

Vielmehr ziemt es uns, den Lebenden, uns hier dem großen, unvollendeten Werk zu weihen, das jene bisher so edelmütig voran-

214

gebracht haben. Uns ziemt es vielmehr, uns der großen Aufgabe zu weihen, die uns noch bevorsteht: daß wir am Beispiel dieser ehrwürdigen Toten unsere Opferbereitschaft für jene große Sache erhöhen, für die sie das letzte, höchste Maß an Opfer gebracht haben; daß wir hier feierlich erklären, daß diese Toten nicht umsonst gestorben sind; daß die Nation mit Gott die Wiedergeburt der Freiheit erlebe und daß die Herrschaft des Volkes durch das Volk und für das Volk diese Erde nie verlasse.»

Die großen Zeitungen der Union bezeichneten die Rede des Präsidenten bestenfalls als simpel, flach, langatmig oder unpassend. Die «Chicago Times» warf ihm sogar vor, die teuren Toten beleidigt zu haben. Nur wenige Redakteure und auch der Hauptredner selbst sahen voraus, daß diese Rede von Gettysburg viel länger als Everetts Rede in der Erinnerung haften bleiben und schließlich in die Geschichte eingehen würde. Heute müssen die Schulkinder in den USA sie auswendig lernen. Sie gilt als eines der schönsten Prosawerke der englischsprachigen Literatur, wenn auch die Sprache, in der sie gehalten ist, für den heutigen Amerikaner kaum verständlich ist. Allerdings trifft auch die Bemerkung des Lincoln-Biographen und Dichters Carl Sandburg zu: «Alle bedeutsamen Fragen der Demokratie zeichneten sich in seiner Rede klar ab.» Nicht aber die Fragen, sondern die systembedingten Widersprüche der bürgerlichen Demokratie waren es, die Lincolns Vision von einer «Herrschaft des Volkes durch das Volk und für das Volk» dazu verurteilten, ein Traum zu bleiben.

Lincoln fuhr mit erhöhter Temperatur nach Washington zurück. Er war an Pocken erkrankt. Zum Glück aber nur leicht.

Der Krieg im Westen bis Ende 1863.
Der Weg nach Chickamauga

Nach dem Sieg seiner Armee in Vicksburg schrieb Unionsgeneral Grant an General Halleck in Washington, um ihm einen großen strategischen Plan für die Fortsetzung des Krieges im Westen zu unterbreiten. Grants Vorstellungen für einen «massiven Angriff von hinten» sahen zwei gleichzeitige Vorstöße vor: Erstens soll-

215

ten die vereinigten Unionsarmeen unter Grant und Banks mit Unterstützung einer Kriegsflotte unter dem Befehl von Admiral Farragut auf Mobile (Alabama) marschieren, die Hafenstadt und die wichtige ihr vorgelagerte Bucht erobern, danach den Mobile River aufwärts bis Montgomery vorrücken. Zweitens sollte zur gleichen Zeit die Unionsarmee unter Rosecrans in Tennessee gegen die CSA-Armee unter Bragg vorgehen, Chattanooga einnehmen und nach Atlanta marschieren, wo sie sich mit Grants und Banks' Armeen, sobald sie von Montgomery heranrückten, vereinigen sollte. Von Atlanta aus konnten die Unionsarmeen den Atlantik erreichen. Somit wäre die Konföderation ein weiteres Mal gespalten und ihre zweitstärkste Streitmacht, die Tennessee-Armee, zerschlagen.

Halleck diskutierte den Plan mit Präsident Lincoln, der die Expedition nach Mobile verwarf. Rosecrans sollte ruhig auf Chattanooga marschieren; Grant und Banks hatte Lincoln eine andere Aufgabe zugedacht. Banks' Armee sollte mit Grants Unterstützung in Louisiana und Texas einmarschieren und an der texanischen Grenze starke Garnisonen einsetzen, und das nicht etwa, um dieses Gebiet gegen die CSA, sondern gegen Frankreich zu sichern!

Grant war entschieden gegen diese Expedition. Er mußte trotzdem dem Befehl des Präsidenten Folge leisten und Banks seine Unterstützung bei dessen Red-River-Feldzug in Louisiana zusagen.

Wie kam es dazu, daß Frankreich hier als Bedrohung empfunden wurde? Louis Napoléon Bonaparte, der seit 1852 als Napoléon III. über Frankreich regierte, zeigte sich in seiner Außenwie in seiner Innenpolitik widersprüchlich und intrigant. Schon gleich nach seinem Staatsstreich sagte Karl Marx über ihn: «Bonaparte möchte als der patriarchalische Wohltäter aller Klassen erscheinen. Aber er kann keiner geben, ohne der andern zu nehmen.» So spielte er schließlich alle gegeneinander aus. Dasselbe versuchte er auch in der Außenpolitik zu tun. Wenn er so nicht zum Zuge kam, griff er zum Krieg. Erst kam der Krimkrieg 1854 bis 1856, danach der Krieg, den Frankreich und die Piemontesen 1859 zusammen gegen Österreich führte. Österreich konnte sich diesen nicht leisten und stieg bald aus. Das Kriegführen aber ging weiter, jetzt zwischen Frankreich und Italien. Dieser Krieg kostete Louis Napoléon mehr, als er ihm einbrachte. Der französische Monarch suchte nach Geldquellen und stellte fest, daß Mexiko ihm sowie Spanien und England große Summen schuldete.

Mexiko hatte jedoch einen langwierigen Bürgerkrieg hinter sich, aus dem 1860 schließlich die bürgerlich-demokratischen Kräfte unter dem großen Indianer Benito Juárez siegreich hervorgegangen waren. Die Staatsfinanzen waren durch den Krieg ruiniert, und Mexiko war nicht imstande, seine Schulden zu begleichen. Dies war für Napoleon III. ein willkommener Anlaß, im Komplott mit England und Spanien 1861 Mexiko zu überfallen.

Die Expedition traf auf energischen Widerstand; der Feldzug nach Mexiko-Stadt kam kaum voran; die Engländer und Spanier zogen sich bald aus der Affäre zurück. Napoleon ließ sich jedoch nicht von seinem Plan abbringen, schickte weitere 30 000 Mann nach Mexiko und nahm nach einem harten Feldzug am 7. Juni 1863 Mexiko-Stadt ein. Seine Vorstellungen für eine Marionettenregierung waren schon fix und fertig: Auf den neugeschaffenen Thron von Mexiko setzte er Erzherzog Maximilian von Österreich, dessen Land nach dem Krim- und dem Piemontkrieg keine andere Wahl blieb, als Napoléon in Mexiko zu Willen zu sein. Am 12. Juni 1863 wurde Maximilian zum «Kaiser von Mexiko» gekrönt.

Diese Entwicklung bereitete der Unionsregierung Sorgen, da Frankreich insgeheim immer noch die CSA-Regierung unterstützte, obwohl es vor der diplomatischen Anerkennung zurückschreckte. Lincoln stellte sich vor, Maximilians französische Truppen könnten jetzt nach Norden marschieren und das Texas-Territorium, das die USA 15 Jahre zuvor von Mexiko geraubt hatten, zurückerobern. Lincoln wußte noch nicht, daß Maximilian auf einem sehr wackligen Thron saß. Das mexikanische Volk lehnte ihn einhellig ab und schloß sich um den legitimen Präsidenten Benito Juárez zusammen. Lincoln konnte nicht voraussehen, daß Mexikos Volk genau vier Jahre später Maximilian stürzen und am 19. Juni 1867 hinrichten würde.

General Banks wurde also mit seiner Armee, einer Kanonenbootflottille unter Kapitän Porter sowie mit Shermans Korps auf eine schlecht geplante Expedition den Red River in Louisiana aufwärts geschickt, die mit einem Mißerfolg endete, ohne daß sie die Grenze zwischen Louisiana und Texas überhaupt erreichte. Banks' Armee blieb bis Mai 1864 in Louisiana; Shermans Korps wurde viel früher zurückgeführt.

General Grant konnte Banks nicht zu Hilfe kommen, weil er einen schweren Unfall erlitten hatte. Am 4. September 1863 scheute sein Pferd in New Orleans vor einer Lokomotive, bäumte sich auf und fiel «wahrscheinlich auf mich» – so meinte Grant, der das Bewußtsein verlor und sich später fast gar nicht an den Unfall erinnern konnte. Als er wieder zu sich kam, war eine Seite seines Körpers schwer geprellt und kaum noch zu bewegen. Der Unfall zwang ihn zu wochenlangem Krankenlager; bis Mitte Oktober hinkte er schwer. Deshalb hielt er sich vorläufig im Hintergrund.

Im Juni setzte Unionsgeneral Rosecrans nach über fünfmonatiger Inaktivität in Tennessee seine Truppen in Bewegung. Seit der Schlacht von Murfreesboro/Stones River hatte er sich mit der Armee in Murfreesboro aufgehalten, während sein Gegner, CSA-General Bragg, immer noch die Verteidigungslinie Shelbyville – Wartrace behauptete. Der vorsichtige Rosecrans entdeckte, daß er jetzt einen überwältigenden zahlenmäßigen Vorteil besaß, da Braggs Armee durch die Abkommandierung mehrerer Verbände nach Vicksburg vorläufig geschwächt war. Am 26. Juni marschierte die Unionsarmee, die auf 4 Infanterie- und 1 Kavalleriekorps verstärkt worden war, von Murfreesboro in Richtung Chattanooga. Bragg zog sich nach Chattanooga zurück.

Nun wäre für die Unionsarmee der richtige Zeitpunkt gekommen, Bragg den endgültigen Schlag zu versetzen. Braggs beide Korps lagen etwas auseinander, Polks Korps in der Stadt Chattanooga selbst und Hardees Korps östlich der Stadt. Rosecrans legte jedoch in der Tullahoma-Region eine Pause ein. Seine Korps lagen zerstreut zwischen Fayetteville und McMinnville. Nur Sheridans Division rückte bis zur Ortschaft Stevenson in der Nähe des breiten Tennessee River vor, wo die Grenzen von Tennessee, Alabama und Georgia zusammenstießen (Stevenson lag in Alabama).

Rosecrans hielt es für nötig, auf zusätzliche Versorgung zu warten. Trotz mancher Drohung aus Washington bewegte er sich nicht, obwohl Vicksburg gefallen war und Braggs Armee durch die von dort zurückkehrenden Verbände verstärkt wurde. Am 4. August erhielt Rosecrans einen in sehr schroffe Worte gefaßten Befehl von General Halleck, endlich auf Chattanooga zu marschieren. Diesem leistete Rosecrans am 15. August Folge.

Sein Plan war, Braggs Versorgungslinien abzuschneiden und die Unionskorps auf verschiedenen Wegen durch die Berge zu schicken, damit sie die CSA-Armee aus dem Rücken angreifen konnten. Bis zum 4. September brachte Rosecrans die gesamte Unionsarmee über den Tennessee River.

Seine langsamen Bewegungen hatten jedoch dem konföderierten Befehlshaber soviel Zeit geschenkt, daß dieser seine Armee reorganisieren konnte. Als seine Verbände von Mississippi zurückkehrten und die Regierung in Richmond ihm 2 Divisionen unter den Generalen Buckner und D. H. Hill schickte, entließ Bragg General Hardee, mit dem er seit der Schlacht von Murfreesboro dauernd in Streit lag, und übergab Hill Hardees Korps. General Polk behielt sein Kommando, General Buckner bekam ein anderes Korps, und ein viertes wurde dem aus Mississippi zurückgekehrten General W. H. T. Walker übergeben. Jedes Korps setzte sich aus 2 Divisionen zusammen. Die CSA-Armee verfügte außerdem über die Kavalleriedivisionen Wheeler und Forrest.

Die anrückende Unionsarmee bestand jetzt aus dem XIV. Korps unter General George Thomas, dem XX. unter General McCook, dem XXI. unter General Crittenden und dem Reservekorps unter General Granger sowie aus der Kavallerie unter General Stanley. Anfang September 1863 verfügte die Unionsarmee über 56 000 Mann Fußvolk und 9 000 Kavalleristen. Braggs CSA-Armee zählte zu dieser Zeit 41 000 Mann zu Fuß und 14 500 Reiter.

Am 8. September erfuhr Bragg, daß die Unionsarmee den Fluß überquert hatte und auf Chattanooga marschierte. Bragg hielt diese Stadt für ein ungeeignetes Schlachtfeld und zog sich aus der Stadt zu dem von dicht bewaldeten Bergen umgebenen Bach Chickamauga südlich von Chattanooga zurück.

Am 9. September berichteten Rosecrans' Aufklärer von Braggs Abmarsch aus Chattanooga. Der Unionsgeneral erlag dem Trugschluß, sein Gegner sei demoralisiert, ausgehungert und auf organisierter Flucht nach Süden. Diesem Fehler folgte ein zweiter: Rosecrans ließ seine Korps weiter auf getrennten Wegen marschieren. Als noch schlimmer sollte sich die Übergabe der gesamten Kavallerie mit Ausnahme einer einzigen Brigade, die mit Crittendens XXI. Korps marschierte, an das XX. Korps erweisen. General Crittenden zog in Chattanooga ein, begab sich aber bald südostwärts in Richtung des Passes McFarland's Gap. McCooks XX. Korps hatte sich schon mehr als 60 Kilometer südwärts von Chattanooga entfernt und hielt sich in der Ortschaft Alpine am Südende der Bergkette Lookout Mountain auf, während das Reservekorps Granger in der Umgebung von Chattanooga verblieb. Thomas' XIV. Korps näherte sich dem Steven's Gap in der Mitte des Lookout Mountain. Thomas und McCook ließen ihre Truppen biwakieren, ohne zu wissen, daß direkt vor Thomas' Korps hinter dem kleineren Bergkamm Missionary Ridge die CSA-Armee lagerte.

Ein besserer CSA-General als Bragg hätte die zerstreuten Teile der Unionsarmee isoliert und einzeln angegriffen, aber Bragg wußte ebenso wenig von der Lage des Gegners wie die Unionsgenerale über die der CSA-Armee.

Chickamauga – Bach des Todes

Die Westseite der gewaltigen Appalachen, die sich über fast 2000 Kilometer von der Nordgrenze der Bundesstaaten Alabama und Georgia bis zur kanadischen Grenze im Norden des Bundesstaates Maine erstrecken, besteht aus langen, parallel verlaufenden Bergkämmen, die sich wie die Furchen auf der Stirn eines Greises hinziehen. Chattanooga, damals kaum mehr als ein Dorf, liegt am Südufer in einer Biegung des Tennessee River. Hier schlängelt sich der Fluß durch die Bergtäler. Heute liegt nordöstlich von Chattanooga eine Kette von Stauseen, die es zur Zeit des Bürgerkrieges noch nicht gegeben hat. An der Südwestseite von Chattanooga beginnt die etwa 50 Kilometer lange Bergkette Lookout Mountain, die in etwas mehr als 20 Kilometer Entfernung in

Richtung Süden vom Paß Steven's Gap unterbrochen wird. Zur
Zeit des Bürgerkrieges verlief eine der besten Landstraßen der
Gegend von Trenton über Lafayette nach Villanow; eine Landstraße von Chattanooga kreuzte die Landstraße Trenton – Villanow in Lafayette. Zwischen Lafayette und dem Lookout Mountain lagen die kürzeren und niedrigeren Bergkämme Missionary
Ridge und Pigeon Mountain. Das Gelände war dicht bewaldet,
die Täler zwischen den Bergketten dunkel. Durch das Tal zwischen dem Missionary Ridge und dem Pigeon Mountain schlängelt sich der Chickamauga Creek in vielen Windungen nordwärts.
Der Bach und die erwähnten Berge liegen im Staat Georgia, vor
dessen Grenze Chattanooga noch im Staat Tennessee liegt.

Vielleicht lag es an der düsteren Gegend, vielleicht hatte sich
hier in grauer Vorzeit ein tragisches Ereignis abgespielt – niemand weiß jedenfalls genau, warum die Cherokee-Indianer den
Bach «Chickamauga» nannten, Bach des Todes. Als CSA-General Bragg seine Armee von Chattanooga ins Chickamauga-Tal zurückzog, lebte die große Cherokee-Nation längst nicht mehr in
dieser Gegend: Sie war vertrieben worden, und die Hälfte ihrer
Angehörigen war auf dem berüchtigten Todesmarsch ins Reser-
vat in Oklahoma vor Hunger und Erschöpfung gestorben. Jetzt
war die Gegend bis auf einige kleine Farmen leer und durch
den Wald unübersichtlich. Braggs Rückzug war klug überlegt,
denn er wollte in den dunklen Tälern der Unionsarmee eine Falle
stellen.

Zu den Truppen, auf die sich Bragg verlassen konnte, kam ab
Mitte September wichtige Verstärkung. Da an der Ostküste nach
Gettysburg keine nennenswerten Kampfhandlungen mehr statt-
fanden, konnte General Longstreet mit 2 Divisionen von Lees
Armee nach Chattanooga geschickt werden. Longstreets 6000
Mann marschierten über einen großen Umweg und trafen erst am
20. September ein.

Schon am 10. September entdeckte Bragg, daß Unionsgeneral
Thomas mit seinem XIV. Korps am Steven's Gap lagerte. Thomas schickte an diesem Tag die Division Negley als Vorhut in
Richtung Lafayette. Am Abend bezog Negleys Division Stellungen am Dug Gap auf dem Pigeon Mountain. Direkt auf der anderen Seite des Dug Gap lag das CSA-Korps A. P. Hill.

Bragg befahl den Korps Buckner und Hill sowie der Division Hindman von Polks Korps, am frühen Morgen des 11. September die Unionsdivision Negley überraschend zu überfallen. Hindmans CSA-Division sollte sich als erste durch das Tal hinter dem Dug Gap anschleichen und Negley in die linke Flanke stoßen. Buckner sollte Hindman folgen, während Hills Korps einen Frontalangriff eröffnen sollte. General Bragg beging jedoch den Fehler, General Hindman davon zu informieren, daß in Chattanooga das XXI. Unionskorps und in Alpine das XX. Unionskorps lagen. Hindman befürchtete eine mögliche Einkreisung und rückte deshalb langsam und mit äußerster Vorsicht den Pigeon Mountain entlang vor. Um 11.00 Uhr schickte ihm Bragg eine Nachricht, am Dug Gap befänden sich 15 000 Mann Unionstruppen – eine ziemliche Übertreibung, da Negleys Division nur etwa 8000 Mann zählte. Hindman machte mit seiner Division sofort kehrt und zog sich zurück, doch nicht so lautlos, daß das nicht von den Unionstruppen bemerkt worden wäre. Diese erkannten jetzt die Gefahr und zogen sich zum Steven's Gap zurück. CSA-General Hill, der den Befehl hatte, nur dann anzugreifen, wenn er Hindmans Kanonen hörte, wartete den ganzen Tag vergeblich auf dieses Signal.

In den nächsten Tagen manövrierten die beiden Armeen am Chickamauga Creek hin und her, ohne daß es zu einem größeren Gefecht kam. Am 12. September entdeckten Unionsaufklärer vom XXI. Korps den Standort der CSA-Korps Polk und Walker auf der Nordostseite des Missionary Ridge. Unionsgeneral Crittenden führte sein Korps südwärts, bis es den beiden konföderierten Korps gegenüber stand. Die Bewegung wurde von der CSA-Seite registriert, und Bragg befahl für den 13. September einen Angriff, aber dieser wurde verzögert. Als er endlich einsetzte, war es zu spät, denn Crittenden hatte die Überlegenheit der vor ihm konzentrierten CSA-Truppen erkannt und war südwärts abgezogen.

Dieser Vorfall überzeugte Unionsbefehlshaber Rosecrans endlich davon, daß sich Bragg nicht zurückgezogen hatte, sondern seine Truppen auf einen massiven Angriff vorbereitete. Zu diesem Zeitpunkt waren die Unionskorps immer noch über Entfernungen von 30 bis 70 Kilometern voneinander getrennt. Grangers Reservekorps lag sogar noch in Bridgeport, wo die Unionsarmee 2 Wochen zuvor den Tennessee River überquert hatte. Rosecrans befahl die Vereinigung der 3 Korps auf dem Schlachtfeld und ließ Grangers Reservekorps nach Chattanooga marschieren. Das XX. Unionskorps besetzte den Steven's Gap, während das XIV. Korps ins Tal auf der Ostseite des Missionary Ridge abzog und sich dem XXI. Korps anschloß.

Die ersten CSA-Brigaden unter Longstreet trafen am 18. September im südlichen Chickamauga-Tal ein. Die Staubwolken der marschierenden Truppen wurden auf der Unionsseite bemerkt. Daraufhin führte Unionsgeneral Rosecrans das Reservekorps aus Chattanooga heraus, um die linke Flanke des XXI. Korps zu dekken. CSA-General Bragg hatte tatsächlich für diesen Tag einen Angriff auf Crittendens XXI. Unionskorps geplant, doch seine Truppen konnten durch das Walddickicht nur langsam vordringen. Im Tagesverlauf stabilisierte der Unionsbefehlshaber seine Linien: Crittendens Korps konzentrierte sich um einen Bogen des Chickamauga, wo sich zwei Mühlen und ein Waldweg befanden. Der Flecken wurde Lee and Gordon's Mills genannt. Hinter ihm verteilte General Thomas sein XIV. Korps auf eine Linie von etwa 3 Kilometer Länge. Grangers Reservekorps lagerte etwas nördlich bei einer einsamen Kirche im Wald. Der Chickamauga war in dieser Gegend so tief, daß er nur über Brücken und Furten überquert werden konnte. Trotzdem entschloß sich CSA-General Bragg, den Bach zu überqueren und am 19. September bei Sonnenaufgang anzugreifen.

In der Nacht gelang es den CSA-Korps Walker, Hood und Buckner sowie Forrests Kavallerie, den Bach zu überqueren, ohne daß es die Unionstruppen bemerkten. Erst mit dem Morgenlicht entdeckten Unionssoldaten von Brannans Division aus dem XIV. Korps eine Brigade von Walkers CSA-Korps vor sich. Unionsgeneral Thomas glaubte, die CSA-Brigade sei die einzige auf der Westseite des Flusses, und befahl Brannans Division anzugreifen. Der Kampf wogte den ganzen Tag und ging unentschieden aus. Offenes Gelände gab es lediglich auf zwei Feldern (Kelly's Field und Poe's Field) rechts von Brannans Unionsdivision, ansonsten waren die Verhältnisse derart kompliziert, daß die CSA-Kommandeure eine fast 4 Kilometer breite Lücke zwischen dem XIV. und dem XXI. Korps gar nicht bemerkten.

In der Nacht zum 20. September konzentrierte Unionsgeneral Rosecrans das XIV. und XXI. Korps auf einer hakenförmigen Linie vor den beiden Feldern, die als einzige offen lagen. General Thomas ließ auf dem von ihm behaupteten Kelly's Field Brustwehren aus Baumstämmen errichten. Rosecrans hielt jedoch das XX. Unionskorps ziemlich weit am Steven's Gap zurück, während Grangers Reserve immer noch bei der Kirche, einige Kilometer nördlich davon, verweilte.

In derselben Nacht erreichte CSA-General Longstreet das Schlachtfeld und ritt auf der Suche nach General Braggs Hauptquartier durch den dichten Wald. Auf diesem ihm unbekannten Terrain verlor er den Weg. Als er endlich auf Soldaten stieß, die in der dunklen Nacht kein Feuer machen durften, fragte er sie, zu welchem Korps sie gehörten. Als sie mit einer Nummer antworteten, wußte Longstreet, daß er in ein Unionslager gestolpert war. Er wünschte den Soldaten eine gute Nacht und eilte durch den Wald zurück. Es war sehr spät, als er endlich Braggs Hauptquartier fand, wo er den Oberbefehlshaber wecken ließ. Schon bei seiner Ankunft bemerkte Longstreet die sehr gereizte Atmosphäre im CSA-Lager. Einer seiner Divisionskommandeure, General Sorrell, schrieb später: «Der Ton in der Armee unter den höheren Offizieren war der schlechteste, den man sich vorstellen kann. Für Bragg gab es nur Haß und Verachtung, die fast offen zum Ausbruch kamen.»

Nach Longstreets Ankunft teilte Bragg seine Armee in 2 «Grand Divisions» (Großdivisionen): Longstreet befehligte die linke Großdivision, die aus Buckners, Hoods und seinem eigenen Korps bestand, Polk die rechte, die sich aus seinem Korps sowie aus denen von Walker und Hill zusammensetzte. Bragg befahl einen Angriff in «oblique order» (schräger Ordnung), der mit einem Angriff der Division Breckinridge von Walkers Korps sowie der Kavallerie Forrests um 9.30 Uhr beginnen sollte. Ihnen sollten um 10.00 Uhr die Division Cleburne (Korps Polk), um 11.00 Uhr die restlichen Truppen Walkers sowie die Division Stewart (Polk) und um 11.30 Uhr Longstreets gesamte Großdivision folgen.

Der Anfang war gut, denn Forrest und Breckinridge griffen die am weitesten links stehende Unionsdivision Baird am Ende der

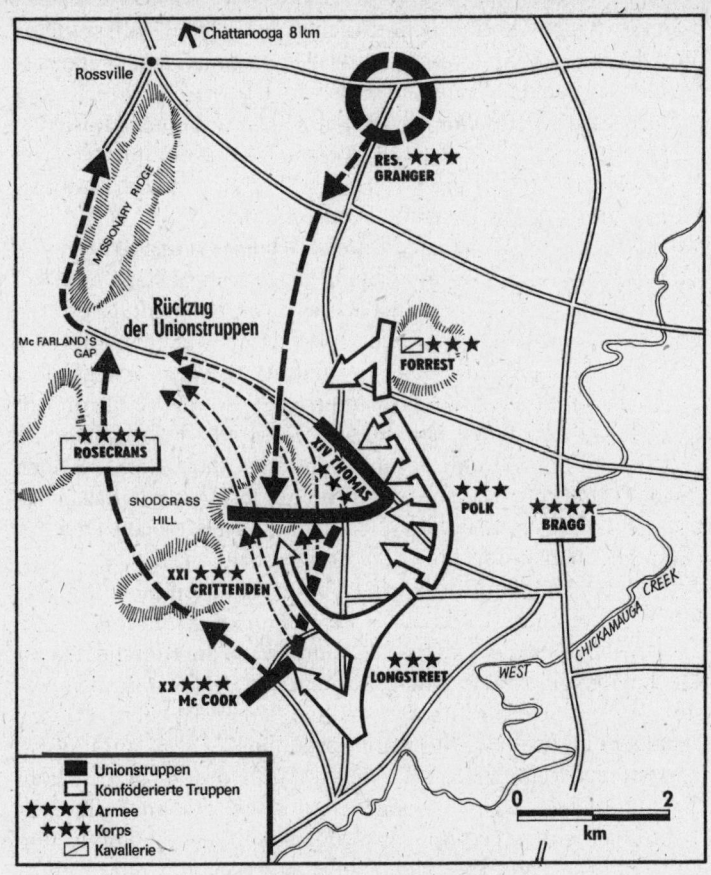

Die Schlacht von Chickamauga.
19./20. September 1863

hakenförmigen Unionslinie an und drohten, die Linie einzudrük-
ken. Die Antwort der Unionsarmee war jedoch ebenbürtig: Negleys Division wurde von Poe's Field herangeholt und gegen Brek-
kinridges CSA-Division geworfen, während die in Reserve stehende Unionsdivision Wood auf Poe's Field befohlen wurde.
CSA-General Polk verzögerte seinen Angriff, so daß die Koordinierung nicht, wie geplant, zustandekam.

Wäre es nicht zu einer schrecklichen und schließlich tragischen Verwirrung gekommen, hätten die Unionslinien standgehalten. In den vordersten Linien der rechten Unionsseite von Kelly's Field bis zum Farmhaus der Witwe Glenn auf einem einsamen Hügel hinter der Landstraße Lafayette – Rossville standen (von Süden nach Norden) die Divisionen Sheridan, Wood, Brannan und Reynolds. Das Zentrum, von Reynolds' Division bis zum Nordende von Kelly's Field, hatte die Hauptlast des Kampfes zu tragen, und General Thomas rief oft nach Verstärkung. General Rosecrans aber verlor die Übersicht über die Reihenfolge der Divisionen – oder bekam vielleicht die falsche Meldung, Brannan habe seine Division aus der Reihe zurückgezogen. Wie es auch gewesen sein mag: Um 11.00 Uhr erhielt General Wood von Rosecrans' Adjutant den Befehl, «zu Reynolds aufzuschließen». Wood fand den Befehl rätselhaft, mußte seine Division jedoch aus der Linie herausziehen und sie hinter der Brannans nach links bringen. Da Sheridan keinen Befehl hatte, zu Brannans Division aufzuschließen, entdeckte er die riesige Lücke zu spät.

Aber CSA-General Longstreet hatte sie schon bemerkt. Die Lücke bildete sich gerade zu der Zeit, als er angreifen sollte – und er warf seine 3 Korps wie einen Rammbock in die Bresche. Damit wurden die Unionsdivisionen Sheridan und Davis auf dem äußersten rechten Unionsflügel sowie die Unionskavalleriebrigade Wilder völlig isoliert. Sie waren zahlenmäßig weit unterlegen. Longstreets Truppen drangen direkt nach Norden vor, drängten Brannans Division zurück, bogen das südliche Ende der Unionslinie nach innen und zerschlugen die Unionsdivisionen Wood, Negley und Van Cleve. Sheridan und Davis versuchten, dem Angriff etwas von seiner Wucht zu nehmen, waren aber nicht mehr dazu imstande und wurden zum Rückzug über den Missionary Ridge gezwungen.

Der schockierte und verwirrte Rosecrans war überzeugt, daß die Schlacht schon verloren sei. Er ergriff hinter Sheridan und Davis die Flucht. Crittendens und McCooks Korps schlossen sich an.

Völlig vergessen wurde Unionsgeneral George Thomas – jetzt der einzige Korpskommandeur der Union auf dem Feld! Thomas war ein hartnäckiger Mann, seine Truppen waren gut organisiert, und um 13.00 Uhr hatte er sie auf einer zumindest vorläufig haltbaren Linie konzentriert. Unionsgeneral Granger, dessen Reservekorps immer noch ohne Befehl im Norden des Feldes stand, schickte aus eigenem Antrieb Thomas 2 Divisionen zu Hilfe. Die erste kam um 14.30 Uhr an, in dem Moment, als Longstreet erneut einen Angriff auf den rechten Unionsflügel eröffnete. Der Angriff schlug fehl, die Unionslinien hielten stand. Longstreet sammelte seine Korps ein weiteres Mal und unternahm um 16.00 Uhr einen letzten Versuch, die Unionslinien zu durchbrechen, abermals ohne Erfolg.

Zu Thomas' großer Überraschung erschienen um 19.00 Uhr Unionsgeneral Philip Sheridan mit seiner Division sowie die Division Davis wieder auf dem Feld! Sie waren über die Landstraße von Rossville zurückgekehrt – wahrscheinlich auf Drängen des kämpferischen Sheridan. Thomas bekam von Rosecrans Befehl, sich über Rossville zurückzuziehen; den Nachtmarsch seines Korps deckten Davis und Sheridan. CSA-General Bragg befahl keine Verfolgung – ein schwerer Fehler, den nur Kavalleriegeneral Forrest damals erkannte.

Von diesem Tag an wurde Unionsgeneral Thomas der «Fels von Chickamauga» genannt. Seine mutige Verteidigung machte ihn über Nacht berühmt, was bald wichtige Folgen für ihn haben sollte.

Feierten die CSA-Generale in dieser Nacht ihren großen Sieg? Im Gegenteil: Schon nachmittags hatte sich Bragg in sein Zelt zurückgeschlichen und war ins Grübeln geraten, weil die Schlacht nicht genau nach seinen Vorstellungen abgelaufen war! Ab 15.00 Uhr lehnte er es ab, sich weiter mit der Schlacht zu befassen; Longstreet und Polk befehligten nach den von ihnen erkannten Notwendigkeiten. Am Abend versuchten die Generale, Bragg Bericht zu erstatten, doch der wollte sie nicht empfangen. Schließlich erhob er sich doch vom Bett, um die Berichte entgegenzunehmen. Polks Adjutant, General Gale, beschrieb die Szene: «General Polk versuchte ihn mit Nachdruck von der Tatsache zu überzeugen, daß der Feind geschlagen wurde und eilig vom Feld floh ... Es war unmöglich, General Bragg zu dieser Ansicht zu bringen, und er weigerte sich zu glauben, daß wir einen Sieg errungen hatten.» Der Historiker Stanley Horn bemerkt mit Recht dazu: «Ein Sieg, der nicht erkannt wird, ist ebenso unprofitabel wie ein Sieg, der nicht errungen wird.»

Die Statistik der Schlacht von Chickamauga ist äußerst verwirrend, weil die exakte Zahl der konföderierten Kombattanten nie bekannt geworden ist. In den Schluchten des Tals wurden nicht alle Leichen aufgefunden. Fest steht, daß trotz des verheerenden Angriffs Longstreets die Unionstruppen weniger Verluste hatten als die Konföderierten. Die CSA-Verluste lagen zwischen 17000 und 18000 Mann, die der Unionsseite bei 16000 Mann.

Berichtet wird, daß CSA-Oberbefehlshaber Bragg die Schilderungen vom Rückzug der Unionsarmee, die er von seinen Generalen hörte, nicht akzeptierte und sich an einen alten, erfahrenen Soldaten wendete. Als dieser den Rückzug bestätigte, fragte Bragg scharf und mißtrauisch: «Wissen Sie überhaupt, wie ein Rückzug wirklich aussieht?» Der alte Soldat antwortete unerschrocken: «Das muß ich schließlich wissen, General, denn ich bin während Ihrer ganzen Kampagne bei Ihnen gewesen.»

Chattanooga

Die damalige Kleinstadt Chattanooga am Tennessee River war von Bergen umgeben. Die wichtigen Eisenbahnen und Landstraßen – mit Ausnahme des langen Umwegs über Bridgeport zur Eisenbahnstation Stevenson, wo die Bahn von Murfreesboro einlief – waren die Stellungen auf den Bergen kontrollierbar. Als Unionsgeneral Rosecrans den Hauptteil seiner Armee nach Chattanooga zurückzog, beging er einen schweren Fehler. Er schickte eine einzige Division nach Bridgeport, um seine Versorgungslinie zu sichern, und ließ sich von Braggs Armee einschließen. CSA-General Bragg hatte sich wieder gefaßt und seine Armee auf dem Lookout Mountain und dem Missionary Ridge verteilt, wo sie eine ausgezeichnete Übersicht über die Stadt hatten.

Trotz verschiedener Angriffe der CSA-Kavallerie und der Wegnahme Hunderter Pferdewagen gelang es Braggs Armee nie, die Verbindungen der Union völlig zu unterbrechen. Die Lage der Unionsarmee verschlechterte sich jedoch zusehends. Sie hatte keinen Zugang zu Feldern, auf denen sich die Zugtiere sattfressen konnten. Innerhalb weniger Wochen waren die Straßen

Chattanoogas mit den Gerippen von 10 000 Pferden und Maultieren übersät, die hier verhungert waren. Die Soldaten hatten bald nichts anderes als Zwieback zu essen. General Rosecrans plante, sich weiter zurückzuziehen.

Die Regierung in Washington zeigte sich äußerst besorgt. Schon am 21. September, als Rosecrans seine letzten Truppen nach Chattanooga führte, telegrafierte Lincoln an General Burnside, der in Knoxville (Tennessee) eine kleinere Armee befehligte: «Gehen Sie mit Ihren Streitkräften zu Rosecrans, ohne einen Moment zu zögern!» Burnside zögerte weit länger als einen Moment, wahrscheinlich zu Recht – denn wovon hätten noch mehr Truppen im belagerten Chattanooga leben sollen? Der Belagerungsring mußte irgendwie gesprengt werden, aber dazu fehlte es Burnside an Kräften.

Präsident Lincoln wollte Chattanooga nicht aufgeben. Bei Jahresbeginn hatte er an Rosecrans geschrieben: «Wenn wir Chattanooga und Osttennessee halten können, muß die Rebellion, so denke ich, zusammenschrumpfen und sterben.» Chattanooga war ein wichtiger Eisenbahnknotenpunkt und das Tor durch die Appalachen nach Georgia und der Südostküste. Ende September befahl Lincoln, 2 Korps mit 20 000 Mann und 3 000 Pferden von der Potomac-Armee nach Süden in Marsch zu setzen. Er ernannte General Hooker zu deren Befehlshaber und ließ sie per Schiff nach Bridgeport (Alabama) transportieren, wo sie am 2. Oktober landeten. Von hier aus konnten sie mit der Eisenbahn nach Nashville (Tennessee) fahren und für den Einsatz der Unionsarmee in Chattanooga zur Verfügung stehen.

Für diese Operation brauchte die Union einen großen Befehlshaber, der Taktiker und Stratege zugleich war sowie alle verfügbaren Truppen in Tennessee zu einer wirksamen Schlagkraft zusammenfassen und mit ihr den Weg nach Chattanooga freikämpfen konnte. Nach diesem General brauchte Lincoln nicht lange zu suchen.

Ein Telegramm traf bei Ulysses S. Grant ein und enthielt den Befehl, sich in Louisville (Kentucky) mit General Halleck zu treffen. Am 17. Oktober 1863 kam Grant in Louisville an und wurde von Halleck ganz anders als noch vor einem Jahr empfangen. Durch Befehl vom 16. Oktober hatte der Präsident die Reorganisation der gesamten Westfront vom Mississippi bis Westvirginia festgelegt, die sämtliche Unionstruppen in diesem Gebiet in einem neuen Militärdepartement Mississippi vereinigte. Zum Oberbefehlshaber war General Grant ernannt worden. Halleck informierte ihn vom Wunsch des Präsidenten, einen neuen Befehlshaber für die Armee in Chattanooga zu ernennen. Wen könnte Grant empfehlen? Ohne Zögern nannte Grant General George Thomas, den «Fels von Chickamauga».

Thomas übernahm sein schwieriges Kommando von Rosecrans am 19. Oktober. Er entließ die Generale McCook und Crittenden, deren Korps er zu einem (dem IV.) zusammenfaßte. Zu dessen Kommandeur ernannte er den tüchtigen Kommandeur des Reservekorps, General Gordon Granger.

Kurz danach erreichten Hookers Truppen Nashville und bekamen die Aufgabe, die Eisenbahnstrecke nach Stevenson zu verteidigen.

Am 21. Oktober erreichte General Grant den Ort Stevenson, wo er sich mit dem entlassenen General Rosecrans traf. Rosecrans schilderte die Lage in Chattanooga sehr sachlich und machte – so Grant – «einige vorzügliche Vorschläge ... hinsichtlich dessen, was geschehen sollte. Ich wunderte mich nur, daß er sie nicht selbst ausgeführt hatte.» Am 23. Oktober traf Grant in Chattanooga ein.

Grant und Thomas waren der Meinung, daß zuallererst die Versorgung der Truppen wiederhergestellt werden mußte. Dafür war es notwendig, den kurzen, direkten Weg nach Bridgeport freizukämpfen und zu behaupten. Zu diesem Zweck befahl Grant General Hooker mit seinen Truppen nach Bridgeport und das XIV. Korps (nun unter General Palmer) auf das Nordufer des Tennessee River gegenüber dem Dorf Whitesides östlich von Bridgeport. Hooker sollte seine Truppen auf die Südseite des Flusses bringen und über Whitesides und Wauhatchie nach Brown's Ferry vorrücken. Wenn Hooker Whitesides hinter sich gelassen hatte, sollte Palmers Korps den Fluß bei dem Dorf überqueren. Diese Operation sollten 1 500 Mann unter General Hazen unterstützen, die auf Brückenpontons flußabwärts bis Brown's Ferry laufen würden. Die Besetzung des Weges nach Bridgeport sollte in der Nacht vom 26. zum 27. Oktober vollzogen werden.

Das Wetter spielte mit: Dichter Nebel lag über dem Fluß. Hazens Truppen ließen sich lautlos vom Strom treiben, überraschten eine CSA-Brigade in Brown's Ferry und vertrieben sie rasch. Hier bildeten die Unionstruppen einen Brückenkopf. Hookers und Palmers Truppen konnten sich ohne nennenswerte Schwierigkeiten anschließen. Bis zur Morgendämmerung des 28. Oktober war der gesamte Weg von Bridgeport nach Chattanooga offen. Nicht nur die Landstraße, sondern auch den Fluß hatte die Union unter ihrer Kontrolle. Man kann sich den Jubel der hungernden Unionstruppen gut vorstellen, als am 30. Oktober der Flußdampfer «Chattanooga» die Stadt, die ihm ihren Namen gegeben, mit ausreichendem Proviant an Bord erreichte.

Schon seit Ende September war Unionsgeneral Sherman mit dem XV. und XVI. Korps nach Chattanooga unterwegs. Sein Vormarsch wurde jedoch durch einen Befehl von Halleck verlangsamt: Seine Soldaten mußten unterwegs die Memphis-Decatur-Eisenbahn reparieren, um auch die Versorgung von Burnsides Truppen in Knoxville zu sichern. General Grant wurde ungeduldig, als der November anbrach und Sherman immer noch nicht eingetroffen war. Schließlich erteilte er Sherman einen Gegenbefehl, sofort nach Bridgeport zu kommen und die Reparaturen einer Division aus einer anderen Unionsarmee zu überlassen. Am 15. November trafen Shermans Korps in Bridgeport ein.

Es war typisch für den widersprüchlichen Charakter des CSA-Generals Bragg, daß er die Bedeutung der Unionsbewegungen am Fluß und um Chattanooga nicht erkannte. Er fühlte sich in seinen starken Befestigungsanlagen auf dem Lookout Mountain und dem Missionary Ridge derart sicher, daß er keine Einwände gegen die Idee des CSA-Präsidenten Davis hatte, Longstreets Korps nach Norden zu schicken, um eine Vereinigung der Unionstruppen Burnsides mit denen in und um Chattanooga zu verhindern. Davis hatte, wie Grant schrieb, «eine übertriebene Meinung vom eigenen militärischen Genie ... und (glaubte) Aussichten zu haben, zwei Fliegen mit einer Klappe schlagen zu können. Bei mehreren Gelegenheiten kam er während des Krieges mit seinem *überragenden militärischen Genie* der Union zu Hilfe.»

Grant bereitete den ersten Angriff auf Braggs Stellungen vor. Er befahl Sherman, am 23. November den Fluß nordöstlich der

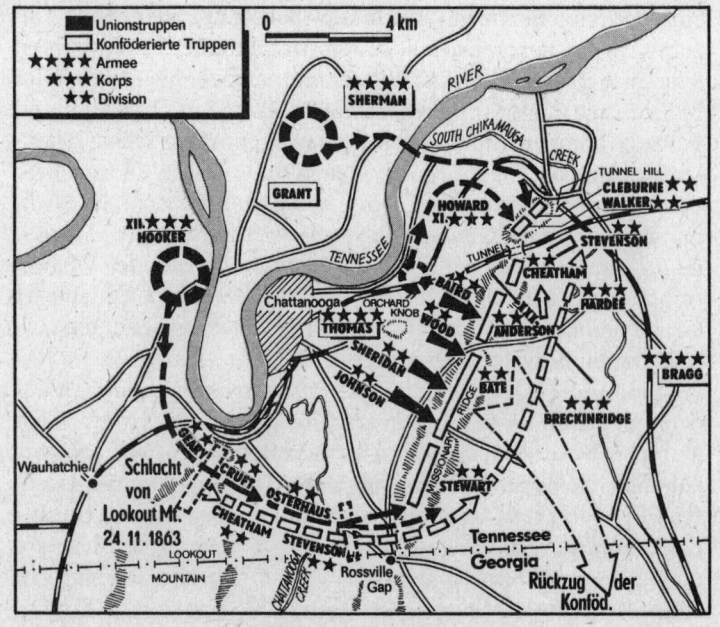

Die Schlacht von Chattanooga
(Lookout Mountain und Missionary Ridge).
24./25. November 1863

Stadt zu überqueren und den bislang unbesetzten Tunnel Hill einzunehmen. Von dort aus konnte der rechte Flügel der Konföderierten auf dem Missionary Ridge angegriffen werden. Die befestigten Linien auf dem Missionary Ridge wurden seit einiger Zeit
von Hardees CSA-Korps gehalten (Hardee war inzwischen zur
Tennessee-Armee zurückgekehrt). Die konföderierten Linien
zwischen dem Missionary Ridge und dem Lookout Mountain
wurden von einem Korps unter dem erst kurz zuvor zum Korpskommandeur ernannten General Breckinridge verteidigt.

Sobald Sherman den Fluß überquert hatte, sollte Hooker von
Brown's Ferry aus den linken Flügel des Gegners angreifen. Dies-
mal aber warf das Wetter den Plan durcheinander, denn schwere
Regenfälle hatten den Flußpegel beträchtlich steigen lassen.
Sherman mußte den ganzen 23. November mit der Suche nach

einer Überquerungsmöglichkeit und mit der Überquerung selbst zubringen. Am 24. November bezogen Hookers Truppen bei Sonnenaufgang neue Stellungen am Nordende des Lookout Mountain.

Erst am frühen Nachmittag des 24. November griffen Sherman und Hooker an. Der Zeitverzug hatte CSA-General Hardee die Gelegenheit gegeben, eine Division weiter nach rechts zu verlegen und den Tunnel Hill erfolgreich zu behaupten. Hookers Unionstruppen drangen nur langsam vorwärts.

Zwischen den Befestigungslinien des Unionszentrums am Rande von Chattanooga und den CSA-Linien oben am Hang des Missionary Ridge lag ein ziemlich offenes, relativ flaches Gelände mit drei kleinen Hügeln. Grant – vielleicht durch die Verlangsamung der Flankenbewegungen verstimmt – befahl General Thomas, seine Truppen aus den Schützengräben zu bringen und die Einnahme der drei Höhen zu versuchen. Obwohl der Angriff direkt vor den Hauptlinien der Konföderierten ablief, brachte er dank der Geschwindigkeit und der Überraschung den erwünschten Erfolg. Am Ende des ersten Tages der Schlacht von Chattanooga, der als «Schlacht von Lookout Mountain» bezeichnet wird, waren Breckinridges CSA-Truppen vom Nordende des Lookout Mountain zurückgedrängt. Sie zogen sich in Befestigungslinien auf dem Missionary Ridge zurück, während Hardees Korps bessere Stellungen um den Tunnel Hill ausbaute.

Am 25. November sollte Sherman Hardees Linien durchbrechen, während Hookers Truppen das linke Ende der CSA-Linien auf dem Missionary Ridge zu erstürmen hatten. Zwischen Hookers Korps und dem Angriffsziel verlief jedoch der tiefe, vom Regen angeschwollene Chattanooga Creek, und die CSA-Truppen hatten sämtliche Brücken abgebrochen. Am Morgen des 25. November blieb Shermans Sturmangriff erfolglos, und Hookers Infanteristen gelang es erst am Nachmittag, den Bach zu forcieren und die beiden CSA-Divisonen vom Ostufer zu vertreiben.

Grant schlug Thomas vor, die Einnahme der ersten Schützengräben auf der steilen Westseite des Missionary Ridge zu versuchen. Dies war kein leichtes Unterfangen: Auf diesem mit Bäumen und Gebüsch bestandenen Hang gab es 3 Verteidigungslinien, die wie 3 Stufen übereinander angelegt waren. Die Truppen der Unionsdivisionen Baird, Sheridan, Wood und Johnson hatten schon lange auf die Gelegenheit zum Angriff gewartet. Um 15.30 Uhr kam der langersehnte Befehl.

Die erste CSA-Linie wurde im Sturm genommen, doch hier unten standen die Unionssoldaten unter dem Feuer aus den höher gelegenen Linien. Kein Unionsinfanterist dachte an Rückzug, doch der Befehl lautete nur, die erste Linie einzunehmen. Hier konnte niemand lange bleiben. Die Soldaten entschlossen sich von selbst, weiter vorzugehen. Bald nahmen sie die zweite Linie ein, aber hier war das Feuer aus dem letzten der 3 Schützengräben genauso schlimm. Und so rückten sie weiter vor.

Von seiner Beobachtungsstelle vor Chattanooga verfolgte General Grant erstaunt den Vormarsch der Truppen. Auf seine Frage, wer ihnen das befohlen habe, soll General Thomas geantwortet haben: «Es sieht so aus, als ob sie sich selber befohlen.» Grant brummte, das würde jemanden teuer zu stehen kommen, wenn es schief ginge, ließ Thomas jedoch die übrigen Divisionen nach vorn werfen.

Um 16.50 Uhr erreichten die ersten Unionsbrigaden den Kamm des Missionary Ridge und warfen sich auf die völlig überraschten Truppen von Breckinridges Korps. Da deren Verteidigungslinien etwas hinter dem Hang und niedriger als der höchste Punkt angelegt worden waren, hatten die konföderierten Truppen nicht bemerken können, daß der Gegner die vorderen Linien am Hang erobert hatte. Erschrocken wichen die Konföderierten zurück und liefen in panischer Flucht vor den schier endlosen Wellen der Unionssoldaten davon. Sheridans Division folgte mit solcher Geschwindigkeit, daß sie mehrere CSA-Kanonen erbeuten und viele Gefangene einbringen konnte. Die CSA-Generale Breckinridge und Bragg entgingen nur knapp der Gefangenschaft.

Die Verluste der Union in der Schlacht von Missionary Ridge waren vergleichsweise gering: 5824 Mann wurden außer Gefecht gesetzt. Die Konföderierten verloren 6667 Mann. Die Größe des Sieges der Union läßt sich jedoch nicht allein in Zahlen messen. Außer einzelnen Streifzügen und der eigentlich zum Atlanta-Feldzug zu rechnenden Schlacht von Nashville 1864 war der Krieg westlich der Appalachen im wesentlichen zu Ende. Das Tor zur südlichen Atlantikküste stand offen. Dank dem Mut und der Initiative des Generals Grant wurde die in Chattanooga eingeschlossene Unionsarmee intakt gerettet (denn während der Belagerung war kein einziger Unionssoldat Hungers gestorben) und der Plan für den Ausbruch aus Chattanooga erfolgreich durchgeführt. Nicht mehr durch einen unentschlossenen Oberbefehlshaber gehemmt, konnten die Unionssoldaten beweisen, wozu sie fähig waren. Ihr Sturmangriff auf den Missionary Ridge gilt als kollektive Heldentat und eine der größten Leistungen der Kämpfer der Union im nordamerikanischen Bürgerkrieg.

Präsident Lincoln übermittelte telegrafisch seinen Dank für den Sieg in Chattanooga, er mahnte Grant jedoch, Burnsides Belagerung in Knoxville durch Longstreets Korps nicht zu vergessen. Grant schickte Verstärkungen nach Knoxville. Am 6. Dezember wurden die CSA-Divisionen zurückgeworfen und die Belagerung von Knoxville aufgehoben. CSA-General Longstreet zog sich in die Berge zurück. Später wurde er wieder zu Lees Armee befohlen.

Operationen der Kriegsmarine 1863

Die Unionsblockade an der Küste der Konföderierten Staaten wurde zusehends effektiver. Außer den Flußoperationen am Mississippi kam es in diesem Jahr zu keinen wichtigen Schlachten der Kriegsflotten. Die Bemühungen der Unionskriegsmarine konzentrierten sich auf die Bombardierung des Hafens von Charleston (South Carolina), der für den Norden mehr symbolische als strategische Bedeutung hatte. Um jeden Preis sollte Fort Sumter wieder genommen werden, was allerdings im Jahre 1863 noch nicht gelang. Die Verteidigung von Charleston war CSA-General Beauregard, der sein altes Kommando in dieser Stadt wieder übernommen hatte, ausgezeichnet organisiert worden. Das Bombardement der verschiedenen Festungen um Charleston begann im Juli und wurde fast pausenlos fortgesetzt, die Unionsseite konnte jedoch nur einen Erfolg verbuchen: die Einnahme des am weitesten außen, auf der Seeseite der Mündung der Charleston

Bay gelegenen Forts Wagner. Die Bewaffnung der übrigen Festungen wurde ständig verbessert, bis rings um die Bucht 149 schwere und zahlreiche kleinere Geschütze jeden Eindringling bekämpfen konnten.

Das Bombardement wurde von einer Flotte unter Konteradmiral Du Pont durchgeführt, die aus mehreren gepanzerten Schiffen – unter ihnen 9 Schiffe vom Typ «Monitor» – bestand. Die «Monitor» selbst war inzwischen bei Kap Hatteras im Sturm gesunken; der Wert der Panzerschiffe für die Unionsmarine blieb aber unbestritten.

Die Konföderierten hatten in Charleston einige Panzerschiffe, ihre Flotte war jedoch technisch unterlegen. Deshalb griffen sie zu Experimenten mit U-Booten. Das erste, die «Hunley» sank im August 1863 beim ersten Auslaufen. Das zweite, die «David», versprach mehr Erfolg. Sie war ein zigarrenförmiges Schiff, das dicht unter der Wasseroberfläche lief. Ihr kleines Deck ragte etwas über das Wasser hinaus; sie hatte einen langen Schornstein, denn sie wurde mit Dampf betrieben. Ihre Besatzung bestand lediglich aus 4 Mann.

Am 5. Oktober 1863 lief sie nachts von Charleston aus und griff das Unionspanzerschiff «New Ironsides» an. Mit einer langen Stange brachten 2 Matrosen auf dem Oberdeck einen 60-Pfund-Torpedo mit Kupferhülle gegen die Seite des Unionsschiffes in Anschlag. Die Detonation verursachte an der «New Ironsides» sehr schwere Beschädigungen. Obwohl die beiden Männer auf dem Oberdeck des U-Bootes durch die Detonationswelle über Bord geschleudert und bald darauf von Unionsmatrosen gefangengenommen wurden, konnte die «David» unangegriffen entkommen.

Dies war der einzige erfolgreiche Angriff eines U-Bootes im Bürgerkrieg, denn die primitiven Experimente erwiesen sich im allgemeinen als zu gefährlich. Alle 3 im Bürgerkrieg gebauten U-Boote (2 konföderierte Boote und 1 der Union) gingen mit ihren Mannschaften unter – nicht infolge von Kampfhandlungen, sondern wegen technischer Mängel.

Der Krieg im Osten
nach Gettysburg

Die riesigen Verluste in der Schlacht von Gettysburg hatten auf beiden Seiten eine gewisse Schockwirkung. Unionsgeneral Meade konnte sich trotz aller Befehle, Mahnungen und Drohungen aus Washington in den ersten Wochen nach der Schlacht zu keiner richtigen Verfolgung entschließen. Als er die Potomac-Armee endlich in Bewegung setzte, ließ er diese mit überraschender Geschwindigkeit über Manassas zum Rappahannock River verlegen.

Die konföderierte Armee, die sich langsam durch das Shenandoah-Tal bewegte und Proviant sammelte, wurde daraufhin hastig nach Culpepper gebracht. Sie war jedoch keineswegs in der Lage, einen größeren Kampf auf offenem Feld zu wagen, und postierte sich deshalb einfach zwischen der Unionsarmee und Richmond. Dank der ausgezeichneten Aufklärungstätigkeit von Stuart und seiner Kavallerie konnte sie sich jedesmal rechtzeitig absetzen, wenn die Unionsarmee auf sie zu marschierte.

Unionsgeneral Meade brachte bei seinen Manövern gegen die CSA-Armee eine gewisse Hartnäckigkeit und große taktische Klugheit auf, doch nicht selten schlugen seine Angriffspläne wegen mancher Versäumnisse seiner Kommandeure fehl. Seine Ermattungsstrategie gegen Lee erregte in Washington wachsendes Mißtrauen.

Die Bilanz des Jahres 1863

In diesem Jahr fanden die größten, spektakulärsten und taktisch interessantesten Schlachten des Bürgerkrieges in den USA statt. Die brillante Führungstätigkeit einzelner Generale und die faszinierenden Details der Schlachten dürfen uns aber nicht davon ablenken, daß der Krieg bisher auf beiden Seiten ohne großen, zielbewußten und logischen strategischen Plan geführt worden war. Im Süden gab es keinen Oberbefehlshaber der Streitkräfte, und im Norden war Halleck dieser Aufgabe nicht gewachsen.

Dieser Übelstand war für die Konföderation irreparabel, da sich Präsident Jefferson Davis einbildete, ein begabter Heerführer zu sein, der die Zügel fest in der Hand hält. Auf seiten der Union hätte sich die Lage wahrscheinlich nicht gebessert, wenn Halleck und die konservativen Generale in letzter Instanz das Sagen gehabt hätten. Aber nach der Verfassung der USA lag die letzte Entscheidung beim Obersten Befehlshaber («Commander in Chief»), also beim Präsidenten. Spätestens im Herbst 1863 hatte Abraham Lincoln begriffen, daß nur eine koordinierte Kriegführung zum Sieg führen konnte. Nach der Eroberung von Vicksburg und des Mississippi neigte er mehr und mehr dazu, diese Koordinierungsfunktion an Grant zu delegieren. Der Chattanooga-Feldzug lieferte Lincoln den endgültigen Beweis, in Grant den richtigen Mann gefunden zu haben, der den Krieg zu einem siegreichen Ende zu führen vermochte.

Ohne seine Absicht bekanntzugeben, bat Lincoln am Jahresende seinen Oberbefehlshaber im Westen um einen strategischen Plan, der als Vorschlag für Operationen der Unionsarmeen am Beginn des kommenden Jahres dienen sollte.

KAPITEL 5

DER AUSBLUTUNGSKRIEG
IN DEN JAHREN
1864/65

Eine Gesamtstrategie
setzt sich durch

Ulysses Grant war kein Militärtheoretiker. Weder studierte er die Werke der großen europäischen Militärs, noch legte er besonderen Wert auf die amerikanischen Theoretiker seiner Zeit – Mahan und Hardee. Selbst schrieb er ebenfalls keine theoretischen Werke. Seine Memoiren zeigen, daß er auch in Fragen der sozialen und ökonomischen Ursachen des Krieges keine besonderen Kenntnisse aufwies und sich keine großen Gedanken darum machte. Wichtig aber ist, daß Grant während seines Studiums an der Militärakademie Talent für die Mathematik zeigte. Sein Herangehen an die Probleme der Strategie und der Taktik war ähnlich dem eines Mathematikers, der ein komplexes Problem zu lösen hat: Er setzte die logischen Schritte einen nach dem anderen, lernte aus seinen Fehlern und wiederholte sie zum größten Teil nicht.

Grant wurde von seinen Truppen nie so umjubelt oder geliebt wie Burnside oder McClellan. Emotionen des Augenblicks aber sind keine Voraussetzungen für den Erfolg im Kampf. Grant verfügte über etwas weit Wichtigeres als die Popularität einer auffälligen Persönlichkeit: das praktisch grenzenlose Vertrauen seiner Truppen. Sie folgten ihm, sie waren von seinen Fähigkeiten überzeugt, und sie glaubten an den Sieg unter seiner Führung.

Mit gewohnter Offenheit schrieb General Sherman an Grant nach dessen Ernennung zum Oberbefehlshaber: «Meine einzigen Zweifel betrafen Ihre Kenntnisse der Strategie, der Wissenschaft und Geschichte – doch ich gestehe, daß Ihre gesunde Vernunft all das Wissen ersetzt zu haben scheint.» Sherman, der wahrscheinlich von allen anderen Unionsgeneralen Grant am nächsten stand, hat in diesen Worten den wahren Schlüssel zu Grants Größe gefunden.

Im Januar 1864 legte Grant Präsident Lincoln das Konzept eines gesamtstrategischen Planes für den Sieg über die Konföderierten Staaten vor. Der Plan sah eine gleichzeitige Frühjahrsoffensive der Hauptarmeen der Union auf 4 Hauptpunkte vor: 1. Atlanta (Georgia), das größte Versorgungs- und Munitionsdepot im tiefen Süden; 2. den Hafen Mobile an der Küste des Golfs von Mexiko; 3. die Unterbrechung der Kommunikationslinien der CSA-Regierung zu ihren Armeen mit einem Feldzug quer durch North Carolina bis Raleigh und Greensboro; 4. Lees Armee, die endlich zur offenen Feldschlacht gestellt werden sollte. Auf Atlanta wollten Grant und Sherman marschieren, die Kriegsmarine und die Armee von General Banks sollten Mobile angreifen. Unionskorps aus dem Shenandoah-Tal, der Umgebung Washingtons und aus den Küstenstützpunkten in Virginia sollten, zu einer Armee vereinigt, gegen die CSA-Verbindungslinien in North Carolina operieren, während General Meade konsequent die Potomac-Armee gegen die konföderierte Armee von Nordvirginia führen sollte.

Lincoln verwarf den Vorschlag für die North-Carolina-Operationen, weil er glaubte, Washington würde dadurch entblößt, denn Grants Plan sah die Verlegung von etwa 60000 Mann aus dem Raum zwischen Washington und dem Gebirge nach North Carolina vor. Ein Feldzug gegen die Mobile Bay mußte warten, bis General Banks von seiner Red-River-Expedition in Louisiana zurückgekehrt war. Ansonsten billigte Lincoln den Plan, hatte jedoch andere Vorstellungen, wer die einzelnen Feldzüge leiten sollte.

Zuerst wendete sich der Präsident an den Kongreß und ersuchte um die Wiedereinführung des Ranges eines Generalleutnants der Armee. Seit Winfield Scott hatte niemand mehr diesen

*Idealisierende Darstellung eines Angriffs der Unionskavallerie
mit General Philip H. Sheridan an der Spitze*

*Scharfschützen der Union
bei der Belagerung von Petersburg, 1864*

/2/ Appomattox C.H. Va.
Apl 9th 1865

Gen R. E. Lee
Comdg C.S.A.

Gen

In accordance
with the substance of my letter
to you of the 8th inst I propose to
receive the surrender of the Army of
N. Va. on the following terms, to wit:
Rolls of all the officers and
men to be made in duplicate
One copy to be given to an officer
designated by me, the other to be
retained by such officer or officers
as you may designate. The officers
to give their individual paroles
not to take up arms against the

*General Grants Kapitulationsbedingungen
für die konföderierte Nordvirginia-Armee unter General Lee*

Government of the United States, until properly exchanged, and

each Company or Regimental commander sign a like parole for the men of their command

The Arms, Artillery and public property to be parked and stacked and turned over to the officer appointed by me to receive them. This will not embrace the side Arms of the officers. nor their private horses or baggage. This done each officer and man will be allowed to return to their homes not to be disturbed by United States authority so long as they observe their parole and the laws in force where they may reside.

very respectfully
U. S. Grant Lt G

Das Haus von Oberst a. D. McLean in Appomattox Court House, in dem General Grant die Kapitulation der konföderierten Truppen entgegennahm

Früchte des Krieges… Richmond in Trümmern

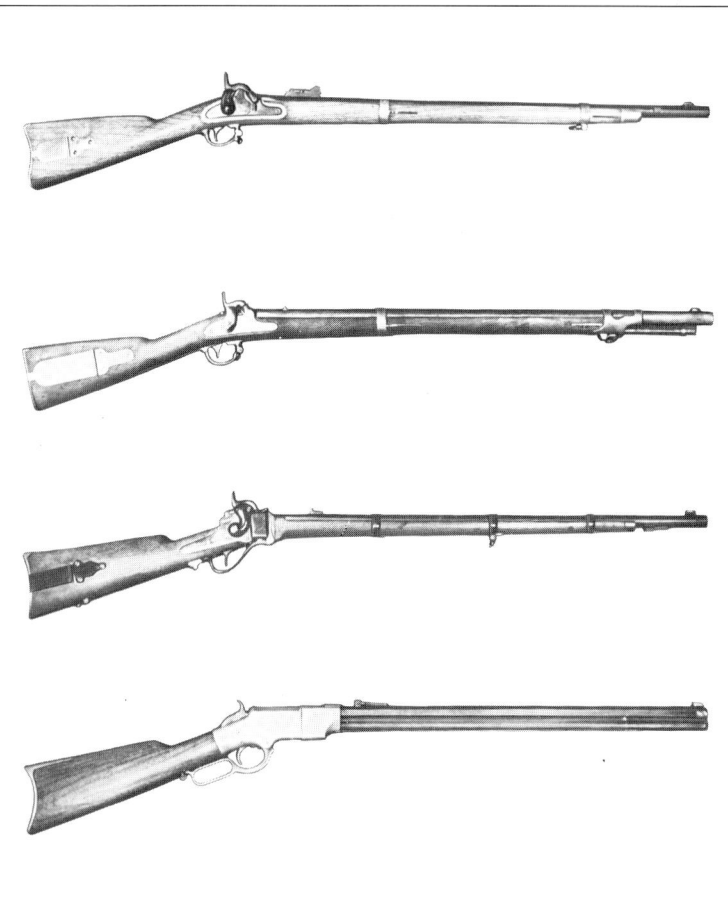

Gewehre des Bürgerkrieges:
1. Ordonnanzgewehr Springfield Mod. 1855;
2. Infanteriegewehr Springfield Mod. 1864;
3. Gewehr Sharps Pat. 1859;
4. Henry-Gewehr
(Abbildung nicht maßstabsgerecht)

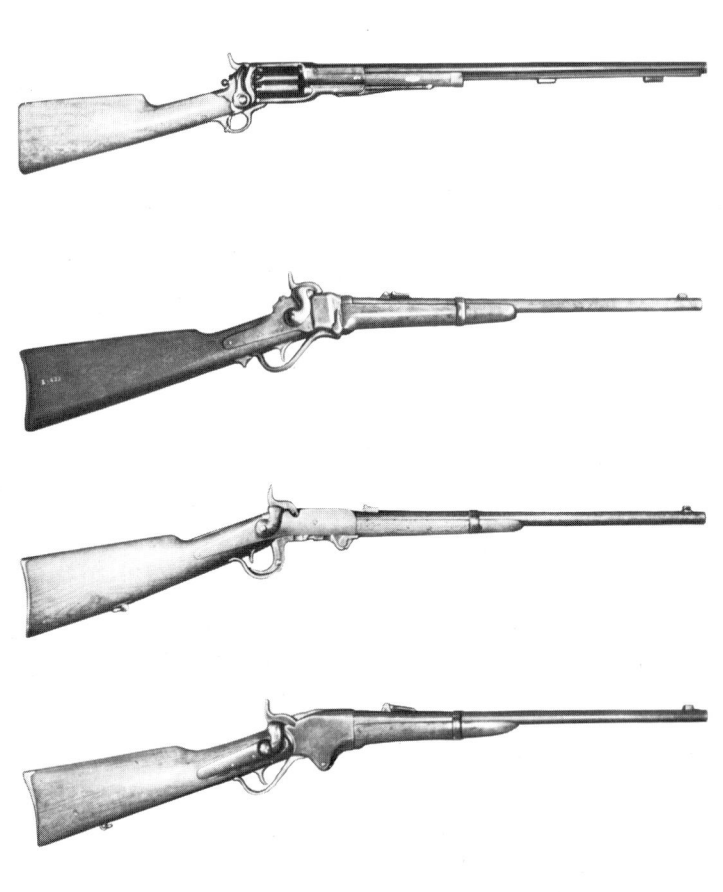

Gewehre des Bürgerkrieges:
1. Colt Revolver Rifle Mod. 1857;
2. Karabiner Sharps Mod. 1859;
3. Karabiner Burnside Modell 1861;
4. Spencer Rifle Mod. 1863
(Abbildung nicht maßstabsgerecht)

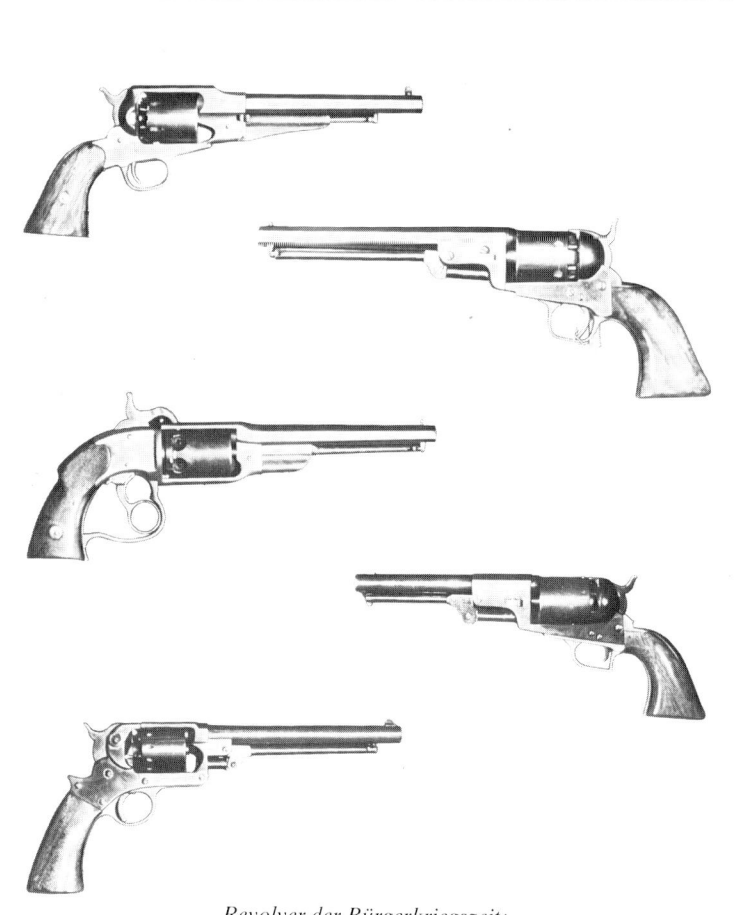

Revolver der Bürgerkriegszeit:
1. Remington New Army Mod. 1858;
2. Colt Navy Mod. 1851;
3. Savage Mod. 1860;
4. Colt Dragoon Mod. 1848;
5. Starr Mod. 1858
(Abbildung nicht maßstabsgerecht)

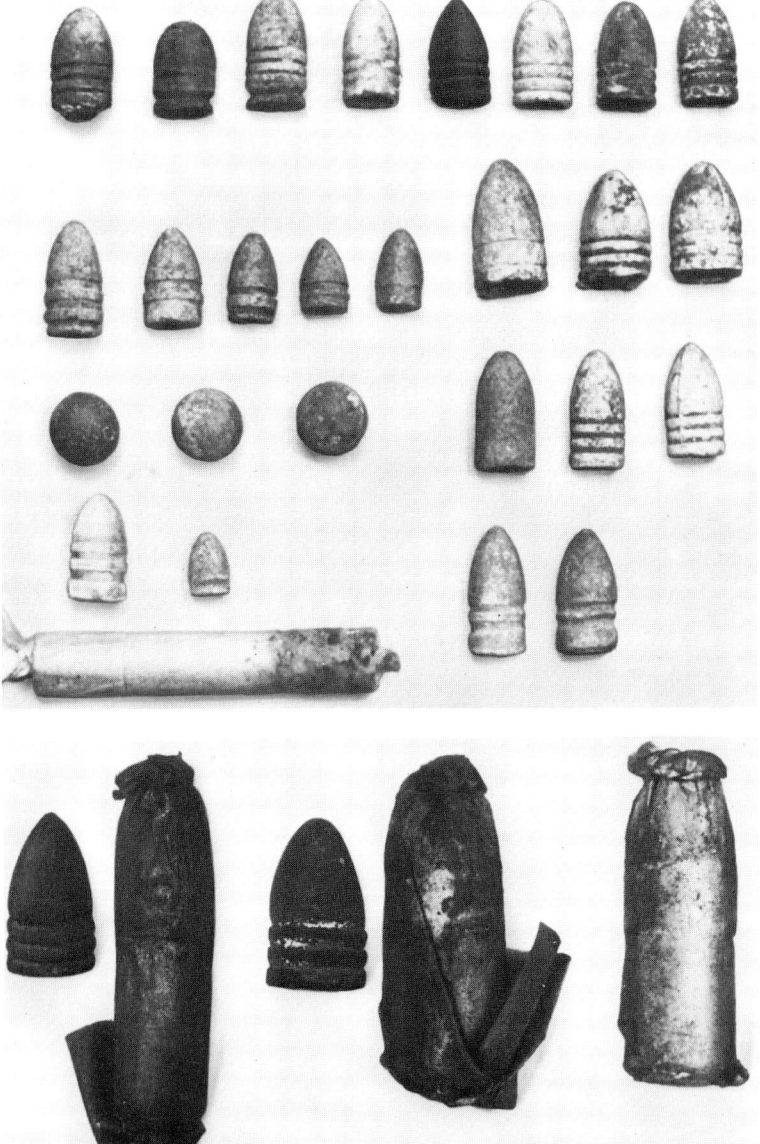

Maschinengewehr Gatling Mod. 1862

Minié-Geschosse und Papierpatronen

3-Zoll-Kanonen

3,67-Zoll-Geschütz (10 Pfund) von Parrott

Standardschiffsgeschütz 9 Zoll von Dahlgren

8-Zoll-Columbiade Mod. 1861 von Rodman

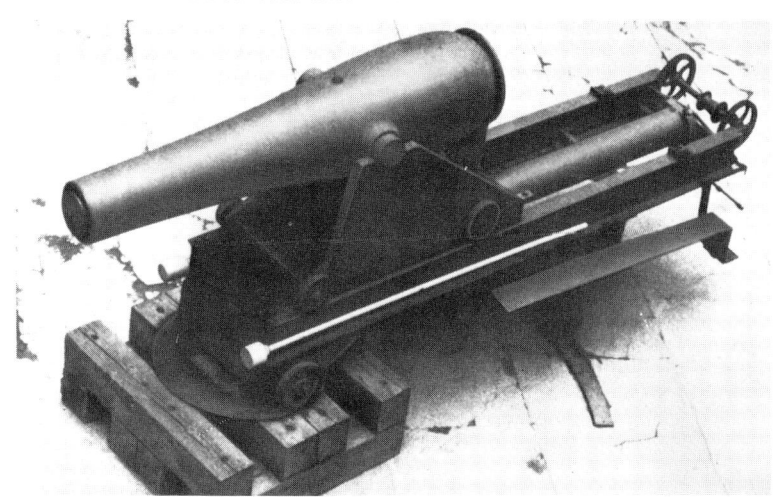

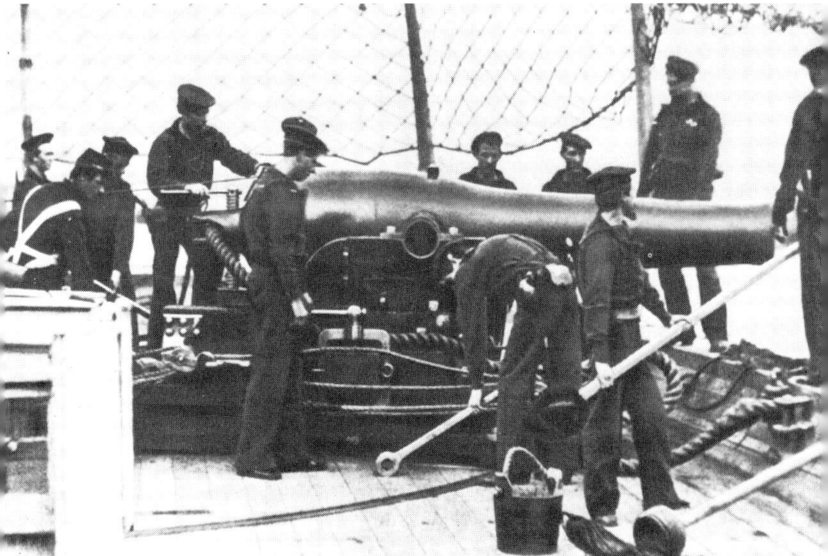

13-Zoll-Mörser

8-Zoll-Mörser
Mod. 1861

Verlegen einer Feld-
telegrafenleitung

*Monitor einer fortgeschrittenen
Ausführung*

*Munitionslager der Unionstruppen
in City Point*

Innenwerke eines Küstenforts,
hier Fort Sumter nach der Wiedereroberung

Unterstand der Unionstruppen

Rang bekleidet, während die CSA-Regierung ihn längst eingeführt hatte. Im Februar stimmte der Unionskongreß nicht nur
dem Antrag des Präsidenten, sondern auch der Beförderung von
Ulysses S. Grant zum Generalleutnant zu.

Daraufhin wurde Grant nach Washington befohlen, wo er am
9. März 1864 zum Oberbefehlshaber der Unionsstreitkräfte ernannt wurde. Sein Nachfolger als Oberbefehlshaber im Westen
wurde General Sherman.

General Grant nahm eine Reorganisation der höchsten Füh-
rungsebene sowie des Versorgungssystems vor, die ohne Übertreibung als epochemachend bezeichnet werden darf. Die Zentralisierung der USA-Streitkräfte und ihrer ökonomischen
Basis, wie er sie vorgenommen hatte, diente als Vorbild und
Maßstab für die Organisation der USA-Streitkräfte bis zum
Ende des zweiten Weltkrieges. General Halleck bekam eine
neue Stellung, die seiner organisatorischen Begabung besser
Rechnung trug. Als Stabschef der US Army trug er die Verant-
wortung für die Koordinierung sämtlicher militärischen Opera-
tionen sowie für ihre technische und wirtschaftliche Sicherstel-
lung. Halleck und sein Stab bekamen über Telegraf oder durch
Kuriere laufend die Tagesberichte der Armeebefehlshaber im
Feld, faßten sie zusammen und leiteten sie an Grant weiter.
Dieser wertete sie nicht nur unter operativem, sondern auch unter Versorgungs- und Verbindungsaspekt aus. Auf dieser
Grundlage formulierte er Zeitpläne für die Verteilung des
Nachschubs an alle Armeen und Militärdepartements. Die Ver-
teilung wurde dann von Generalquartiermeister Montgomery
C. Meigs geleitet. Im Gegensatz zu früheren Generalquartier-
meistern in europäischen Armeen und der amerikanischen
Armee trug Meigs die Verantwortung für Verteilung, Transport
und Lagerung sämtlicher Nachschubgüter für mehrere Großver-
bände, die in verschiedenen und weit voneinander entfernten
Regionen handelten. Die Zusammenarbeit der Stäbe Hallecks
und Meigs' sowie des Kriegsministeriums unter Grants ständiger
Kontrolle bildete ein einheitliches und umfassendes System, wie
es die US-amerikanische Militärterminologie unter «Logistik»
(«logistics») versteht: den gesamten technischen und ökonomischen Aspekt der Kriegführung.

Grants großartige Leistung bei der Schaffung dieses zentralisierten Systems läßt sich nur dann richtig beurteilen, wenn wir uns das Ausmaß der militärischen Operationen und die Größe der Unionsarmeen Anfang 1864 vergegenwärtigen. Schon 1863 war die Einberufung zum Wehrdienst endgültig durchgesetzt, so daß der Wiederaufbau der Unionsarmeen selbst nach schweren, verlustreichen Schlachten gesichert war. Bis zum Sommer 1864 standen bei der Union über 500 000 Mann unter Waffen. Sie waren in 4 regionale Militärdepartements mit 17 Armeen gegliedert, die in einem Gebiet mit einer Ausdehnung von über 2 000 Kilometern von Osttexas bis zur Küste der Carolinas und von Virginia operierten. Das war ein Krieg von nie dagewesenem Ausmaß, wobei gerade die topographischen Eigenheiten der USA bei Kriegsausbruch auf beiden Seiten die Neuformierung einer Vielzahl von Armeen bedingten. Die Behauptung des USA-Militärtheoretikers Matloff, Grants Befehlsbereich sei größer gewesen als der «Napoléons auf seinem Höhepunkt», ist als pauschal und undifferenziert zu werten, denn von 1806 bis 1813 standen französische Truppen in Garnisonen und im Felde von den Pyrenäen bis Moskau – und das sind über 3 800 Kilometer. Wenn sich Matloff jedoch nur auf das Gebiet von Napoléons Feldzug gegen Rußland im Jahre 1812 bezieht, dann übertraf Grants Operationsfeld bei weitem Bonapartes Handlungsgebiet.

Der große Unterschied zwischen dem nordamerikanischen Bürgerkrieg und allen vorangegangenen Kriegen feudalabsolutistischer sowie bürgerlicher Staaten lag jedoch in der Organisation der Armeen. Während man von «der preußischen Armee» oder «der Armee Napoléons» sprechen kann – von einheitlichen Armeen eines Staates, die oft vom Staatsoberhaupt selbst geführt wurden –, verfügte jede der beiden Parteien im nordamerikanischen Bürgerkrieg über eine Vielzahl unabhängig voneinander handelnder Armeen. Als Oberbefehlshaber sämtlicher Unionsarmeen, der ihre strategischen Handlungen sowie ihre Versorgung plante und leitete, war General Grant der erste Frontoberbefehlshaber im modernen Sinne, das Vorbild für die USA-Befehlshaber in den Weltkriegen: Pershing, Eisenhower, Patton, MacArthur.

Den technischen Schlüssel zu dieser Entwicklung, ohne den das neue System überhaupt nicht möglich gewesen wäre, lieferte das

riesige Telegrafennetz, das schon im wesentlichen bis Ende 1863 entstanden war und von Grant weiter ausgebaut und konsolidiert wurde. Ohne schnelle Verbindung zum Washingtoner Kriegsministerium, zu den Befehlshabern im Feld sowie zu den Depots der verschiedenen Militärdepartements hätte Grant nicht den Überblick über die Gesamtlage der Unionsarmeen und ihre Versorgung behalten können. Das zweitwichtigste Element der Koordinierung aller Operationen waren die Eisenbahnen und ihre schnelle Instandsetzung durch Pioniertruppen im Falle einer Unterbrechung. Die Einheitsspurweite der Eisenbahnstrecken im Norden wurde in der Konföderation nie nachvollzogen. Es fehlte ihr auch an den nötigen Ressourcen, um das eigene Transportsystem auszubessern. Die Unionsarmeen im Süden mußten mit den verfügbaren Anlagen auskommen, wollten sie die Eisenbahnen benutzen.

Die Zentralisierung des Systems hatte auch bestimmten Einfluß auf die Strategie, die Grant für die letzte Phase des Krieges ausarbeitete. Beseitigt wurden jene altmodischen Elemente wie die Vermeidung von blutigen Entscheidungsschlachten, das ewige Manövrieren zur Bedrohung der gegnerischen Verbindungslinien, die mangelhafte Verfolgung nach den Schlachten, die undurchdachten Feldzugspläne, die Konzentration auf geographische Ziele anstatt auf die Armee des Gegners. Grant plante weite, große Feldzüge, die den Spielraum des Gegners Schritt für Schritt einengen und ihn schließlich einkreisen sollten. Angesichts des Fanatismus in den Südstaaten, wo man offensichtlich bis zum letzten Augenblick Widerstand zu leisten beabsichtigte, erkannten Grant und Sherman, daß der Sieg nicht durch gewonnene Schlachten allein, sondern auch durch die Vernichtung der militärökonomischen Basis der Konföderation errungen werden mußte.

Es gab in der Tat keine Alternative zur Vernichtung der Wirtschaft in den CSA, doch Grants Entscheidung in dieser Frage wird heute noch von fast allen Militärhistorikern der USA heftig kritisiert und in ihren Folgen für die Bevölkerung weit übertrieben. Auch die seinerzeitige Atmosphäre im Norden wird gern ignoriert. Dort gab es immer noch Stimmen des Defätismus und des Kompromisses, traten Demagogen auf, die mit den Gefühlen der Menschen spielten und die Angst um einen oder mehrere Familienangehörige im Feld oder die Trauer um einen Gefallenen für politische Zwecke mißbrauchten. Bei diesen Personen sah die CSA-Regierung ihre Verbündeten im gegnerischen Lager; daraus schöpfte sie Hoffnung auf einen Ausgang des Krieges, der das Sklavereisystem nicht antasten würde. Je länger der Krieg dauerte, desto größer war die Gefahr der «Kriegsmüdigkeit» im Norden. Auch diese Tatsache zwang Grant, sich auf die Wirtschaft des Südens zu konzentrieren, um den Krieg abzukürzen und eine bedingungslose Kapitulation zu erreichen.

Als der neue Oberbefehlshaber der Streitkräfte seine Funktion übernahm, rieten ihm Kriegsminister Stanton und General Halleck, dem Präsidenten nichts vorher von seinen Plänen zu verraten, weil Lincolns Freunde bei seiner Gutgläubigkeit «sicherlich alles, was er weiß, aus ihm herausholen». Lincoln ließ Grant gegenüber verlauten, er wolle nichts von dessen Plänen wissen, er habe volles Vertrauen zu seinem Oberbefehlshaber. Grant begriff sofort, wenn er es nicht schon wußte, daß die in Washington herrschende Atmosphäre politischer Intrigen für ihn ziemlich gefährlich war. Wie er in seinen Memoiren schrieb, nahm er die Empfehlung ernster, als es die Ratgeber beabsichtigt hatten: «Ich teilte meine Pläne weder dem Präsidenten noch dem Kriegsminister und General Halleck mit.»

Zudem weigerte er sich, seinen Sitz im Washingtoner Hauptquartier einzunehmen, sondern zog mit den Truppen ins Feld. Sein Hauptquartier richtete er bei der Potomac-Armee an der Seite des Generals Meade ein, den er weiter als Oberbefehlshaber dieser Armee behielt – wegen Meades widersprüchlicher Haltung und der geteilten Führung eine Fehlentscheidung, wie Grant später zugab.

Grant blieb per Telegraf in ständiger Verbindung mit Washington sowie mit den wichtigsten Befehlshabern im Feld. Wenn nötig, suchte er die anderen Armeen auf oder reiste nach Washington, um sich mit Lincoln persönlich zu beraten. Nach dem Beginn der Belagerung Petersburgs machte er City Point (Virginia) zum Sitz seines Stabes. Lincoln kam oft hierher, um seinen Oberbefehlshaber zu besuchen und die Lage aus erster Hand kennenzulernen.

Von nun an standen sich General Grant und General Lee gegenüber. Bisher hatte jeder Unionsgeneral, der gegen diesen großen Kontrahenten marschieren sollte, außerordentlichen Respekt, wenn nicht gar Angst vor ihm gezeigt. Grants Meinung über Lee ist sehr aufschlußreich: «Es ist gewöhnlich die Neigung der meisten Menschen, dem Befehlshaber einer großen Armee, den sie nicht kennen, fast übermenschliche Qualitäten zuzuschreiben. Ein großer Teil der nationalen Armee zum Beispiel sowie der größte Teil der Presse unseres Landes schrieb General Lee ebensolche Qualitäten zu. Aber ich habe ihn persönlich gekannt, ich wußte, daß er ein Sterblicher war – und es war besser, daß ich dies wußte.»

Die Reorganisation und die Vorbereitung der großen Feldzüge nahmen Grant bis Ende März 1864 in Anspruch. In der Zwischenzeit hatte es auch bei der Tennessee-Armee der Konföderation Veränderungen gegeben. Endlich, nach fürchterlichsten Auseinandersetzungen zwischen General Bragg, seinen Korpskommandeuren und dem CSA-Präsidenten, war Bragg entlassen worden. Davis hatte ihn zu seinem persönlichen Militärberater ernannt.

Braggs Nachfolger als Oberbefehlshaber der Tennessee-Armee war der alte, sehr fähige Joseph E. Johnston, den Präsident Davis bei der Ernennung seiner Armeebefehlshaber so oft benachteiligt hatte. «Old Joe», wie seine Truppen ihn nannten, bekam jetzt eine hoffnungslose Aufgabe: Shermans Armee vor Atlanta aufzuhalten und zurückzuwerfen, die großen Militärdepots am Eisenbahnknotenpunkt Atlanta zu retten und den Feldzug der Union in Richtung Atlantikküste zu stoppen. Dafür hatte er weder die erforderliche Truppenstärke noch die nötigen Ausrüstungen.

Ein gravierender Schlag gegen die Armeen der Konföderation war ein Befehl, den Grant mit Lincolns Zustimmung am 17. April 1864 erteilte und der besagte, keine gefangenen konföderierten Soldaten vor Kriegsende aus der Gefangenschaft zu entlassen. Bisher war es allgemeine Praxis gewesen, Kriegsgefangene nach kurzer Zeit freizulassen und ihnen die Rückkehr zu ihren Einheiten zu gestatten. Schon wegen der niedrigen Bevölkerungszahl im Süden war diese Praxis den CSA-Armeen sehr zugute gekommen.

Dieses sogenannte Paroleverbot der Union war eine notwendige Vorbereitungsmaßnahme für den Feldzug in den tiefen Süden, die die Armeen des westlichen Unionsmilitärdepartements wieder nach Osten brachte und die bisher unberührten Militärdepots in den noch geschützten östlichen Golfstaaten befrohte. Am 4. April schrieb Grant an General Sherman: «Ihnen schlage ich vor, daß Sie gegen Johnstons Armee marschieren, dieselbe sprengen und soweit wie möglich in das Innere des Feindeslandes stoßen, wo Sie dessen Hilfsquellen möglichst viel Schaden zufügen.» In seinen Memoiren ergänzte er: «Lee mit der Hauptstadt der Konföderation war das Hauptziel, auf das alle hinarbeiteten. Johnston mit Atlanta war ein wichtiges Hindernis, das uns beim Erreichen des gewünschten Ergebnisses im Wege stand . . .» Während sich Shermans Armeen von Chattanooga aus in Bewegung setzten, brach im Osten die Potomac-Armee in Grants Begleitung aus ihrem Winterquartier auf.

Shermans Feldzug in Georgia
bis zur Einnahme von Atlanta

Auf den Marsch von Chattanooga nach Atlanta nahm General Sherman 3 verschiedene Armeen mit. Jede Armee hatte ihre eigene Aufgabe. Obwohl Sherman ihre Bewegungen koordinierte, überließ er den einzelnen Befehlshabern einen großen Teil detaillierter Entscheidungen. Die 3 Unionsarmeen verfügten insgesamt über 88 188 Infanteristen, 6 149 Kavalleristen und 4 460 Artilleristen in folgender Zusammensetzung:

Cumberland-Armee General George H. Thomas
(60 773 Mann, 130 Geschütze)
IV. Korps General Howard
XIV. Korps General Palmer
XI. Korps General Hooker
Tennessee-Armee General John McPherson
(24 465 Mann, 96 Geschütze)
XV. Korps General Logan

XVI. Korps General Dodge
XVII. Korps General Blair (ab Juni)
Ohio-Armee General John Schofield
(13559 Mann, 28 Geschütze)
XIII. Korps General Schofield

Da die gegnerische Armee ebenfalls den Namen «Tennessee» führte, ist leicht zu verstehen, warum Historiker lieber von «Shermans Armeen» oder «McPhersons Armee» schreiben.

Die konföderierte Armee unter Joseph Johnston bestand aus 3 Korps unter Hood, Hardee und Polk sowie aus 1 starken Kavalleriekorps unter General Wheeler. Sie zählte insgesamt 60000 Mann, davon 10000 Kavalleristen. Die Stärke der Artillerie ist nicht bekannt. Überhaupt läßt sich seit Anfang 1864 im CSA-Kriegsministerium hinsichtlich der Statistik ein zunehmendes Chaos beobachten. Von diesem Zeitpunkt an ist es für den Historiker immer schwieriger, die Stärke und die Verluste der an einer Schlacht beteiligten konföderierten Truppen zu ermitteln.

Die Kriegsparteien hatten ein Kräfteverhältnis von 2:1 zugunsten der Union. CSA-General Johnston wußte davon und setzte seine größten Hoffnungen in die kluge Ausnutzung der geographischen Gegebenheiten des Weges nach Atlanta, um Shermans Marsch solange wie irgend möglich zu verzögern. Das bedeutete, sich stets im rechten Moment zurückzuziehen, gute Verteidigungsstellungen zu finden und eventuell den Gegner zu einem unbedachten Angriff zu verlocken, der von der eigenen Armee leicht zurückgeschlagen werden konnte.

Manche Historiker behaupten, Sherman sei auf die Zerstörung der CSA-Kriegsressourcen derart versessen gewesen, daß er die Vernichtung der konföderierten Armee vernachlässigte. Sherman aber war sich sehr wohl bewußt, daß die von Grant befohlene Vernichtung der Armee Johnstons nicht leichtfallen würde. Erst in der Gegend um Atlanta selbst gab es echte Möglichkeiten dafür, denn das Land südlich von Chattanooga war hügelig und relativ unübersichtlich. Shermans Verbindungslinie war außerordentlich lang: Seine Basis in Nashville (Tennessee) lag gut 395 Kilometer von Atlanta entfernt. Deshalb war er zumindest auf dem ersten Marschabschnitt hinsichtlich seiner Munitionsversorgung von der Eisenbahn abhängig. Aus diesem Grund durften die Züge nur für den Munitionstransport benutzt werden. Alles, was Beine hatte – die Soldaten wie auch die Pferde und das Schlachtvieh –, mußte marschieren.

Sherman entschloß sich, Johnstons Armee immer wieder zu umfassen und zu umgehen. Schofields Armee sollte am linken Flügel an der Bahnlinie Dalton–Atlanta vorrücken und die konföderierte Armee direkt bedrohen, während Thomas und McPherson ihre Armeen weiter westlich auf parallelen Wegen nach Süden führten. Am 4. Mai brachen die Unionsarmeen von Chattanooga auf – am selben Tag, da Grant und die Potomac-Armee den Rapidan River in Virginia überquerten. Die Koordinierung des Datums war in Grants Plan vorgesehen.

Die CSA-Armee – ohne Polks Korps, das erst später das Feld erreichte – lag in Dalton. An der nächsten Bahnstation auf der Strecke nach Atlanta, Resaca, hatte CSA-General Johnston nur eine Brigade stationiert. Shermans Kavallerie erkundete bald, daß auch am Bergpaß Snake Gap keine konföderierten Truppen standen.

McPhersons Unionsarmee marschierte am 9. Mai über den Snake Gap und trieb die konföderierte Brigade in Resaca in ihre Verschanzungen zurück. McPherson beurteilte die Lage falsch, als er dachte, seine Armee sei allein nicht stark genug, Resaca zu halten, und zog sich zum Snake Gap zurück, um die beiden anderen Unionsarmeen abzuwarten.

Dieser Fehler erlaubte dem CSA-Oberbefehlshaber, den Hauptanteil seiner Armee nach Resaca zu verlegen, wo sie am 13. Mai durch Polks Korps verstärkt wurde.

Am 19. Mai konzentrierte Unionsgeneral Sherman alle 3 Armeen an der Westseite von Resaca. Mehrfache gewaltsame Aufklärung brachte das Ergebnis, daß die CSA-Verteidigungsstellungen als sehr stark einzuschätzen waren. Sherman befahl am 15. Mai einen Teilangriff, der nicht viel einbrachte, und entschloß sich, am 16. Mai die Konföderierten an ihrer linken Flanke zu umgehen und weiter zu marschieren. CSA-General Johnston war gezwungen, das Katz-und-Maus-Spiel weiter mitzumachen, und zog seine Truppen in der Nacht zum 16. Mai nach Süden ab.

Sherman ließ 2 Divisionen die Depots und die Eisenhütte in der Kleinstadt Rome zerstören. Danach wurde der Marsch fortgesetzt. Am 18. Mai versuchten die Konföderierten, Schofields Unionsarmee nördlich der Ortschaft Cassville zu isolieren und zu vernichten, doch CSA-General Hood, dessen Korps den Angriff auf die anrückenden Unionstruppen führen sollte, wurde an seiner rechten Flanke von Unionskavallerie unter McCook bedroht. Dadurch wurde er abgelenkt und sein Korps nach Norden abgedrängt, so daß Schofield ihn an seiner linken Seite angreifen konnte. In der darauffolgenden Verwirrung konnten die anderen Unionsarmeen Schofield zu Hilfe kommen. Die CSA-Armee zog sich abermals zurück, diesmal zum Allatoona Gap, wo sich die Truppen in starken Stellungen verschanzten.

Die Unionsarmeen sammelten sich im Ort Kingston und legten jetzt eine dreitägige Erholungspause ein. Die Pioniertruppen setzten die Eisenbahnstrecke von Dalton instand. Versorgungszüge aus Nashville trafen ein, und Sherman ließ die Pferdewagen der Armeen mit Proviant und Munition für 20 Tage beladen. Er beabsichtigte gar nicht, die starken Stellungen der Konföderierten am Allatoona Gap anzugreifen. Stattdessen zog er seine Armeen von der Eisenbahnstrecke ab und führte sie nach Dallas. Damit drohte Gefahr, daß die Unionsarmee hinter der CSA-Armee ungehindert Atlanta erreichte.

Sobald Johnston Nachricht von den Unionsbewegungen bekam, brachte er seine Armee vom Paß zur New-Hope-Kirche südlich von Dallas, wo sie gute Verteidigungspositionen bezog. Daraufhin ließ Unionsgeneral Sherman Hookers Korps bei der Kirche einen Angriff führen, während er die übrigen Unionstruppen östlich von den langgestreckten CSA-Linien verteilte. Die Bewegungen der Konföderierten zur New-Hope-Kirche hatten die Eisenbahnstrecke wieder entblößt – und Sherman setzte wieder auf diese wichtige Verbindung an.

Vom 27. Mai bis 4. Juni rückten Shermans Verbände ostwärts in Richtung Eisenbahn vor, wobei sie immer wieder von Johnstons Infanteristen beschossen wurden, die es aber nicht schafften, die allmähliche Annäherung an die Eisenbahn zu stoppen. Am 4. Juni zog Johnston seine Armee auf schon vorhandene Befestigungen in den flachen Bergen vor Marietta zurück. Am 8. Juni erreichten die Unionsarmeen die Dalton-Atlanta-Eisenbahnlinie.

Zu dieser Zeit unternahmen CSA-Kavallerieeinheiten unter Nathan Bedford Forrest Streifzüge gegen Shermans Verbindungslinien in Tennessee. Morgans Kavallerie überfiel abermals Kentucky. Trotz aller Versuche der Unionstruppen, diese Überfälle zu vereiteln, wüteten Forrests und Morgans Reiter noch lange im Hinterland und griffen immer wieder die Unionsversorgungslinien an, ohne sie jedoch völlig unterbrechen zu können.

Unionsgeneral Sherman entschloß sich jetzt, die konföderierten Stellungen bei Marietta in voller Stärke anzugreifen. Die Konföderierten hatten sich auf den Bergkämmen Pine Mountain und Kennesaw Mountain verschanzt. Diese bewaldeten Höhen waren eher Hügel als richtige Berge zu nennen, boten jedoch ausgezeichnete Deckung und freien Blick über die offenen Felder zu ihren Füßen. Shermans Entschluß, die CSA-Armee ausgerechnet hier anzugreifen, war ein Fehler, wie er ihn nie wieder beging.

Am 14. Juni trat CSA-General Johnston in seinem Hauptquartier auf dem Pine Mountain mit seinem Generalstab zusammen. Eben zu dieser Zeit hatte Sherman den Befehl erteilt, die CSA-Stellungen mit Artillerie zu beschießen. Die Unionsseite verfügte über eine Vielzahl von gezogenen Parrott-Geschützen, die einen ausreichenden Rohrerhöhungswinkel hatten, um den Gegner auf den Bergen präzise zu treffen. Eine Granate schlug beim Hauptquartier der Konföderierten ein und tötete den Korpskommandeur General Polk. Der Verlust dieses Generals hatte für die CSA mehr moralische als militärische Bedeutung, denn Leonidas Polk, eigentlich von Beruf anglikanischer Priester und vor Kriegsbeginn Bischof von Louisiana, hatte sich als Militär nie besonders talentiert gezeigt. Sein Nachfolger wurde vorläufig General Loring, später General A. P. Stewart.

Schwere Regenfälle unterbrachen die Kampfhandlungen bei Marietta. Erst gegen Ende Juni konnte Sherman einen Angriff wagen. Der Schwerpunkt der CSA-Stellungen lag auf dem Kennesaw Mountain, und der Unionsoberbefehlshaber entschloß sich, etwa 17 000 Mann das Zentrum frontal angreifen zu lassen, während schweres Artilleriefeuer von der gesamten Unionslinie auf die CSA-Befestigungen einhämmern sollte.

Das Wetter am 27. Juni war extrem heiß, die Temperaturen kletterten auf über 43° C im Schatten. Trotz aller Nachteile eines frontalen Sturmangriffs auf befestigte Positionen befahl Sherman für 9.00 Uhr den Angriff. Das Ergebnis war ein Massaker unter den angreifenden Truppen. Schon um 11.30 Uhr wurden die Gefechtshandlungen eingestellt. Hitzschlag verursachte auf beiden Seiten einen großen Teil der Verluste, auf seiten der Union über 2000 Mann, auf der CSA-Seite etwa 600 Mann.

Sherman kehrte zur Umfassungstaktik zurück und führte seine Armeen abermals an der CSA-Armee vorbei weiter nach Süden. Nun mußte CSA-General Johnston den Kennesaw Mountain räumen und auf der Nordseite des Chattahoochie River vor Atlanta neue Stellungen beziehen.

Bisher hatte Johnston das Beste getan, was unter den Umständen möglich war, indem er die Einnahme Atlantas verzögerte. Im Norden standen Präsidentschaftswahlen bevor. Die Kräfte gegen Lincoln und die konsequenten Verfechter eines Friedensschlusses waren noch stark; Lincolns Wiederwahl konnte keineswegs als sicher gelten. Die Chancen für die Wahl eines kompromißlerischen Kandidaten stiegen, je länger sich der Fall von Atlanta verzögerte. Johnston hatte den Vormarsch Shermans derart verlangsamt, daß die Unionsarmeen in 74 Tagen nur knapp 160 Kilometer vorangekommen waren.

CSA-Präsident Davis hatte keinen Sinn für derart subtile Überlegungen. Während des Feldzuges in Georgia erklärte er einmal: «Wäre ich an Johnstons Stelle, würde ich Sherman sofort schlagen!» Johnston hörte davon und widersetzte: «Ja, ich weiß, daß Mr. Davis denkt, er könne viele Dinge tun, die andere Männer nur zögernd versuchen würden. Zum Beispiel versuchte er das zu erreichen, was selbst Gott nicht vermocht hat, nämlich aus Braxton Bragg einen Soldaten zu machen!»

Vom 9. bis 17. Juli ließ Unionsgeneral Sherman seine Verbände vorrücken. Schofields Truppen fanden einen Weg über den Chattahoochie um Johnstons rechte Flanke herum. Durch den Druck auf diesen Punkt und auf sein Zentrum wurde Johnston am 17. Juli gezwungen, neue Stellungen südlich des Flusses zu beziehen.

Am 17. Juli schickte Davis' Militärberater General Bragg ein Telegramm an Johnston: «Generalleutnant J. B. Hood ist nach dem neuen Kongreßgesetz (der CSA – L. I.-K.) zum vorläufigen

Rang des Armeegenerals befördert worden. Ich wurde vom Kriegsminister beauftragt, Sie zu informieren, daß Sie wegen Ihres Unvermögens, den Vormarsch des Feindes bis zur Umgebung Atlantas weit im Inneren des Staates Georgia aufzuhalten, und weil Sie nicht die Überzeugung zum Ausdruck bringen, ihn schlagen oder zurückwerfen zu können, hiermit vom Befehl über die Armee sowie über das Departement Tennessee entbunden werden. Diesen Befehl werden Sie sofort General Hood übergeben.»

John B. Hood war vom Charakter dem hitzköpfigen Unionsgeneral Hooker ziemlich ähnlich, was der Unionsseite bekannt war. Über die Entlassung Johnstons freuten sich Grant und Sherman, obwohl sie zugleich ihrem klugen alten Gegner Respekt zollten. Grant schrieb in seinen Memoiren: «Was mich betrifft, so halte ich Johnstons Taktik für richtig. Alles, was dazu dienen konnte, den Krieg noch ein Jahr über den Zeitpunkt hinaus zu verlängern, als dieser schließlich beendet wurde, hätte den Norden wahrscheinlich derart erschöpft, daß er den Kampf hätte aufgeben und in eine Trennung einwilligen müssen.»

Die konföderierte Armee wurde trotz des Wechsels in der Befehlsgewalt bis hinter den Peachtree Creek zurückgedrängt. Hier blieb der Hauptteil der Unionsarmeen zurück, während McPhersons Armee mit einer Kavalleriedivision unter Garrard weiter ostwärts nach Decatur, einer wichtigen Eisenbahnstation wenige Kilometer vor Atlanta, marschierte.

CSA-General Hood hatte Befehl, zum Angriff überzugehen, und wendete sich sofort gegen Shermans Stellungen am Peachtree Creek. Hood wählte jedoch den Angriff in schräger Ordnung von rechts nach links, angeführt von Hardees Korps, nach ihm A. P. Stewarts und schließlich sein eigenes altes Korps, nun von General Cheatham befehligt. Shermans weit überlegene Unionstruppen brachten Hardees Angriff schon zum Stehen, bevor Stewarts Korps überhaupt in Bewegung gekommen war. Außerdem ließ sich Hood durch die Unionsbewegungen in Richtung Decatur ablenken und schickte Cheathams Korps gegen McPhersons Unionsarmee vor. Damit schwächte er seine ohnehin wackligen Stellungen am Peachtree Creek, und Cheathams Korps erzielte keinen nennenswerten Erfolg. Hood war jetzt gezwungen, sich in die Befestigungslinien von Atlanta zurückzuziehen.

Die Stadt wurde von einem starken, gut gebauten Befestigungssystem geschützt, das die ganze Stadt in einem Viereck völlig umgab. Sherman entschloß sich zur Belagerung und ließ die Unionsarmee unter General Thomas Stellungen außerhalb der Schutzwälle auf der Nordseite der Stadt beziehen; Schofields Armee verschanzte sich an der Ostseite bis zur Eisenbahnlinie nach Decatur. McPhersons Armee, die die Eisenbahn zwischen Decatur und Atlanta unterbrochen hatte, verschanzte sich auf der Ostseite südlich der Eisenbahnstrecke. Garrards Kavalleriekorps blieb in Decatur, um die Station zu verteidigen.

Da alle Ortschaften von Chattanooga bis zum Peachtree Creek von der CSA-Seite evakuiert worden waren, hatte Sherman den Eindruck, daß auch die Zivilbevölkerung von Atlanta die Stadt verlassen hätte. Er bereitete deshalb einen Angriff auf die Stadt vor und beriet sich am 22. Juli mit McPherson, dessen Armee zum Teil noch in Decatur lag. Während des Gesprächs hörten sie Kampflärm aus Richtung der Eisenbahnstrecke. McPherson ritt sofort zu seinen Truppen und erfuhr, daß das konföderierte Korps Hardee im Süden Atlanta verlassen und seine linke Flanke angegriffen hatte. Gleichzeitig griff die konföderierte Kavallerie die Unionskavallerie in Decatur an. McPherson organisierte flugs einen Gegenangriff. Nachdem er sich von dessen Erfolg überzeugt hatte, ritt er nach Atlanta zurück. Auf dem Wege geriet er in einen Hinterhalt von CSA-Scharfschützen und wurde getötet.

Im Laufe des Tages wurden weitere CSA-Angriffe abgewiesen. Bis zum Abend hatten sich sämtliche konföderierten Truppen in die Festung Atlanta zurückgezogen.

Sherman ernannte General O. O. Howard zum Befehlshaber der Armee des gefallenen McPherson und beschäftigte sich mit der Unterbrechung der konföderierten Versorgungslinien von Südwesten. Am 28. Juli schickte er Howards Armee westwärts von Atlanta zur Ezra-Kirche, wo sie nach Süden schwenken und die Montgomery-Atlanta-Eisenbahn angreifen sollte. CSA-General Hood bemerkte diese Bewegung und ließ ein Korps Howards Armee bei der Ezra-Kirche angreifen. Die Unionstruppen warfen das CSA-Korps unter hohen Verlusten zurück. Sherman war jedoch der Meinung, daß sich Operationen gegen die Montgomery-Atlanta-Eisenbahn am besten von der Kavallerie ausführen ließen. Er befahl den Divisionen Stoneman und McCook, die Eisenbahn zu zerstören, danach südwestwärts zu reiten und das große CSA-Kriegsgefangenenlager bei der Ortschaft Andersonville nördlich von Americus zu befreien.

Stoneman, der den Befehl über die gesamte Operation hatte, mißachtete Shermans Befehl und spaltete die Kavallerie, die sich in Jonesboro wieder vereinigen sollte. General Stoneman und seine 2000 Reiter gerieten jedoch in eine Falle, wurden von der CSA-Kavallerie eingekreist und angegriffen. 700 Unionskavalleristen gerieten in Gefangenschaft, mit ihnen General Stoneman, der erst einige Monate später wieder freikam. Es gelang der Unionsseite nicht, die Versorgung Atlantas völlig zu unterbrechen.

Die Befreiung des Kriegsgefangenenlagers mußte ebenfalls aufgegeben werden. Die spätere Entwicklung ließ Sherman keine Zeit, um das Lager, das eigentlich Fort Sumter hieß, jedoch meist Andersonville genannt wurde, zu befreien. Hätte Sherman gewußt, was sich in Andersonville tatsächlich abspielte, hätte er zweifellos einen zweiten, energischeren Befreiungsversuch unternommen. Auf die grausige Geschichte des Lagers werden wir noch zurückkommen.

In den ersten Augustwochen wurden die Verbindungslinien der Union weiter verstärkt und die Belagerungsmaßnahmen vervollkommnet. Alle Versuche, den konföderierten General Hood aus Atlanta herauszulocken oder die Eisenbahnstrecke von Macon im Süden Georgias zu zerstören, schlugen fehl. Schließlich war Sherman der Belagerung Atlantas überdrüssig. Am 26. August zog er alle 3 Armeen aus ihren Schützengräben und schickte sie auf einen breiten Bogen um die Nordseite der Stadt bis zur Ezra-Kirche – jede Armee, wie gewohnt, mit eigenem Auftrag. Der Gegner nahm an, die Unionsarmee sei endgültig abgezogen. General Hood telegrafierte nach Richmond, Atlanta sei gerettet, und kündigte für den nächsten Tag eine große Feier an.

Die Feier fand nie statt. Am nächsten Tag tauchten die Armeen Howards und Thomas' an der Montgomery-Atlanta-Eisenbahn auf und zerstörten sie. Bald kam neuer Alarm: Die Armee Schofield hatte die Macon-Eisenbahn nördlich von der Station Rough-and-Ready in Besitz genommen, und gegen dieselbe Strecke bei Jonesboro rückten jetzt Thomas und Howard vor.

In aller Eile schickte Hood das Korps Hardee über Land nach Jonesboro, wo es am 31. August von Howards Armee zurückgeworfen wurde. Die Konföderierten erlitten sehr hohe Verluste: fast 2000 Mann gegenüber nur 170 Mann bei der Union.

Hood zog mit seinen übrigen Truppen eilig aus Atlanta ab. Da es ihm nicht möglich war, die Munition aus dem Depot in der Stadt mitzunehmen, wurde es in der Nacht zum 2. September gesprengt. Hardee zog sich am 1. September von Jonesboro nach Lovejoy's Station zurück, wo sich ihm später Hood und die restlichen CSA-Truppen anschlossen.

Am Morgen des 2. September marschierten die Unionstruppen in Atlanta ein. Sherman telegrafierte an Lincoln, daß Atlanta genommen sei, worauf der Präsident den 5. September zum Feiertag für die ganze Union erklärte, an dem nicht nur Shermans großartige Leistung, sondern auch Admiral Farraguts zur selben Zeit in der Mobile Bay errungener brillanter Sieg gefeiert werden sollten. Die Siege im tiefen Süden gaben Lincolns Wahlkampf neuen Auftrieb. General Grant schrieb: «Dies war der erste große politische Feldzug, den die Republikaner bei ihrer Stimmenwerbung von 1864 verwenden konnten; ihm folgte später Sheridans Kampagne im Shenandoah-Tal, und diese beiden Feldzüge haben zur Wahlentscheidung im folgenden November wahrscheinlich mehr beigetragen als alle im Norden gehaltenen Reden, alle Feuerwerke und alle Paraden mit Bannern und Musikkorps.»

Sherman selbst hatte keine Zeit zum Feiern. Zu seinem Entsetzen mußte er feststellen, daß die Zivilbevölkerung von Atlanta, zum größten Teil Frauen und Kinder, die ganze Belagerungszeit in der Stadt ausgeharrt hatte und nun durch eine mögliche Gegenoffensive der Konföderierten gefährdet war. Die Stadt, nach Chattanooga wichtigster Knotenpunkt für Shermans Feldzug zur Küste, mußte zumindest während der Vorbereitungen zu einer Militärbasis ausgebaut werden, die mit einem Minimum an Truppen gehalten werden konnte. Zivilisten in einer besetzten Stadt behinderten in vielerlei Hinsicht die Truppen. Deshalb befahl Sherman die Evakuierung der Zivilbevölkerung und richtete an Hood die schriftliche Bitte, zu diesem Zweck einem zehntägigen Waffenstillstand zuzustimmen, um die Bürger die Linien sicher passieren zu lassen.

Was dann geschah, war für die Mentalität der Bürger in der Konföderation typisch. Die Ratsherren und der Bürgermeister Atlantas empörten sich lautstark über die Evakuierungsabsichten. General Hood schickte Sherman einen erbitterten Brief, in dem er zugestand, keine andere Wahl zu haben, als in den Waffenstillstand einzuwilligen, zugleich aber behauptete, «daß diese Maßregel, die kein Vorbild kennt, an ausgesuchter und berechnender Grausamkeit alles übertrifft, was die düstere Geschichte aller Kriege zeigt. Im Namen Gottes und der Menschlichkeit protestiere ich dagegen, daß Sie die Weiber und Kinder eines braven Volkes von ihren Häusern und Herden vertreiben.»

Shermans Antwort war sachlich, logisch, aber auch so scharf, wie Hood es verdiente: «Doch diese Maßregel ist nicht ohne Vorgänger; weise und zweckmäßig hat General Johnston angeordnet, daß alle Familien südlich von Dalton die Orte an der Kriegsstraße räumen sollten, und es gibt keinen Grund, Atlanta davon auszunehmen. Sie selbst haben die Häuser längs und außerhalb Ihrer Verschanzungen verbrannt, und ich habe noch heute 50 zerstörte, von ihren Bewohnern verlassene Häuser gesehen, die Ihren Forts und den Bewegungen der Truppen im Wege lagen ... Ich sage, es ist eine Wohltat, Weiber und Kinder von dem Schauplatz des Krieges zu entfernen, und das ‹brave Volk› des Südens sollte davor zurückschrecken, seine Familien dem Greuel der sogenannten barbarischen Kriegführung des Nordens auszusetzen. Im Namen des gesunden Menschenverstandes fordere ich Sie auf, den Namen Gottes nicht in so blasphemischer Weise auszusprechen. Ihr habt mitten im Frieden und Wohlstande die Nation zum Bürgerkrieg – einem grausamen, düsteren Krieg – gebracht, Ihr habt uns zum Kampf gezwungen ..., Ihr habt Tausende von Unionsfamilien vertrieben und ihre Häuser verbrannt ... Erzählt solche Dinge den Seeleuten, aber nicht uns, die wir alle das gesehen haben ...»

Der Waffenstillstand blieb vom 11. bis zum 22. September in Kraft, währenddessen 446 Familien die Stadt Atlanta verließen.

Der Krieg an der Ostküste.
Die Feldzugsvorbereitungen der Potomac-Armee

Am Anfang dieses Kapitels wurden Grants strategischer Gesamtplan sowie die Mittel erläutert, die zur Verwirklichung des Planes bereitgestellt worden waren. Grant persönlich nahm den Kampf gegen CSA-General Lees Nordvirginia-Armee auf – natürlich nicht nur, um dem von Intrigen durchsetzten Klima in Washington zu entrinnen, sondern auch mit dem Ziel, an der Virginia-Front eine dynamische Kriegführung durchzusetzen, ohne den etwas unsicheren Meade seines Postens als Befehlshaber der Potomac-Armee zu entheben.

Grants operativ-taktischer Plan für den Feldzug beruhte auf zwei wichtigen Überlegungen. Erstens war es Grants Hauptziel, die konföderierte Armee unter Lee einzuschließen und zu vernichten. Aber solange es noch irgendeine Möglichkeit eines Ausbruchs gab, würde die Nordvirginia-Armee weiterkämpfen. Sie war für die Konföderation nicht nur von rein militärischem Wert, sie war auch die Hauptstütze für deren Kampfmoral. Ihr Zusammenbruch mußte zwingend das baldige Ende der Rebellion zur Folge haben. Um diese Armee zu besiegen, mußte Grant stets die Marschroute und das jeweilige Schlachtfeld in eigener Vollkommenheit wählen können. Dies war wiederum nur dann möglich, wenn die konföderierte Armee in ihre Hauptfestung – die Hauptstadt Richmond – zurückgetrieben und dort zusammen mit ihrer Regierung eingeschlossen werden konnte. Die Unionsarmee mußte den Gegner von seiner Versorgungsquelle Shenandoah-Tal, der «Kornkammer des Südens», abschneiden und von den offenen Feldern in Zentralvirginia ins problematische Küstengebiet abdrängen.

Die zweite Überlegung hing mit der wirtschaftsgeographischen Lage der Unionsarmee zusammen. Es gab zwei mögliche Marschwege nach Richmond: den indirekten über Manassas, Culpepper und Orange im Binnenland, wo Lees Armee im Augenblick lag, oder den direkten Weg über Fredericksburg, die Küste entlang. Der Gegner hoffte offensichtlich, den Kampf im offenen Gelände des Raumes Orange austragen zu können, wo die Unionsarmee von der Eisenbahnverbindung nach Alexandria und Washington abhängig oder zur Mitnahme von Hunderten Pferdewagen und den Tausenden dazu erforderlichen Zugtieren gezwungen wäre. Der direkte Weg über Fredericksburg, den Grant schließlich wählte, hatte den Vorteil der Küstennähe: Nur in der ersten Etappe des Feldzuges war eine große Zahl von Versorgungswagen vonnöten, danach konnte die Armee per Schiff versorgt werden, da die Union die Einfahrt zur Chesapeaka Bay, die Mündungen des York River und des James River sowie das ganze Gebiet nördlich von Fredericksburg unter ihrer Kontrolle hatte. Die Nachteile des Weges über Fredericksburg lagen in den topographischen Bedingungen: Eine Überquerung des Rappahannock River im Talkessel bei Fredericksburg wäre eine Einladung zum Massaker, die einzige sonstige Möglichkeit zur Überquerung lag in der Wildnis («Wilderness») auf der Nordseite von Chancellorsville.

Grant hoffte, die andere Seite der Wildnis mit raschen Bewegungen zu erreichen, ehe Lee seine Armee von Orange und Culpepper dorthin verlegen konnte. Weiter beabsichtigte er, Lees Armee in eine doppelte Zange zu zwingen, indem eine Unionsarmee unter Franz Sigel ein und für allemal das Shenandoah-Tal unter ihre Kontrolle gebracht, während die James- Unionsarmee unter General Benjamin Butler auf der Halbinsel anlanden und die Verteidigungslinien vor dem wichtigen Eisenbahnknotenpunkt Petersburg sowie auf der Südseite von Richmond angreifen sollte.

Grant legte von Anfang an einige Prinzipien für die Führung des Feldzuges fest, die ihn von allen vorangegangenen Kampagnen der Potomac-Armee wesentlich unterscheiden sollten. Erstens beabsichtigte er, den Feldzug ohne Rücksicht auf den Ausgang einzelner Schlachten fortzusetzen, denn er wußte, daß die eigenen Verluste wohl zu ersetzen, die der CSA-Armee jedoch unwiederbringlich waren. Zweitens beabsichtigte er, «stets die Initiative zu ergreifen, wenn wir den Feind aus seinen Verschanzungen hervorlocken konnten und wir selbst uns nicht verschanzt haben». Sonst hatte die Potomac-Armee den ständigen Befehl, sich bei jedem Halt und bei jeder Positionsänderung sofort zu verschanzen. Der Fehler von Shiloh sollte sich niemals wiederholen.

Die Potomac-Armee der Union setzte sich aus rund 120000

Mann, einschließlich 12 000 Mann Kavallerie, zusammen. Die konföderierte Armee von Nordvirginia verfügte über knapp 70 000 Mann. In seinen Memorien führte Grant neben den offiziellen Berichten folgende für einen Vergleich der Ameen aufschlußreiche Strukturtabelle an, die wir in Auszügen wiedergeben.

Oberbefehlshaber der Unionsstreitkräfte
Generalleutnant Ulysses S. Grant
POTOMAC-ARMEE (Mai 1864)
Befehlshaber Generalmajor George G. Meade
II. Armeekorps Generalmajor W. S. Hancock
1. Division Brigadegeneral Francis C. Barlow
(4 Brigaden)
2. Division Brigadegeneral John Gibbon (3 Brigaden)
3. Division Generalmajor David B. Birney (2 Brigaden)
4. Division Brigadegeneral Gershom Most
(2 Infanteriebrigaden, 1 Artilleriebrigade)
V. Armeekorps Generalmajor G. K. Warren
1. Division Brigadegeneral Charles Griffin
(3 Brigaden)
2. Division Brigadegeneral John C. Robinson
(3 Brigaden)
3. Division Brigadegeneral Samuel W. Crawford
(2 Brigaden)
4. Division Brigadegeneral James S. Wadsworth
(3 Infanteriebrigaden, 1 Artilleriebrigade)
VI. Armeekorps Generalmajor John Sedgwick
1. Division Brigadegeneral H. G. Wright (4 Brigaden)
2. Division Brigadegeneral George W. Getty (4 Brigaden)
3. Division Brigadegeneral James B. Ricketts
(2 Infanteriebrigaden, 1 Artilleriebrigade)
Kavalleriekorps Generalmajor Philip H. Sheridan
1. Division Brigadegeneral A. T. A. Torbert
(2 Brigaden)
2. Division Brigadegeneral D. McM. Gregg
(2 Brigaden)
3. Division Brigadegeneral J. H. Wilson (2 Brigaden)

IX. Armeekorps Generalmajor Ambrose E. Burnside
1. Division Brigadegeneral T. G. Stevenson
(2 Brigaden)
2. Division Brigadegeneral Robert B. Potter
(2 Brigaden)
3. Division Brigadegeneral Orlando B. Wilcox
(2 Brigaden)
4. Division Brigadegeneral Edward Ferrero
(2 Brigaden, 1 Reservebrigade)
Artilleriekorps Brigadegeneral Henry J. Hunt
(3 Brigaden, 2 reitende Artilleriebrigaden, 1 Reservebrigade)

NORDVIRGINIA-ARMEE (Mai 1864)
Befehlshaber General Robert E. Lee
I. Armeekorps Generalleutnant James Longstreet, ab 5. Mai
Generalleutnant R. H. Anderson
Division Generalmajor George E. Pickett (4 Brigaden)
Division Generalmajor C. W. Fields
(zuerst 3, später 5 Brigaden)
Division Generalmajor J. B. Kershaw (4 Brigaden)
II. Armeekorps General R. S. Ewell
Division Generalmajor Edward Johnson (4 Brigaden)
Division Generalmajor R. E. Rodes (5 Brigaden)
Division Generalmajor John B. Gordon (4 Brigaden)
III. Armeekorps Generalleutnant A. P. Hill,
vom 6. bis 28. Mai Generalmajor Jubal E. Early
Division Generalmajor William Mahone (5 Brigaden)
Division Generalmajor C. M. Wilcox (4 Brigaden)
Division Generalmajor Henry Heth (5 Brigaden)
Kavalleriekorps General J. E. B. Stuart,
später Generalleutnant Wade Hampton
Division Generalmajor Fitzhugh Lee (2 Brigaden)
Division Generalmajor M. C. Butler (3 Brigaden)
Division Generalmajor W. H. F. Lee (2 Brigaden)
Artillerie Brigadegeneral W. N. Pendleton
Division Alexander (4 Bataillone, 18 Batterien)
Division Long (5 Bataillone, 19 Batterien)
Division Walker (5 Bataillone, 20 Batterien)

Auffällige Unterschiede gab es bei der Verteilung der Artillerie – ein Problem, das im Bürgerkrieg nie endgültig gelöst wurde. Die CSA blieb bei der älteren Praxis einer unabhängigen Artillerie unter direkter Verfügung des Armeebefehlshabers; hier wurden erstmals Bataillone eingeführt. Grant dagegen entschloß sich zur Aufteilung der Artillerie auf die Korps, zu einem zusätzlichen Artilleriekorps als selbständigen Verband sowie zu einem Verband leichter beziehungsweise reitender Artillerie als besondere bewegliche Reserve.

Die konföderierten Kavalleriegenerale mit dem Familiennamen Lee gehörten zur engeren Verwandtschaft Robert E. Lees. Die militärische Laufbahn war seit dem Unabhängigkeitskrieg eine Tradition in der Familie, die eine lange Reihe renommierter Generale hervorgebracht hat.

Die Unionsarmee einheitlich war uniformiert und gut versorgt. Bis Sommer 1864 war die Munition im Norden weitgehend standardisiert und reichlich vorhanden. Die konföderierte Armee litt fast ständig Hunger, kämpfte zum größten Teil ohne richtige Uniform und hatte stets Probleme mit dem Nachschub. Von einer Standardisierung in irgendeinem Bereich konnte keine Rede sein: Die Soldaten trugen die verschiedensten Gewehre – von eingeschmuggelten britischen Enfields und erbeuteten Unionswaffen bis hin zu alten Jagdflinten aus Privatbesitz und sogar zu Musketen aus dem Revolutionskrieg. Zu Beginn des Feldzuges im Frühjahr 1864 hatten sie aber immer noch eine durchaus hohe Kampfmoral und wurden von der Hoffnung beflügelt, daß die bevorstehenden Präsidentschaftswahlen der Union einen Konservativen ins Weiße Haus bringen könnten, der wegen der «Kriegsmüdigkeit» im Norden dem Status quo im Süden zustimmen und dem Krieg ein Ende bereiten würde.

Die Schlacht in der Wildnis

Am 4. Mai setzten Grant und Meade die Unionsarmee in Richtung Wildnis in Bewegung. Ausgangspunkt war das Winterquartier der Unionsarmee nördlich von Fredericksburg; bis zur Wildnis war es also nicht weit. Der Armee folgten allerdings 4000 Pferdewagen, die mit dem Gros nicht Schritt halten konnten. Schon am Abend des 4. Mai mußte eine Pause eingelegt werden, um die Wagenkolonne abzuwarten. Hancocks II. Korps stand bei Chancellorsville, Warrens V. Korps traf weiter westlich beim Gasthof Wilderness Tavern ein, während sich das VI. und XI. Korps noch auf der Nordseite des Rappahannock und des Rapidan befanden. Die Vorhut der Unionsarmee bildeten eine Kavalleriedivision unter General Wilson, die schon den Südrand der Wildnis bei Parkers Laden erreicht hatte, und die Kavalleriedivision Gregg, die bei der Piney-Branch-Kirche ihr Nachtlager aufschlug.

Da Grant bemüht war, so wenig wie möglich in Meades Befehlsgewalt einzugreifen, blieben Fehler nicht aus. Der erste bestand darin, daß die Kavallerie den Auftrag erhielt, die Pferdewagen zu bewachen und die Flanken der Armee zu decken. Lediglich die beiden erwähnten Divisionen durften als Vorhut vorausreiten, ohne aber auf Fernaufklärung zu gehen. Somit blieb es Meade verborgen, daß Stuarts CSA-Kavallerie die Nordwestflanke der Unionsarmee beschattete.

Stuart konnte Lee binnen weniger Stunden informieren, daß die Potomac-Armee die Nacht in der Wildnis verbringen würde. Daraufhin befahl Lee den Korps Ewell und Hill, von Orange in Richtung Fredericksburg zu marschieren. Die Orange-Landstraße verlief mitten durch die Wildnis.

Schon um 5.00 Uhr war die Potomac-Armee wieder in Bewegung. Das bekanntlich schwierige Gelände verlangsamte jedoch den Marsch. Um 7.15 Uhr meldeten Vorposten des V. Korps die Annäherung eines größeren CSA-Verbandes auf der Orange-Landstraße, aber wegen des dichten Waldes wurde er fälschlicherweise für eine Division gehalten. Das V. Korps wurde damit beauftragt, diese «Division» aufzuhalten, während die anderen Unionsverbände ihren Marsch in Richtung Südrand der Wildnis fortsetzten.

Einer Division vom VI. Korps wurde befohlen, das V. Korps im Kampf zu unterstützen, sie wurde jedoch dadurch zurückgehalten, daß ihr auf den Karten verzeichneter Marschweg durch den dichten Wald völlig zugewachsen war. Inzwischen griff das V. Unionskorps die erste CSA-Division an, warf sie zurück und tötete den Kommandeur, doch erschienen auf der Landstraße von Orange immer neue CSA-Truppen.

Ein Versuch des Unionsgenerals Warren, sein Korps nach Südwesten zu entfalten und ordentliche Linien zu bilden, schlug im dichten Wald fehl, weil die Division am linken Flügel den Weg verlor, nach Norden statt nach Südwesten geriet und fast dem Gegner in die Arme lief. Ewells CSA-Korps ging zum Gegenangriff über.

Im südlichen Abschnitt der Wildnis verlief parallel zur Orange-Straße eine Holzstraße, ein mit halbierten Baumstämmen befestigter Weg. Auf dieser Holzstraße marschierte das CSA-Korps Hill, dessen Vorhut auf eine Brigade von Wilsons Unionskavalleriedivision stieß. Die Unionskavallerie verfügte über die neuesten Schnellfeuerkarabiner und stoppte den gegnerischen Vormarsch. Grant und Meade wurden über die Ankunft des zweiten CSA-Korps informiert und begriffen jetzt, daß sie bald die gesamte CSA-Armee vor sich haben würden. Sie befahlen Hancocks Korps in die Wildnis zurück und forderten Burnside auf, den Marsch seines IX. Korps, das noch auf der Nordseite des Waldes stand, zu beschleunigen.

Hancocks Korps eilte über einen Waldpfad namens Brock-Weg der Kavallerie an der Holzstraße zu Hilfe. Weiter westlich der Kreuzung Brock-Weg/Holzstraße lag auf der Nordseite der Holzstraße die Tapp-Farm im einzigen offenen Feld der Gegend. Unionsgeneral Hancock befahl, den Brock-Weg zu halten und an seiner Westseite leichte Erdwälle aufzuschütten. Um 16.15 Uhr ging Hancocks Korps zum Gegenangriff über, konnte jedoch keinen Boden gewinnen, da das Dickicht zwischen dem Brock-Weg und der Tapp-Farm koordinierte Bewegungen verhinderte. Zudem war der Widerstand der 14000 Mann CSA-Truppen derart stark, daß sie Hancocks 38000 Mann aufhalten konnten, bis die Dunkelheit den Gefechtshandlungen ein Ende setzte.

Im nördlichen Abschnitt der Wildnis traf General Lee, von Orange kommend, ein und befahl General Ewell, keine größeren Gefechtshandlungen zu beginnen, da Longstreets Korps noch von Culpepper unterwegs war und das Feld erst am nächsten Morgen erreichen konnte. Das Feuer wurde eingestellt, und die Truppen auf beiden Seiten verschanzten sich.

Der Beginn der Schlacht in der Wildnis war schon äußerst verwirrend gewesen. So dicht waren der Wald und vor allem das Unterholz, daß die Unterscheidung von Freund und Feind sehr schwerfiel. Die Offiziere konnten kaum die Kontrolle über ihre Truppen und den Überblick über den Kampf aufrechterhalten. Ein Einsatz der Artillerie war so gut wie unmöglich, ebenso jegliche lautlose Bewegung: Angriffe kündigten sich schon mit den ersten Vorbereitungen an. Auch die Kavallerie wurde durch das Gelände schwer behindert und konnte nicht effektiv eingesetzt werden. Zu allem Überfluß erwiesen sich die Karten, über die das Unionshauptquartier verfügte, als ebenso unzuverlässig wie Hookers Landkarten im Jahre zuvor. Doch kam für Grant ein Rückzug in der Nacht überhaupt nicht in Frage. Trotz aller Schwierigkeiten des Geländes mußte Lees Armee ein fühlbarer Schlag versetzt werden, wenn auch unter diesen Umständen ein endgültiger nicht möglich war.

In der Nacht berieten sich die Generale auf beiden Seiten, und beide Parteien planten für den nächsten Morgen einen Angriff. Auf der CSA-Seite lehnte General A. P. Hill den Bau von Befestigungen gegen mögliche Unionsangriffe am südlichen Abschnitt ab, weil Longstreets Korps auf alle Fälle im Laufe des Morgens eintreffen und die Erstürmung der Unionsstellungen am Brock-Weg ermöglichen würde. Hill beging damit einen schwerwiegenden Fehler. Er rechnete nicht damit, daß Grant und seine Generale Frühaufsteher waren.

Mit dem verspätet eingetroffenen IX. Unionskorps gedachten die Unionsbefehlshaber die Lücke zwischen Warrens und Sedgwicks Korps im Norden und Hancocks Korps im Süden zu schließen. Das IX. Korps hatte sein Nachtlager bei Chancellorsville aufgeschlagen; im Morgengrauen sollte es über schmale Waldwege südwestwärts marschieren.

Die Unionsseite eröffnete den Angriff am 6. Mai schon um 5.00 Uhr auf der gesamten zickzackförmigen Linie. Am nördlichen Abschnitt wurden kaum Fortschritte erzielt; die Verluste auf beiden Seiten waren hoch. Im Süden, auf der Holzstraße, sah die Lage viel besser aus: Hancocks Korps griff trotz des dichten Waldes massiert und gut koordiniert an. Die konföderierte Artillerie war während der Nacht auf dem offenen Feld der Tapp-Farm aufgestellt worden. Sie schaffte es jedoch nicht, den Vorwärtsdrang der Union zu stoppen. Der rechte Flügel des CSA-Korps Hill brach wegen des Fehlens von Befestigungen völlig zusammen, und die dort stehende Division Heth ergriff panikartig die Flucht.

In diesem Moment traf Longstreets Korps auf der Holzstraße ein. Als Longstreets Soldaten Hills fliehenden Truppen begegneten, verhöhnten sie ihre Kameraden: Ob sie von Braggs Armee seien, die sich stets auf dem Rückzug befunden habe? Die Beleidigung hatte eine heilsame Schockwirkung, durch die neben Longstreets energischen Befehlen Hills Truppen wieder zu sich kamen. Longstreet befahl einen Gegenangriff, bei dem sich Hills Männer seinem Korps anschlossen. Just in diesem Moment erreichte Lee den südlichen Abschnitt und geriet über Hills Rückzug derart in Zorn, daß er den Gegenangriff persönlich führen wollte. Nur unter größten Mühen vermochten ihn seine Generale davon zu überzeugen, daß sein Platz als Befehlshaber der Armee hinten und nicht in der vorderen Linie sei.

Der Gegenangriff war anfangs erfolgreich, dann ergriffen die Unionssoldaten abermals die Initiative – und so wogte die Schlacht den ganzen Morgen zwischen Tapp-Farm und Brock-Weg hin und her. Kurz vor Mittag entdeckte CSA-General Longstreet, der ein besonderes Talent für solche Situationen besaß, eine Lücke an der linken Flanke des Unionskorps Hancock. Er warf 4 Brigaden gegen diese offene Stelle und trieb die Unionstruppen abermals zum Brock-Weg zurück.

Während einer kurzen Pause beabsichtigte Longstreeet, seine Brigade Jenkins nach vorn zu bringen. Was dann passierte, berichtete CSA-General E. M. Law, der Augenzeuge des Ereignisses war: «Longstreet und Kershaw ritten zusammen mit General Jenkins vor dessen Brigade, während diese vorrückte, als plötzlich die Stille, die einige Minuten lang geherrscht hatte, nördlich der Holzstraße durch einzelne, zerstreute Schüsse gebrochen wurde. Diese Schüsse wurden von Mahones Linien auf der Südseite der Straße beantwortet. Das Feuer vor ihnen sowie das Auftauchen der Truppen auf der Straße, die sie wegen des dazwischenliegenden Waldes nicht als Freunde erkannten, hatten eine einzige Salve ausgelöst, die alle Früchte ihrer bis zu diesem Punkt ausgezeichneten Arbeit zunichte machte. Durch unsere eigenen

Männer wurde General Jenkins getötet und Longstreet ernstlich verwundet.»

Longstreet war in den Hals getroffen worden; zwar waren die Wirbel unversehrt geblieben, doch für die nächsten Wochen war er kampfunfähig. Dieser Vorfall ereignete sich fast auf den Tag genau ein Jahr nach der schweren Verwundung «Stonewall» Jacksons durch eigene Feldposten auf demselben Schlachtfeld, an deren Folgen er starb.

Ein konföderierter Versuch um 16.15 Uhr, die Verschanzungen des II. Unionskorps am Brock-Weg zu durchbrechen, scheiterte. Schon gegen Mittag hatte sich das IX. Unionskorps mühsam einen Weg durch den Wald gebahnt und die Lücke zwischen dem II. Unionskorps am Südende und dem V. und VI. Korps am Nordende der Wildnis geschlossen. Sein Angriff am Nachmittag wurde allerdings abgewiesen.

Den letzten Angriff der Konföderierten an diesem Tag führte Ewells Korps gegen den rechten Flügel der Union. Es gelang der CSA-Division Gordon, die am weitesten im Norden gelegenen Unionslinien nach Osten zu biegen und die Verbindung zu den noch am Rapidan lagernden Versorgungswagen zu bedrohen. General Grant bemerkte diese Gefahr und ließ Sedgwicks Flanke verstärken, aber die Spannung war selbst für den sonst so ruhigen und gefaßten Oberbefehlshaber zu groß. Nachdem er alle nötigen Befehle erteilt hatte, warf sich Grant – wie sein Adjutant berichtete – weinend auf sein Feldbett. Erst als Sedgwicks Korps den Angriff zum Stehen gebracht hatte, gewann Grant seine Fassung zurück. Später schrieb er über die schreckliche Schlacht in der Wildnis: «Einen verzweifelteren Kampf als denjenigen vom 5. und 6. Mai hat man auf diesem Kontinent noch nicht erlebet.» Als größtes Problem der Schlacht bewertete er die Schwierigkeit für die Truppen, ihre Lage zu erkennen und sich ergebende Vorteile zu nutzen. Dadurch vermochte weder die eine noch die andere Seite einen eindeutigen Sieg zu erringen. Jedenfalls waren die Verluste der Union riesig: 17666 Mann, davon 2246 Tote. Reichlich 200 Mann kamen bei den Waldbränden ums Leben, die durch die Gefechte verursacht wurden. Die CSA-Verluste lassen sich nicht genau bestimmen, sie lagen schätzungsweise bei 7500 Mann.

In der Nacht zum 7. Mai entschloß sich Grant, die Potomac-Armee so schnell wie möglich aus dem Wald herauszuführen. Das bedeutete auf keinen Fall Rückzug, denn Grant konnte seine Verluste ersetzen, die Konföderierten aber kaum. Die CSA-Seite beklagte unter anderem 3 gefallene und 2 verwundete Generale, die besonders schwer zu ersetzen waren.

Am 7. Mai blieben beide Seiten noch auf dem Feld, um die Verwundeten zu bergen und den Truppen eine Erholung zu ermöglichen. Nach längerer Beratung mit Meade und intensivem Studium seiner Karten gab Grant den Befehl zum Nachtmarsch. Das V. und das VI. Unionskorps sollten nachts in Richtung Spottsylvania Court House marschieren; die übrigen Korps sollten sich über Umwege anschließen.

In CSA-Lager war mancher Kommandeur der Meinung, die Unionstruppen würden sich zurückziehen. General Lee jedoch wußte von Grants Siegen im Westen und seiner Art zu kämpfen. Zu General Gordon sagte er: «General Grant wird sich nicht zurückziehen. Er wird seine Armee nach Spottsylvania führen ... Ich bin mir seiner nächsten Handlung derart sicher, daß ich schon Maßnahmen für den Marsch auf dem kürzesten Weg getroffen habe, so daß wir ihm dort begegnen können.»

Spottsylvania Court House war nichts weiter als eine Straßenkreuzung mit einem Gerichtshaus, doch diese war strategisch wichtig. Der Marsch dorthin wurde zum Wettlauf, den die Union knapp verlor. Als Warrens V. Korps um 8.00 Uhr den Raum Spottsylvania erreichte, fand es Longstreets CSA-Korps – jetzt von General Anderson befehligt – vor sich. General Meade, der um 13.00 Uhr mit dem VI. Korps das Feld erreichte, befahl am späten Nachmittag einen Angriff, der allerdings zurückgeworfen wurde, weil der Gegner durch die Verzögerung Zeit gewonnen hatte, auch das Korps Ewell nach Spottsylvania zu bringen.

Als Unionsoberbefehlshaber Grant später das Feld erreichte, war ein heftiger Streit zwischen Meade und dem Kavalleriebefehlshaber Philip Sheridan im Gang. Sheridan, der als Infanteriekommandeur bei Murfreesboro und Chickamauga seine brillanten taktischen Fähigkeiten bewiesen hatte, war eigentlich von der Neigung und früheren Erfahrungen her für die Kavallerie bestens geeignet. Er war aber noch sehr jung und hatte Schwierigkeiten, ein ganzes Korps zu kommandieren. Außerdem wurden ihm in diesem Feldzug Aufgaben übertragen, die er für unpassend hielt: Statt aufzuklären und die gegnerische Kavallerie zu bekämpfen, mußten Sheridans Reiter die Versorgungswagen geleiten und die Verbindungslinien sowie die Flanken der Hauptarmee decken.

Sheridan appellierte an Grant und schlug ihm vor, einen größeren Streifzug gegen die konföderierten Verbindungslinien nach Richmond zu unternehmen. Grant, der in diesem Vorhaben eine Möglichkeit sah, die konföderierte Kavallerie von Lees Hauptarmee zu trennen, stimmte zu. General Meade blieb keine andere Wahl, als Sheridan ziehen zu lassen.

Am 9. Mai ritten die Unionskavalleristen provozierend langsam aus dem Lager bei Spottsylvania heraus. Am 10. Mai erreichten sie die Bahnstation Beaver Dam, wo sie 378 Unionssoldaten aus der Gefangenschaft befreiten, über 100 Waggons und 2 Lokomotiven zerstörten, 16 Kilometer Bahnstrecke unbrauchbar machten und sehr viel Proviant verbrannten.

General Stuarts Kavallerie war schon hinter ihnen her. Im Eilmarsch gelang es den Reitern, sich zwischen die Unionskavallerie und Richmond zu schieben. Bei Yellow Tavern stießen die beiden Kavallerieverbände am 11. Mai aufeinander. Die Zeiten einer schwachen Unionskavallerie waren endgültig vorbei. Das Gefecht bei Yellow Tavern war kurz und blutig und endete mit einem eindeutigen Sieg der Union. CSA-General J. E. B. Stuart, schon zu Lebzeiten eine legendäre Gestalt, wurde tödlich verwundet. Man überführte ihn nach Richmond, wo er am folgenden Tag im Alter von nur 31 Jahren starb. Wade Hampton brachte als Nachfolger nie Stuarts Brillanz auf.

Während sich die schwer angeschlagene CSA-Kavallerie sammelte und zu Lees Armee zurückzog, setzten Sheridan und seine Reiter ihren Streifzug fort. Im Laufe dieser Expedition zerstörten sie zahllose Depots und viele Kilometer Eisenbahn; sie ritten bis vor die Befestigungslinien von Richmond, über die sie wichtige Informationen einbrachten. Ein Versuch, mit Butlers James-Armee Kontakt aufzunehmen, wurde von der jetzt im Raum Richmond stationierten Armee unter CSA-General Beauregard durchkreuzt. Sheridan führte seine Reiter zur Potomac-Armee zurück, die sie am 24. Mai erreichten.

Mißerfolge auf der Halbinsel und im Shenandoah-Tal

Unionsgeneral Benjamin Butler hatte von General Grant den Befehl bekommen, seine James-Armee mit 40000 Mann über die Halbinsel zwischen dem James River um den York River nach Richmond zu führen. Schon die Wahl der Landungsstelle erwies sich als gravierender Fehler, denn Butler ließ seine Truppen in Bermuda Hundred anlanden, wo sie sich zwar gut verteidigen, aber nur mit Schwierigkeiten eine Offensive eröffnen konnten. Butler versuchte auch gar nicht erst, seine Landung zu tarnen, und das hatte zur Folge, daß CSA-Präsident Davis noch am gleichen Tag davon erfuhr und General Beauregard befahl, gegen Butler zu marschieren.

Butler ließ seine Truppen sich auf einer Linie von etwa 5 Kilometer Länge verschanzen, von der sie die Türme der Stadt Petersburg südlich von Richmond sehen konnten. Richmond lag 24 Kilometer weiter nördlich. Die beiden Städte wurden von insgesamt weniger als 10000 Mann verteidigt. Butler ignorierte jedoch die Möglichkeit eines Angriffs auf Petersburg oder Richmond durch seine weit überlegene Armee ebenso wie die eines Gegenangriffs der zwar schwachen, aber von dem fähigen und angriffslüsternen General Beauregard geführten CSA-Truppen. Stattdessen befahl Butler die Zerstörung der Eisenbahn zwischen Richmond und Petersburg, jedoch nicht in einer koordinierten Operation, sondern in einzelnen Aktionen kleinerer Einheiten, die von Beauregards wachsamen Truppen bei jedem Versuch auseinandergetrieben wurden. Butler resignierte schnell und zog sich mit seiner Armee nach Bermuda Hundred zurück.

Daraufhin konzentrierte Beauregard den Hauptteil seiner Armee auf einem Hügel namens Drewry's Bluff in der Nähe von Bermuda Hundred. Butler ließ – nach mehreren Verzögerungen – seine Armee am 15. Mai auf den Drewry's Bluff vorrücken, sich um den Hügel verschanzen und vor ihren vorderen Linien Drahthindernisse anlegen – eine Neuheit in diesem Krieg.

Am Morgen des 16. Mai hinderte dichter Nebel die eine wie die andere Seite daran, sofort anzugreifen. Beauregard ergriff die Initiative, die Drahthindernisse erwiesen sich aber als sehr wirksam: Der größte Teil der Unionslinien hielt 5 Sturmangriffen stand.

Butlers Mangel an militärischer Ausbildung – er war eigentlich Berufspolitiker – ließ ihn fast immer die Lage falsch beurteilen; die Schlacht von Drewry's Bluff bildete da keine Ausnahme. Obwohl er gesiegt hatte, führte er am Abend seine James-Armee nach Bermuda Hundred zurück, wo sie wochenlang «wie in einer Flasche eingeschlossen blieb», wie General Grant es ungehalten ausdrückte. Somit fehlte eine wichtige Unterstützung für Grants Feldzug. Grant konnte Lincoln noch nicht dazu bewegen, Butler zu entlassen, da dieser in Washington mächtige Freunde hatte.

Bei der zweiten Operation zur Unterstützung des Feldzuges der Potomac-Armee sollte General Franz Sigel mit 10 000 Mann Unionstruppen im Shenandoah-Tal die CSA-Führer ablenken und wichtige Versorgungsquellen der Konföderierten vernichten. Sigel war in seinen Briefen und Schriften ein streitbarer Kleinbürger, der gern andere kritisierte, aber einen auffälligen Mangel an Selbstkritik bewies. Seine Aggressivität schwand merkwürdigerweise ziemlich schnell, sobald er sich auf dem Schlachtfeld befand. Als am 15. Mai eine konföderierte Kavallerietruppe unter General Imboden Sigels Vorhut angriff, befahl Sigel seinen Truppen haltzumachen – ein Geschenk für die CSA-Seite, deren Division Breckinridge schon im Tal anrückte. Als diese Division um 11.00 Uhr auf dem Gefechtsfeld eintraf und den Angriff erneuerte, ließ Sigel seine vorderen Linien die Hauptlast tragen. Sie sollten langsam zurückweichen – obwohl die Unionsseite über doppelt soviel Truppen wie Breckinridge verfügte! Um 16.00 Uhr erteilte Sigel den Befehl zum allgemeinen Rückzug.

General Halleck meldete das Ereignis telegrafisch an Grant: «Sigel ist in vollem Rückzug bei Strasburg. Er wird nur weglaufen, etwas anderes hat er nie getan.» Grant ersetzte Sigel sofort durch General David Hunter. Franz Sigel verbrachte den Rest des Krieges mehr damit, Klagebriefe zu verfassen und Intrigen zu spinnen, als damit, gegen den Feind zu kämpfen.

Sobald die Nachricht von Sigels Versagen seinen alten Mitstreiter im Badischen Feldzug 1849, Friedrich Engels, erreichte, schrieb dieser an Joseph Weydemeyer, Sigel habe «seine Mittelmäßigkeit unmistakably (unverkennbar) dokumentiert».

Die Kämpfe bei
Spottsylvania Court House

Die konföderierte Armee ging sofort nach Eintreffen aller ihrer Korps in die Verteidigung und errichtete in den Wäldern und Feldern südlich der Spottsylvania-Kreuzung starke Feldbefestigungen auf einer annähernd V-förmigen Linie. Der linke Flügel im Westen wurde von Andersons Korps, der rechte in Richtung Südosten von Earlys Korps und eine hufeisenförmige Bastion im Zentrum von Ewells Korps verteidigt.

Die Konföderierten legten ihre Linien so an und postierten die Artillerie hinter ihnen in der Weise, daß ein mörderisches Kreuzfeuer gewährleistet war. Dichter Wald behinderte die Einsicht von den Unionspositionen her, und eine Aufklärung des genauen Verlaufs der konföderierten Befestigungen war äußerst schwierig. Eine äußere Brustwehr aus Baumstämmen gab zusätzlichen Schutz. Manche Punkte, vor allem in der «Hufeisen»-Bastion in der Frontmitte, wurden mit einer zweiten Verteidigungslinie verstärkt.

Die krasse Unterschätzung der gegnerischen Befestigungen war das Hauptmerkmal der Kampfweise der Union in dieser Schlacht, vor allem was die Artilleriestellungen betraf. Bei beiden Bürgerkriegsparteien neigten die Generale dazu, sich beim Angriff auf die Infanterietaktik zu konzentrieren. Die Artillerie betrachteten sie hauptsächlich als Mittel, die gegnerischen Stellungen «aufzuweichen», ohne dabei die gegnerische Artillerie zu berücksichtigen. Diese Betrachtungsweise stand im diametralen Gegensatz zur technischen Entwicklung der leichten Feldartillerie, die auf beiden Seiten den Hauptteil der Artilleriebewaffnung stellte. Mit ihren neuen Kartätschen und Granaten waren die leichten Geschütze im vierten Kriegsjahr gegen Truppen in offenem Gelände höchst wirksam, wenngleich sie gegen gutgebaute Feldbefestigungen wenig auszurichten vermochten. CSA-General Lee hatte frühestens seit Gettysburg begriffen, daß 1 Mann hinter einer guten Brustwehr 10 Mann auf offenem Feld wert war. Aus unerklärlichen Gründen zogen weder Meade noch Grant aus ihren Erfahrungen von Gettysburg beziehungsweise Vicksburg diese wichtige Lehre.

Vor der Schlacht ereignete sich auf der Unionsseite am 9. Mai eine sinnlose Tragödie. Während des Baus der Brustwehr kam es zu gelegentlichen Feuerwechseln zwischen den Scharfschützen beider Seiten. Unionsgeneral Sedgwick spazierte die eigene vordere Linie entlang, als von der CSA-Seite Schüsse fielen und ein Soldat vor ihm schnell den Kopf einzog. Sedgwick sagte dem Soldaten: «Bei dieser Entfernung können sie nicht einmal einen Elefanten treffen!» Fast im selben Augenblick traf ihn eine Kugel, und er fiel tot zu Boden. Dies war nicht der letzte tödliche Irrtum in der Schlacht bei Spottsylvania.

Grant hatte ursprünglich geplant, den linken Flügel der Konföderierten von Hancocks II. Korps umfassen zu lassen. Zu diesem Zweck führte Hancock seine Truppen durch das dichte Sumpfgelände auf der Westseite des Feldes und über den kleinen Po River. Am 10. Mai griff er, wie geplant, am frühen Morgen an. Einige seiner Einheiten hatten es geschafft, sogar hinter die CSA-Linien zu gelangen, so daß der Erfolg sicher schien. Zumindest hätten die Konföderierten ihr Zentrum schwächen müssen, um ihren Truppen am linken Flügel zu helfen. Auf der Unionsseite kam es zu einem großen Mißverständnis: General Meade hatte offensichtlich Grants Plan falsch verstanden. Kaum waren die ersten Schüsse an Hancocks Abschnitt gefallen, als er Befehl gab, das II. Korps abzuziehen und das V. und VI. Korps beim Angriff auf das Zentrum zu verstärken. Die Umdisponierung des II. Korps verzögerte den Angriff, der nun erst um 16.00 Uhr zustande kam und unter sehr hohen Verlusten abgewiesen wurde.

Unionsgeneral Wright, der im Ingenieurkorps tätig war, entdeckte schon am frühen Nachmittag eine Schwachstelle im «Hufeisen» der Konföderierten. Er organisierte eine Sondertruppe für die Erstürmung der Bastion, die von dem sehr talentierten jungen Oberst Emory Upton geführt wurde. Upton griff um 18.00 Uhr an. Seine Truppen waren anfangs erfolgreich, die Verstärkungen blieben jedoch im mörderischen gegnerischen Artilleriefeuer liegen. Uptons tapfere Männer konnten die von ihnen eroberten Stellen der ersten Verteidigungslinie der Konföderierten bis zum Anbruch der Dunkelheit halten, mußten dann jedoch zurückgezogen werden. Grant, der zu Auszeichnungen ermächtigt war, beförderte den beim Angriff verwundeten Upton auf der Stelle zum Brigadegeneral – mit 24 Jahren der jüngste General der Unionsarmee.

Am 11. Mai legte Grant eine Pause ein, um die Verwundeten nach Fredericksburg zu evakuieren und eine Infanteriebrigade westwärts auf Aufklärung zu schicken. Beide Bewegungen wurden von CSA-General Lee fehlinterpretiert: Er nahm an, Grant würde nach Fredericksburg abziehen, und befahl seinen Korpskommandeuren, sich auf die Verfolgung vorzubereiten. Bei einer Inspektion des «Hufeisens» bemerkte er, daß es schwerfallen würde, die Artillerie bei Nacht aus diesen komplizierten Befestigungsanlagen abzuziehen, und ließ sie deshalb schon tagsüber herausbringen.

Ulysses S. Grant hegte nicht die geringste Absicht, sich zurückzuziehen. Stattdessen ließ er schon am nächsten Tag um 4.00 Uhr einen massierten Angriff nach dem Muster Emory Uptons eröffnen. Da die konföderierte Artillerie erst um 11.00 Uhr in ihre alten Stellungen zurückgebracht werden konnte, wurde das Hufeisen durchbrochen, doch die zweite Verteidigungslinie hielt stand. Im Laufe des Tages erwarb sich der mittlere Abschnitt der CSA-Linie den Namen «Blutwinkel», denn hier konnte kein Fortschritt erzielt werden. Bis zum Abend lagen über 10 000 Tote und Verwundete beider Armeen an diesem Abschnitt. Ein Unionssoldat faßte den Kampf treffend zusammen: «Das ist der scheußlichste Tag, den ich je erlebt habe.»

In der Nacht zog Lee seine Truppen von diesem Abschnitt ab und errichtete weiter südlich auf demselben Feld neue Verteidigungslinien. Schwere Regenfälle verhinderten weitere Kämpfe, bis sich Grant und Meade am 18. Mai entschlossen, die CSA-Armee aus deren Stellungen zu locken und auf einen falschen Weg weiter südostwärts zu führen, während sich der Hauptteil der Unionsarmee auf einem anderen Weg auf die Küste zubewegte. Durch einen Trick gelang es, das CSA-Korps Ewell zu einer erfolglosen Expedition gegen das II. Unionskorps zu bewegen, doch CSA-General Lee erriet den Unionsplan und setzte seine gesamte Armee in Marsch. Sie konnte sich bald wieder zwischen die Unionsarmee und Richmond schieben. Als Verteidigungslinie bot sich das Gebiet zwischen dem North Anna River und dem Little River an.

Vom North Anna River nach Petersburg

Noch zweimal wiederholte sich das Muster von Spottsylvania. Am North Anna River errichtete die CSA-Armee eine breite, V-förmige Linie, nachdem sie diesen Platz als erste erreicht hatte. Das Wetter war sehr schlecht und hemmte den Vormarsch einiger Unionsverbände. So bildete sich am 23. Mai zwischen Hancocks Korps und dem V. Korps eine riesige Lücke. Ein Angriff der Konföderierten hätte die Unionsarmee gespalten.

Ein Zufall bewirkte jedoch, daß an diesem Tag niemand im CSA-Hauptquartier zu kommandieren imstande war. General Lee litt an einer Darmgrippe, die mit hohem Fieber verbunden war. A. P. Hill laborierte an einer alten, wieder aufgebrochenen Wunde. Ewell war vor Erschöpfung zusammengebrochen, und Anderson als rangniedrigster CSA-General kam für das Kommando offenkundig nicht in Frage.

Nach gewaltsamer Aufklärung am 24. und 25. Mai schätzte Unionsgeneral Grant die Stellungen der Konföderierten als sehr stark ein und entschied sich gegen einen Angriff in voller Stärke. Er führte seine Armee abermals um den rechten CSA-Flügel herum, woraufhin sich die CSA-Armee bis Cold Harbor und Mechanicsville zurückfallen ließ. Der Feldzug ähnelte immer mehr Shermans Feldzug in Georgia – und hier wie in Georgia kam es zu einer gravierenden Fehlentscheidung auf der Unionsseite.

In Cold Harbor begingen Grant und Meade einen Fehler, den Grant in seinen Memoiren mit dem erfolglosen Sturmangriff auf Vicksburg verglich. Da die Potomac-Armee durch die Ankunft von 2 Korps von Butlers James-Armee verstärkt worden war, entschloß sich Grant zu einem Frontalangriff auf die konföderierten Stellungen in Cold Harbor. Selbst die Unionssoldaten hatten keine hohe Meinung von diesem Plan. Als Unionsgeneral Horace Porter am Abend des 2. Juni seine Truppen aufsuchte, um sie mit den Befehlen für den nächsten Morgen bekanntzumachen, bekam er einen Schreck, als er sah, was seine Infanteristen taten: Sie nähten Namensschilder auf den Rücken ihrer Uniformröcke, so daß ihre Leichen identifiziert werden konnten.

Schon wegen des mangelnden Vertrauens der Truppen war der Angriff zum Scheitern verurteilt. Grant schrieb später: «Ich habe immer bedauert, daß der letzte Angriff bei Cold Harbor überhaupt geführt worden ist... Bei Cold Harbor errangen wir keinen Vorteil irgendwelcher Art, der die schweren Verluste aufgewogen hätte...» Es handelte sich um 7000 Mann.

Dank der unglaublichen Sturheit des CSA-Befehlshabers starben von den Verwundeten, die im «Niemandsland» zwischen den Linien lagen, bis auf zwei alle. Unionsgeneral Grant bat nach dem Angriff für den 5. Juni um einen Waffenstillstand, um die Verwundeten bergen und die Toten begraben zu lassen. Lee zögerte lange, obwohl Grant seine Bitte mehrmals wiederholte, bis der Waffenstillstand endlich am 7. Juni zustande kam. (Obwohl die gesamte Korrespondenz zwischen Grant und Lee in Grants Memoiren wiedergegeben und in dessen Archiven aufbewahrt ist, lasten fast alle US-amerikanischen Historiker die Schuld für die Verzögerung Grant an.)

Bis zum 12. Juni blieben beide Armeen in ihren Gräben und beschossen einander, ohne daß eine echte Schlacht daraus entstand. In dieser Zeit studierte Grant die Lage der Potomac-Armee. Er hatte den CSA-Befehlshaber jetzt dort, wo er ihn haben wollte: vor den Toren von Richmond. Nun war es höchste Zeit, den Gegner in seine Hauptstadt hineinzuzwingen, ihn dort zu belagern und dann die Kapitulation zu erreichen – und das möglichst ohne weitere verlustreiche Schlachten. Grant studierte die Karten und die Versorgungslinien der CSA-Hauptstadt und bemerkte, daß sämtliche Eisenbahnstrecken vom Süden nach Richmond durch die Kleinstadt Petersburg südlich der Hauptstadt liefen. Wenn die Potomac- und die James-Armee Petersburg schnell einnehmen und auf diese Weise die CSA-Armeen unter Lee und Beauregard umgehen könnten, mußte Lees Armee entweder einen Ausbruch nach Westen wagen oder in Richmond ihre letzte Zuflucht suchen. Grant war überzeugt, daß er den Ausbruch mit einer großen Zangenbewegung vereiteln konnte.

Um Petersburg einzunehmen, mußte die riesige Potomac-Armee mit ihren 108000 Mann zusammen mit den beiden Korps der James-Armee und sämtlicher Ausrüstung gedeckt aus den Stellungen vor Cold Harbor in Richtung Petersburg abziehen, ohne die Richtung des Abmarsches erkennen zu lassen! Petersburg war von Schützengräben und Befestigungsanlagen umgeben und nicht auf direktem Wege zu erreichen. Der Umweg auf der Halbinsel würde einen Marsch von 80 bis 100 Kilometern erfordern.

General Grant entschloß sich zu einer der denkwürdigsten Operationen der neueren Kriegsgeschichte unter den seinerzeitigen technischen Bedingungen. Schon am 7. Juni schickte er den größten Teil des Kavalleriekorps Sheridan westwärts, um die CSA-Verbindungslinien zwischen Richmond und dem Shenandoah-Tal zu unterbrechen und gleichzeitig CSA-General Lee abzulenken und dessen Kavallerie von der Hauptarmee wegzulocken. Der Trick gelang: Bald bemerkten die Unionsreiter, daß Wade Hamptons CSA-Kavallerie ihnen auf den Fersen war. Somit war Lee praktisch ohne Aufklärung, während Grant immerhin noch eine Kavalleriedivision bei sich behalten hatte.

In der Nacht vom 12. zum 13. Juni verließen die Unionstruppen nach tagelangen, streng geheimgehaltenen Vorbereitungen lautlos ihre Linien vor Cold Harbor. Warrens V. Korps deckte diese gigantische Bewegung. Zusammen mit der zurückgebliebenen Kavalleriedivision marschierte das V. Korps demonstrativ auf der Ostseite von Richmond in Richtung New Market, um den Eindruck zu erwecken, daß die Unionsarmee neue Stellungen in New Market zu beziehen beabsichtigte. Das XVIII. Korps der James-Armee unter General W. F. Smith wurde auf Flußschiffe verladen, die es den ganzen Weg um die Halbinsel transportierten. Das II., VI. und IX. Korps der Potomac-Armee sowie das X. Korps der James-Armee marschierten so schnell wie möglich über die Halbinsel zum James River unterhalb von Wilson's Landing, wo der ansonsten breite Fluß eine Enge aufwies.

Im Morgengrauen des 13. Juni entdeckte CSA-General Lee, daß die Schanzen vor ihm leer waren. Zur selben Zeit bekam er eine Meldung von einer kleinen CSA-Kavallerietruppe aus der Nähe von New Market, daß Unionstruppen auf diese Ortschaft zumarschierten. Lee befahl den sofortigen Abmarsch der CSA-Armee nach New Market, wo sich seiner Meinung nach die gesamte Potomac-Armee sammelte und Befestigungen anlegte.

Am 14. Juni erreichte die CSA-Armee New Market und begann sich in aller Eile zu verschanzen.

Ebenfalls am 14. Juni erreichte Hancocks Unionskorps als erstes den James River, wo auf die Truppen Fähren warteten. In der Nähe bereiteten Pioniere den Bau einer Pontonbrücke vor. Nachdem Hancocks II. Korps am anderen Ufer einen Brücken- kopf gebildet hatte, begannen um 16.00 Uhr die Bauarbeiten; um Mitternacht war die bisher größte Pontonbrücke der Militärge- schichte fertig. Sie war 665 Meter lang, mit eingebauten Ausglei- chern für die sehr starke Gezeitenströmung sowie für den bei Ebbe und Flut wechselnden Wasserstand von 1,25 Meter Unter- schied. Die Brücke überquerten ab Mitternacht vom 14. zum 15. Juni die übrigen Korps der Potomac-Armee.

Am 15. Juni erhielt CSA-General Lee bei New Market von General Beauregard eine dringende Bitte um Verstärkung. Dieser berichtete, er sei von einer größeren Unionsstreitmacht auf der *Südseite* des James River bedroht. Lee telegrafierte zurück, Beauregard müsse sich irren, denn es könne keine Unions- truppen auf der Südseite des James geben. Aber als Lees Depesche eintraf, standen Beauregards Truppen bereits unter Beschuß.

Am 16. Juni waren schon beim Morgengrauen die Unionstellun- gen vor New Market leer. Nun begriff Lee endlich, daß sich er und seine Armee am falschen Ort befanden. In aller Eile rückten sie nach Petersburg ab.

Daß sich diese Stadt noch nicht in den Händen der Union be- fand, war einer tragischen Fehlkalkulation des Unionsgenerals W. F. Smith von der James-Armee zu verdanken. Smiths Korps mit 16000 Mann war das erste, das am 15. Juni vor Petersburg ein- traf. Seine Order lautete, den vollen Angriff erst dann zu führen, wenn Hancocks Korps eingetroffen sei. Durch schlechte Karten und Probleme mit der Versorgung wurde Hancocks Vormarsch verlangsamt. Smith begnügte sich mit der gelegentlichen Beschie- ßung der nur 5000 Mann in den langgedehnten CSA-Verteidi- gungslinien und hielt eine Falschmeldung für echt, daß die Haupt- armee der CSA unter Lee schon in Petersburg eingetroffen sei. Als Unionsgeneral Hancock mit seinem II. Korps Petersburg erreichte, sprach sich Smith als Ranghöherer gegen einen Angriff aus. Die übrigen Unionskorps kamen in der Nacht und am näch- sten Morgen an, jetzt aber war Lees CSA-Armee in der Tat zur Stelle. Die schlechten Erfahrungen der Unionsinfanteristen mit

Angriffen auf befestigten Stellungen taten das ihrige, um den sofortigen Sturmangriff auf Petersburg zu verhindern.

Als Meade und Grant das Feld erreichten, entschloß sich Grant zur Belagerung der Stadt und zu Operationen gegen deren Versorgungslinien. Sein Hauptquartier richtete er im Hafen City Point am James unweit von Petersburg ein, wo auch ein riesiges Unionsdepot für Munition und Nachschubgüter angelegt wurde.

Trotz seiner Vicksburger Erfahrungen mit Versuchen, die Befestigungen mit Sprengsätzen zu durchbrechen, ließ sich Grant von General Burnside zum Vortreiben einer «Mine» unter die CSA-Befestigungen vor Petersburg verleiten. Burnside hatte ein Regiment aus Pennsylvania, in dem hauptsächlich Bergarbeiter dienten. Diese gruben einen großen, T-förmigen Stollen mit einer Länge von 170 Metern und einer Quergalerie von 25 Metern Länge. In diese Galerie wurden 8 Kammern ausgebaut, in die je 1 Tonne Pulver gebracht wurde. Der Bau der «Petersburger Mine» dauerte einen Monat; in dieser Zeit versuchte man durch Operationen westlich davon soviele CSA-Truppen wie möglich aus diesem Abschnitt herauszulocken. Aber wie bei seinen anderen Erfindungen hatte Burnside auch bei seiner «Mine» einen wesentlichen Aspekt außer acht gelassen. Gleich nach der Detonation sollte eine große Zahl Unionstruppen den auf diese Weise entstandenen Trichter durchqueren und die CSA-Stellungen auf beiden Seiten erstürmen sowie die Linien durchbrechen. Aber als am 30. Juli, 3.30 Uhr die Detonation den Trichter bloßlegte und Hunderte CSA-Soldaten tötete, hatten die vorstürmenden Unionstruppen eine 10 Meter hohe steile Grabenböschung vor sich, die zu erklimmen ihnen schwerfiel. Die konföderierten Truppen in den benachbarten Abschnitten erholten sich rasch von ihrem Schreck, eilten zum Rand und konzentrierten ihr Feuer auf die Angreifer im Trichter. Sie töteten mindestens ebenso viele, wie sie selbst durch die Detonation verloren hatten.

Resignierend mußte sich Grant auf eine lange Belagerung einrichten. Schritt für Schritt baute die Unionsarmee ihre Linien um Petersburg weiter aus, unternahm zahlreiche Angriffe gegen die Eisenbahnlinien, konnte Petersburg aber nicht vollständig einschließen und auch den Lebensmittel- und Munitionsnachschub nicht ganz unterbinden. Die Belagerung von Petersburg sollte

10 Monate dauern. Mit ihr aber erreichten Grant und die Potomac-Armee die anvisierte Endphase des Kampfes gegen die endlich «festgenagelte» CSA-Armee von Nordvirginia.

Der Seekrieg 1864

Nach dem Bürgerkrieg wurden nur 2 Offiziere der Konföderation
wegen ihrer im Krieg begangenen Verbrechen unter Anklage gestellt. Einer von ihnen war Raphael Semmes, der offiziell den
Rang eines Kapitäns der CSA-Kriegsmarine bekleidete. In Wirklichkeit war Semmes ein Pirat. Im Jahre 1862 kaufte die Konföderation von Großbritannien das Schiff «Alabama» (trotz heftigster
Proteste des Unionsbotschafters Charles F. Adams bei der englischen Regierung). Semmes wurde Kapitän der «Alabama». Von
Juli 1862 bis Juni 1864 kaperte, verbrannte und versenkte er mindestens 65 Handelsschiffe der Union auf hoher See, manche
Quellen nennen die Zahl 71.

In den ersten Jahren des Krieges mußte sich die Union auf die
Blockade der Südstaatenküste und den Bau von Schiffen für die
Blockade sowie für den Fluß- und Hafenkrieg konzentrieren. Die
rasche Expansion der Wirtschaft im Norden erlaubte es aber dem
Washingtoner Kriegsmarinedepartement, ab Anfang 1864 die
Jagd auf konföderierte Freibeuter aufzunehmen, die im Atlantik
Unionsschiffen auflauerten.

Am 11. Juni 1864 näherte sich die «Alabama» dem französischen Hafen Cherbourg, wo Raphael Semmes um Erlaubnis bat,
zu Reparaturen einzulaufen. Die französischen Behörden zöger-
ten lange, und inzwischen telegrafierte der USA-Konsul in Cherbourg nach Belgien, wo die schraubengetriebene Unionssloop
«Kearsarge» vor Vlissingen lag. Die «Kearsarge» lief sofort aus
und lag schon am 14. Juni vor Cherbourg. Semmes stellte sich
dem Kampf und ließ die «Alabama» am 19. Juni von Cherbourg
ablaufen.

Die «Kearsarge» kreuzte etwa 7 Seemeilen vor der Küste entfernt. An der Steilküste und an Bord der englischen Privatjacht
«Deerhound» sammelten sich viele Schaulustige. Die beiden

Schiffe begannen in konzentrischen Kreisen von etwa einer halben Seemeile umeinander zu kreuzen. Beide Schiffe schossen auf Gegenkursen mit den Steuerbordgeschützen und versuchten, sich in Position für eine Breitseite zu bringen. Die «Alabama» war jedoch schwer im Nachteil, da ihre Maschine verschlissen und erheblich langsamer als die des Gegners war. Die «Kearsarge» war besser bewaffnet und vor gegnerischen Geschossen weit besser geschützt.

Die Schlacht dauerte 1 Stunde, in der beide Schiffe 7 Kreise drehten. Schließlich sank die «Alabama». Unionskapitän Winslow von der «Kearsarge» erteilte der englischen Jacht «Deerhound» die Genehmigung, bei der Rettung der konföderierten Matrosen und Offiziere zu helfen. Die «Deerhound» nahm Semmes und viele Angehörige seiner Besatzung an Bord – und machte sich dann schnellstens davon!

Raphael Semmes wurde nach England gebracht, von wo aus er in die CSA zurückkehrte. Während des Krieges fuhr er nicht mehr zur See. Im Dezember 1865 wurde Semmes verhaftet, nach 5 Monaten Gefängnis jedoch wieder freigelassen. Für seine ungeheuerlichen Verbrechen erhielt er keine weitere Strafe, obwohl er für den Tod Hunderter Nichtkombattanten verantwortlich war.

Die bei weitem größte Seeschlacht des Jahres 1864 und vielleicht bestgeführte des ganzen Krieges war der Angriff des Unionsadmirals Farragut auf die Mobile Bay an der Küste von Alabama. Die CSA hatte im Laufe des Krieges einen ihrer wichtigsten Häfen nach dem anderen verloren, von denen aus die Blockadebrecher operiert beziehungsweise die sie mit Schmuggelware angelaufen hatten. Die lange, breite Bucht am Golf von Mexiko, an deren Nordende die Hafenstadt Mobile lag, war nicht nur als Blockadebrecherhafen wichtig. Mobile war ein riesiges Depot mit Eisenbahnverbindungen in Richtung Norden nach Chattanooga, Atlanta und anderen wichtigen Städten. Die Eroberung von Mobile bildete einen Teil des Unionsplanes für die endgültige Spaltung und Ausblutung des Südens und stand in engem Zusammenhang mit Shermans Feldzug in Georgia.

Die Einfahrt zur Bucht wurde stark geschützt. Auf den Inseln in der Zufahrtsstraße standen die Forts Morgan, Gaines und

Powell. Die Fahrrinne zwischen Fort Morgan und Fort Gaines wurde – eine Lücke für Blockadebrecher ausgenommen – mit Unterwasserpfählen gesperrt, die zusammen mit 3 Reihen verankerter Minen eine fast unpassierbare Barriere bildeten. Die 130 Meter breite Lücke lag vor Fort Morgan und war durch Bojen markiert. In der Bucht selbst patrouillierte ein neuer CSA-Panzerwidder, die «Tennessee», zusammen mit 3 leichten hölzernen Kanonenbooten. Insgesamt hatten diese 4 konföderierten Schiffe 16 Geschütze.

Unionsadmiral Farragut wollte eine Flotte von 18 Schiffen mit insgesamt 159 Geschützen gegen die Forts und Schiffe des Gegners einsetzen. Sein Ziel war es, die Unionsflotte durch die Lücke zwischen Fort Gaines und der Sperrlinie zu bringen. Vier Schiffe der Unionsflotte waren Panzerschiffe mit drehbaren Türmen, neuere Versionen des Typs «Monitor», die weit besser als das konföderierte Schiff «Tennessee» gepanzert und ausgerüstet waren.

Farraguts Befehle an seine Kommandeure waren sehr präzise und seine Pläne noch besser durchdacht als bei der Eroberung der Mississippi-Mündung und von New Orleans. Der erste Angriff auf Mobile wurde von mitfahrenden Armeeangehörigen unterstützt: Am Nachmittag des 3. August landeten 2400 Mann Unionstruppen auf Dauphin-Island an, auf der Fort Gaines lag, und bereiteten sich zum Angriff auf die Festung vor. Am nächsten Tag um 7.00 Uhr eröffnete das Unionspanzerschiff «Tecumseh» das Feuer auf das gegenüberliegende Fort Morgan.

Die «Tecumseh» wurde unverzüglich von der «Tennessee» angegriffen, die in die Fahrrinne vor der Festung lief. Der Kapitän der «Tecumseh» konzentrierte jetzt – wie hypnotisiert – seine ganze Aufmerksamkeit auf die «Tennessee» und vergaß völlig Farraguts strengen Befehl, nur «östlich der östlichsten Boje» zu passieren. Die «Tecumseh» ging auf Kollisionskurs zur «Tennessee», die sich hinter der Minensperre hielt. Da lief das Unionsschiff auf eine Mine und sank binnen Sekunden. Die «Tennessee» aber zog sich aus der Fahrrinne vor Fort Morgan zurück, wodurch die übrigen Unionskriegsschiffe die Möglichkeit erhielten, an der Festung vorbeizulaufen. Obwohl die Kanonen des Forts pausenlos schossen, blieben die Unionsschiffe so gut wie unversehrt.

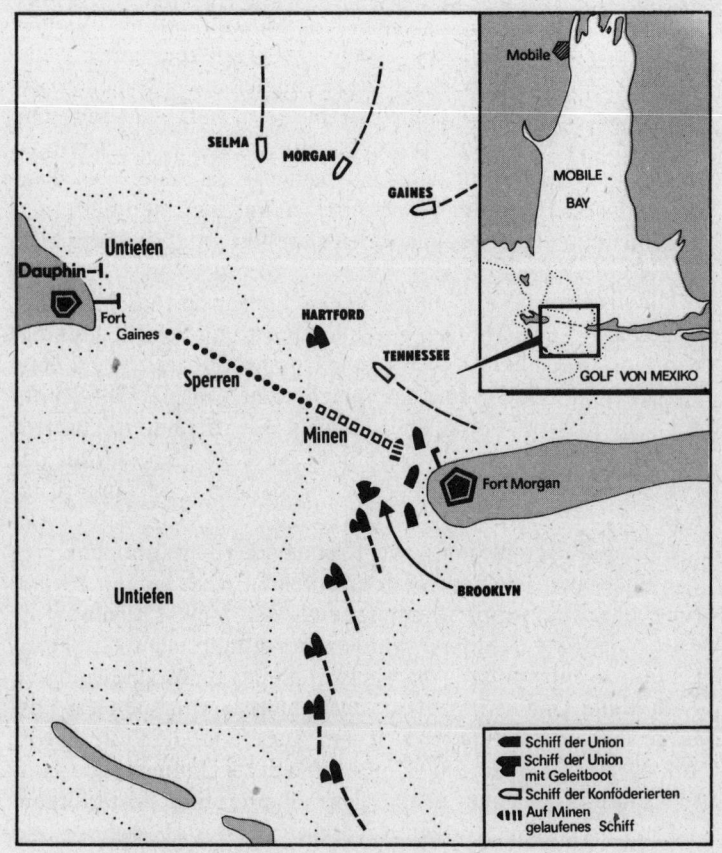

Die Seeschlacht in der Mobile Bay.
5. August 1864

Jedem der großen Holzschiffe war ein Geleitschiff zugeteilt. Als erstes Schiff der Unionskolonne sollte die «Brooklyn», eines der Holzschiffe, in die Bucht einlaufen. Der Kapitän schloß jedoch aus dem Anblick der Wrackteile der «Tecumseh», daß das Wasser nicht tief genug sei, und gab das Kommando: «Volle Kraft zurück!» Dabei kollidierte sein Schiff mit dem Geleitschiff, beide legten sich Bug an Bug quer vor die Einfahrt zur Bucht.

Admiral Farraguts Flaggschiff «Hartford» lief dicht hinter der

«Brooklyn». Farragut war hoch in die Wanten geklettert, um über dem Rauch des Kampfes freie Sicht zu gewinnen und die Lage beurteilen zu können. Um eine weitere Kollision zu vermeiden, mußte Farragut entweder den Befehl zum Wenden oder zum Zurücklaufen geben – oder aber nach Backbord laufen, wobei die «Hartford» (wie die Offiziere auf Deck ihm zuriefen) die Minen passieren mußte.

Später beteuerte Farragut seinem von Bigotterie beherrschten Volk gegenüber, er habe in diesem Moment nur gebetet und mit der Hand die Richtung gewiesen. Die Worte «Damn the torpedoes! Full speed ahead!» («Zum Teufel mit den Minen! Volldampf voraus!»), die zum berühmtesten Zitat eines amerikanischen Marineoffiziers wurden («damn» zu fluchen galt als äußerst unschicklich), seien von Journalisten erfunden worden. Wie dem auch sei, die Flotte tat genau das Richtige. Farragut hatte voll darauf gesetzt, daß die Minen durch das lange Liegen im Wasser zum größten Teil unbrauchbar geworden waren. Das einzige bei dieser Aktion beschädigte Unionsschiff war das letzte der langen Kolonne, und das wurde nicht von einer Mine, sondern von einem Geschoß aus Fort Morgan getroffen.

In der Bucht wurden die Unionsschiffe ohne besondere Schwierigkeiten mit den 3 konföderierten Kanonenbooten fertig. Dann warfen sie sich auf die «Tennessee», die schließlich durch wiederholtes Rammen und mehrere Volltreffer in ein hilfloses Wrack verwandelt und zum Hissen der weißen Flagge gezwungen wurde.

In der Nacht zum 6. August gab die Besatzung von Fort Powell auf und sprengte die Festung, am 7. August nahm die Unionsinfanterie Fort Gaines ein. Erst nach einmonatiger Belagerung kapitulierte Fort Morgan. Farraguts Flotte war mit den relativ wenigen Infanteristen nicht in der Lage, die Stadt Mobile aus eigener Kraft einzunehmen, doch die Bucht war von nun an für den Handel der Konföderation wertlos geworden, und damit hatte die Stadt ihre ursprüngliche strategische Bedeutung eingebüßt.

Die Schlacht in der Mobile Bay war die letzte Marineschlacht des Bürgerkrieges in den USA. Zusammen mit Shermans Eroberung von Atlanta und dem Sieg Philip Sheridans im Shenandoah-Tal im Herbst desselben Jahres hatte sie entscheidenden Einfluß auf die politische Entwicklung.

Im Frühjahr 1864, zu Beginn eines Präsidentenwahljahres, lag
Präsident Lincoln mit seinem Kabinett sowie mit dem Kongreß in
einem heftigen Streit. Es ging um die «Reconstruction», den Wiederaufbau des Südens nach dem Krieg. An der Frage von Sühnemaßnahmen gegen die Südstaaten oder der Aussöhnung mit ihnen
schieden sich nicht nur die politischen Parteien, sondern sie führte
auch zu Spaltungen in den Parteien selbst. Die sogenannten radikalen Republikaner traten für die strengste Bestrafung aller ein,
die Sklaven gehalten hatten, während sich die gemäßigteren Republikaner für die Aussöhnung aussprachen, obwohl sie durchaus
für strikte Auflagen waren, die an die Wiederaufnahme jedes
Staates in die Union geknüpft werden sollten. Dieser Gruppierung gehörte der Präsident an. Die Demokratische Partei war
ebenfalls gespalten: Auf der einen Seite wollten die radikalen
«Copperheads» die Sklaverei als System unangetastet lassen, auf
der anderen Seite befürworteten gemäßigte Demokraten einen
«Frieden ohne Sieg» und den Kompromiß mit dem Süden.

Zum 7. Juni 1864 wurde der Parteikonvent der Republikaner
nach Baltimore einberufen, aber nicht unter dem eigenen Namen, sondern unter dem Banner eines «Nationalen Unionskon-
vents», um denjenigen Demokraten, die gegen die Sklaverei und
gegen die Kompromißdoktrin eingestellt waren, die Teilnahme
zu ermöglichen. Der Konvent nominierte Abraham Lincoln mit
großer Mehrheit als Präsidentschaftskandidaten. Die Aufstellung
eines Kandidaten für das Amt des Vizepräsidenten gestaltete sich
allerdings sehr heikel. Als die Idee geboren wurde, einen Demokraten aus dem Süden mit starken Ambitionen gegen die Sklaverei zu nominieren, stellte sich Lincoln nicht dagegen. Das Ergebnis war die Nominierung des Politikers aus Tennessee, Andrew
Johnson – eine fatale Entscheidung, die den USA später eine der
größten Verfassungskrisen ihrer Geschichte bescheren sollte. Für
die Delegierten zum Parteikonvent war Johnson nur eine Art
Gallionsfigur, denn schließlich erfreute sich Lincoln bester Ge-
sundheit, an einen Präsidentenmord dachte keiner, und so rech-

nete niemand damit, daß Johnson jemals das Präsidentenamt antreten würde.

Einigen radikalen Republikanern paßte dieser Beschluß überhaupt nicht. Sie trennten sich von den Gemäßigten und stellten ihren eigenen Kandidaten auf: General John C. Frémont. Im September zog Frémont seine Kandidatur zurück, weil er befürchtete, die Spaltung der Partei könne zum Sieg der Demokratischen Partei, folglich zum Kompromiß mit dem Süden und zur Aufrechterhaltug des Sklavereisystems führen.

Ende August nominierten die Demokraten erwartungsgemäß General George McClellan, der Anhänger des Kompromisses war.

Während der ganzen Wahlkampagne tobte im Kongreß wie im Kabinett ein Streit über die Nachkriegsordnung. Mehrere Kabinettsmitglieder versuchten, durch Rücktrittsdrohungen Druck auf Lincoln auszuüben. Bis zum 1. Juli 1864 lehnte Lincoln es jedesmal ab, ihre Rücktritte anzunehmen. Als schließlich Finanzminister Salmon P. Chase seinen Rücktritt anbot, hatte Lincoln von diesem Treiben genug. Zu Chases Überraschung nahm er den Rücktritt an. Jetzt wurde es etwas ruhiger im Kabinett.

Anfang Juli legte Lincoln sein Veto gegen das von den Senatoren Wade und Davis ausgearbeitete und vom Kongreß verabschiedete Wiederaufbaugesetz ein, was wohl zu heftigsten Protesten, aber nicht zur Zurückweisung des Vetos führte. Wade und Davis veröffentlichten im August ein «Manifest» über Sühnemaßnahmen gegen den Süden, und der Streit ging weiter. Weder bei Kriegsschluß noch mit Lincolns Tod fand er ein Ende.

Die ganze Debatte, die in den folgenden 5 Jahren die politische Geschichte der USA beherrschen sollte, beruhte allerdings auf völlig falschen Prämissen. Im Norden betrachtete man die Bevölkerung der Südstaaten, die die Rebellion aktiv unterstützt hatte, als Einheit, die einfach «verblendet» sei, eine falsche Sache unterstützt habe, jedoch wieder in die Nation eingegliedert werden müsse. Die radikalen Kämpfer gegen die Sklaverei forderten die volle, sofortige Gleichstellung der Neger in jeder Hinsicht. Andererseits sahen die Weißen im Süden sich selbst als leidgeprüfte und unschuldige «Widerstandskämpfer» gegen die «Tyrannei» der Zentralregierung im Norden. Für sie waren die Neger Untermenschen und trug der Krieg absolut nichts dazu bei, sie eines Besseren zu belehren. Sie fügten sich in ihr Schicksal, ließen nach dem Krieg die Sklaven frei und fanden bald andere Wege, sie sich durch Lohnsklaverei wieder abhängig zu machen. In Wirklichkeit hatte keine der beiden Seiten recht: Keine von ihnen war in der Lage, ein tragfähiges Wiederaufbauprogramm zu realisieren, weil sie nicht den Klassencharakter und die Hintergründe des Krieges erkannten. Der einzige führende Republikaner, der ernsthaft an eine Landreform im Süden dachte und entsprechende Maßnahmen ergriff, war General Sherman, und seine Umverteilung der verlassenen Plantagen in den von seinen Truppen eroberten Gebieten von Georgia und den beiden Carolinas wurde nach dem Krieg schnellstens wieder rückgängig gemacht. Ein gerechtes und erfolgreiches Wiederaufbauprogramm für die Südstaaten war von der kapitalistischen Gesellschaftsordnung nicht zu erwarten.

Im Ausland verloren die Konföderierten Staaten schließlich alle Kämpfe um ihre diplomatische Anerkennung sowie um wirksame Hilfe. In Großbritannien war das nicht zuletzt den großartigen Aktionen der Arbeiterklasse zu verdanken, die trotz der eigenen Not, die wesentlich durch die Blockade auf die Baumwolle aus den USA-Südstaaten hervorgerufen wurde, machtvollen Protest gegen jeden Versuch der herrschenden Klasse erhob, die CSA materiell oder diplomatisch zu unterstützen.

Die Siege der Unionsarmeen im Spätsommer und Herbst 1864 waren das stärkste Motiv zur Wiederwahl Lincolns am 8. November mit großer Mehrheit. Einen beträchtlichen Teil der Wahlstimmen erhielt er von den Unionssoldaten im Feld, für die der Name Lincoln zur Kampfparole geworden war. Ab November 1864 war der Norden vom Gefühl des baldigen Sieges beseelt und – trotz aller Debatten – geeinter als je zuvor. In den letzten Phasen des Krieges war dieser Kampfgeist ein wichtiger Faktor, denn die Regierung und die militärischen Führer der CSA hatten sich auf den Todeskampf eingestellt und waren von dieser Idee beherrscht.

Dieser Fanatismus trieb die schrecklichsten Blüten. Als die allgemeine Wehrpflicht im Süden nicht mehr ausreichte, um genügend Kanonenfutter zu beschaffen, erließ die CSA-Regierung auf Drängen von General Lee immer härtere Wehrpflichtgesetze, die bis zur Einberufung von Sklaven gingen. Junge Weiße im Alter von 14 bis 18 Jahren wurden in die «Juniorenreserven» und alte Männer von 45 bis 60 (damals ein hohes Alter) in die «Seniorenreserven» gesteckt. Die Senioren sollten das Hinterland und sonstige nicht unmittelbar gefährdete Punkte schützen. General Butler bemerkte seinem Vorgesetzten Grant gegenüber, der Süden beraube auf diese Weise «die Wiege wie das Grab».

Die Kämpfe im Shenandoah-Tal von Juli bis Spätherbst

Franz Sigels Nachfolger als Unionsbefehlshaber im Shenandoah-Tal, General Hunter, brachte nicht mehr Mut auf als Sigel und ließ sich bis zur Gegend um Martinsburg zurückdrängen. Die Konföderierten hatten ein ganzes Korps der Nordvirginia-Armee unter General Jubal Early ins Shenandoah geschickt, während Lees übrige Truppen Petersburg und Richmond verteidigten. General Early entschloß sich, durch einen Streifzug nach Washington und einen Überfall auf Maryland und Südpennsylvania Panik in die Unionshauptstadt zu tragen. Das sollte seiner Meinung nach den Abzug größerer Unionsverbände von Petersburg zur Unterstützug der Washingtoner Garnison bewirken.

Das Korps Early begann am 30. Juni 1864 seinen Marsch nordwärts durch das Tal. Am 2. Juli erreichte es Winchester (Virginia), und erwartungsgemäß wurde in Washington Alarm gegeben. General Halleck telegrafierte dringend an Grant um Verstärkungen. Grant schickte sofort ein Korps, das am 7. Juli in Washington eintraf. Inzwischen wüteten Earlys Truppen in Maryland, wo sie mit der Drohung, die Ortschaft niederzubrennen, von jeder Kleinstadt größere Geldsummen abpreßten.

Unionsgeneral Lew Wallace wurde mit 6000 unerfahrenen und kaum ausgebildeten Truppen von Washington abkommandiert, um Earlys Korps zum Stehen zu bringen. Early befehligte jedoch 14000 Mann, von denen die meisten Kampferfahrungen hatten. Sie trieben Wallaces Unionstruppen ohne große Schwierigkeiten auseinander und marschierten weiter über Frederick bis zum

Washingtoner Vorort Silver Springs, den sie am 11. Juli erreichten.

Hier lag Fort Stevens, das die CSA-Truppen ohne Zögern angriffen. Die Garnison von Fort Stevens war aber stark und die Artillerie gut postiert. Präsident Lincoln kam selbst nach Fort Stevens, um die Kämpfe zu beobachten. Wegen seiner auffälligen Körpergröße und seiner Weigerung, seinen schwarzen Zylinderhut abzulegen, bereitete Lincoln der Garnison von Fort Stevens Kopfzerbrechen. Während der Kampfhandlungen am 12. Juli zog er (zum zweiten Mal) das Feuer des Gegners auf sich, worüber sich ein Unionsoffizier derart aufregte, daß er sich vergaß und dem Präsidenten zurief: «Kopf 'runter, Sie Idiot!»

Earlys Truppen schafften es nicht, Fort Stevens einzunehmen. Als frische Unionstruppen unter General Wright eintrafen, befahl Early den Rückzug nach Leesburg in Virginia. General Wright wurde mit der Verfolgung beauftragt, bewegte sich jedoch zu langsam, so daß Earlys Korps schon am 15. Juli wieder im schützenden Shenandoah-Tal lag.

Early gab sein Projekt keineswegs auf, sondern marschierte wieder nach Norden. Am 29. Juli überquerten seine Truppen erneut den Potomac River und eilten in Richtung Südpennsylvania. Die Kavallerie unter General McCausland ritt als Vorhut nach Chambersburg, wo der Kommandeur von der Bürgerschaft dieser kleinen Gemeinde die für damalige Verhältnisse unvorstellbar hohe Summe von 500 000 Dollar in bar oder 100 000 Dollar in Gold forderte. Natürlich konnten die Chambersburger Farmer und Krämer diesen Betrag nicht aufbringen. Nach Rücksprache mit Early ließ McCausland Chambersburg in Brand stecken.

Die Nachricht von diesem barbarischen Kriegsverbrechen erreichte Unionsgeneral Grant in City Point – zufällig am gleichen Tag, als sich das Mißgeschick mit der «Petersburger Mine» ereignete. «Ein Unglück kommt selten allein», schrieb Grant. Zur Einäscherung des kleinen Orts in Pennsylvania bemerkte er: «Chambersburg war eine völlig wehrlose Stadt ohne jegliche Besatzung und ohne Befestigungsanlagen. Dennoch brannte McCausland dieselbe auf Earlys Befehl nieder und machte etwa 300 Familien obdachlos.»

Nach Grants Erinnerungen war sein berechtigter Zorn über

diese Untat ein wesentlicher Faktor, der ihn zur recht drastischen Formulierung seines Befehls vom 1. August an Sheridans Kavallerie bewog, das Shenandoah-Tal als Kornkammer des Südens und Basis für alle Streifzüge und Überfälle der Konföderierten auf Unionsgebiete im Osten derart «sauber und vollständig auszuräumen, daß Krähen, die noch in dieser Jahreszeit darüber fliegen, ihren eigenen Proviant mittragen müssen». Lincoln schrieb an Grant, die Räumung des Tals sei richtig, der Wille im Kriegsministerium jedoch sehr schwach. «Ich wiederhole Ihnen: Es wird weder geschehen noch versucht werden, wenn Sie nicht täglich und stündlich aufpassen und es erzwingen.»

Grant setzte sich jedoch durch und übergab Sheridan schließlich für die Operation eine ganze Armee, die binnen kürzester Zeit ins Shenandoah-Tal abrückte. Am 19. September stellte Sheridan den sich bisher stets zurückziehenden Early am Opequan Creek bei Winchester zum Kampf und warf ihn mit schweren Verlusten zurück. Early sammelte seine Truppen am nächsten Tag auf dem Fisher's Hill, wo sie sich verschanzten. Am 22. September kam es erneut zu einem Gefecht, in dem die CSA-Seite doppelt soviel Mann wie die Unionsseite verlor. Earlys Korps war jetzt derart geschwächt, daß es fast einen Monat lang nicht kampffähig war. Der hartnäckige Early gab jedoch noch nicht auf.

In der Pause ging Sheridans Armee ans Werk: Seine Truppen zerstörten oder beschlagnahmten alles im Tal, was nach Nahrung aussah oder zur Unterstützung einer konföderierten Armee dienen konnte. In der zweiten Oktoberwoche wurden sie zunehmend von Scharfschützen aus Earlys inzwischen wiederaufgebautem Korps belästigt. Sheridan brachte seine Truppen nach Cedar Creek, nachdem die Aufklärung festgestellt hatte, daß Earlys Korps sich abermals auf dem Fisher's Hill verschanzt hatte.

Am 16. Oktober ritt Sheridan nach Washington, um mit dem dort eingetroffenen General Grant und dem Präsidenten zu konferieren, während seine Armee immer noch bei Cedar Creek lag. Am 18. Oktober kehrte Sheridan zurück, übernachtete jedoch in Winchester. Im Morgengrauen des nächsten Tages überraschte Earlys CSA-Korps Sheridans Armee und warf einige Verbände vorläufig zurück. Auf dem Weg nach Cedar Creek vernahm Sheridan den Kampflärm. Bald traf er auf zurückweichende Unionstruppen. Er konnte diese zur Rückkehr in den Kampf umstimmen; danach ritt er selbst im vollen Galopp zum Schlachtfeld und erreichte es um 10.30 Uhr. Mit seinem Beispiel und persönlichen Mut gelang es ihm, die schwer angeschlagenen Unionslinien zu stabilisieren und den Angriff abzuweisen. Um 16.00 Uhr befahl Sheridan einen Gegenangriff, der das konföderierte Korps vom Feld vertrieb.

Obwohl Early bis zum Ende des Krieges mit den Resten seines zerschlagenen Korps immer wieder versuchte, Unionstruppen im Shenandoah-Tal anzugreifen, war er nach der Schlacht von Cedar Creek nicht mehr imstande, das Tal für die Konföderation zurückzuerobern.

Shermans Zug zur Atlantikküste

Im Monat September 1864 beschäftigte sich General Sherman mit dem Ausbau seiner Position in Atlanta. Nach der Evakuierung der Zivilbevölkerung hatte er, wie geplant, die Stadt zu einer Militärbasis ausgebaut, seine äußerst lange und dünne Verbindung zur Hauptbasis in Nashville (Tennessee) war jedoch weiterhin ein Schwachpunkt. Forrests CSA-Kavallerie griff diese Linie wiederholt an. Da noch keine Verbindungslinie über Mobile an der Golfküste aufgebaut werden konnte, mußte Sherman bald wieder vorrücken. Zu dieser Zeit deuteten die Bewegungen der CSA-Armee unter Hood darauf hin, daß dieser einen Marsch nach Norden plante, um Shermans Armee zu isolieren und die Verbindungslinie nach Nashville endgültig abzuschneiden. Dadurch sollte Sherman vermutlich zur Umkehr gezwungen werden. In der Tat hatten Hood und CSA-Präsident Davis am 21. September während eines Treffens in Palmetto beschlossen, Sherman nach Tennessee zurückzulocken.

Sie unterschätzten William Sherman. Dieser richtete an Oberbefehlshaber Grant brieflich den Vorschlag, mit 60000 Mann seiner erfahrensten und stärksten Truppen den langgeplanten Zug nach Savannah an der Atlantikküste zu unternehmen und die übrigen Truppen unter den Generalen Thomas und Schofield nach Nashville zurückzuschicken, um Hood aufzuhalten und seine Truppen zu zerschlagen. Grant billigte den Plan, ernannte Thomas zum Befehlshaber der gesamten Operation von Atlanta bis Nashville und ließ Thomas' Armee verstärken.

Sherman bereitete seinen Zug zur Küste sorgfältig vor. Seine 60000 Mann teilte er in 4 Korps, die getrennt, aber parallel marschierten und auf der Nordseite von Kavallerie gedeckt wurden. Er befahl ihnen, alles, was der Ausrüstung oder Versorgung von CSA-Truppen dienen könnte, zu zerstören oder mitzunehmen, untersagte jedoch strengstens die Belästigung der Zivilbevölkerung und das Niederbrennen der Häuser der armen Menschen oder der Kleinbauern.

Für die Zerstörung der Eisenbahnstrecke von Atlanta bis Savannah erarbeitete Sherman zusammen mit seinem Chefingenieur eine schnelle und effektive Methode. Die Pionierbrigaden führten Eisenstangen mit sich, die sie auf einem gegebenen Streckenabschnitt unter die Schienen steckten und auf das Kommando «Zugleich!» so bewegten, daß mehrere Meter Schienen auf einmal herausgebrochen wurden. Die Schwellen wurden nun aufeinander gestapelt und die Schienen darauf gelegt. Die Gluthitze der in Brand gesteckten Schwellen machte die Schienen in der Mitte so weich, daß sie gebogen werden konnten. Sie wurden dann schnell um die Bäume neben der Stecke gewickelt. Auf diese Weise wurde eine schnelle Reparatur der Strecke vereitelt.

Der große Zug zur Küste begann am 5. November 1864 und kam sehr rasch voran. Dank der strengen Pressezensur und der sorgfältig betriebenen Propaganda hatten die Bewohner des Südens bisher nur von Siegen der Konföderierten und von der «Schwäche» der Unionsarmeen gehört. Die Bevölkerung von Georgia traf der praktisch ungehinderte Marsch der Unionstruppen wie ein Blitz aus heiterem Himmel. In panischer Angst und Verzweiflung nahm die Regierung die Kadetten aus den Militärschulen und reihte sie in die Miliz ein. Selbst die Verbrecher in den Gefängnissen ließen sie gegen das Versprechen frei, in der Armee zu dienen. Grant schrieb: «Ich bezweifle nicht im geringsten, daß die größten Übeltaten, die der Armee Shermans zuge-schrieben werden, von diesen Verbrechern und anderen Leuten des Südens begangen worden sind ...» Der Gouverneur von Georgia ergriff die Flucht, das Gemüse aus seinem Garten nahm er mit, das Staatsarchiv aber ließ er zurück. Die Miliz leistete keinen nennenswerten Widerstand. Nach einem Zug von kaum mehr als einem Monat erreichte die Unionsarmee am 10. Dezember den Hafen Savannah, der nach nur wenigen Tagen Belagerung kapi-tulierte.

Während des Marsches verwüsteten Shermans Truppen das Land auf einer Breite von 100 Kilometern, befreiten die Sklaven und brannten die Häuser der reichen Plantagenbesitzer nieder, die schon geflohen waren. Sherman ließ die Plantagen parzellie-ren und an die Befreiten verteilen – eine erste Maßnahme in Rich-tung der dringend notwendigen Landreform, die jedoch nach dem Krieg wieder außer Kraft gesetzt wurde.

Die Besatzung von Savannah stand unter dem Befehl von Ge-neral Hardee, der von der Tennessee-Armee hierher versetzt worden war. Shermans Armee war weit überlegen. Als Hardee um Verstärkung an CSA-Präsident Davis telegrafierte, bekam er die Antwort, daß keine Truppen zur Verfügung ständen. Am 18. Dezember richtete Sherman an Hardee die Forderung, Sa-vannah den Unionstruppen zu übergeben, Hardee lehnte jedoch ab und floh noch kurz vor der vollständigen Einschließung der Stadt nach South Carolina. Seine Division konnte er unter Zu-rücklassung von 250 Kanonen mitnehmen.

Am 20. Dezember rückte die Unionsarmee in die Hafenstadt ein. Sherman telegrafierte an Lincoln, er würde dem Präsidenten die Stadt Savannah als Weihnachtsgeschenk überreichen. Lincoln bedankte sich bei den Truppen und ließ auf dem Seeweg Nach-schub und Post nach Savannah bringen. Jetzt konnten die Unions-truppen eine Pause einlegen und sich etwas erholen, bevor sie sich auf den langen Marsch nach Norden begaben, um Hardees Trup-pen zu schlagen und die konföderierte Hauptstadt Richmond endgültig zu isolieren.

Der Franklin-Nashville-Feldzug

Unionsgeneral George Thomas, der «Fels von Chickamauga», hatte eine äußerst präzise Denkart und ließ sich nie zu überstürzten Handlungen bewegen. «Er war ein Mann von imposantem Aussehen, langsam und bedächtig in seiner Sprache wie in seinen Handlungen, vernünftig, ehrlich und mutig», schrieb Grant über Thomas. «Er besaß militärische Qualitäten in hervorragenden Maßen. Er genoß das Vertrauen aller, die unter ihm dienten ... Seine Dispositionen nahm er zielbewußt vor, und sie waren immer gut. Von einem Punkt, den er zu behaupten hatte, ließ er sich nicht vertreiben. Er war jedoch nicht so gut in der Verfolgung wie im Kampf.»

Die Verstärkungen, die Thomas für seinen Marsch von Atlanta nach Nashville bekommen hatte, bestanden zum Teil aus unerfahrenen Rekruten. Er teilte seine Armee in 2 Korps: 26000 Mann standen unter seinem direkten Befehl, und 34000 Mann wurden von General Schofield befehligt. Thomas' Korps bildete die Vorhut.

CSA-General Hood stand seit dem 22. Oktober mit 3 Korps unter Cheatham, S. D. Lee und Stewart südlich von Chattanooga auf einer langen Linie in Richtung Florence und Corinth. Er bewegte sich sehr langsam nach Norden, wußte jedoch, daß die Unionsarmee ebenfalls nordwärts vorrückte. Als Hood bemerkte, daß Thomas' und Schofields Korps getrennt marschierten, plante er, Schofields Korps bei Columbia (Tennessee) eine Falle zu stellen. Hood hatte 39000 Mann – 5000 mehr als Schofield.

Der Unionsgeneral merkte jedoch, was Hood vorhatte. Er marschierte die Nashville-Decatur-Eisenbahn entlang, zerstörte die Brücken über den Duck River, konnte das Tempo der CSA-Korps jedoch nicht wesentlich verlangsamen. Schofields Unionstruppen wurden nördlich vom Duck River von Cheathams CSA-Korps und Forrests Kavallerie fast eingeholt, konnten jedoch entkommen. Sie mußte viel Ausrüstung zurücklassen, darunter ihre Pontonbrücken.

Am 30. November, 6.00 Uhr erreichte Schofields Unionskorps die Stadt Franklin südlich von Nashville. Thomas' Korps war schon in Nashville eingezogen. Durch die Ortschaft Franklin lief der Harpeth River, auf dessen anderem Ufer die starke Unionsfestung Fort Granger stand, doch die Brücken über den Harpeth konnten nicht ohne Reparatur überquert werden. Schofield mußte seinen Truppen befehlen, sich am Südrand von Franklin zu verschanzen; die Division Wagner bewachte einen Abschnitt etwas weiter südlich.

Während die Pioniere fieberhaft die Brücken instandsetzten, bauten die Unionstruppen starke Stellungen aus. Um 15.30 Uhr erschien die CSA-Armee auf der Südseite von Franklin, trieb die Division Wagner schnell zurück und warf sich mit aller Wucht auf die Befestigungsanlagen der Unionstruppen. Sie schaffte es jedoch nicht, sie zu durchbrechen. CSA-General Hood ließ Angriff auf Angriff folgen, aber nur eine kleine Bresche in der südlichsten Unionslinie konnte geschlagen werden, die schnell wieder geschlossen wurde.

Mit unvorstellbarer Sturheit bestand der konföderierte General Hood auf wiederholten Frontalangriffen über ein offenes Feld gegen die gut befestigten Stellungen. Im Laufe des späten Nachmittags verlor Hood 12 Generale: die Divisionskommandeure Cleburne und Adams fielen, Brown wurde verwundet, sämtliche Brigadegenerale außer Gordon fielen, und Gordon wurde gefangengenommen. Insgesamt wurden 6250 konföderierte Soldaten und Offiziere außer Gefecht gesetzt; die Unionsverluste beliefen sich auf 2326 Mann. Um 23.00 Uhr waren die Brücken über den Harpeth fertig, und Schofields Unionstruppen zogen sich nach Nashville zurück.

Am 2. Dezember erreichte Hoods Armee Nashville. Das Wetter war für die Jahreszeit ungewöhnlich schön. Nashville galt als stärkste Stadtfestung auf dem nordamerikanischen Kontinent. Aus diesem Grund mußte CSA-General Hood von einem Frontalangriff absehen; stattdessen entschloß er sich zur Belagerung.

Auf dem Papier hatte Unionsgeneral Thomas eine erdrückende Überlegenheit, in Wirklichkeit aber benötigte seine Kavallerie neue Pferde, und seine Truppen mußten ausgebildet werden. Thomas ließ sich trotz des schönen Wetters und seiner Überlegenheit Zeit, Pferde nach Nashville bringen zu lassen, seine Truppen zu trainieren und Hoods Positionen genau aufzuklären.

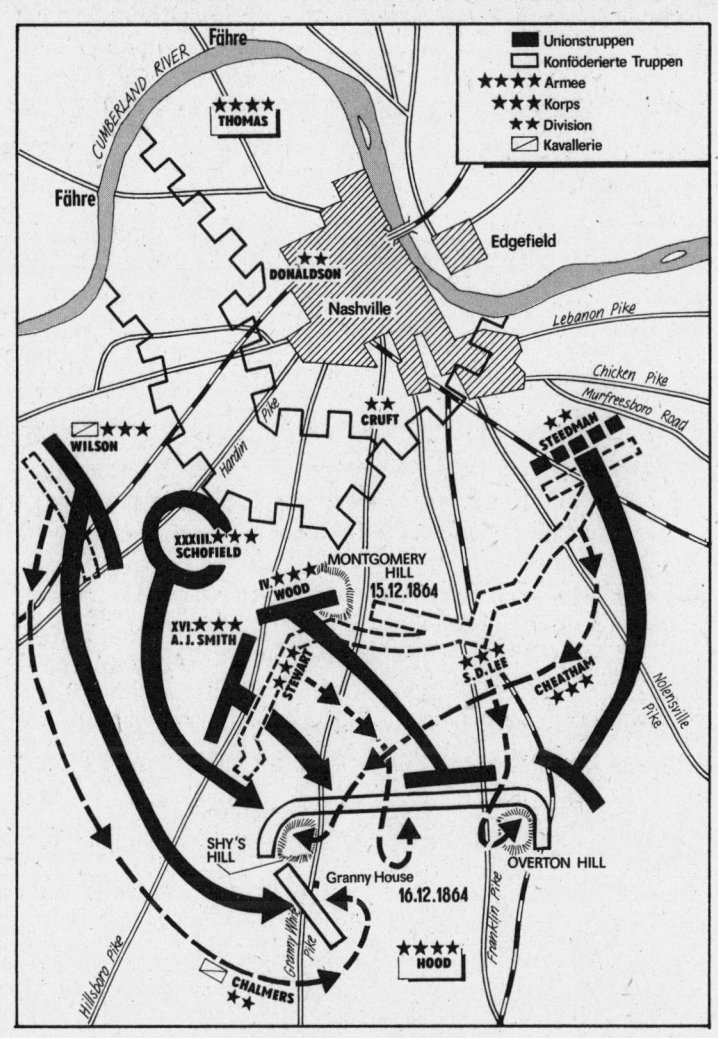

Die Schlacht von Nashville.
15./16. Dezember 1864

Diese Verzögerung fand in Grants Hauptquartier – immerhin Tausende Kilometer von Nashville entfernt – kein Verständnis. Schon am 2. Dezember hatte Grant telegrafiert: «Sollte er (Hood – L. I.-K.) Sie angreifen, so ist das gut; tut er es aber nicht, dann sollten Sie ihn angreifen, bevor er sich verschanzt.» Thomas bat um Entschuldigung und legte seine Gründe für die Verzögerung dar. Grant telegrafierte am 5. Dezember ungeduldig: «Die Zeit verstärkt ihn in jeder möglichen Weise ebenso sehr wie Sie.» Als Thomas am nächsten Tag immer noch nichts unternommen hatte, telegrafierte Grant ungehalten: «Greifen Sie Hood sofort an und warten Sie nicht länger auf einen kleinen Bruchteil Ihrer Kavallerie . . .» Thomas antwortete, er plane den Angriff für den 8. Dezember.

An diesem Tag aber ging das schöne Wetter zu Ende. Ein fürchterlicher Sturm mit Graupeln und später mit Schnee überzog den Boden mit einer glatten Eisschicht, die jegliche Truppenbewegung unmöglich machte. Da Thomas diese Lage seinem Oberbefehlshaber nicht sehr bildhaft zu beschreiben vermochte, fand Grant die weitere Verzögerung unerklärlich. Das Kriegsministerium reagierte noch wütender. Es forderte – zumindest von Lincoln – Thomas' Abberufung und Schofields Ernennung zu seinem Nachfolger. Weder Lincoln noch Grant erteilten einen entsprechenden Befehl. Als General Logan in City Point eintraf, um Grant zu besuchen, schickte General Grant ihn nach Nashville, um dort den Befehl über Thomas' Armee zu übernehmen. Als Logan schon abgereist war, geriet Grant derart in Unruhe, daß er sich selbst auf den Weg nach Nashville machte. Seine und Logans Reise wurden aber am 15. Dezember unterbrochen, denn aus Nashville traf die Nachricht ein, die Schlacht habe am 15. Dezember frühmorgens begonnen.

Thomas' langsame, aber gründliche Planung trug prächtige Früchte. Der Angriff begann mit einem Täuschungsmanöver: dem Angriff der Unionsdivision Steedman auf den rechten Flügel der Konföderierten. Während die Aufmerksamkeit der CSA-Befehlshaber auf diesen Abschnitt abgelenkt war, überfielen 4 Unionskorps mit aller Wucht das CSA-Korps Stewart am linken Flügel. Die CSA-Linien wurden allmählich zurückgedrängt. Die Dunkelheit brach an diesem Wintertag früh herein, und die CSA-

Armee zog sich mit schweren Verlusten auf Stellungen etwa 2 Kilometer hinter der Ausgangslage des Tages zurück.

Am 16. Dezember ließ CSA-General Hood seine zahlenmäßig geschrumpften Truppen eine hufeisenförmige Linie bilden. Die Unionsarmee mußte jetzt über offenes Gelände marschieren, um diese Linie anzugreifen. Unionsgeneral Thomas ließ sich aber nicht von seinem Plan abbringen. Um Mittag schickte er Woods IX. Korps zusammen mit der Division Steedman nochmals gegen den rechten CSA-Flügel. Nachdem der Kampf an diesem Abschnitt entbrannt war, wurden die Hauptkräfte der Unionsarmee gegen das Zentrum und den linken Flügel des CSA-Hufeisens geworfen. Damit befand sich Hoods Armee in einer Zange. Die einst so starke Tennessee-Armee wurde zum größten Teil vernichtet. Hood und ein kleiner Rest seiner Armee traten die Flucht nach Süden an.

Thomas verfolgte nur langsam und halbherzig, aber es gab auch nicht allzuviel zu verfolgen. Die Tennessee-Armee der Konföderierten, die von Shiloh über Chattanooga und Atlanta bis Nashville in härtesten Kämpfen gestanden hatte, gab es nicht mehr.

Die letzten Wochen der Konföderation

Für die konföderierten Truppen in den belagerten Städten Petersburg und Richmond war der Winter hart und trüb. Seit November 1864 hatten beide Seiten ihre Winterquartiere bezogen; es wurde kaum gekämpft. Dem V. Unionskorps gelang es jedoch im Dezember, die Weldon-Petersburg-Eisenbahnlinie zu zerstören, was die Versorgung der Städte und die Verbindungen der CSA-Armee zur Außenwelt noch erschwerte. Bei den Armeen Lees und Beauregards häuften sich die Desertionen, nicht nur, weil die Soldaten wußten, daß der Kampf schon verloren war, sondern auch wegen der Ungewißheit über das Schicksal ihrer Familien zu Hause. Im ganzen Süden hungerte die Bevölkerung. Verzweifelte Briefe ihrer Frauen erreichten die Männer in den Befestigungsanlagen vor Petersburg und bewegten viele zur Flucht nach

Hause, um beim Auftreiben von Nahrung zu helfen. Vielen gelang die Flucht; aufgegriffene Deserteure wurden meist gnadenlos erschossen. Einige jedoch, die nachweisen konnten, daß sie nur ihrer verhungernden Kinder wegen eine Zeitlang zu Hause gewesen, später aber zur Armee zurückgekehrt waren, begnadigte General Lee.

Die Unionsarmee baute ihre Linien um Petersburg immer weiter aus. Am 5. Februar 1865 ging ein Angriff auf CSA-Versorgungstransporte, die angeblich südwestlich von Petersburg unterwegs waren, ins Leere, weil diese Fahrzeuge einfach nicht aufzufinden waren. Danach wurden die Unionsstellungen weiter westwärts bis zu der Stelle vorgeschoben, wo die Boynton-Holzstraße den Hatcher's Run überquerte.

Nach jahrelanger Kritik an seiner Kriegführung gab der Präsident der Konföderation Davis endlich zu, daß die CSA einen Oberbefehlshaber aller Streitkräfte benötigten. Am 23. Februar 1865 wurde General Robert E. Lee dazu ernannt; der Titel war allerdings bedeutungslos. Außer der Nordvirginia-Armee gab es nur noch Hardees Divisionen in South Carolina, mehrere Divisionen unter Beauregard in Virginia, ein paar Garnisonen und Reste von zerschlagenen Armeen sowie mehrere marodierende Kavallerietruppen und Guerillagruppen im Westen zu befehligen. Die belagerte Nordvirginia-Armee in Petersburg war die letzte kompakte Streitmacht der CSA.

Früher oder später mußte Petersburg – und demzufolge auch die CSA-Hauptstadt fallen. Die Lage der CSA war schon hoffnungslos, und jeder zusätzliche Tag, an dem gekämpft wurde, brachte nur weiteres Leid für die Bevölkerung. Trotzdem weigerten sich Lee und Davis, die wahre Lage zu akzeptieren. Beauregard und seine Truppen wurden nach South Carolina verlegt, um die Hauptstadt Columbia gegen die wieder in Marsch gesetzten Truppen Shermans zu behaupten, falls Hardee sie nicht halten konnte. Shermans große Unionsarmee trieb Hardees Truppen vor sich her, verhinderte ihre Vereinigung mit Beauregards Armee und konnte sie schließlich nach Charleston treiben. Hier wurde Hardee eingekreist, denn die Unionsflotte vor der Charleston Bay verhinderte eine Flucht auf dem Seeweg. Am 18. Februar 1865 kapitulierte Charleston.

Mit kaum beschreiblichem Jubel feierte die Union den Fall jener Stadt, in deren Hafen der Krieg ausgebrochen war. Der stolze, aber schwerkranke Major Anderson, der 1861 Fort Sumter so tapfer verteidigt hatte, wurde zur Ruine der Festung gebracht, wo er die Fahne der Vereinigten Staaten, die er am Anfang des Krieges niederholen mußte, nun wieder über dem Hafen von Charleston aufzog.

Jetzt standen nur noch wenige Truppen zwischen Shermans Armee und Petersburg, Beauregard mußte Columbia räumen. Hastig ließ CSA-Oberbefehlshaber Lee aus noch brauchbaren und freistehenden Truppen Beauregards, Hardees und der zerschlagenen Tennessee-Armee eine Armee unter General Joseph S. Johnston zusammenstellen, um North Carolina zu verteidigen und Shermans Weg nach Virginia zu blockieren. Somit standen sich erneut die beiden Generale gegenüber, die auf dem Weg nach Atlanta so erbittert gegeneinander gekämpft hatten.

Unionsoberbefehlshaber Grant wartete nicht auf Sherman. Selbst in den naßkalten Monaten des Winters, als Kämpfe zu Lande kaum möglich waren, schickte er ein Expeditionkorps unter General Butler mit einer Flotte unter Admiral Porter gegen die CSA-Festung auf Cape Fear bei Wilmington an der Küste von North Carolina. Als die Expedition begann, war die Eisenbahn von Wilmington nach Richmond noch intakt. Wenn Wilmington eingenommen werden konnte, dann war die wichtigste Versorgungsquelle für Richmond versiegt.

Auf Cape Fear stand das sehr starke Fort Fisher, das von mehreren Batterien auf der Halbinsel zwischen der Kapspitze und Wilmington zusätzlich geschützt wurde. Butler verfiel auf die Idee, die Festung mittels eines mit 215 Tonnen Pulver geladenen Schiffes zu sprengen. General Grant hatte zu dieser Idee kein Zutrauen, gab jedoch unter Druck von Butlers politischen Freunden in Washington seine Genehmigung zu dem Projekt.

Das Pulverschiff wurde mit einem Zeitzünder versehen und etwa 270 Meter vom Fort verankert. In der Nacht zum 24. Dezember 1864 detonierte es, wie geplant, lag aber in viel zu großer Entfernung vom Fort, so daß das einzige Ergebnis darin bestand, die Garnison geweckt zu haben.

Admiral Porters Schiffe eröffneten ein schweres Bombardement, das den ganzen Tag andauerte, während Unionstruppen nördlich der Festung angelandet wurden. Am 25. Dezember kamen die Unionstruppen bis auf 75 Meter an die Festungsmauern heran, während die Flotte ihren schweren und gutgezielten Beschuß fortsetzte. Dann aber bekam Butler von einem Kriegsgefangenen die falsche Information, die Division Hoke stehe mit 6000 Mann in seinem Rücken. Butler überprüfte diese Nachricht nicht, ließ sich auch vormachen, daß die Festung nur durch lange Belagerung eingenommen werden könne, und zog, weil er keinen Befehl zur Belagerung hatte, seine direkt vor der Festung stehenden Truppen ab! Obwohl seine Stabsoffiziere und Admiral Porter energisch dagegen protestierten, ließ Butler sein Korps nach Hampton Roads zurückverlegen.

General Grant war sehr aufgebracht und telegrafierte am 28. Dezember am Lincoln: «Die Wilmington-Expedition hat sich als großer und sträflicher Fehlschlag erwiesen ... Wer daran die Schuld trägt, wird Ihnen hoffentlich bekannt sein.» Es war Lincoln bekannt, und er hatte nichts gegen Butlers Entlassung einzuwenden. Butler verlor auch sein Kommando über die James-Armee; sein Nachfolger wurde General Edward Ord.

Eine zweite Expedition unter Admiral Porter und General Albert Terry wurde organisiert. Am 15. Januar 1865 kapitulierte Fort Fisher; kurz danach wurde Wilmington genommen. Der Ring um die CSA-Hauptstadt zog sich immer enger zusammen.

Auf Initiative des Unionspolitikers Francis Blair gab die Union der CSA-Regierung Gelegenheit zu Verhandlungen. Am 3. Februar 1865 traf sich Lincoln mit 3 Vertretern der Konföderation an Bord des Dampfers «River Queen» in Hampton Roads. Die Südstaatenregierung war nicht bereit, den Kampf ohne Konzessionen von seiten der Union aufzugeben, Lincoln bestand jedoch auf der Wiederherstellung der Union und der Befreiung aller Sklaven. Die Verhandlungen endeten ergebnislos.

Am 20. Februar billigte der Kongreß der Konföderation auf Drängen von General Lee die Aufnahme bewaffneter Negersklaven in die Armee, weil sonst keine Reserven mehr zur Verfügung standen.

In der Annahme, der Norden sei des Krieges überdrüssig, wendete sich Lee am 2. März brieflich mit dem Vorschlag an Grant,

Verhandlungen aufzunehmen. Nach Absprache mit Lincoln antwortete Grant kurz und bündig, er würde nur über einen Gegenstand mit Lee verhandeln: die Kapitulation der konföderierten Armee. Dies lag jedoch nicht in Lees Absicht, denn er hoffte, bald nach Westen durchbrechen zu können.

Inzwischen hatte General Johnston in North Carolina etwa 20000 Mann zusammengezogen. Diese Armee wurde von den Resten der Kavallerie unter Wade Hampton unterstützt. Am 19. März traf Shermans Unionsarmee zum erstenmal seit Atlanta vor Goldsboro auf den ernsthaften und disziplinierten Widerstand von Johnstons Truppen, diese waren aber nicht mehr imstande, Shermans gestählte Veteranen aufzuhalten. Am 23. März erreichte Sherman sein geplantes Ziel, die Stadt Goldsboro, wo er sein Hauptquartier einrichtete.

Die Winterpause im Kampf um Petersburg wurde am 25. März durch einen Überraschungsangriff der Konföderierten auf Fort Stedman am äußersten rechten Unionsflügel unterbrochen. Anfangs waren die CSA-Truppen wegen des Überraschungseffekts einigermaßen erfolgreich, doch die Unionstruppen in Fort Stedman bekamen bald Verstärkung und warfen den Gegner zurück.

Beiden Seiten war klar, daß die Endphase des Krieges bevorstand. Schon 2 Tage vor dem Angriff auf Fort Stedman war Unionspräsident Lincoln mit seiner Frau nach City Point gekommen, wo er bis zur Einnahme Richmonds blieb.

Am 26. März konferierte General Lee mit CSA-Präsident Jefferson Davis über die ernste Lage. Im Shenandoah-Tal hatten alle Kämpfe aufgehört; Unionsgeneral Sheridan war mit seiner Armee nach Petersburg unterwegs. Unionsgeneral Sherman saß in Goldsboro und würde sich wohl auch bald der Potomac-Armee vor Petersburg anschließen, wenn CSA-General Johnston ihn nicht daran hindern konnte. Lee informierte Davis, daß die Hauptstadt unbedingt aufgegeben werden müsse. Gemeinsam planten sie ihre Bewegungen nach dem Fall von Richmond.

Am 27. März erreichte Unionsgeneral Sheridan mit seiner Shenandoah-Armee die Potomac-Armee und übernahm sofort wieder das Kommando über die gesamte Kavallerie. Seine Infanteristen und Artilleristen aus dem Shenandoah wurden in die Potomac-Armee eingegliedert, die jetzt 125000 Mann zählte. Gegen sie verteidigten 57 000 Mann CSA-Truppen Petersburg und Richmond sowie eine dünne Linie am James River, wo das Korps Longstreet stand.

Grant entschloß sich zu einer großen Bewegung gegen den schwachen linken Flügel der Konföderierten westlich von Petersburg, der vom Korps A. P. Hill gehalten wurde. Am 29. März marschierten Warrens V. Unionskorps und Sheridans Kavallerie süd- und dann westwärts bis zur Boynton-Holzstraße. Schon am 28. März hatte Unionsgeneral Ord den größten Teil der James-Armee gedeckt nach Petersburg verlegt. Diese übernahm vom II. Unionskorps unter General Humphreys den Abschnitt vor den CSA-Verteidigungslinien in Hills Zentrum, und Humphreys führte sein Korps westwärts zu neuen Stellungen am Bach Hatcher's Run.

Am 30. März wurden die Unionsbewegungen durch Regen verlangsamt. Am 31. März erreichte Sheridans Kavallerie Dinwiddie Court House, wo sie von den konföderierten Divisionen Pickett und Johnson sowie von einem Kavalleriekorps unter General Fitzhugh Lee angegriffen wurde. Warrens V. Korps befand sich zu dieser Zeit noch 4 Kilometer hinter der Kavallerie, so daß sich Sheridan etwas zurückfallen lassen mußte. Die konföderierten Generale, die vom Anmarsch des V. Unionskorps wußten, sahen sich ebenfalls zum kurzen Rückzug veranlaßt und ließen ihre Truppen hinter der Straßenkreuzung Five Forks in Stellung gehen.

Unionsgeneral Sheridan, der die Gesamtoperation leitete, befahl Warren, in der Nacht sein V. Korps bis Five Forks vorzuziehen. Sheridan hatte 12 000 Reiter, Warrens Korps bestand aus 16 000 Mann. Unionsgeneral Warren war ein schwerfälliger Mann, der sich oft recht langsam bewegte; in der Nacht zum 1. April brachte er nur einen kleinen Teil seiner Truppen nach vorn. Der Hauptteil seines Korps setzte sich erst um 5.00 Uhr in Bewegung. Als Sheridan den geplanten Angriff eröffnete, befand er sich vor Five Forks allein im harten Kampf gegen 19 000 Infanteristen und Kavalleristen. Erst nach einiger Zeit erreichte Warrens Korps das Schlachtfeld und warf sich auf den linken Flügel der Konföderierten, während Sheridans Reiter die Rechte und das Zentrum angriffen.

Jetzt war die Unionsseite im Vorteil. Die CSA-Linien brachen rasch auseinander, und die Truppen zogen sich nordwärts zurück. Sheridans Geduld mit Warren war nun am Ende. Nach Beratung mit Grant enthob er Warren des Kommandos über das V. Korps und übergab es General Griffin.

Die Schlacht von Five Forks hatte die linke Flanke der Konföderierten entblößt. Am nächsten Morgen warf Unionsgeneral Grant mehrere Korps gegen diese Flanke und das Zentrum. Der entscheidende Durchbruch kam schon 4.40 Uhr zustande, als Unionsgeneral Wrights VI. Korps einen Überraschungsangriff gegen A. P. Hills dünne Linien 2 Kilometer westlich von Petersburg führte und eine Bresche schlug. Gleichzeitig griffen das XIX. und II. Unionskorps die konföderierten Linien direkt vor der Stadt an. Hills Korps wurde zerschlagen, A. P. Hill selbst fiel im Kampf.

Sämtliche CSA-Truppen auf der Westseite von Petersburg flohen nach Norden und Westen, wurden aber von CSA-General Anderson aufgefangen und hinter der Southside-Eisenbahn südlich des Appomattox River gesammelt. Fitzhugh Lees Kavallerie schloß sich ihnen an. General Anderson leitete dann den geordneten Rückzug nach Westen.

Inzwischen war das CSA-Korps Longstreet eiligst vom James River nach Petersburg verlegt worden, um das II. und VI. Korps der Potomac-Armee sowie das XXIV. Korps der James-Armee vor dem Einmarsch in Petersburg aufzuhalten. Longstreet konnte bis zum Anbruch der Dunkelheit standhalten, seine Lage war jedoch hoffnungslos. Er hatte knapp 12000 Mann, ihm gegenüber standen dreimal soviel.

In der Nacht zum 3. April gab CSA-General Lee endlich den Befehl, Petersburg aufzugeben und Richmond zu evakuieren. CSA-Präsident Davis, seine Frau und seine Kabinettsmitglieder fuhren mit einem Sonderzug nach Danville am Rande der Berge im Westteil von Virginia.

In Richmond brach eine wilde Nacht an. Hungernde Zivilisten plünderten Armeelager, wo sie nur konnten. Die sich zurückziehenden CSA-Truppen hatten Befehl, nichts dem Gegner in die Hände fallen zu lassen, so steckten sie die Fabriken, Arsenale und Versorgungsdepots in Brand. Bald stand die ganze Stadt Richmond in Flammen. Noch heute wird das brennende Richmond in Bild und Gesang als Greueltat der Unionsarmee beklagt, obwohl es die Konföderierten selber waren, die die schöne, im klassischen Stil erbaute Stadt verwüstet haben.

Am 4. April, 8.15 Uhr kapitulierte Richmond. Am nächsten Tag besichtigte Abraham Lincoln die Ruinen der einstigen Hauptstadt der CSA.

Obwohl es nicht die geringste Möglichkeit eines erfolgreichen Widerstandes gab, richtete Jefferson Davis aus Danville einen fanatischen Appell an das Volk des Südens, trotz des Verlustes von Richmond den Kampf auf keinen Fall verlorenzugeben. Robert E. Lee schaffte es, verschiedene noch kampffähige Teile seiner Armee zu sammeln und sie am 5. April nach Amelia Court House, etwa 60 Kilometer südwestlich von Richmond an der Eisenbahnstrecke nach Danville, zu führen. Er hegte noch die Hoffnung, per Bahn Danville erreichen zu können. Doch es war schon zu spät, denn Grant hatte seine Absicht längst durchschaut. Als Lees Truppen die Eisenbahnstrecke erreichten, fuhren keine Züge mehr, denn Sheridans Kavallerie lag zusammen mit 3 Unionskorps in Jetersville südwestlich von Amelia Court House und blockierte die Strecke nach Danville. Weiter südlich erreichte General Ord mit der James-Armee Burke's Station, während das IX. Korps unter General Parke die Southside-Eisenbahn von Burke's Station nach Petersburg kontrollierte.

Unionsgeneral Grant betrachtete unter den gegebenen Umständen als Lees logischsten Schritt den Versuch, Lynchburg über Appomattox Court House zu erreichen. Grant hatte seine Armeen zu einer großen, sich schnell bewegenden Zange formiert: Die Hälfte seiner Truppen ging nördlich, die andere Hälfte südlich des Fluchtweges der CSA-Truppen vor. Der Oberbefehlshaber der Unionstruppen wußte, daß die konföderierte Armee täglich mehr Soldaten verlor. Sie zählte nur noch 18000 Mann, die sich ohne jegliche Versorgung verzweifelt nach Westen durchzuschlagen versuchten.

Am 7. April schrieb Grant an Lee: «Die Resultate der letzten Woche müssen Sie von der Hoffnungslosigkeit weiteren Widerstandes überzeugen. Ich bin der Ansicht, daß dem so ist, und betrachte es als meine Pflicht, die Verantwortung für ein weiteres

Blutvergießen von mir abzuwälzen, indem ich Sie auffordere, denjenigen Teil der Armee, der als ‹Nordvirginia-Armee› bezeichnet wird, zu übergeben.»

Lee antwortete, er teile nicht die Ansicht, daß seine Lage hoffnungslos sei, wolle jedoch ebenfalls weiteres Blutvergießen vermeiden und bitte um die Bedingungen. Nichtsdestotrotz setzte er den Marsch fort.

Als Lees Armee am 8. April über den Appomattox River setzte, griffen 2 Unionskorps die Nachhut an und nahmen 8000 Mann gefangen. Jetzt hatte Lee nur noch 10000 Mann. An demselben Tag teilte Grant Lee seine – ziemlich großzügigen – Bedingungen mit: «Als Antwort möchte ich Ihnen sagen, daß – da der Frieden mein großer Wunsch ist – es nur eine Bedingung gibt, auf der ich bestehen würde, nämlich daß ausgeschlossen wird, daß die sich ergebenden Truppen und Offiziere bis zu ihrem geordneten Austausch die Waffe gegen die Regierung der Vereinigten Staaten erheben. Ich werde Sie treffen oder Offiziere ernennen, die sich mit denjenigen Offizieren treffen, die Sie zu diesem Zweck ernennen, zu jeder Zeit und an jedem Ort, wie es Ihnen beliebt, um die Bedingungen festzulegen, unter denen eine Kapitulation der Nordvirginia-Armee akzeptiert wird.»

Von Lee kam keine Antwort. Die Spannung war fast unerträglich für Grant und löste bei ihm einen schweren Migräneanfall aus.

Am Abend des 8. April erreichte Lees Armee die Gegend östlich einer winzig kleinen Ortschaft mit einem einfachen Gerichtsgebäude: Appomattox Court House. Nördlich der Ortschaft lagen schon 2 Unionskorps. Sheridans Kavallerie blockierte den weiteren Marschweg nach Westen, von Süden näherte sich die James-Armee. Lee befahl für den Morgen des 9. April einen Angriff, mit dem er aus dem Kessel auszubrechen hoffte.

Der Versuch mißlang. Es war noch ziemlich früh am Morgen, als ein konföderierter Kurier mit weißer Fahne General Grant auf dem Schlachtfeld aufsuchte und ihm Lees Bitte um ein sofortiges Treffen übermittelte. Grants Kopfschmerzen schwanden augenblicklich. Er nahm sich keine Zeit, feierliche Kleidung anzulegen, und ritt so, wie er war, in einfacher Infanteriefeldbluse, auf deren Schultern seine Rangabzeichen die einzige Verzierung bildeten, und ohne Säbel, wie er es im Feld gewohnt war, zum Plantagenhaus am Rande der Ortschaft Appomattox Court House, in dem ihn Lee erwartete.

Das Haus gehörte ironischerweise demselben Oberst a. D. McLean, in dessen früheres Farmhaus am Bull Run – wie schon erwähnt (S. 60) – die erste Granate der ersten großen Schlacht des Bürgerkrieges eingeschlagen war. Offiziere, die für die Kapitulationszeremonie ein geeignetes Gebäude suchten, waren auf das McLean-Haus aufmerksam gemacht worden.

Nach der ersten Freude über die Nachricht von Lee geriet Grant während seines Ritts zum McLean-Haus ins Grübeln, ihn beschlich sogar eine gewisse Trauer über den Untergang «eines Gegners, der so lange und so tapfer gekämpft und so viel für eine Sache gelitten hat, die..., wie ich glaube, eine der schlechtesten war, für die ein Volk jemals kämpfte und für die es nicht die geringste Rechtfertigung gab».

Keiner weiß, wie sich Lee fühlte. Wie Grant mehrmals in seinen Memoiren bestätigte, war Robert E. Lee ein schwer zugänglicher Mann. An diesem Tag war der CSA-General äußerst feierlich gekleidet. Er trug einen Paradesäbel der Art, die niemand auf dem Schlachtfeld tragen würde. Nach der ersten Begrüßung aber schwand Lees Steifheit, als ihn Grant an alte Zeiten erinnerte und die beiden Generale in zwanglosem Gespräch militärische Erfahrungen und Erinnerungen austauschten. Es wurde kein formelles Kapitulationsdokument angefertigt. Stattdessen hielt Grant die Bedingungen in einem kurzen Brief an Lee fest; Lee schrieb die Antwort auf der Stelle nieder. Grants Sekretär General Parker fertigte Kopien für beide Seiten an. Nach einem kurzen anschließenden Gespräch trennten sich die Generale mit einem Händedruck.

Die Übergabe der CSA-Armee verlief sehr schlicht. Da Unionsgeneral Grant sehr wohl wußte, daß die Mehrzahl der konföderierten Soldaten Kleinbauern waren, erlaubte er ihnen, ihre in den Krieg mitgebrachten Pferde oder Maultiere zu behalten. Er äußerte den Wunsch, sie mögen ihre Felder in Ruhe bestellen und im kommenden Herbst in Frieden ernten.

Der Sieg der Potomac-Armee wurde in Washington mit größtem Jubel aufgenommen. Lincoln kehrte am selben Tag von City

Point nach Washington zurück. Ihm war jedoch nicht nach Feiern zumute, denn der Krieg war noch nicht völlig beendet.

Der CSA-Präsident befand sich jetzt in Danville in einer unhaltbaren Lage und floh am 10. April nach Greensborough (North Carolina). Grant setzte seine Armeen in diese Richtung in Bewegung, während Sherman von Goldsboro nach Greensborough marschierte. Die CSA-Armee unter Joseph E. Johnston vermochte nicht, Shermans Marsch aufzuhalten. Am 13. April besetzte Shermans Armee die Stadt Raleigh. Am 14. April bat Johnston um Shermans Bedingungen für die Kapitulation der CSA-Armee in North Carolina.

Abraham Lincolns Lieblingsbeschäftigung, wenn er Entspannung suchte, waren Theaterbesuche. An diesem Abend, als fast alle konföderierten Armeen aufgegeben hatten und 3 Tage zuvor sogar die Stadt Mobile gefallen war, entschloß sich Lincoln, ins Ford-Theater in der Nähe des Weißen Hauses zu gehen. Dazu hatte er auch General Grant und seine Frau eingeladen, doch diese wurden in New Jersey von ihren Kindern erwartet, die ihre Eltern lange nicht gesehen hatten. Die Eheleute Grant hatten die Bahnreise nach New Jersey schon gebucht – für sie ein Glücksumstand.

Da es damals keine ausschließlich für den Schutz des Präsidenten zuständige Behörde und keinen ordentlichen Geheimdienst gab, ahnte niemand, daß gegen Lincoln ein Komplott im Gange war. Die Verschwörung war klein – 4 oder 5 fanatische, kleinbürgerliche Anhänger der Konföderation –, aber extrem gefährlich. Als der Präsident und seine Gattin Platz genommen hatten, drang der Initiator des Komplotts, der Schauspieler John Wilkes Booth, in die Präsidentenloge ein und schoß mit einer kleinen Pistole auf Lincoln. Dann sprang er von der Loge auf die Bühne, verfing sich dabei mit seinem Fuß in der über der Brüstung hängenden Fahne und brach sich ein Bein. Trotzdem konnte er hinkend entkommen und zu Pferde nach Virginia fliehen. Ein anderer Verschwörer versuchte, Außenminister Seward in seinem Haus zu ermorden, doch der Anschlag gelang nicht vollständig. Seward wurde schwer verletzt. Auch hier konnte der Mörder entkommen.

Lincoln war durch einen Hinterkopfschuß tödlich verwundet worden. Man brachte ihn in ein Haus gegenüber dem Theater, wo er, ohne das Bewußtsein wiedererlangt zu haben, am 15. April 1865, 7.22 Uhr verstarb.

Der Schock im Norden war riesig. Sofort lief die Fahndung nach den Tätern an. Booth und ein Mitverschwörer fanden Zuflucht in einer Scheune am Rappahannock River. Das Versteck wurde jedoch am 26. April von Unionssoldaten entdeckt, umstellt und in Brand gesteckt. Booth beging Selbstmord, sein Komplize ergab sich den Truppen und wurde später zusammen mit den anderen Verschwörern hingerichtet.

Am 30. April übergab CSA-General Taylor sämtliche Truppen in Alabama, Mississippi und Ostlouisiana an Unionsgeneral Canby. Damit war der Krieg zu Ende, obwohl westlich des Mississippi einige Einheiten und eine kleine Armee unter General Kirby Smith noch nicht kapituliert hatten. Jefferson Davis weigerte sich immer noch, das Ende der Konföderation zu akzeptieren. Mit seiner Frau und mehreren ehemaligen Kabinettsmitgliedern flüchtete er weiter westwärts. Anfang Mai erreichten er und seine Begleitung Dublin, eine kleine Ortschaft in Georgia, wo sie sich Kirby Smiths Armee anzuschließen und den Kampf im Westen fortzusetzen hofften.

Unionstruppen waren ihnen schon auf den Fersen. Am 10. Mai, frühmorgens wurde Jefferson Davis – noch im Nachthemd – endlich gefangengenommen.

Im Westen kapitulierte General Kirby Smith; nach der Übergabe seiner Truppen flüchtete er selber nach Mexiko. General Jo Shelby's «Eiserne Brigade» weigerte sich zu kapitulieren und wanderte als kompletter Truppenteil nach Mexiko aus, wo sie dem Marionettenkaiser Maximilian ihre Dienste anbot und dafür ein eigenes Siedlungsgebiet zugewiesen bekam. Viele andere ehemalige Offiziere der Südstaatenarmee gingen ebenfalls nach Mexiko. Die meisten kehrten entweder gleich nach der Generalamnestie oder erst nach dem Sturz Maximilians in die USA zurück.

So endete der Bürgerkrieg in den USA. Der Süden war verwüstet, der Rest seiner Gesellschaft befand sich in einem Chaos, Epidemien und Hunger rafften noch viele Überlebende hinweg. Das Schicksal der befreiten Sklaven war ungewiß, und in den Herzen der Weißen keimte die Saat des Hasses auf die Nordstaatler, die «Yankees». Rachsucht hatte auch viele Politiker im Norden vergiftet. Es gab nicht wenige Radikale in Washington, die nach harter Strafe für die Südstaaten, völliger Unterwerfung ihrer Wirtschaft und erbarmungslosem Machtgebrauch gegenüber der Bevölkerung der ehemaligen Konföderation schrien. In diese gespannte Atmosphäre konnte nur eine starke und gerechte politische Führung Ordnung bringen und aus dem Krieg die richtigen Lehren ziehen. Vor allem war eine umfassende Reform der wirtschaftlichen Verhältnisse notwendig.

Man ging mit den verschiedensten Vorstellungen, Plänen und Illusionen an den Wiederaufbau, die «Reconstruction». Nur sehr wenige US-Amerikaner erkannten die Wurzeln des Sklavenhaltersystems und die Natur der kapitalistischen Gesellschaft, in der sie alle lebten. Die Folgen des Krieges sollten die Weiterentwicklung der Vereinigten Staaten und des Kapitalismus auf internationalem Niveau bestimmen. Der Krieg hatte mehr als 600 000 Kombattanten und eine große Zahl von Zivilisten das Leben gekostet, aber auch der Sklaverei eine Ende bereitet und die Bundesstaaten wiedervereinigt, zumindest auf dem Papier. In Wirklichkeit war das Land immer noch gespalten, niemand wußte, was mit den Befreiten geschehen und wie es mit der Wirtschaft im Süden weitergehen sollte.

KAPITEL 6

ERGEBNISSE
UND NACHWIRKUNGEN
DES KRIEGES

Die «Reconstruction»

Kurz vor seinem Tode hatte Lincoln in seiner Amtseinführungs-
rede zu Beginn seiner zweiten Amtsperiode zur Versöhnung auf-
gerufen. Seine Landsleute sollten niemandem gegenüber Groll
hegen, sondern Großzügigkeit und Gerechtigkeit walten lassen,
die «Wunden der Nation verbinden» und «einen gerechten und
dauerhaften Frieden erreichen und schützen – unter uns und mit
allen Ländern». Er war der Auffassung, die Menschen in den Südstaaten hätten genug gelitten. Man solle sie deshalb nicht weiter
bestrafen, schließlich seien sie Landsleute. Man müsse sie wieder
in das Leben der Vereinigten Staaten integrieren.

Durch Lincolns Ermordnung gelangte ein Mann an die Macht,
der, wie schon erwähnt, lediglich als Kompromißkandidat für die
Vizepräsidentschaft aufgestellt worden war, um liberalen Demokraten einen ehrenhaften Ausweg aus ihrer politischen Verlegen-
heit zu ermöglichen. Andrew Johnson war Gegner der Sklaverei
und Demokrat aus dem tiefen Süden. In Tennessee hatte er während des Krieges eine positive Haltung gezeigt. Doch schon bei
seinem ersten Auftritt in Washington offenbarte er jene nachteiligen Charaktereigenschaften, die für ihn und für das Land fatale
Folgen haben sollten. Als sich der Kleinbürger Johnson in der
«gehobenen» Atmosphäre von Washington unter den großbürgerlichen Politikern und Hintermännern der Hauptstadt wieder-

fand, verlor er die Nerven und suchte Zuflucht im Alkohol. Am Tag seiner und Lincolns Vereidigung war er so angetrunken, daß er kaum den Eid über die Lippen brachte. Sein Benehmen beim Empfang verursachte einen Riesenskandal.

Lincolns Ermordung versetzte Johnson einen heilsamen Schock, er bekam sich allmählich in den Griff. Obwohl er versprochen hatte, Lincolns Programm durchzusetzen, war er aber letzten Endes nicht imstande, den eigenen Klassenstandpunkt zu überwinden. Die Großkapitalisten des Nordens imponierten ihm sehr, und die Plantagenbesitzer fanden in dem neuen Präsidenten allzu schnell einen Verbündeten. Die meisten Plantagenbesitzer hatten zwar im Krieg wirtschaftliche Verluste hinnehmen müssen, ihre Pflanzungen waren aber zum größten Teil unversehrt geblieben. Sie bemühten sich, ihr Leben nach dem verlorenen Krieg so bequem wie möglich einzurichten und die alte Ordnung in dem Rahmen wiederherzustellen, der ihnen gestattet wurde.

Präsident Johnson neigte immer mehr ihrem Standpunkt zu. Bald widersetzte er sich allen Maßnahmen des von den Republikanern beherrschten Kongresses und der einzelnen Bundesstaaten, die befreiten Neger in das normale Leben des Landes zu integrieren und ihnen die gleichen Bürgerrechte wie den Weißen zu gewähren. Der Kongreß hatte schon vor Lincolns Tod das «Reconstruction»-Gesetz verabschiedet, das den Negern das Wahlrecht gab. Er hatte auch die Einrichtung des «Büros für Befreite, Flüchtlinge und verlassenes Landbesitztum» verfügt, das allgemein als «Büro der Befreiten» («Freedmen's Bureau») bekannt geworden ist. Johnson handelte also gegen schon rechtskräftige Gesetze. Er bekämpfte verbissen jede neue Maßnahme, die im Süden eine echte Reform ermöglicht hätte. Am 29. Mai verkündete er eine Generalamnestie für alle Offiziere der ehemaligen CSA unter dem Hauptmannsrang und räumte allen höheren konföderierten Offizieren das Recht ein, die Begnadigung zu beantragen. Das löste unter den Kriegsveteranen der Union und allen Republikaner im Kongreß heftigste Proteste aus. Das Ergebnis war ein langwieriger Kampf zwischen dem Kongreß und dem Präsidenten, der bei den Behörden auf allen Ebenen des Staatsapparates zu Überreaktionen führte.

In den Gemeinden des Südens wurde die politische Macht den Afroamerikanern und den armen Weißen übergeben, ohne daß diese auf ihre neuen, verantwortungsvollen Aufgaben vorbereitet waren. Die meisten von ihnen konnten weder lesen noch schreiben. Der Süden wurde in 5 Militärdepartements aufgeteilt und von Militärgouverneuren regiert. Ein System der Wählerregistrierung wurde eingeführt, das viele Weiße ausschloß. Aus dem Norden kamen viele skrupellose Geschäftsleute in den Süden, um vom Wiederaufbau zu profitieren. Auch sie gelangten im chaotischen politischen Leben der Südstaaten in Machtpositionen. Da sie beim Umzug in den Süden ihre ganze Habe in billigen, aus Teppichstoff gefertigten Reisetaschen verstauten, wurden sie von den Südstaatlern verächtlich «Carpetbaggers» (Teppichtaschenleute) genannt.

Während der Kongreß und das Freedman's Bureau bemüht waren, die neue Ordnung im Süden mit aller Konsequenz durchzusetzen, nutzte Präsident Johnson jede Gelegenheit, um für seine Freunde im Süden die alte Ordnung zu restaurieren. Er amnestierte die Mitglieder der ehemaligen Regierung der CSA, selbst Jefferson Davis, der nach fünfmonatiger Haft ohne Prozeß freikam und in seine schöne Villa an der malerischen Golfküste von Mississippi zurückkehren durfte. Johnson ließ sämtliche konfiszierten und verlassenen Landgüter ihren ehemaligen Besitzern zurückgeben, setzte General Shermans Maßnahme, Land an die befreiten Sklaven zu verteilen, außer Kraft und lud sämtliche Kriegsverbrecher der Konföderation, die ins Exil gegangen waren, ein, in die Staaten zurückzukehren. In den Genuß kamen alle Generale, die sich durch ihre Rebellion eigentlich der Fahnenflucht und des Hochverrats gegen die Vereinigten Staaten schuldig gemacht hatten. Sie ließen sich unbehelligt als wohlhabende, angesehene und sogar gefeierte Bürger in ihren Südstaaten nieder. Nicht wenige von ihnen bekleideten hohe Ämter in der Gesellschaft.

Auch solche berüchtigten Leute wie die CSA-Spionin Belle Boyd, die bei Kriegsende nach England geflüchtet war, durften heimkehren. Belle Boyd, die in England als Schauspielerin tätig gewesen und 1867 bei ihrer Rückkehr in die USA als Star gefeiert worden war, schrieb später ihre (reichlich auf Sensationswirkung bedachten) Memoiren, die auf beiden Seiten der Mason-Dixon-Linie zum Bestseller wurden.

Nur einen einzigen Kriegsverbrecherprozeß gab es nach dem Bürgerkrieg, und das nur, weil die Beweislast derart erdrückend war, daß die gerichtliche Verfolgung nicht verhindert werden konnte. Noch heute steht ein einziger Ortsname für alle Scheußlichkeiten, die sich in diesem Bürgerkrieg ereigneten – ein Name, der in der Erinnerung politisch bewußter und humanistisch denkender US-Amerikaner in einer Reihe mit My Lai als Schandfleck der Geschichte ihres Landes empfunden wird: Andersonville.

Das Kriegsgefangenenlager, das zu befreien Sherman während seines Georgia-Feldzuges noch nicht vermocht hatte, wurde erst im April 1865 aufgelöst. Durch die wenigen Überlebenden wurde seine schreckliche Geschichte bekannt, was zu einer eingehenden Untersuchung durch die USA-Armee führte. Die Beweise und Aussagen füllten mehrere tausend Blatt Papier und führten zu einem 2 Monate dauernden Prozeß gegen den früheren Kommandanten von Andersonville, Hauptmann Henry Wirz.

In Andersonville wurden nur Soldaten, keine Offiziere interniert. Das Lager war äußerst dürftig eingerichtet und hatte als Quartiere nur Zelte und primitive, morende Holzbaracken. Das Lager war fast immer überfüllt. Im Sommer 1864 betrug die Zahl der Gefangenen 32 899. Sie wurden eng zusammengepfercht und waren mit ihrer unzureichenden Kleidung den Unbilden des Wetters ausgesetzt. Die notwendigen sanitären Anlagen fehlten. Theoretisch sollten die Gefangenen dasselbe zu essen bekommen wie ein CSA-Soldat im Feld, also Maisgrieß und Bohnen, die Menge reichte jedoch nie aus. Seuchen grassierten, und nur wenige Soldaten überlebten die Gefangenschaft.

Es waren jedoch nicht diese schlimmen Bedingungen, die dem Namen Andersonville einen schaurigen Klang verliehen, denn schließlich waren die wirtschaftlichen Verhältnisse im Süden überall katastrophal. Es waren die Brutalität und die Willkür des Lagerpersonals, die zum Prozeß führten. Hauptmann Wirz und seine Wachmänner empfanden diabolisches Vergnügen daran, «unsichtbare Linien» festzulegen, die die Gefangenen nicht überqueren durften – von denen diese aber nichts wußten. Wer die

Linien ahnungslos überschritt, wurde erschossen. Auf diese Weise starben etwa 300 Gefangene. Außerdem experimentierte Wirz mit Injektionen giftiger Substanzen, die 200 Gefangene zu Tode brachten und bei 100 zu chronischer Paralyse führten. Geflohene Gefangene wurden wie Tiere mit Bluthunden gehetzt und getötet; mindestens 50 Gefangene kamen auf diese Weise zu Tode. Nach der Befreiung des Lagers wurden 12912 Gräber vorgefunden, die Zahl der Toten war jedoch bestimmt viel größer.

Die Veröffentlichung der Scheußlichkeiten lösten im Norden einen Sturm der Empörung aus. Am 10. November 1865 wurde Henry Wirz durch den Strang hingerichtet. Er blieb der einzige Kriegsverbrecher, der vor Gericht gestellt und zum Tode verurteilt wurde. Piraten wie Semmes und Brandstifter, die unzählige schuldlose Menschen auf dem Gewissen hatten, durften ungestraft auf ihre Besitztümer im Süden zurückkehren.

Das Verhältnis zwischen dem auf Kompromiß und Versöhnung mit den Sklavenhaltern orientierten Präsidenten und den Sklavereigegnern im Kongreß spitzte sich immer mehr zu. Schließlich mischte sich Johnson unverblümt in die Kompetenzen des Kongresses ein, so daß der Kongreß ihm im Februar 1868 einen Amtsenthebungsprozeß («impeachment») machte. Zwar gewann Johnson den Prozeß um Haaresbreite, weil eine einzige Stimme zur gesetzlichen Zweidrittelmehrheit für seine Verurteilung fehlte, doch nach dem Prozeß war er politisch tot. Noch im gleichen Jahr wurde Ulysses S. Grant zum Präsidenten gewählt.

Unter Grant, der sich im Volk großer Beliebtheit erfreute und höchsten Respekt genoß, stabilisierte sich die Entwicklung des Wiederaufbaus im Süden. Doch der angerichtete Schaden war schon zu groß, um die Polarisierung der Parteien im Süden zu verhindern.

Schon 1866 war es zur Bildung einer rechtsextremistischen Organisation gekommen. Als im April jenes Jahres der Kongreß den Afroamerikanern die Staatsbürgerschaft zusprach und damit allen farbigen erwachsenen Männern (außer den indianischen Ureinwohnern, die zum größten Teil noch von der Staatsbürgerschaft ausgeschlossen wurden) das Wahlrecht gab, gründeten reaktionäre Weiße in Tennessee den Ku-Klux-Klan. Obwohl Grant versuchte, den Klan mit Spezialtruppen zu unterdrücken, breitete er sich im ganzen Süden aus und schürte den Haß auf alle Nichtweißen, Nichtprotestanten und Nichtchristen sowie auf alle progressiven Elemente in den Südstaaten.

Die Periode der «Reconstruction» ging 1877 zu Ende, als Grants Nachfolger Hayes die Militärdepartements im Süden auflöste und den Bundesstaatsparlamenten die Regierungsgewalt zurückgab. Eine echte Rekonstruktion im Sinne einer Änderung der gesellschaftlichen Ordnung im tiefen Süden wurde nie verwirklicht. Zwar gab es keine Sklaven mehr, doch die meisten Afroamerikaner blieben im Süden, da mehrmalige Wirtschaftskrisen ihre Chancen auf Arbeit in den Nordstaaten rapide verschlechterten. Diejenigen, deren ehemaligen Besitzer «anständig» gewesen waren, also sie als Sklaven nicht mißhandelt hatten (und das waren nicht wenige Sklavenhalter), kehrten auf ihre früheren Plantagen zurück. Andere suchten sich Arbeit in den Häfen der Südstaaten oder verdingten sich als Hausdiener bei reichen Kaufleuten in den Städten. Nach den langen Kriegs- und Blockadejahren wuchs an der Küste der Südstaaten rasch wieder die Nachfrage nach Baumwolle, Zucker und Tabak. Kunden waren nicht schwer zu finden, allmählich kam die herrschende Klasse des Südens wieder zu ihrem früheren Wohlstand – und zwang den Afroamerikaner wieder «auf seinen Platz», nun den des Lohnsklaven. Solcher wurde er nicht nur im Süden, sondern auch im Norden, wo die Unternehmer ihn als billigere Arbeitskraft einsetzten. Den Arbeitern weißer Hautfarbe mußten die Afroamerikaner als lästige Konkurrenten im Kampf um Arbeit erscheinen.

Die restaurierten Bundesstaatsparlamente im Süden säumten nicht lange, neue Gesetze zu verabschieden, die den Afroamerikanern den Gang zur Wahlurne verwehrten. Durch komplizierte Bedingungen für die Eintragung in die Wählerlisten – zum Beispiel Wahlsteuer, schwere schriftliche Prüfungen in Staatsbürgerkunde für Schwarze (die nicht einmal ein Weißer gemeistert hätte) – verloren die Afroamerikaner in den Südstaaten das Wahlrecht. Erst in den 60er und 70er Jahren des 20. Jahrhunderts errang ein großer Teil von ihnen dieses Recht zurück – und das erst nach einem harten, opferreichen Kampf, der bis heute noch nicht voll ausgetragen ist.

Die Weißen hielten an ihren alten Ansichten fest. Keine Reue über den Krieg, den der Süden begonnen hatte, erfüllte sie, im Gegenteil, sie nährten unbeirrt die Behauptung, die Verantwortung für alles Geschehene träfe den Norden, das Recht sei auf seiten der Südstaaten gewesen. Noch heute klammern sich die Südstaatler an ihre «glorreichen Traditionen», feiern die «Helden» der Konföderation und schwelgen in Nostalgie vom Süden «ante bellum» – vor dem Krieg.

Im Jahre 1905 errichteten die Südstaaten ein Denkmal für einen dieser «Helden»: für den Henker von Andersonville Henry Wirz, und zwar an dominierender Stelle über den Gräbern seiner Opfer auf dem Friedhof von Andersonville.

Wirtschaftliche und soziale Auswirkungen des Krieges auf die Entwicklung der USA

Dem Norden, dessen Gebiet vom Krieg kaum berührt worden war, verschaffte der Krieg riesige technische Fortschritte und brachte einer Reihe von Kapitalisten märchenhafte Profite ein. Mit den Millionen, die sie im Krieg gewannen, gründeten sie diejenigen berühmten Monopole, die in den 3 Jahrzehnten nach dem Krieg in der ganzen Welt zum Synonym für Reichtum und unternehmerischen Erfolg wurden.

Das Beispiel für Erfolg beim Erzielen von Kriegsprofiten hatte schon im Krieg gegen England 1812 bis 1814 die Firma E. I. DuPont de Nemours & Company geliefert. DuPont war mit seinen Niederlassungen in Frankreich und den USA die erste multinationale Firma der Welt. Ihre ersten Millionenprofite realisierte sie aus der Produktion von Schießpulver im Krieg von 1812. Im Bürgerkrieg war DuPont Hauptlieferant aller Sprengmittel mit einer Tagesproduktion von über 50 Tonnen.

Einige Beispiele von durch den Bürgerkrieg zu Millionären gewordenen Leuten machen deutlich, welche Auswirkungen der Krieg auf die Entwicklung der Industrie, der kapitalistischen Gesellschaft in den USA hatte. Aus Investitionen im Schiffs- und

Dampfmaschinenbau erzielte der bis dahin unbekannte Cornelius Vanderbilt bis Ende des Bürgerkrieges 10 Millionen Dollar Profite und errichtete dann ein «Industrieimperium» mit Anteilen in Unternehmen überall im Lande. Die privaten Waffenproduzenten, wie zum Beispiel Colt oder Smith&Wesson, waren nach Kriegsende nicht etwa «beschäftigungslos» geworden, nein, die Indianerkriege im Westen, die eine direkte Folge des Bürgerkrieges waren, sicherten ihnen bis zum Ausbruch des ersten imperialistischen Krieges 1898 ein blühendes Geschäft, das dann durch die pausenlosen Kriege und Interventionen der USA sowie durch die Glorifizierung des «freien» waffentragenden Bürgers bis auf den heutigen Tag fortgesetzt wurde.

Während des Bürgerkrieges war die Versorgung der Massenarmeen eine riesige Herausforderung an die Wirtschaft des Nordens, die eine starke Expansion der Industrialisierung und eine entsprechende Hochkonjunktur auslöste. Natürlich war keiner der vom Krieg reich gewordenen Kapitalisten am Ende des Bürgerkrieges bereit, seine Produktion zu drosseln. Im Gegenteil, die ersten Jahre nach dem Krieg erlebten eine zügellose Expansion, die füher oder später zur Überproduktionskrise führen mußte. Diese brach im September 1873 mit einer Panik an der Wallstreet-Börse aus und endete erst 1877. In diesen Jahren sanken die Industrielöhne um 25 Prozent. Es gab über 1 Million Arbeitslose – eine erschreckend hohe Zahl in einer Zeit, als die Bevölkerung der USA erst 38577000 zählte. In der Krise erstarkte die Arbeiterbewegung und konnte einen harten, mitunter erfolgreichen Kampf um höhere Löhne und bessere Arbeitsbedingungen aufnehmen. Die Krisen kehrten jedoch immer wieder, und nicht die Reichen, sondern das werktätige Volk hatte stets die Lasten zu tragen.

Dies läßt sich damit belegen, daß in den ersten 15 Jahren nach dem Bürgerkrieg (und nicht selten mitten in einer Krise) Unternehmen und Dynastien gegründet wurden, die noch heute eine beherrschende Rolle in der Wirtschaft der USA spielen: das von John D. Rockefeller 1870 gegründete Ölmonopol Standard Oil of Ohio, das Finanzmonopol des J. P. Morgan, aus dem der gigantische Stahlkonzern U. S. Steel entstand, Jay Goulds «Imperium» von Eisenbahnen und Finanzinstitutionen. Gould war typisch für die skrupellosesten unter den neuen Kapitalisten, ein Spekulant und Ausbeuter reinsten Wassers, der von der Arbeiterklasse meistgehaßte Industriemagnat. Mit seinen Ausbeutermethoden provozierte Gould den ersten Generalstreik in der USA-Geschichte, und Gould war es auch, der Allen J. Pinkertons Karriere förderte und den Detektiv für die Verfolgung von Arbeiterführern reich belohnte.

Drei Jahrzehnte nach dem Bürgerkrieg schon stießen die größten USA-Monopole an die Grenzen ihrer inländischen Expansionsmöglichkeiten und drängten nach Expansion ins Ausland. Den Staat hatten die Großkapitalisten schon gründlich in ihre Affären verwickelt: Skandale um unsaubere Geschäfte und Bestechungsfälle waren in den letzten drei Jahrzehnten des 19. Jahrhunderts kennzeichnend für die nationale Politik. Der Kongreß und der Präsident vertraten zusehends die politische Linie der Monopole. Die Entwicklung zum imperialistischen Stadium des Kapitalismus, deren Wurzeln in der industriellen Expansion der Nordstaaten während des Bürgerkrieges und danach lagen, erreichte im ersten imperialistischen Krieg der USA gegen Spanien im Jahre 1898 ihre volle «Blüte». Das Land, das einst so stolz gewesen war, aus eigener Kraft das Kolonialjoch abgestreift und seine Freiheit und Unabhängigkeit errungen zu haben, wurde nun selbst zur Kolonialmacht.

Die Nachkriegsentwicklung des tiefen Südens blieb lange Zeit weit hinter der in den Nordstaaten zurück. In den Südstaaten dominierte bis zum zweiten Weltkrieg die Agrarwirtschaft, die weiterhin auf dem Plantagensystem beruhte. Wie schon erwähnt, waren positive Errungenschaften der «Reconstruction» rasch zunichte gemacht, als die erste Wirtschaftskrise nach dem Bürgerkrieg nicht wenige ehemalige Sklaven arbeitslos machte und in den Süden zurücktrieb. Die alte Klassenstruktur des Südens stabilisierte sich wieder, die Neger bewohnten weiterhin die elenden grauen Sklavenquartiere hinter den Plantagenvillen oder vegetierten in den neuen Elendsvierteln der Städte und Häfen.

Die Plantagenbesitzer lernten jedoch einiges aus der Industrialisierung des Nordens und verlegten sich darauf, auf den Plantagen Halbfertigprodukte zu erzeugen. In Louisiana zum Beispiel besaß bald fast jede Plantage eine Zuckerraffinerie, wo das

Zuckerrohr zu Roh- oder Braunzucker, Sirup oder Melasse verarbeitet wurde. Die Weißzuckerproduktion sowie die Verpackung von Zucker und Sirup wurden von großen Zuckermonopolen übernommen, die im Süden entstanden und im Zuge der imperialistischen Entwicklung auch Zucker aus den Kolonien und den von den USA abhängigen Ländern einführten.

In den ersten Jahren nach dem Bürgerkrieg, als die Felder des Südens zum Teil noch brachlagen, zogen nicht wenige Südstaatler nach Westen. Zur gleichen Zeit entdeckten die Eisenbahnmagnaten des Nordens die schier endlos erscheinenden Gebiete des Westens mit ihren Rohstoffen. Sie förderten den Aufbau von Industrien an der Westküste sowie die «Kultivierung» und landwirtschaftliche Ausbeutung der Prärie von Kansas City bis zu den Rocky Mountains und der Steppen von Texas und Oklahoma. Die Hoffnung auf ein besseres Leben als Farmer oder «Rancher» lockte arme weiße Arbeiter sowie Einwanderer aus Europa in die als «goldene Chance» gepriesenen Gebiete westlich des Mississippi. Sie fuhren in großen Trecks oder einzelnen Gruppen und wurden durch solche Gesetze wie den «Homestead Act» von 1862 bestärkt, der ihnen das «Recht» einräumte, Ländereien im Westen zu ihrem Privatbesitz zu erklären.

Der Westen diente als Ventil für die Wirtschaftskrisen im Osten und Norden sowie für die langanhaltende Agrarkrise des Südens. Es war jedoch nicht menschenleer, in ihm hatten zahlreiche Indianerstämme ihren Lebensraum. Kaum war die Tinte auf dem Homestead Act getrocknet, als die Indianerkriege (1862 bis 1890) ausbrachen. Es gab also nach dem Bürgerkrieg keinen Frieden im Lande.

Der Bürgerkrieg und die Historiker

In den USA spricht man mit Recht von einer unaufhörlichen Flut von Bürgerkriegsliteratur. Allein die amtlichen Berichte und Dokumente füllen mehrere Meter Bücherregale in der Kongreßbibliothek. Fast unübersehbar ist die Zahl der Korrespondenzen, Memoiren, Regierungserklärungen, Zeitungsberichte und anderen zeitgenössischen Darstellungen. Das Interesse des US-amerikanischen Publikums an allen Einzelheiten des Krieges wächst eher mit dem zeitlichen Abstand, so daß Historiker wie auch Schriftsteller stets mit einem guten Absatz ihrer Bücher rechnen können.

Selbstverständlich ist es im Rahmen dieses Buches nicht möglich, mehr als nur einen winzigen Bruchteil der im Laufe der letzten 125 Jahre erschienenen Bücher und Artikel zu erwähnen oder zu kommentieren. Nur die typischsten, verläßlichsten Beispiele lassen sich anführen. Möglichst ist aber, die wichtigsten Tendenzen und Merkmale der amerikanischen Quellen vorzustellen und vor einigen Problemen zu warnen, die die Forschung besonders fortschrittlichen Historikern bereiten kann.

Die amtlichen sowie die meisten zeitgenössischen Berichte über den Bürgerkrieg sind mit Vorsicht zu verwenden, weil sie entweder tendenziös oder unpräzise sind. Erst ein Vergleich mehrerer Quellen und Dokumente, wie ihn Militärhistoriker der Gegenwart vorgenommen haben, erlaubt einen Überblick über die tatsächlichen Umstände und Zusammenhänge. Fast alle Memoiren von Offizieren beider Seiten sind einseitig oder romantisierend und dienen entweder der Selbstglorifizierung oder der Rechtfertigung des Autors. Eine Ausnahme bilden die Memoiren von Ulysses S. Grant, die hier oft zitiert wurden. Grant verließ sich nicht nur auf die eigenen Erinnerungen, sondern stützte sich auch auf die in seinem Privatarchiv sowie im USA-Archiv sorgfältig aufbewahrten Briefe, Depeschen und Berichte. Er übertrieb nicht seine eigene Rolle im Bürgerkrieg und würdigte gewissenhaft nicht nur die eigenen Generale, sondern auch die besten des Gegners. Allerdings brachte Grant manche Daten durcheinander. Bei der Beschreibung seines Lebens vor dem Bürgerkrieg ließ er die unangenehmen Aspekte seiner Laufbahn wissentlich weg.

Unter den zeitgenössischen Werken sind für deutschsprachige Historiker die Berichte preußischer Offiziere, die den Bürgerkrieg als Beobachter oder Kombattanten erlebt haben, von Interesse. Manche – hauptsächlich Offiziere adliger Herkunft – standen auf der konföderierten Seite und berichteten mit der entsprechenden Tendenz. Die wissenschaftlich fundiertesten deutschsprachigen Darstellungen lieferte der Clausewitz-Anhänger Constantin Sander, der schon Ende 1865 einen kurzen Band über den Krieg veröffentlichte. 1876 erschien der erste Band einer von ihm geplanten, leider aber nie vollendeten ausführlichen Geschichte des Bürgerkrieges – ein sachliches und auch heute noch aufschlußreiches Buch über die Wurzeln, den Beginn und die ersten Kämpfe des Bürgerkrieges.

Moderne Werke über den Bürgerkrieg, die in den Vereinigten Staaten und Großbritannien erschienen sind, lassen sich allgemein in 3 Kategorien einteilen: militärwissenschaftliche Darstellungen, allgemeingeschichtliche Darstellungen, Monographien oder Artikel zu speziellen Themen (zum Beispiel zu medizinischen Fragen, zur Bewaffnung). Die zuverlässigsten sind meist die militärhistorischen Werke, obwohl auch sie nicht immer frei von tendenziösen Kommentaren sind. Mangelnde Kenntnis der weltweiten militärischen Entwicklung im 19. Jahrhundert sowie das leider recht typische amerikanische Vorurteil Europa gegenüber sind nicht selten und färben die Analysen. Die Überbetonung der einzelnen Persönlichkeiten und die Vernachlässigung sozialökonomischer Faktoren führen zu pauschalen Urteilen. Ein häufigstes Beispiel sind die Bezeichnung Grants und Shermans als Väter der modernen Kriegführung und des «totalen Krieges» und der Vorwurf an die beiden, sie hätten das Leid der Zivilbevölkerung mißachtet und die eigenen Truppen mitleidslos als Kanonenfutter mißbraucht. Zusätzliche Probleme bereitet bei modernen amerikanischen Werken die nachlässige redaktionelle Arbeit, woraus falsche Zeitangaben und Bildunterschriften und andere Fehler resultieren.

Unter den allgemeinen Werken zur Militärgeschichte der USA beziehungsweise des Bürgerkrieges sind Mark Mayo Boatners Lexikon des Bürgerkrieges («The Civil War Dictionary») und der «West Point Atlas of American Wars» (Bd. 1) besonders erwähnenswert. Boatners Werk ist eine wahre Fundgrube an Fakten, Statistiken und Kurzbiographien sowie an kurzen Beschreibungen aller Schlachten und leicht verständlichen Skizzen der Schlachtfelder. Die Schlachtbeschreibungen sind oft zu dicht gehalten, geben dem Leser jedoch einen Überblick über die einzelnen Kampagnen. Der «West Point Atlas» ist ein Werk der Militärakademie mit sehr genauen Karten aller wichtigen Schauplätze des Landkrieges in der USA-Militärgeschichte bis zum zweiten Weltkrieg. Die Topographie der Schlachtfelder des Bürgerkrieges ist akkurat den Bedingungen der damaligen Zeit entsprechend wiedergegeben – ein wichtiger Punkt, da Naturereignisse und Eingriffe des Menschen die Landschaft in manchen Teilen der USA erheblich verändert haben.

Zu den Texten der Militärakademie West Point zu rechnen ist Maurice Matloffs einbändige «American Military History» (Amerikanische Militärgeschichte), die für einen strategischen Überblick über den Krieg besonders wichtig ist. Die militärtechnischen Entwicklungen im Rahmen der Gesamtentwicklung der Streitkräfte werden klar dargestellt. Der Nachteil von Matloffs Werk besteht in der schon erwähnten Pauschalisierung sowie in der spürbaren Sympathie für die CSA-Generale, die bei US-amerikanischen Militärwissenschaftlern häufig anzutreffen ist.

Wichtige Einsichten in die Entwicklung der Strategie und Taktik vor und während des Bürgerkrieges verschafft Russell F. Weigleys «The American Way of War» (Die amerikanische Kriegführung). Weigley erkennt weitaus besser als viele USA-Historiker den Einfluß europäischer Militärtheorien auf die führenden amerikanischen Militärs, doch leider fragt er nicht nach den Ursachen in der Entwicklung der US-amerikanischen Strategie und Taktik abseits des waffentechnischen Bereiches. Allzu oft verfällt er in emotionale Urteile, zum Beispiel, wenn er Shermans Kriegführung als «Strategie des Terrors» bezeichnet.

Übertriebene Emotionen sind ein beherrschendes Merkmal bürgerlicher Geschichtsschreibung in den USA, insbesondere in den allgemeingeschichtlichen Darstellungen des Bürgerkrieges. Stellvertretend für die Mehrzahl, doch «monumentaler» als alle anderen ist die mehrbändige «Centennial History of the Civil War» (Hundertjahresgeschichte des Bürgerkrieges) von Bruce Catton, die im Auftrag der «American Heritage Foundation» zu Ehren des 100. Jahrestages des Bürgerkrieges erschienen ist. Catton hat die ausführlichste Bibliographie zu diesem Thema zusammengestellt, und sein Werk ist wegen der vielen Zitate aus zeitgenössischen Briefen, Dokumenten beider Regierungen, Tagebüchern und Zeitungsberichten sehr wertvoll. Seine überragende literarische Begabung ist unbestritten, seine fast biblisch anmutende Prosa bildet eine große Ausnahme unter den häufig in hölzernem Stil gehaltenen und gelegentlich grammatisch unsicheren Werken akademischer Autoren aus den USA. Aber gerade diese Prosa wirkt wie eine Nebelwolke, die wahre Sachverhalte zu verschleiern und Tatsachen zu verzerren vermag. Das lag freilich im Interesse des rechtskonservativen Auftraggebers und dient kein bißchen der wissenschaftlichen Objektivität. Aus den politischen und militärischen Persönlichkeiten der Bürgerkriegszeit formt Catton heroische, epische Figuren, die von einem gigantischen Schicksal getrieben werden oder das Schicksal allein dirigieren. Er mißbraucht Begriffe wie «Revolution», verrät häufig eine Sympathie mit dem «konservierenden» Kampf des Südens und wirft Lincoln «Rücksichtslosigkeit» vor. Seine Beschreibungen der Kampfhandlungen sowie der politischen Entwicklungen während des Krieges konzentrieren sich auf den einzelnen Moment, die einzelne Tat. Andererseits behauptet er, im Krieg walte eine gewisse Schicksalhaftigkeit, die sich jeder menschlichen Kontrolle entziehe. Ursachen für Probleme in der Versorgung der konföderierten Armeen wie auch andere Kriegserscheinungen verkennt er, weil er sie immer wieder ausschließlich auf Fehlentscheidungen oder gegnerische Handlungen zurückführt, nicht jedoch auf die grundlegenden Strukturprobleme der CSA.

Das ist eine allgemeine Schwäche der bürgerlichen Geschichtsschreibung, die auf jeden Preis das Geständnis vermeiden will, Marx und Engels hätten in irgendeinem Punkt recht gehabt. Nicht daß diese Absicht unbedingt bewußt wird – den meisten Autoren ist diese Art der Geschichtsschreibung schon zum Automatismus geraten. Catton aber weiß genau, was er tut, wie zum Beispiel aus seiner ironisierenden Beschreibung von Lincolns Jahresbericht am 3. Dezember 1861 deutlich wird. Cattons Geschichte des Bürgerkrieges ist eine durchaus parteiliche Darstellung, die jede revolutionäre Tendenz verwirft und unverhüllt den Konservatismus vertritt.

Die Auswirkungen des Krieges
auf die Entwicklung der Streitkräfte
und der Militärpolitik der USA

Schon am Anfang der vorliegenden Arbeit wurde Engels' Brief an Joseph Weydemeyer vom 24. November 1864 zitiert, in dem Engels den USA als Ergebnis des Krieges eine «ganz andere Stellung» in der Welt voraussagte, in der die Streitkräfte, die der Krieg ihnen verschaffte, ihre Anwendung finden würden. Dagegen behaupten bürgerliche Historiker, die Öffentlichkeit in den USA sei nach dem Bürgerkrieg «kriegsmüde» geworden. Angeblich deshalb habe 30 Jahre lang Frieden geherrscht, bis dann 1898 Spanien der Krieg erklärt wurde.

Was die außenpolitische Szenerie betrifft, so trifft es zu, daß sich die USA in keinen Krieg außerhalb ihrer Grenzen einmischten. Die Gründe lagen aber weniger in der «Kriegsmüdigkeit» als vielmehr in der innenpolitischen Lage und der Richtung der wirtschaftlichen Expansion. Bis Ende der 70er Jahre des 19. Jahrhunderts waren die USA mit der «Reconstruction» beschäftigt. Von 1873 bis 1893 beanspruchten auch die Probleme mit dem rasch expandierenden Kapitalismus einen großen Teil der Aufmerksamkeit der Administration und des Kongresses. Es war die Zeit der brisanten Korruptionsskandale, der größten industriewirksamen Entdeckungen (elektrisches Licht, Telefon und anderes), der Kämpfe des rasch wachsenden und sich organisierenden Proletariats gegen das Monopolkapital. Außerdem hatten die USA kein besonderes Interesse daran, in die Vorgänge in Europa einzugreifen. Die europäischen Kolonialmächte griffen nach Afrika und Asien, während die USA zunächst auf dem eigenen Kontinent ihre Expansion in Richtung Westen betrieben und ihre Interessen in Südamerika durch Verhandlungen und Verträge absichern konnten.

Von 30 Jahren Frieden kann überhaupt keine Rede sein, denn die Westexpansion bewirkte eine lange Serie von Kleinkriegen gegen die Indianerstämme. Diese Kriege, die bis 1890 andauerten, haben, wie oben erwähnt, schon während des Bürgerkrieges begonnen und können als direkte Folge des Bürgerkrieges angesehen werden. Sie wurden nicht nur auf dem Schlachtfeld ausgetragen, sondern auch auf mehreren «zivilen» Gebieten, so durch die Zwangsumsiedlung ganzer Ureinwohnerstämme oder die bewußte Ansteckung der Ureinwohner mit Wolldecken aus den Pockenstationen städtischer Krankenhäuser, die als «Geschenke» ausgegeben waren.

Hauptträger des Völkermordes gegen die Ureinwohner war unbestritten die Kavallerie, die im Bürgerkrieg ihre volle Reife erlangt hatte. Der führende Militär im langen Feldzug gegen die Indianer – dem Geist, wenn nicht dem Rang nach – war General Philip Sheridan, der im Januar 1869 bei einem Treffen mit dem Comanche-Häuptling Tosawi in Fort Cobb (Missouri) die Devise der weißen Raubkrieger formulierte. Als der Comanche ihn freundlich begrüßte und ihm versicherte: «Ich bin guter Indianer», erwiderte Sheridan: «Nur ein toter Indianer ist ein guter Indianer.»

Die Prärieindianer von den pferdezüchtenden Stämmen der Sioux, Comanche, Kiowa, Crow und anderen waren geschickte und durchaus respektheischende Gegner für die Kavallerie. Eine wegen seiner Gewandtheit und seines Listenreichtums noch größere Herausforderung war der Apache der hohen, kahlen Berge des Südwestens: Er war selten beritten, besaß aber dafür die Fähigkeit, sich mit erstaunlicher Geschwindigkeit und großer Ausdauer in den unwegsamen Bergen und steilen Felswüsten zu behaupten, wo die Kavallerietaktik nicht zum Zuge kam. Aus den Erfahrungen ihres Krieges gegen die Indianer lernte die USA-Armee sehr viel. Wegen der langwierigen Indianerkriege stand sie stets im Lichte der Öffentlichkeit und konnte vom Kongreß ein gewisses Maß an Unterstützung verlangen.

Die Kriegsmarine wurde dagegen bis 1883 allmählich abgerüstet; bis zu diesem Jahr wurden keine neuen Kriegsschiffe gebaut. Doch Anfang der 80er Jahre des vorigen Jahrhunderts erhob sich die erste Welle von Theorien der Überlegenheit der angelsächsischen Rasse und der Ausweitung der «Sendungsoffenbarung» («Manifest Destiny») auf Territorien und potentielle Kolonien außerhalb des nordamerikanischen Kontinents. Der bekannteste Militärtheoretiker des keimenden amerikanischen Imperialismus war der bereits erwähnte Sohn von Dennis Hart Mahan, Konteradmiral Alfred Thayer Mahan, der in seine Theorien seine Erfahrungen aus dem Bürgerkrieg sowie die Ansichten seines Vaters einbezog.

Die südlichen Bundesstaaten der USA waren nach dem Bürgerkrieg nur vorläufig entmilitarisiert worden. Bald wurden die «military preparatory schools» (Militärgymnasien) und mehrere der alten Militärhochschulen (vor allem das Virginia Military Institute) wiedereröffnet. Sie wurden von der immer noch militaristisch eingestellten herrschenden Klasse des Südens gefördert und finanziert. Viele von ihnen bestehen noch heute und liefern den USA-Militärakademien eine gewichtige Anzahl von Absolventen.

Der Rassismus des tiefen Südens, der trotz der Bürgerrechtsgesetze unseres Jahrhunderts noch nicht überwunden ist, begünstigt die chauvinistischen und rechtsextremistischen Tendenzen im Kleinbürgertum des Südens, das einen nicht unbedeutenden personellen Beitrag zu den Rapid Deployment Forces (Schnelle Eingreiftruppe), den Special Forces («Green Berets») und ähnlichen Gruppierungen der USA-Streitkräfte leistet. Der tiefe Süden bringt auch dem Rechtsextremismus gegenüber größte Toleranz auf. Wer dort gelebt hat, weiß, daß nicht nur die milden klimatischen Bedingungen die Errichtung verschiedenster Militärlager und paramilitärischer Ausbildungszentren für Söldner und Terroristen aus dem In- und Ausland begünstigt. Ebenso ist es kein Zufall, daß der Vorsitz in den Ausschüssen für die Streitkräfte und deren Finanzierung im Senat und im Repräsentantenhaus der USA seit vielen Jahrzehnten fast ausschließlich von Südstaatlern wahrgenommen wird.

Selbstverständlich sind nicht die Südstaaten allein für die militärische Entwicklung des modernen USA-Imperialismus verantwortlich. Ihre Vertreter bilden aber das Rückgrat der politischen und militärischen Reaktion – und dieser Umstand hat seine Wurzeln im Bürgerkrieg sowie in der Entwicklung der Südstaaten nach dem Bürgerkrieg.

Während bürgerliche Historiker die angeblich humane Kriegführung der CSA-Generale preisen und die Unionsgenerale Grant und Sherman für die «Strategie des totalen Krieges» verantwortlich machen, sollten wir uns daran erinnern, daß allein diese beiden Generale in ihren Reden und Schriften nach dem Bürgerkrieg zumindest anklingen ließen, daß sie in der modernen Welt den Krieg als Mittel der Politik für untauglich hielten. Immer wieder ermahnte Grant seine Landsleute, den Krieg auf alle Fälle zu vermeiden, wenngleich er sich auch für eine Aufrechterhaltung militärischer Stärke gegenüber solchen Ländern aussprach, die möglicherweise auf die wirtschaftiche Macht der USA «neidisch» wären. Sein oft zitiertes Wort: «Um den Frieden zu erhalten, ist es notwendig, stets auf den Krieg vorbereitet zu sein», wird von Militaristen aus dem Zusammenhang gerissen und falsch interpretiert. Grant war kein Militarist, er haßte den Krieg. Sherman teilte diesen Haß und faßte seine Abneigung im berühmtgewordenen Zitat «War is all hell!» («Der Krieg ist die reine Hölle.») zusammen.

Im heutigen nuklearen Zeitalter wäre er nicht nur die Hölle, sondern er würde das Ende der Menschheit bedeuten. Es ist zu hoffen, daß sich die US-Amerikaner die Mahnung der beiden so oft zu Unrecht gescholtenen Generale des Bürgerkrieges wirklich zu Herzen nehmen.

LITERATUR

U. S. War Department (Ed.), The War of the Rebellion. A Compilation of the Official Records of the Union and Confederate Armies, Washington (Government Printing Office) 1880–1901 (128 Bände)

U. S. War Department (Ed.), Official Atlas of the Civil War, New York 1958

Engels, Friedrich, Der Amerikanische Bürgerkrieg und die Panzer- und Widderschiffe. In: Karl Marx/Friedrich Engels, Werke (im weiteren: MEW), Bd. 15, S. 115ff.

Ders., Bedingungen und Aussichten eines Krieges der Heiligen Allianz gegen ein revolutionäres Frankreich im Jahre 1852. In: MEW, Bd. 7, S. 472ff.

Ders., Brief an R. Engels vom 10. 1. 1865. In: MEW, Bd. 31, S. 440f.

Ders., Brief an Marx vom 12. 6. 1861. In: MEW, Bd. 30, S. 172ff.

Ders., Brief an Marx vom 3. 7. 1861. In: MEW, Bd. 30, S. 181f.

Ders., Brief an Marx vom 5. 5. 1862. In: MEW, Bd. 30, S. 230ff.

Ders., Brief an Marx vom 23. 5. 1862. In: MEW, Bd. 30, S. 239ff.

Ders., Brief an Marx vom 4. 6. 1862. In: MEW, Bd. 30, S. 245ff.

Ders., Brief an Marx vom 30. 7. 1862. In: MEW, Bd. 30, S. 254ff.

Ders., Brief an Marx vom 9. 9. 1862. In: MEW, Bd. 30, S, 284ff.

Ders., Brief an Marx vom 15. 11. 1862. In: MEW, Bd. 30, S. 298ff.

Ders., Brief an Marx vom 30. 12. 1862. In MEW, Bd. 30, S. 305.

Ders., Brief an Marx vom 9. 6. 1864. In: MEW, Bd. 30, S. 410ff.

Ders., Brief an Marx vom 4. 9. 1864. In: MEW, Bd. 30, S. 429ff.

Ders., Brief an Weydemeyer vom 24. 11. 1864. In: MEW, Bd. 31, S. 423 ff.

Ders., Brief an Weydemeyer vom 10. 3. 1865. In: MEW, Bd. 31, S. 458 ff.

Ders., Herrn Eugen Dührings Umwälzung der Wissenschaft. In: MEW, Bd. 20, S. 1 ff.

Ders., Die Lage der arbeitenden Klasse in England. In: MEW, Bd. 2, S. 232 ff.

Ders., Lehren des amerikanischen Krieges. In: MEW, Bd. 15, S. 401 ff.

Ders., Zwei Reden in Elberfeld. In: MEW, Bd. 2, S. 536 ff.

Marx, Karl, Die Absetzung Frémonts. In: MEW, Bd. 15, S. 381 ff.

Ders., Die Absetzung McClellans. In: MEW, Bd. 15, S. 567 ff.

Ders., Der Achtzehnte Brumaire des Louis Bonaparte. In: MEW, Bd. 8, S. 111 ff.

Ders., Amerikafreundliches Meeting. In: MEW, Bd. 15, S. 436 ff.

Ders., Die amerikanische Frage in England. In: MEW, Bd. 15, S. 304 ff.

Ders., Amerikanisches. In: MEW, Bd. 15, S. 421 ff.

Ders., An Abraham Lincoln. In: MEW, Bd. 16, S. 18 ff.

Ders., Die Arbeiternot in Englad. In: MEW, Bd. 15, S. 544 ff.

Ders., Brief an Engels vom 7. 8. 1862. In: MEW, Bd. 30, S. 269 ff.

Ders., Brief an Engels vom 10. 9. 1862. In: MEW, Bd. 30, S. 286 f.

Ders., Brief an Engels vom 17. 11. 1862. In: MEW, Bd. 30, S. 300 ff.

Ders., Brief an Engels vom 30. 12. 1862. In: MEW, Bd. 30, S. 305.

Ders., Brief an Engels vom 2. 1. 1863. In: MEW, Bd. 30, S. 306 ff.

Ders., Brief an Engels vom 26. 5. 1864. In: MEW, Bd. 30, S. 399.

Ders., Brief an Engels vom 7. 9. 1864. In: MEW, Bd. 30, S. 432 ff.

Ders., Der Bürgerkrieg in den Vereinigten Staaten. IN: MEW, Bd. 15, S. 339 ff.

Ders., Das Elend der Philosophie. In: MEW, Bd. 4, S. 125 ff.

Ders., Der englisch-amerikanische Streit. In: MEW, Bd. 15, S. 392 ff.

Ders., Englische Humanität und Amerika. In: MEW, Bd. 15, S. 508 ff.

Ders., Englische Neutralität – zur Lage in den Südstaaten. In: MEW, Bd. 15, S. 170 ff.

Ders., Die englische Presse und der Fall von New Orleans. In: MEW, Bd. 15, S. 499 ff.

Ders., Die Hauptakteure im «Trent»-Drama. In: MEW, Bd. 15, S. 406 ff.

Ders., Inauguraladresse der Internationalen Arbeiterassoziation. In: MEW, Bd. 16, S. 12 f.

Ders., Interventionsfeindliche Stimmung. In: MEW, Bd. 15, S. 458 ff.

Ders., Das Kabinett von Washington und die Westmächte. In: MEW, Bd. 15, S. 427 ff.

Ders., Die Krise in England. In: MEW, Bd. 15, S. 348 ff.

Ders., Krise in der Sklavenfrage. In: MEW, Bd. 15, S. 419 ff.

Ders., Ein Londoner Arbeitermeeting. In: MEW, Bd. 15, S. 454ff.

Ders., Die Meinung der Journale und die Meinung des Volkes. In: MEW, Bd. 15, S. 430ff.

Ders., Die neuesten Nachrichten und ihre Auswirkung in London. In: MEW, Bd. 15, S. 395ff.

Ders., Der nordamerikanische Bürgerkrieg. In: MEW, Bd. 15, S. 329ff.

Ders., Die öffentliche Meinung in England. In: MEW, Bd. 15, S. 439ff.

Ders., Russells Protest gegen die amerikanische Grobheit – Kornteuerung – Zur Lage in Italien. In: MEW, Bd. 15, S. 527ff.

Ders., Die Sezessionistenfreunde im Unterhaus – Anerkennung der amerikanischen Blockade. In: MEW, Bd. 15, S. 482ff.

Ders., Ein Staatsstreich Lord John Russells. In: MEW, Bd. 15, S. 451ff.

Ders., Streit um die Affäre «Trent». In: MEW, Bd. 15, S. 409ff.

Ders., Der «Trent»-Fall. In: MEW, Bd. 15, S. 389ff.

Ders., Wachsende Sympathien in England. In: MEW, Bd. 15, S. 414ff.

Ders., Zur Baumwollkrise. In: Bd. 15, S. 461ff.

Ders., Zur Geschichte der unterdrückten Sewardschen Depesche. In: MEW, Bd. 15, S. 445f.

Ders., Zur Kritik der Dinge in Amerika. In: MEW, Bd. 15, S. 524ff.

Ders., Zur Lage in Nordamerika. In: MEW, Bd. 15, S. 558ff.

Marx, Karl/Engels, Friedrich, Der Amerikanische Bürgerkrieg. In: MEW, Bd. 15, S. 486ff.

Dies., Die Lage auf dem amerikanischen Kriegsschauplatz. In: MEW, Bd. 15, S. 504ff.

Anspruch und Wirklichkeit. Zweihundert Jahre Kampf und Demokratie in den USA, Berlin 1976

Austin, V. (Hrsg.), Der amerikanische Bürgerkrieg in Augenzeugenberichten, Düsseldorf 1963

Babin, A. I., Die Herausbildung und Entwicklung der militär-theoretischen Ansichten von Friedrich Engels, Berlin 1978

Boatner, M. M. III., The Civil War Dictionary, New York 1959

Ders., Gettysburg. In: Encyclopaedia Britannica, Bd. 10, 1969, S. 374ff.

Bochinsky, H.-J./Neuhaus, M., Die geheimen Leitartikler der «New York Tribune». In: «Neues Deutschland» vom 30./31. 3. 1985

Boger, J., Der US-Bürgerkrieg 1861–1865. Soldaten – Waffen – Ausrüstung, Stuttgart 1984

Borcke, Heros von, Die große Reiterschlacht bei Brandy Station 9. Juni 1863, Berlin 1893

Ders., Zwei Jahre im Sattel und am Feinde. Erinnerungen aus dem Unabhängigkeitskrieg der Konföderierten, Berlin 1898

Bowman, J. (Ed.), Civil War Almanac, New York 1982

Catton, B., The Centennial History of the Civil War, New York/ London 1961–1965 (3 Bände)

Cooke, M., The Health of the Union Military in the District of Columbia 1861–1865. In: «Military Affairs», H. 10/1984

Darasse, P., Le général Jomini (1779–1869). De l'homme à l'œuvre, Paris 1984 (Dissertation)

Dodd, W. E., Die Familie Blair und ihr Einfluß auf den Ausbruch des Amerikanischen Bürgerkrieges, Borna/Leipzig 1935 (Dissertation)

Draper. J. W., Geschichte des amerikanischen Bürgerkrieges, Leipzig 1877

DuBois, W. E. B., John Brown, Berlin 1974

Dupuy, R. E., The Compact History of the United States Army, New York 1956

Dupuy, R. E. and T. N., The Encyclopedia of Military History, New York/Hagerstown, San Francisco/London 1977

Earle, E. M. (Ed.), Makers of Modern Strategy. Military Thought from Machiavelli to Hitler, Princeton 1944

Ellis, J., The Social History of the Machine Gun, New York 1975 The Encyclopedia of Sea Warfare from the First Ironclads to the Present Day, London 1975

Esposito, V. (Ed.), West Point Atlas of American Wars, Bd. 1, New York 1954

Forster, W. Z., Abriß der politischen Geschichte bei der Amerika, Berlin 1957

Franz-Willing, G., Der weltgeschichtliche Aufstieg der Vereinigten Staaten von Amerika durch die Entscheidung des Bürgerkrieges 1861 bis 1865, Osnabrück 1976

Freytag-Loringhoven, Hugo Freiherr von, Studien über Kriegführung auf der Grundlage des nordamerikanischen Sezessionskrieges in Virginien, Berlin 1901 (2 Bände)

Friedrich Engels. Eine Biographie, Berlin 1984

Friedrich Engels. Sein Leben und Wirken, Moskau 1975

Grant, U. S., Personal Memoirs, London 1885 (2 Bände)

Guinsburg, T. N. (Ed.), The Dimensions of History, Chicago 1971

Henke, S., USA als Welterlöser? Ideologie und Politik einer Sendungsanmaßung, Berlin 1985

Horn, S. F., The Army of Tennessee, Indianapolis/New York 1941

Huston, J. A., The Sinews of War. Army Logistics 1775–1953, Washington 1966

Ireland-Kunze, L., Die Schlacht von Gettysburg im Jahre 1863. In: «Militärgeschichte», H. 5/1986

Jinks, R. G., Smith & Wesson. Ein Unternehmen mit Geschichte, Zürich 1979

Kuczynski, J., Abraham Lincoln. Eine Biographie, Berlin 1985

Kügler, D., Die US-Kavallerie. Legende und Wirklichkeit, Stuttgart 1979

Langer, W. L. (Ed.), An Encyclopedia of World History. Ancient, Medieval, and Modern, Chronologically Arranged, Boston 1952

Leonard, T. C., Above the Battle. Warmaking in Amerika from Appomattox to Versailles, New York 1978

Lücke, M., Der Bürgerkrieg der Vereinigten Staaten 1861–65, St. Louis 1892

Liddell-Hart, B. H., Strategy, New York 1967

Matloff, M. (Ed.), American Military History, Washington 1973

Meerheimb, F. v., Sherman's Feldzug in Georgien. Vortrag, gehalten am 30. Oktober 1868 in der Militärischen Gesellschaft zu Berlin, 1869

Millis, W., Amerikanische Militärgeschichte in ihren politischen, wirtschaftlichen und sozialen Zusammenhängen, Köln 1958

Millett, A. R./Maslowski, P., For the Common Defense. A Military History of the United States of America, New York 1984

Müller, H., Die Entstehung der USA, Berlin 1978 (illustrierte historische hefte, 10)

Niess, F., Der Koloß im Norden. Geschichte der Lateinamerikapolitik der USA, Köln 1984

Potter, E. B./Nimitz, C. W., Seemacht. Eine Seekriegsgeschichte von der Antike bis zur Gegenwart, München 1974

Sandburg, C., Abraham Lincoln. The War Years, New York 1939

Sander, C., Geschichte des Bürgerkrieges in den Vereinigten Staaten von Amerika 1861–1865, Bd. 1, Frankfurt/Main 1876 (weitere Bände nicht erschienen)

Ders., Geschichte des vierjährigen Bürgerkrieges in den Vereinigten Staaten von Amerika, Frankfurt/Main 1865

Sommers, R. J. (Ed.), Vignettes of Military History, Carlisle, Pennsylvania, 1976

Sprout, H. and M., The Rise of American Naval Power 1776–1918, Princeton 1946

Wallechinsky, D./Wallace, I., The People's Almanac No. 1, New York 1975

Dies., The People's Almanac No. 2, New York 1978

Weber, R. (Hrsg.), Land ohne Nachtigall. Deutsche Emigranten in Amerika 1777–1886, Berlin 1981

Weigley, R. F., The American Way of War, London 1973

Westwood, H. C., After Vicksburg. What of Mobile? In: «Military Affairs», October 1984, S. 169–173

VERZEICHNIS
DER KARTENSKIZZEN

PERSONENREGISTER

Adams, Charles F. 279
Adams, David W. 294
Adams, John 17
Adams, Samuel 17
Alexander, Edward P. 260
Anderson, R. H. 188 f., 193, 260, 267, 271, 274, 303
Anderson, Robert 47–51, 299
Ashby, Turner 112, 118 f.

Babin, A. I. 8
Baird, Absalom 224, 234
Banks, Nathaniel P. 111–114, 118 f., 129–131, 178, 216, 240
Barlow, Francis C. 259
Bartow, Francis S. 62
Bayard, George Deshiel 123
Beatty, Samuel 168
Beauregard, Pierre-Gustave T. 48–51, 56–65, 80, 87 f., 93–97, 100, 156, 235, 268 f., 275, 277, 297–299
Bee, Bernard E. 62
Birney, David B. 259

Blackwell, Elizabeth 41
Blair, Francis P. 247, 300
Boatner, Mark Mayo 321
Bonham, Milledge L. 59, 62
Booth, John W. 307 f.
Boyd, Belle 312
Brady, Mathew B. 144
Bragg, Braxton 87, 93 f., 156–161, 163, 165 f., 168 f., 172, 184, 197, 216, 218 f., 221–224, 227 f., 231, 234, 245, 251, 265
Brannan, John M. 223, 226, 232–234
Breckinridge, John C. 93 f., 165, 167–169, 224, 270
Brown, John 27 f., 58, 122
Brown, John C. 294
Buchanan, Franklin 102 f.
Buchanan, James 27, 46–48
Buchanan, McKean 103
Buckner, Simon Bolivar 82–85, 219, 222–224
Buell, Don Carlos 77 f., 86–90, 92, 94, 96, 106, 156–163

334

336

337

GEOGRAPHISCHES REGISTER

ERLÄUTERUNG GEOGRAPHISCHER BEGRIFFE AUS DEM ENGLISCHEN

bay	Bucht	mill	Mühle
city	Stadt	mountain(s)	Berg (Gebirge)
court house	Gerichtsgebäude	new	neu
creek	Bach, kleiner Fluß	north	nördlich, Nord-
den	Höhle	port	Hafen
ferry	Fähre	ridge	Bergkamm, -rücken
field	Feld	river	Fluß
ford	Furt	rocky	felsig, Felsen-
gap	Paß	run	Bach
harbor	Hafen	sound	Sund, Bucht
height	Höhe	south	südlich, Süd-
hill	Hügel, Berg	spring	Quelle
island	Insel	turnpike	Landstraße (geschottert)
junction	Bahnknotenpunkt		
landing	Landungsplatz		

INHALT